新版 養護学概論

養護教諭の専門性と根拠に基づく養護実践

東山書房

執筆分担

■編著者

竹鼻　ゆかり（東京学芸大学）
　　総論第1章　養護教諭とは、各論第3章　健康相談・保健指導（共同執筆）

齋藤　千景（埼玉大学）
　　総論第2章　**1** 養護教諭制度の変遷、**2** 子供の健康課題に応じた養護教諭の役割の変化

籠谷　恵（杏林大学）
　　総論第3章　**1** 専門職とは、総論第4章　専門職としての養護教諭と研究

■著者（50音順）

荒川　雅子（東京学芸大学）
　　各論第1章　**6** 学校環境衛生活動

大川　尚子（京都女子大学）
　　各論第3章　健康相談・保健指導（共同執筆）

加納　亜紀（就実大学）
　　各論第1章　**1** 健康観察

鎌塚　優子（静岡大学）
　　総論第5章　学校における連携・協働

上村　弘子（岡山大学）
　　総論第6章　養護教諭と学校保健活動

小林　央美（元弘前大学）
　　総論第2章　**3** 養護教諭の免許と養成制度、研修

齊藤　理砂子（淑徳大学）
　　各論第1章　**4** 感染症予防

佐久間　浩美（SBC東京医療大学）
　　各論第4章　保健組織活動

下村　淳子（愛知学院大学）
　　各論第1章　**2** 健康診断

関　由起子（埼玉大学）
　　各論第1章　**3** 疾病管理

丹　佳子（山口県立大学）
　　総論第8章　養護教諭の活動過程

西岡　かおり（四国大学）
　　総論第7章　**2** 保健室経営

原　郁水（弘前大学）
　　各論第2章　保健教育

三森　寧子（千葉大学）
　　総論第3章　**2** 養護教諭の倫理

三村　由香里（岡山大学）
　　各論第1章　**5** 学校救急処置

山内　愛（岡山大学）
　　総論第7章　**1** 保健室

（所属は2024年4月現在）

はじめに

　『新版　養護学概論―養護教諭の専門性と根拠に基づく養護実践―』は、教育職員免許法上の科目区分「養護概説」のための教科書として、大学ならびに短期大学等の養護教諭養成機関において使用していただくことを主たる目的として作成しました。養護教諭の先生方にも日々の養護実践をさらに充実させるための学びの書としてご活用いただけます。

　本書の特徴は次に述べるとおりです。

- 「総論　養護学概論」では、主に養護概説を扱う授業に沿った内容として、養護教諭の専門性を理解するための基本的な事項を扱うとともに、新しい時代に沿った考え方や理論を豊富に取り入れています。
- 「各論　養護活動論」では、主に養護活動や養護実践の内容を扱う授業を想定し、養護教諭の職務内容を詳述しています。
- 各論の基本構成は、1）意義と目的、2）法的根拠・位置づけ、3）各テーマにおける養護実践と養護教諭の役割、4）まとめ、としました。なお各論は、平成20年中央教育審議会答申で示された養護教諭の役割を参考に、保健管理、保健教育、健康相談、保健組織活動の順で示しています。
- 養護実践の根拠を示すために、各章や項の最後にコラムとして、本論に関連した研究や参考となる実践を紹介しています。このコラムは本書のオリジナルです。

　本書のタイトルは『新版　養護学概論―養護教諭の専門性と根拠に基づく養護実践―』としました。このタイトルをつけるにあたり編者には、果たして養護学なるものはあるのかという迷いがありました。養護教諭が行う養護実践は、保健室という場を活動の中心とし、成長する子供を対象とした健康課題解決のための援助方法です。この養護実践の基盤となる学問領域は、教育学、保健学、医学、看護学、心理学、社会学など多様です。養護実践の基盤は養護学であると言いたいところですが、現実には養護学は存在していません。そこで現在、養護教諭に関連した学会では、養護学構築という理念のもとさまざまな議論がなされています。養護学をユートピアではなく現実のものとするためには、養護の概念や理論の構築と、卓越した多くの専門家による実践ならびに実践を確たるものとするための研究や検証が必要です。本書が、養護実践をより充実発展するための手掛かりとなれば幸いです。

　最後に、『新版　養護学概論―養護教諭の専門性と根拠に基づく養護実践―』の執筆をお引き受けくださいました方々に、感謝申し上げます。

　また編集から発刊に至るまで、東山書房　山崎智子氏には、絶大なるご支援とご鞭撻をいただきました。山崎さんの謙虚ながら鋭いご指摘により、本書は充実した内容となりました。この場をお借りし、深く感謝申し上げます。

2024年8月

『新版　養護学概論―養護教諭の専門性と根拠に基づく養護実践―』編者

竹鼻ゆかり　齋藤千景　籠谷恵

目　　次

はじめに　iii

総論　養護学概論 ─────────────────── 1
第1章　養護の解釈と養護教諭 ─────────── 2
❶ 養護とは　2
　1）養護の解釈　2
　2）教育学における養護　3
❷ 養護教諭とは　4
　1）養護教諭とは　4
　2）養護教諭の配置　5
　3）養護教諭の職務と役割　6
　4）養護教諭と生徒指導提要　7
　5）養護教諭と子供の権利　8
　6）養護教諭と教員の育成指標　9
　7）養護教諭と青少年のポジティブな成長を支える理論　10
　8）養護教諭の実践の現状と課題　11
　　まとめ　11
　　コラム）養護教諭とスクールナース　5　　養護実践を記録・言語化し、次代につなぐ　12

第2章　養護教諭の歴史 ───────────── 14
❶ 養護教諭制度の変遷　14
　1）学校看護婦としてのスタート　14
　2）学校看護婦から養護訓導へ　17
　3）終戦後の復興と養護教諭　20
　4）昭和30年代から昭和40年代の養護教諭　21
❷ 子供の健康課題に応じた養護教諭の役割の変化　22
　1）高度成長期における健康課題　22
　2）心理情緒面の健康課題の増加　23
　3）21世紀における健康課題の多様化　24
　4）グローバル化、情報化による子供の健康課題の複雑化　25
　5）チームとしての学校における養護教諭　26
　　まとめ　27
　　コラム）トラホームから子供を守る—広瀬ますの活動—　15　　養護教諭の観察力—小山安江の活動—　19　　教育者としての養護教諭—千葉タツの活動—　21
❸ 養護教諭の免許と養成制度、現職研修　31
　1）養護教諭の養成と教員免許　31
　　（1）教育職員免許法と養成の変遷とその背景　31　　（2）養護教諭の免許が取得できる養成機関　33
　　（3）現職養護教諭の研修　34
　　まとめ　36

第3章　専門職としての養護教諭 ─────────── 37
❶ 専門職とは　37

1）専門職としての養護教諭と自律性　37
　　2）EBPと情報リテラシー　38
　　　（1）EBPに基づいた養護実践　38　（2）養護教諭と情報リテラシー　41
　　まとめ　41
　　コラム）専門職としての養護教諭のキャリア発達にかかわる要因―自律的に学ぶ「主体的な姿勢」と関連して―　42
2 養護教諭の倫理　43
　　1）学校と倫理　43
　　2）倫理の基本　43
　　　（1）倫理とは　43　（2）原則の倫理　44
　　3）養護教諭の倫理　45
　　4）養護教諭がおこなうケアの倫理　46
　　まとめ　47
　　コラム）インフォームド・コンセントとインフォームド・アセント　46　教育実習で学生が遭遇する倫理的課題から「教職の倫理」について考える　48

第4章　専門職としての養護教諭と研究　49
1 養護教諭が研究を行う必要性　49
2 研究のプロセスと基本的方法　50
　　1）研究疑問（リサーチ・クエスチョン）の設定　50
　　2）研究計画書の作成　51
　　　（1）研究計画書に含める事項　52
　　3）データの収集・分析と解釈　58
　　4）文章化（論文作成）と公表　58
　　まとめ　59
　　コラム）養護教諭が実践研究を行う意義と課題　60

第5章　学校における連携・協働　61
1 現代的教育・健康課題　61
2 学校における多職種連携　62
　　1）多職種連携とは　62
　　2）学校における連携・協働の法的根拠　63
　　　（1）教育基本法と学校保健安全法　63　（2）チームとしての学校　64　（3）令和の日本型学校教育　64
　　3）多職種連携における養護教諭の役割　65
3 学校における関係職種・関係機関等　65
　　1）学校内　66
　　2）学校内の組織・役割例　67
　　3）教員以外の学校内専門職　69
　　4）学校外の機関・専門職とその役割　71
4 特別なニーズのある子供の支援における連携・協働　72
　　1）合理的配慮　73
　　2）基礎的環境整備　73
　　3）個別の教育支援計画と個別の指導計画　73
5 危機管理の視点からの連携・協働　74
　　1）日常と変化する時代に向けての危機管理における連携・協働　74
　　2）非常時における連携・協働　75
　　まとめ　76

コラム）多職種連携の課題―専門職連携教育と異分野と協働した専門職連携教育・研修の促進―　77

第6章　養護教諭と学校保健活動　79

❶ 学校保健活動　79
１）学校保健活動の目的と内容　79
２）学校保健安全法と学校保健活動　80
３）学校保健活動における養護教諭の役割　81
　（１）保健主事との協働　81　（２）組織的な学校保健活動の展開　81

❷ 学校保健計画　82
１）学校保健（全体）計画　82
２）学校保健（年間）計画　83
３）学校保健計画の策定　86
４）学校保健計画と養護教諭の役割　87
　（１）児童生徒の健康実態の把握と課題分析および評価　87　（２）学校における教育全体を通じた取り組み　87
　（３）学校保健計画と保健室経営の関連　87
５）学校保健計画の評価の観点　87

まとめ　88
コラム）学校保健計画は、カリキュラム・マネジメントの先駆けである　88

第7章　養護教諭と保健室・保健室経営　90

❶ 保健室　90
１）保健室の法的根拠　90
２）保健室の役割・機能　91
３）保健室の施設設備・環境　91
　（１）学校施設整備指針　91　（２）保健室の備品等の基準　93　（３）保健室の機能をふまえた配置　93
４）保健室の利用状況　94
５）他国の保健室　94
　（１）アメリカ　95　（２）オーストラリア　96

まとめ　96
コラム）新しい時代の学びを実現する学校施設の在り方について　97

❷ 保健室経営　97
１）保健室経営の目的・意義　98
２）保健室経営の法的根拠　98
３）保健室経営の方法　98
　（１）保健室経営計画の作成　98　（２）保健室経営の評価　100
４）保健室経営におけるICTの活用と情報管理　101

まとめ　102
コラム）ICTを活用した保健室経営　102

第8章　養護教諭の活動過程　103

❶ 養護教諭の活動過程　103
１）養護教諭の活動過程の目的・意義　103

❷ 養護教諭の活動過程の展開　104
１）情報収集・アセスメント　106
　（１）情報収集　106　（２）アセスメント　106
２）問題の明確化　107

3）目標・計画　108
　　　（1）目標設定　108　　（2）計画立案　109
　　4）実施　109
　　5）評価　109
　　まとめ　109
　　コラム）養護教諭の臨床判断　110

各論　養護活動論 ──────────────────────────── 113
第1章　保健管理 ──────────────────────────── 114
■1 健康観察　114
　　1）健康観察の目的・意義　114
　　2）健康観察の法的根拠　114
　　3）健康観察の方法と内容　115
　　　（1）方法　115　　（2）内容　115　　（3）特別な配慮を要する子供の健康観察の方法と内容　116
　　4）健康観察のさまざまな機会と流れ　117
　　　（1）日常における健康観察の流れ　118　　（2）朝の健康観察　119
　　　（3）学校行事における健康観察　120　　（4）災害、事件・事故等発生時の健康観察　121
　　5）養護教諭の役割　121
　　6）評価の観点　122
　　まとめ　122
　　コラム）子供の不調をいかに把握するか　123
■2 健康診断　124
　　1）健康診断の目的・意義　124
　　2）健康診断の法的根拠　125
　　3）健康診断の対象　126
　　4）健康診断の方法と内容　126
　　　（1）検査項目と実施学年　126　　（2）健康診断の流れ　126
　　5）養護教諭の役割　132
　　　（1）健康診断を円滑に実施する　132　　（2）健康診断を健康教育の機会とする　135
　　　（3）集団を比較することで教育活動の改善につなげる　135
　　6）評価の観点　136
　　まとめ　136
　　コラム）健康診断で児童虐待の早期発見　137
■3 疾病管理　137
　　1）疾病管理　137
　　　（1）疾病管理の目的・意義　137　　（2）疾病管理の法的根拠　138　　（3）疾病管理の対象　140
　　　（4）疾病管理の方法　140　　（5）養護教諭の役割　144　　（6）評価の視点　145
　　2）子供に多い疾病　145
　　　（1）食物アレルギー・アナフィラキシー　145　　（2）気管支ぜん息　147　　（3）てんかん　148
　　　（4）心臓疾患　149　　（5）糖尿病　150　　（6）腎臓疾患　153
　　まとめ　153
　　コラム）食物アレルギー事故の教訓　154
■4 感染症予防　155
　　1）感染症予防の目的・意義　155
　　2）感染症予防の法的根拠　155
　　　（1）学校において予防すべき感染症（第一種、第二種、第三種感染症）　157　　（2）出席停止と臨時休業　159

（3）健康診断と感染症　159
　3）感染症予防の対象　159
　4）感染症予防の方法　160
　　（1）感染症予防のための三つの対策　160
　　（2）標準予防策（スタンダード・プリコーション）・感染経路別予防策　162
　　（3）学校生活における日常的な感染症予防対策　163　（4）集団発生（アウトブレイク）時の対応　163
　5）養護教諭の役割　164
　6）評価の観点　165
　まとめ　165
　コラム）健康観察の ICT 化の効果と課題　167

5 学校救急処置　168
　1）学校救急処置の目的・意義　168
　2）学校救急処置の法的根拠　168
　3）学校救急処置の対象　168
　4）学校救急処置の方法　168
　5）養護教諭の役割　171
　　（1）養護教諭が行う救急処置　171　（2）学校における医療行為　171
　6）評価の観点　173
　まとめ　174
　コラム）判例に基づく養護教諭の救急処置に求められる役割　174

6 学校環境衛生活動　175
　1）学校環境衛生活動の目的・意義　175
　2）学校環境衛生活動の法的根拠　175
　3）学校環境衛生活動の対象　176
　4）学校環境衛生活動の方法　176
　　（1）定期検査　176　（2）日常点検　179　（3）臨時検査　181　（4）その他　181
　5）養護教諭の役割　181
　6）評価の観点　181
　まとめ　182
　コラム）SDGs の取り組みと学校環境衛生　182

第2章　保健教育　184

1 保健教育の目的・意義　184
　1）保健教育とは　184
　2）保健教育の体系　184
　3）保健教育の法的根拠　184
　4）保健教育の意義　185
　5）どのように学ぶか　185
　6）養護教諭の役割　185

2 体育科、保健体育科における保健教育　186
　1）目標　186
　2）内容　188
　3）授業方法　189
　4）指導　191
　　（1）年間指導計画　191　（2）単元の指導計画　191　（3）1単位時間の指導計画　192
　　（4）学習指導案の作成　192

5）授業をつくる　192
　　　（1）教育内容と教材　192　　（2）教材研究　192
　　6）評価　197
　　　（1）評価の意義　197　　（2）評価の観点　197　　（3）学習評価の進め方　197
3 特別活動　198
　　1）学級活動、ホームルーム活動　198
　　2）児童会活動・生徒会活動　199
　　3）学校行事　199
4 総合的な学習の時間・総合的な探究の時間　200
　　1）総合的な学習の時間・総合的な探究の時間とは　200
　　2）内容　201
　　3）特別活動、教科保健、総合的な学習（探究）の時間の比較　201
　　まとめ　202
　　コラム）「自分で考えて自分で決める」ことの大切さ　202

第3章　健康相談・保健指導　204

1 健康相談・保健指導の目的・意義　204
2 健康相談・保健指導の法的根拠　204
3 健康相談と保健指導の進め方　205
　　1）健康相談の基本的な進め方　205
　　　（1）対象者の把握　205　　（2）支援計画の立案　206　　（3）実施と評価　207　　（4）実施上の留意点　207
　　　（5）記録と引継ぎ　208
　　2）保健指導の基本的な進め方　208
　　　（1）対象者の把握　208　　（2）指導計画の立案　209　　（3）実施と評価　209　　（4）実施上の留意点　210
　　　（5）記録　210
4 健康相談・保健指導における連携　210
5 健康相談・保健指導における養護教諭の役割　211
　　まとめ　211
　　コラム）ICTを活用した健康相談・保健指導（関係論文／先行研究の紹介）　212

第4章　保健組織活動　213

1 保健組織活動の目的・意義　213
2 保健組織活動の法的根拠　213
3 学校における保健組織活動　214
　　1）学校保健委員会　214
　　　（1）学校保健委員会開催までのプロセス　215　　（2）学校保健委員会の運営上の注意点　215
　　　（3）学校保健委員会での研究協議の内容　215
　　2）地域学校保健委員会　215
　　3）児童・生徒保健委員会　217
4 養護教諭の役割　217
5 評価の観点　218
　　まとめ　218
　　コラム）生徒保健委員会と学校保健委員会との活動をリンクさせた実践研究　219

総論

養護学概論

第1章
養護の解釈と養護教諭

1 養護とは

1）養護の解釈

　養護という言葉の意味や解釈をめぐっては、さまざまな論がある。広辞苑（第六版）において養護とは、「①危険が無いように保護し育てること、②学校教育で児童・生徒の健康の保持・増進に努めること、③心身障害又は社会的な理由で特に手当てを必要とする者を保護し助けること」[1]とある。養護を構成する漢字の意味として、養はやしなう、護はまもる・たすけることである。つまり、養護は対象者を世話し保護するという解釈が成り立つ。また養護は、英語では nursing もしくは care に相当することをふまえると、もともとは、家庭や家族、地域において子供が安全で健康に育つように世話するという意味合いといえる。そのため現在、養護は教育のみならず、福祉や保育においても重要な概念として用いられている。保育所保育指針では、「保育における養護とは、子どもの生命の保持及び情緒の安定を図るために保育士等が行う援助や関わりであり、保育所における保育は、養護及び教育を一体的に行うことをその特性とするものである。」[2]とし、子供の生命の保持および情緒の安定を図るための援助やかかわりと明記されている。またこども家庭庁では、「社会的養護とは、保護者のない児童や、保護者に監護させることが適当でない児童を、公的責任で社会的に養育し、保護するとともに、養育に大きな困難を抱える家庭への支援を行うこと」[3]とあり、保護が強調されている。養護教諭の養護に関する定義では、日本養護教諭教育学会が「児童生徒の心身の健康の保持（保健管理）と増進（保健教育）によって発育・発達の支援を行う全ての教育活動を意味している。」[4]としている。つまり教育、保育、福祉で用いられる養護の共通点は、特別に保護された環境のもとで子供を保護し支援することといえる。

　一方、近代看護ならびに看護教育の創始者であるナイチンゲールは、1860年出版の書籍『NOTES ON NURSING（看護覚え書）』において、「看護とは、新鮮な空気、陽光、暖かさ、清潔さ、静かさなどを適切に整え、これらを活かして用いること、また食事内容を適切に選択し適切に与えること―こういったすべてのことを、患者の生命力の消耗を最小にするように整えることを意味するべきである。」と述べている[5]。またナイチンゲールは、健康とは、人間の持てる力を最大限に発揮させることによってよい状態を維持することであり、病気は回復過程の状態であるとしている[6]。この看護の対象は、乳児から老人まで、ならびに生命誕生から死までの過程である。一方、学校教育における養護の対象は、学齢期の子供であり、人生のなかで最も成長する時期であることに特徴がある。そこで、ナイチンゲールの看護の定義を養護

に照らして言い換えると、養護は、成長する児童生徒の生命力が最大限に発揮できるように支援することと言い表せる。

2）教育学における養護

　学校教育において養護という言葉が用いられてきた経緯について述べる。明治初期には、欧米の教育制度や教育方法が研究や紹介されるなか、日本の教育方法として「知育・徳育・体育」からなる三育思想の考え方が取り入れられた[7]。1880年代後半には、ドイツの教育学者ヘルバルトの教育学が日本に導入され、三育思想は「教授・訓練・管理」に置き換えられた[7)8]。一方、日本の教育学において養護という言葉が初めて用いられたのは、1910（明治43）年に定められた「師範学校教授要目」においてである[7]。この要目のなかで、養護は教授・訓練とならんで教育の3方法の一つとして取り上げられた[7)8]。「教授・訓練・管理」が「教授・訓練・養護」に置き換えられた経緯や考え方には諸説あるが、ヘルバルト学派や日本の教育学者らにより、「教授・訓練・養護」が教育の3方法として位置づいたとされる[7-9]。さらに1941（昭和16）年国民学校令施行規則第1条4では、「心身ヲ一体トシテ教育シ教授、訓練、養護ノ分離ヲ避クベシ」と記され、教育方法の三つが総合的に行われるよう定められた。こうして三育思想や当時の国民教育の目的ともかかわり養護は、教育方法の一つとして用いられるようになった。当時の養護の言葉には、日常生活において衛生的原則を守らせ健康を保持増進させるという意味が含まれていた[10]。

　また大正後期から昭和初期にかけて、一般の健康な児童を対象とする「一般養護」と、病弱児や虚弱児を対象とし、学校医が身体検査で発見した問題に対し、個々に応じて特別に処置や指導を行なう「特別養護」という言葉の使い分けがされ始めた[11)12]。この二つの養護の解釈をめぐって、小倉学は、養護教諭の専門職化の歴史的経緯において、「特別養護」から「一般養護」へと拡大・発展し、養護の専門的機能が次第に独自の分野を形成したとともに、国民学校令において養護訓導が制度化されたことにより、養護の概念が確立したとしている[11)13-15]。それに対し杉浦守邦は、大正時代に児童愛護思想の興隆から就学率が比較的に向上したことに伴い、学校において病弱児や虚弱児が多くみられるようになったことに伴い「一般養護」から「特別養護」が分岐したとしている[8)13-15]。こうした歴史的経緯と解釈をふまえ、現在まで養護教諭の養護の定義や解釈はさまざま示されてきた。

　表1-1-1に養護教諭の養護に関する定義や解釈について先人たちの論を紹介する。これらの論はいずれも、子供を守り育てることにより子供の成長を促すことを述べているように読み取れる。なかでも藤田は、養護教諭の独自性を問う議論や定義に共通する要素として一つには、養護とは子供の健康を守ること（健康保護）と発達を促すこと（発達支援・保障）の両方を目的とした活動として捉えられていること、もう一つには、その活動を教育活動の一環として捉えようとしていることと述べている[16]。この藤田の論は、養護の普遍的本質を表している。昨今の目まぐるしく変化する社会状況をふまえると、学校教育における養護の概念は、どのように時代が変わったとしても普遍的な本質として捉えられる面と、21世紀という時代のニーズに応じる面とがある。そのため養護の定義や解釈については、不易流行の視点で捉える必要がある。

　目まぐるしく変化する時代のなかで、養護教諭ならびに養護教諭を目指す学生は、養護とは何かを追求し続けるとともに、各自で個々の養護観と健康観を養い、養護教諭のアイデンティ

表1-1-1 養護教諭の「養護」に関する定義や解釈

小倉学[11]	養護教諭の専門的機能は、①学校救急看護の機能、②集団の保健管理の機能、③教育保健における独自の機能、④人間形成の教育（教職）機能という重層的構造として捉えられる。
藤田和也[16]	・養護とは、「守ること（保護）」と「育てること（養育）」の両方の意味を合わせ持っていること、そしてそれはもともと教育的営為を表す語として用いられてきた。 ・養護という語意は、育てる役割を果たすことも求めている。しかも、守る仕事と育てる仕事が別個にあってその両方を担うというのではなく「守ること」と「育てること」が撚り合わされてはじめて一本の養護という仕事になると理解する必要がある。 ・養護の本質は、「守ること（保護）」と「育てること（養育）」を有機的に結び合わせるところにある。
大谷尚子[17]	・養護は、人間が未熟な存在から、自立した人間に向かって成長・発達過程にあって、そのニーズに応じた働きかけをしていくこと。 ・養護本来の意味は、未熟な子供が日々を安全で、健康な生活を過ごせるように世話することにより、人間としての成長を支援すること。 ・養護の活動は、一人一人のからだを護り、健康の維持増進を図っていくとともに、一人一人が社会のなかで自立した人間として成長できるように育む働きかけである。
中安紀美子[18]	養護の共通項は、子供を中心に据えて、健康保護と発達保障・発達支援を目的に行われる教育活動、もしくはその活動過程を表す概念である。
岡田加奈子[10]	心身ともに成長発達過程の子供たちに対して、子供の健康をまもり発達を促すために、守る視点と育てる視点を持ちながら、教育的に働きかける行為である。
出井梨枝[14]	養護とは、「子供が心身ともに健康で成長し、自己実現することを助ける」、言い換えれば「人間としての自然な行動（人間らしいよりよい行動）が自由に行える状態で、"生き生きと生きていく子供"を育てる」ための「具体的活動」であり、養護の本質は、「命を守ること（生命の保障）」「命を育てること（教育の保障）（人権の保障）」である。

ティを獲得することが大事になる。

2 養護教諭とは

1）養護教諭とは

　養護教諭とは、学校での教育活動において保健室という場を活動の中心に、成長する子供を対象とし、彼らの成長を促すよう働きかける対人援助職である。養護教諭は、独自の養成カリキュラムを持ち、免許によって資格を担保されている教育職である点で、世界に類をみない日本が誇るべき専門職といえる。

　表1-2-1に示すとおり、学校教育法第37条第11項において「教諭は、児童の教育をつかさどる」、第12項において「養護教諭は、児童の養護をつかさどる」と規定されている。この児童の養護をつかさどるという解釈は、1972（昭和47）年の保健体育審議会において「児童生徒の健康を保持増進するすべての活動」と提言された。そのため現在では、養護教諭の職務や役割を理解するうえでは、「養護教諭は、児童生徒の健康を保持増進するすべての活動を行う」と説明されることが多い。後述する養護教諭の歴史的変遷をふまえたうえで日本養護教諭教育学会は、「養護教諭とは、学校におけるすべての教育活動を通して、ヘルスプロモーションの理念に基づく健康教育と健康管理によって子供の発育・発達の支援を行う特別な免許を持つ教育職員である」と定義している[4]。

表1-2-1 養護教諭の法的根拠

学校教育法
第27条　幼稚園には、園長、教頭及び教諭を置かなければならない。 ②幼稚園には、前項に規定するもののほか、副園長、主幹教諭、指導教諭、養護教諭、栄養教諭、事務職員、養護助教諭その他必要な職員を置くことができる。 第37条　小学校には、校長、教頭、教諭、養護教諭及び事務職員を置かなければならない。 ⑪教諭は、児童の教育をつかさどる。 ⑫養護教諭は、児童の養護をつかさどる。 （中学校、特別支援学校は小学校に準じる） 第60条　高等学校には、校長、教頭、教諭及び事務職員を置かなければならない。 ②高等学校には、前項に規定するもののほか、副校長、主幹教諭、指導教諭、養護教諭、栄養教諭、養護助教諭、実習助手、技術職員その他必要な職員を置くことができる。
幼稚園設置基準
第6条　幼稚園には、養護をつかさどる主幹教諭、養護教諭又は養護助教諭及び事務職員を置くように努めなければならない。

　本稿で養護教諭とは、学校での教育活動において保健室という場を活動の中心に、成長する子供を対象とし、彼らの成長を促すよう働きかける対人援助職であると記述した理由は、メイヤロフのケアの定義に基づいている。ケアリング理論の先駆者であるメイヤロフは、『ケアの本質：生きることの意味』において「1人の人格をケアするとは、最も深い意味で、その人が成長すること、自己実現することを助けること」と述べている[19]。このケアの定義は教育ならびに養護の本質を言い表している。前述した養護の定義や解釈をふまえると、養護教諭は、学校における教育活動とりわけ保健室という場を通じて、成長するという特徴を持つ児童生徒を対象とし、彼らを守り育てる役割を担うと説明づけられる。

コラム　養護教諭とスクールナース

　日本で養護教諭が法的に教育職員として位置づけられたのは、1941（昭和16）年の国民学校令においてである。養護教諭は保健室を活動の場とするが故に「保健室の先生」として親しまれている。一方、海外では、教育職員としての養護教諭も保健室もなく、一般に看護師がスクールナース（school nurse）として各学校に配置され、主に医療処置を行っている。心理面のケアはスクールカウンセラーの担当となる。日本の養護教諭は、児童生徒の心身の健康を管理・教育する教育職員である点が、世界に類をみない職といえる所以である。

2）養護教諭の配置

　表1-2-1に示すとおり学校教育法において養護教諭は、小中学校では必置と定められている。しかし、幼稚園と高等学校は必置ではない。幼稚園設置基準第6条においては、養護教諭の配置は努力義務とされている。そのため、2022（令和4）年度の幼稚園における養護教諭と養護助教諭の本務者の配置率は全体で4.2％に過ぎない[20]。設置区分別にみると国立では87.7％であるものの、公立では8.8％、私立では1.3％にとどまっている[20]。つまり、幼稚園における養護教諭の配置は全国的に低い割合にとどまっており、充実した学校保健活動は展開されていない可能性がある。そこで今後、幼稚園の養護教諭の配置を充実させる必要がある。

また、養護教諭を性別でみると、2022（令和4）年度現在、幼稚園、小学校、中学校、義務教育学校、高等学校（全日制、定時制、通信制）の本務者のうち、女性は99.8％を占め、男性は0.2％である[20]。今後、男性養護教諭の担う役割について検討していくことが課題となる。

次に複数配置について述べる。児童生徒の複雑多様化する健康課題に対し、養護教諭1人では対応しきれなくなったことをふまえ、養護教諭の複数配置は1993（平成5）年に公立義務教育諸学校の学級編制及び教職員定数の標準に関する法律で規定された。その後2001（平成13）年の法改正により養護教諭の定数は、全学年で3学級以上の小中学校に1人であり、2人が常勤する複数配置は、小学校では児童851人以上、中学校では生徒801人以上とされている。文部科学省ではこの基準とは別に、いじめ対応などの課題のある学校に対し、全国で415人（2022〈令和4〉年度）を追加で配置している[21]。都道府県によっては、独自に基準や制度を設け、養護教諭を追加で配置しているところもある。不登校や児童虐待、発達障害など子供の心身の健康課題が多様化していることに加え、新型コロナウイルス感染症対策により養護教諭の職務が増えたことも背景となり、公立小中学校の養護教諭の大半は複数配置を希望している[21]。また、チームとしての学校において連携・協働が重視されるなか、中央教育審議会では、児童生徒等の心身の健康に関して課題の大きな学校については、養護教諭の複数配置を進めていく必要があること、今後、複数配置の基準の引下げについても検討していくべきであることとしている[22]。「令和の日本型学校教育」では、個に応じた指導の充実を図るよう求められている[23]ことからも、養護教諭の複数配置は望ましい。しかしながら、養護教諭の複数配置の基準は2001（平成13）年以降変わっていない。養護教諭の複数配置を進めるためには、複数配置が児童生徒や学校保健活動にもたらす効果を検証しそれを根拠として、国に対し要望していく必要がある。

3）養護教諭の職務と役割

次に、養護教諭の職務と役割[*1]について述べる。

文部科学省ならびに日本学校保健会が示す養護教諭の職務と役割は、表1-2-2から表1-2-4に示すとおりである。この表をふまえると、養護教諭の職務は、保健管理と保健教育であり、この両者が円滑に進むために保健室経営と保健組織活動を行うことと解釈される。養護

表1-2-2　中央教育審議会答申（2008〈平成20〉年1月）における養護教諭の職務

養護教諭の職務は、学校教育法で「児童生徒の養護をつかさどる」と定められており、昭和47年および平成9年の保健体育審議会答申において主要な役割が示されている。それらを踏まえて、現在、救急処置、健康診断、疾病予防などの保健管理、保健教育、健康相談活動、保健室経営、保健組織活動などを行っている。また、子どもの現代的な健康課題の対応に当たり、学級担任等、学校医、学校歯科医、学校薬剤師、スクールカウンセラーなど学校内における連携、また医療関係者や福祉関係者など地域の関係機関との連携を推進することが必要となっている中、養護教諭はコーディネーターの役割を担う必要がある。

出典）中央教育審議会：子どもの心身の健康を守り、安全・安心を確保するために学校全体としての取組を進めるための方策について（答申）、平成20年1月17日[24]

---

*1　職務と役割の違い
職務とは、仕事として担当する任務、職種のうちの個々の部分作業であり、役割とは、割り当てられた役目、務めなければならない役である[1]。役割理論では、社会は役割をとおして人々の行動を規制し、人は役割を遂行することによって社会を構成・変容させると考えられている[1]。

表1-2-3 文部科学省が示す養護教諭の標準的な職務

番号	区 分	職務の内容	職務の内容の例
1	主として保健管理に関すること	健康診断、救急処置、感染症の予防及び環境衛生等に関すること	健康診断の実施(計画・実施・評価及び事後措置) 健康観察による児童生徒の心身の健康状態の把握・分析・評価 緊急時における救急処置等の対応 感染症等の予防や発生時の対応及びアレルギー疾患等の疾病の管理 学校環境衛生の日常的な点検等への参画
		健康相談及び保健指導に関すること	心身の健康課題に関する児童生徒への健康相談の実施 健康相談等を踏まえた保健指導の実施 健康に関する啓発活動の実施
		保健室経営に関すること	保健室経営計画の作成・実施 保健室経営計画の教職員、保護者等への周知 設備・備品の管理や環境衛生の維持をはじめとした保健室の環境整備
		保健組織活動に関すること	学校保健計画の作成への参画 学校保健委員会や教職員の保健組織(保健部)等への参画
2	主として保健教育に関すること	各教科等における指導に関すること	各教科等における指導への参画(ティーム・ティーチング、教材作成等)

備考
(一) 養護教諭は、教育職員免許法(昭和24年法律第147号)附則第14項に基づき、当分の間、その勤務する学校において、保健の教科の領域に係る事項の教授を担任する教諭又は講師となることができるとされており、兼職発令を受けることにより、養護教諭としてではなく、教諭・講師として当該職務を遂行することが可能である。

出典)文部科学省:養護教諭及び栄養教諭の標準的な職務の明確化に係る学校管理規則の参考例等の送付について(通知)、令和5年7月5日[25]

表1-2-4 日本学校保健会が示す養護教諭の役割

(1)	学校内及び地域の医療機関等との連携を推進する上でコーディネーターの役割
(2)	養護教諭を中心として関係教職員等と連携した組織的な健康相談、健康観察、保健指導の充実
(3)	学校保健センター的役割を果たしている保健室経営の充実(保健室経営計画の作成)
(4)	いじめや児童虐待など児童生徒等の心身の健康課題の早期発見、早期対応
(5)	学級(ホームルーム)活動における保健の指導をはじめ、T・Tや兼職発令による保健教育への積極的な授業参画と実施
(6)	健康・安全にかかわる危機管理への対応 救急処置、心のケア、アレルギー疾患、感染症等
(7)	専門スタッフ等との連携協働

出典)日本学校保健会:学校保健の課題とその対応―養護教諭の職務等に関する調査結果から―令和2年度改訂、日本学校保健会、2021、7[26]

教諭は、この職務を遂行することにより、児童生徒の健康の保持増進を図るとともに、彼らの健全な成長を促す役割を担うことが期待される。さらに、多様化複雑化する子供の健康課題の対応にあたり、養護教諭の役割として、学校内外の関係者や関係機関との連携協働ならびに、連携を推進するためのコーディネーターとなることが求められる。つまり、養護教諭は、学校保健活動の推進にあたり中核的な役割を果たし、現代的な健康課題の解決に向けた重要な責務を担っていると言える。

4)養護教諭と生徒指導提要

養護教諭として、生徒指導に関する内容を理解することはチームにおける学校の一員として必須である。生徒指導は、児童生徒が自分自身を個性的存在として認め、自己に内在している

表1−2−5 教育基本法の目的、目標（抜粋）

教育基本法
（教育の目的） 第1条 教育は、人格の完成を目指し、平和で民主的な国家及び社会の形成者として必要な資質を備えた心身ともに健康な国民の育成を期して行われなければならない。 （教育の目標） 第2条 教育は、その目的を実現するため、学問の自由を尊重しつつ、次に掲げる目標を達成するよう行われるものとする。 一 幅広い知識と教養を身に付け、真理を求める態度を養い、豊かな情操と道徳心を培うとともに、健やかな身体を養うこと。 二 個人の価値を尊重して、その能力を伸ばし、創造性を培い、自主及び自律の精神を養うとともに、職業及び生活との関連を重視し、勤労を重んずる態度を養うこと。 三 正義と責任、男女の平等、自他の敬愛と協力を重んずるとともに、公共の精神に基づき、主体的に社会の形成に参画し、その発展に寄与する態度を養うこと。 四 生命を尊び、自然を大切にし、環境の保全に寄与する態度を養うこと。 五 伝統と文化を尊重し、それらをはぐくんできた我が国と郷土を愛するとともに、他国を尊重し、国際社会の平和と発展に寄与する態度を養うこと。

表1−2−6 生徒指導提要における生徒指導の定義

生徒指導とは、児童生徒が、社会の中で自分らしく生きることができる存在へと、自発的・主体的に成長や発達する過程を支える教育活動のことである。なお、生徒指導上の課題に対応するために、必要に応じて指導や援助を行う。

よさや可能性に気づき、引き出し伸ばすと同時に、社会生活で必要となる社会的資質・能力を身につけることを支える働き（機能）である[27]。つまり、生徒指導は学校の教育目標を達成するうえで重要な機能であり、学習指導とならんで学校教育において重要な意義を持つ[27]。

生徒指導に関しては文部科学省が生徒指導提要を出し、考え方や方針を示している。2022（令和4）年に改訂された生徒指導提要の特徴は、従来の児童生徒の問題行動等の発生を未然に防止するため、目前の問題に対応するといった課題解決的な指導だけでなく、児童生徒の発達を支えるような生徒指導の側面や、課題の未然防止と早期発見・早期対応といった積極的な生徒指導を充実させた点にある[27]。加えて、チームとしての学校による生徒指導体制として、学級・ホームルーム担任や養護教諭等の教職員とSSW等が家庭や関係機関等と連携することが強調されている。この提要では、生徒指導は3類に分けられている[27]。全ての児童生徒の発達を支える発達支持的生徒指導と、全ての児童生徒を対象とした課題の未然防止教育と課題の前兆行動が見られる一部の児童生徒を対象とした課題の早期発見と対応を含む課題予防的生徒指導、深刻な課題を抱えている特定の児童生徒への指導・援助を行う困難課題対応的生徒指導は[27]、養護教諭にも求められる指導の在り方である。

なお、この提要では表1−2−5に示す教育の目的や目標の達成に寄与するものとして、生徒指導を表1−2−6のように定義している。この定義からもわかるように、全ての子供の成長や発達を支えることは、養護教諭の職務においても重要な役割である。そのため養護教諭は、生徒指導提要をよく理解しておかねばならない。

5）養護教諭と子供の権利

養護教諭は子供の権利を守る役割がある。生徒指導の基本は、児童生徒の命を守り、安全・安心な学校づくりを行うことにある[27]。生徒指導提要では、生徒指導の取組上の留意点の一つ

表1−2−7 「児童の権利に関する条約」の四つの原則（概要）[27]

第2条　差別の禁止
　児童又はその父母若しくは法定保護者の人種、皮膚の色、性、言語、宗教、政治的意見その他の意見、国民的、種族的若しくは社会的出身、財産、心身障害、出生又は他の地位にかかわらず、いかなる差別もなしにこの条約に定める権利を尊重し、及び確保する。
第3条　児童の最善の利益
　児童に関する全ての措置をとるに当たっては、公的若しくは私的な社会福祉施設、裁判所、行政当局又は立法機関のいずれによって行われるものであっても、児童の最善の利益が主として考慮されるものとする。
第6条　生命・生存・発達に対する権利
　生命に対する児童の固有の権利を認めるものとし、児童の生存及び発達を可能な最大限の範囲において確保する。
第12条　意見を表明する権利
　児童が自由に自己の意見を表明する権利を確保する。児童の意見は、その児童の年齢及び成熟度に従って相応に考慮される。

表1−2−8 「こども基本法」

（目的）
第1条　この法律は、日本国憲法及び児童の権利に関する条約の精神にのっとり、次代の社会を担う全てのこどもが、生涯にわたる人格形成の基礎を築き、自立した個人としてひとしく健やかに成長することができ、心身の状況、置かれている環境等にかかわらず、その権利の擁護が図られ、将来にわたって幸福な生活を送ることができる社会の実現を目指して、社会全体としてこども施策に取り組むことができるよう、こども施策に関し、基本理念を定め、国の責務等を明らかにし、及びこども施策の基本となる事項を定めるとともに、こども政策推進会議を設置すること等により、こども施策を総合的に推進することを目的とする。
（定義）
第2条　この法律において「こども」とは、心身の発達の過程にある者をいう。
２　この法律において「こども施策」とは、次に掲げる施策その他のこどもに関する施策及びこれと一体的に講ずべき施策をいう。
　一　新生児期、乳幼児期、学童期及び思春期の各段階を経て、おとなになるまでの心身の発達の過程を通じて切れ目なく行われるこどもの健やかな成長に対する支援
（基本理念）
第3条　こども施策は、次に掲げる事項を基本理念として行われなければならない。
　一　全てのこどもについて、個人として尊重され、その基本的人権が保障されるとともに、差別的取扱いを受けることがないようにすること。
　二　全てのこどもについて、適切に養育されること、その生活を保障されること、愛され保護されること、その健やかな成長及び発達並びにその自立が図られることその他の福祉に係る権利が等しく保障されるとともに、教育基本法（平成十八年法律第百二十号）の精神にのっとり教育を受ける機会が等しく与えられること。
　三　全てのこどもについて、その年齢及び発達の程度に応じて、自己に直接関係する全ての事項に関して意見を表明する機会及び多様な社会的活動に参画する機会が確保されること。
　四　全てのこどもについて、その年齢及び発達の程度に応じて、その意見が尊重され、その最善の利益が優先して考慮されること。

に、教職員が「児童の権利に関する条約」（表1−2−7）を理解することをあげている。生徒指導提要において子供の権利が明記されたことは、児童生徒の自発的で主体的な学びや育ちを支援することを目的に据えているといえる。そのため養護教諭が同条約を理解することは必須である。なお四つの原則は、「こども基本法」（2023〈令和5〉年4月施行）（表1−2−8）にも取り入れられており、養護教諭は、同法についても理解しておく必要がある。

6）養護教諭と教員の育成指標

　学び成長し続ける養護教諭の指針として、「公立の小学校等の校長及び教員としての資質の向上に関する指標の策定に関する指針」[28] いわゆる教員の育成指標がある。2022（令和4）年

に改正されたこの指針は、教師に共通的に求められる資質能力を、①教職に必要な素養、②学習指導、③生徒指導、④特別な配慮や支援を必要とする子供への対応、⑤ICTや情報・教育データの利活用の五つとして示している[28]。これに基づき各都道府県では、教諭ならびに養護教諭の育成指標を作成し公表している。養護教諭を目指す学生は、卒業時と初任の育成指標を自己の到達目標の一つとして理解しておく必要がある。

7) 養護教諭と青少年のポジティブな成長を支える理論

次に、現在の健康理論、青少年の心身の健康を考える視点から養護教諭の役割について述べる。

日本の青少年は諸外国と比べ、自分自身に満足していたり自分に長所があると感じていたりする者の割合が最も低い[29]。また、自分に長所があると感じている者の割合は過去の調査に比べ低下している[29]。この課題を解決し未来を担う健康的な青少年を育てるためには、問題に着目するのではなく、彼らの強みを伸ばす教育の在り方が必要となる。これまで思春期の子供の発達は、薬物や性行動、暴力、自傷・自殺、事故などの問題行動と心理社会的要因とが着目され、ネガティブな面からの研究が多かった[30]。しかし現在では、青少年は、積極的かつ健康的に成長する力を持つ存在として捉えられるようになってきた[30]。近年ではこの青少年の強みを捉えた概念として、発達資産とPositive youth development（以下、PYD）が着目されている。この概念は、積極的、健康的に成長する児童生徒を援助する際に重要となる。

発達資産は、人の外的資産と内的資産から構成される[31]。外的資産とは、教育や健康面でのよりよい発達を促す環境的力であり、家庭や学校、社会による支援、ルールと他者による期待、学習者への励まし、多様な学習や参加のチャンスなどがある[31]。内的資産とは、人が持つ内面的な力であり、学習の習慣や意欲、思いやりや責任感、正義感という価値観、自尊心、夢や希望という肯定的な自己イメージ、人間関係の力などがある[31]。子供が発達資産を多く獲得すれば、好ましい積極的な発達をする可能性が高くなること、発達資産が多いほど他者を大切にしたり支援したり、意欲的になったりすること、青少年の発達によって地域社会も活発化されることが報告されている[31]。つまり、子供のよりよい成長を促すため、養護教諭は、児童生徒の発達資産を豊かにするような援助が必要となる。

また、青少年の前向きに成長する力とその資産に焦点をあてた概念にPYDがある。PYDは、青少年は成長する資産と可能性を持っているという強みに基づいた概念である[32]。このPYDの重要な指標に5Csのモデルがある。5Csとは、Competence（社会的、認知的、職業的能力、学力など）、Confidence（自己効力感、自尊心など）、Connection（ポジティブな双方向性の社会関係など）、Character（文化の尊重、規範意識、道徳心など）、Caring（他者への共感など）である[30,33]。現在では、6番目のCとしてContribution（将来における自己、家族、地域社会への貢献）が加わり、六つのCは、青少年育成プログラムの肯定的な結果に関連し、成長する若者の特徴を表していると見なされている[32,34]。

養護教諭の職務や役割を考えるうえで、この発達資産とPYDの概念はとても重要となる。なぜならば、全ての児童生徒の成長を促すための援助を考えたとき、児童生徒の否定的側面に着目した問題対処型の援助は事後対応でしかなく、予防的、促進的な援助にはなり得ないからである。前述の生徒指導提要で示したとおり生徒指導とは、児童生徒が、社会のなかで自分らしく生きることができる存在へと、自発的・主体的に成長や発達する過程を支える教育活動で

ある[27]とされたことからも、教育の在り方は変化していることがわかる。養護教諭は、児童生徒が多くの内的、外的資産を蓄え、各自の持てる力を発揮するための援助を行う必要がある。

8）養護教諭の実践の現状と課題

　養護教諭が行う実践、すなわち養護実践は、児童生徒等の心身の健康の保持増進を図るために、養護教諭が目的を持って意識的に行う教育活動であると定義されている[18]。さらに言えば、養護実践は、教育学、保健学、医学、看護学、心理学、社会学など多様な学問領域を基盤としながら、保健室という場を活動の中心とし、成長する子供を対象とした健康課題解決のための援助方法である。しかし残念ながら、養護実践の検証は未だ道半ばである。養護教諭の活動の多くは、自らの経験あるいは他の養護教諭の経験に基づくものがほとんどであり、その経験を科学的に検証した成果（研究）の蓄積はほとんどない[35]。同様に、児童生徒に対する養護実践の成果の検証もあまり行われていない[36]。養護教諭は、多様な養護実践を行い児童生徒の健康課題の解決に貢献しているにもかかわらず、養護教諭の職務やその役割、成果に関する学問的な研究は未だ少ない。

　養護実践を検証、研究することは、子供たちの健康課題の解決はもとより、未来の社会や学校づくりに貢献できる。さらには、世界に類をみない日本の誇るべき養護教諭の実践を次代に継承することにつながる。そのため養護教諭は、子供のニーズを見極めたよりよい養護実践を行うことが重要となる。それとともに、養護教諭の養成、行政、実践に携わる者が、養護実践を経験知から形式知とし一般化し、養護の理論を構築し、養護教諭の専門性を高めていく必要がある。

まとめ

　養護教諭は世界に類をみない誇るべき教育職員である。養護教諭に求められる職務や役割は、時代のニーズに応じ変化しながらも、子供の成長を願い健康を保持増進するという本質は変わらない。不確実性が高く予測不能なVUCA時代と言われる今日、養護教諭が自らの養護観を養い、根拠に基づく養護実践を行い、養護実践を次代に継承してほしい。

引用・参考文献
1）新村出編：広辞苑　第六版、岩波書店、2008
2）厚生労働省：保育所保育指針　https://www.mhlw.go.jp/file/06-Seisakujouhou-11900000-Koyoukintoujidoukateikyoku/0000160000.pdf（2023年9月1日アクセス）
3）こども家庭庁：社会的養護　https://www.cfa.go.jp/policies/shakaiteki-yougo/（2023年9月1日アクセス）
4）日本養護教諭教育学会：養護教諭の専門領域に関する用語の解説集〈第三版〉、2019
5）フローレンス・ナイチンゲール著、湯槇ます、薄井坦子他翻訳：看護覚え書（第8版）─看護であること看護でないこと─、現代社、2023
6）フローレンス・ナイチンゲール著、早野ZITO真佐子翻訳：ナイチンゲールと「三重の関心」─病をいやす看護、健康をまもる看護─（ナイチンゲール生誕200年記念出版）、日本看護協会出版会、2021
7）森脇裕美子：教育学における養護の位置づけに関する考察─明治期を中心に─、教職課程研究、27、2017、25-43
8）杉浦守邦：養護教諭はどうしてこの名が付いたか、日本養護教諭教育学会誌、5(1)、2002、14-23
9）山梨八重子：明治期・大正期の教育学にみる「養護」概念の再考─「養護」の教育的意味に注目して─、日本教育保健学会年報、21、2014、45-58
10）岡田加奈子：第1部第1章　養護の本質と概念─養護とは─、岡田加奈子、河田史宝編著、養護教諭のための現代の教育ニーズに対応した養護学概論─理論と実践─、東山書房、2017、12-17
11）小倉学：改訂　養護教諭─その専門性と機能─、東山書房、1997

12) 高橋裕子：学校保健史における養護概念の一転換：昭和初期の大西永次郎の鍛練と養護の一体化論、天理大学学報、72(3)、2021、1-25
13) 有間梨絵：養護教諭の歴史に関する研究動向、東京大学大学院教育学研究科紀要、61、2021、409-418
14) 出井梨枝：第1部第1章　養護の本質、北口和美、出井梨枝編著、養護学概論―養護の本質を捉えた実践の創造―、ジアース教育新社、2020、10-50
15) 藤田和也：養護教諭実践論―新しい養護教諭像を求めて、青木書店、1985
16) 藤田和也：養護教諭が担う「教育」とは何か―実践の考え方と進め方、農山漁村文化協会、2008
17) 大谷尚子：第1章　養護の概念、大谷尚子、中桐佐智子編著、新養護学概論、東山書房、2012、15-25
18) 中安紀美子：養護教諭の「養護」とは何か、日本教育保健研究会年報、10、2003、47-54
19) ミルトン・メイヤロフ著、田村真、向野宣之訳：ケアの本質：生きることの意味、ゆみる出版、1987
20) 文部科学省：令和4年度学校基本調査、2022
21) 中日新聞Web：養護教諭増、9割超が「必要」　本紙調査、背景にコロナ対応の業務増、2023年1月1日版
https://www.chunichi.co.jp/article/610868（2023年9月1日アクセス）
22) 中央教育審議会：チームとしての学校の在り方と今後の改善方策について（答申）、平成27年12月21日
23) 文部科学省：「令和の日本型学校教育」の構築を目指して～全ての子供たちの可能性を引き出す、個別最適な学びと、協働的な学びの実現～（答申）、2021　https://www.mext.go.jp/b_menu/shingi/chukyo/chukyo3/079/sonota/1412985_00002.htm（2023年9月1日アクセス）
24) 中央教育審議会：子どもの心身の健康を守り、安全・安心を確保するために学校全体としての取組を進めるための方策について（答申）、平成20年1月17日
25) 文部科学省：養護教諭及び栄養教諭の標準的な職務の明確化に係る学校管理規則の参考例等の送付について（通知）、令和5年7月5日
26) 日本学校保健会：学校保健の課題とその対応―養護教諭の職務等に関する調査結果から―令和2年度改訂、日本学校保健会、2021
27) 文部科学省：生徒指導提要（改訂版）、2022
28) 文部科学省：公立の小学校等の校長及び教員としての資質の向上に関する指標の策定に関する指針
https://www.mext.go.jp/a_menu/shotou/kyoin/mext_01933.html（2023年9月1日アクセス）
29) 内閣府：子供・若者白書　令和元年版
30) 朝倉隆司：第4章第2節　心の発育発達、竹鼻ゆかり、三村由香里、徳山美智子他編著、新版学校保健―チームとしての学校で取り組むヘルスプロモーション―、東山書房、2022、135-149
31) 立田慶裕、岩槻知也編著：家庭・学校・社会で育む発達資産、北大路書房、2007
32) Lerner, R., Lerner, J., et al.：The Positive Development of Youth: Comprehensive Findings from the 4-H Study of Positive Youth Development. National 4-H Council, 2013
33) Phelps E., Zimmerman A., Lerner RM., et al.: The structure and developmental course of Positive Youth Development (PYD) in early adolescence: Implications for theory and practice. Journal of Applied Developmental Psychology 30, 2009, 571-584
34) Daniel TL Shek D., Dou D., Zhu X., et al.: Positive youth development: current perspectives. Adolescent Health, Medicine and Therapeutics 18, 2019, 131-141
35) 古田真司：Ⅱ本報告書の活用方法について、日本教育大学協会全国養護教諭部門研究委員会報告書　科学的根拠（エビデンス）に基づく養護教諭の職務に関するガイドライン作成に向けての文献研究、2019、4-7
36) 古田真司：養護教諭の研究発表を「論文」につなげる「学会発表で終わりにしない学会へ」、養護実践学研究、3（Suppl.）、2020、8-9

コラム　養護実践を記録・言語化し、次代につなぐ

　養護教諭の職務は感染症対策から始まった。明治時代にトラホームが大流行した際、養護教諭の前身である学校看護婦は、児童生徒の洗眼や手洗いなどを行い、トラホームの予防や拡大防止に大きく貢献した。新型コロナウイルス感染症がパンデミックとなった21世紀の現在においても、養護教諭は学校の感染症対策の第一線で活躍した。また、コロナ禍において、日本は感染症対策として、マスクの装着や手洗い、ソーシャルディスタンスの保持、自粛生活などを徹底して行ってきた。この対策が日本でスムーズに受け入れられた背景には、長年にわたる保健管理や保健教育による学校

保健の取り組みの蓄積と、それをけん引してきた養護教諭の役割に依るところが大きい。養護教諭の果たした役割は「保健室登校」や「健康相談活動」という言葉がつくられたことからもわかる。

しかし残念ながら、学校看護婦や養護訓導の時代に彼女たちが行ってきたすばらしい実践は、記録としてあまり残っていない。わずかにある養護教諭自身が自らの実践を記した書籍には、葛西タカの『養護室記録』（1943年）[1]と小山安江の『養護訓導の記録』（1944年）[2]がある。いずれの書も、頭瘡・虱（かしらかさ・しらみ）、欠食、トラホーム、教員の結核など、当時の健康課題と、けがの手当て、腹痛、身体検査、清潔や栄養に関する指導、性教育など今日にも通じる課題における養護教諭の対応が、彼女らの養護観をふまえた実践の記録として書かれている。

21世紀となり児童生徒の健康課題が多様化複雑化する現在において、養護教諭は、多職種と連携しながらすばらしい成果を残している。この実践を次代に引き継ぐためには、実践を記録・言語化し、社会に発信していくことが必要である。

引用・参考文献
1）葛西タカ：養護室記録、長崎書店、1943
2）小山安江：養護訓導の記録、泉書房、1944

第2章
養護教諭の歴史

1 養護教諭制度の変遷

　養護教諭は学校に専任で常駐する日本独自の教育職であり、職務内容や求められる役割は歴史的変遷により変化してきた。その始まりは明治後期に雇用された学校看護婦にあり、1941（昭和16）年に公布された国民学校令によって養護訓導となり、1947（昭和22）年に公布された学校教育法によって養護教諭となった。

　養護教諭の歴史は国の要請により制度として職務が定められたとする見方がある一方で、子供たちの健康課題に直面するなかで養護教諭が自律的に実践を行なってきたという見方もある。つまり養護教諭の歴史的変遷をみる際には制度史として養護教諭がどのように位置づけられてきたのかということと、実践史として養護教諭がどのような実践を行なってきたのかという両面からみる必要がある。本節では学校看護婦から養護訓導を経て養護教諭となるまでの養護教諭制度の沿革を示す（p.27-28、表2-1-1参照）。なお、本文中に資料を引用する際には原文のカタカナ表記はひらがな表記に置き換えた。

1）学校看護婦としてのスタート

　養護教諭のはじまりはトラホーム[*1]対策として学校に派遣された学校看護婦とされる[1)2)]。1894（明治27）年の日清戦争、1904（明治37）年の日露戦争後にトラホームが全国的に流行した。トラホームは子供にも蔓延し授業が成立しない状況へと進展し[1)4)]、国は就学率を向上させるために、子供のトラホームの蔓延を防がなければならない状況にあった。そこで文部省（現文部科学省）は1908（明治41）年に学校において、技術を練習した一定の職員が学校医の指揮のもとで点眼治療することは差し支えないと通牒（通達）を出し[5)]、これに伴い学校看護婦は学校医の指導のもとに、洗眼・点眼にあたりトラホームの減少に貢献した[1)]。文部省が通牒を出す以前から新潟県、香川県、三重県など多くの府県では独自の規則または訓令をもって、トラホーム対策を行なっていた[1)2)4)]。なかでも岐阜県が取った対策に注目したい。岐阜県は文部省が通牒を出す以前から、トラホームの洗眼治療を学校内で行うための非常勤・巡回制看護婦として雇用し成果をあげていた[1)2)]。1905（明治38）年から、岐阜県羽島郡竹ヶ

---

*1　トラホーム
　　トラコーマは Chlamydia trachomatis の反復感染により生じる結膜炎である[3)]。結膜の充血・肥厚を形成し、慢性化すると角膜が混濁し視力の低下や失明を引き起こす。1980年代後半以降わが国に蔓延し、失明原因の一つとしてあげられたが、近年では新規患者はほぼ確認されていない[1)3)]。当時はドイツ語読みでトラホームと呼ばれていたが、現在は英語読みでトラコーマと呼ばれる。本文ではトラホームと表記する。

鼻尋常高等小学校と笠松尋常高等小学校、1906（明治39）年に岐阜市高等小学校（のちに京町小学校）に学校看護婦を雇い入れた。竹ヶ鼻小学校ではトラホームの罹患率は66.4%から42.6%、笠松小学校では34.7%から24.6%となり1年間で成果があることが示され、派遣は1年間で中止された[1)2)]。

一方、岐阜市高等小学校では初代学校看護婦の荒垣敏子のあとを受けて、1908（明治41）年に岐阜市立病院から広瀬ますが学校看護婦として派遣された。広瀬は、翌1909（明治42）年より岐阜市の嘱託の身分になり、日本初の公費負担の専任学校看護婦として、同校に28年間勤務した。広瀬はトラホームの対応のみならず、身体検査、校内傷病者の手当、傷病・欠席児童の家庭訪問、採光・換気等の環境衛生の管理も行い、子供の保健活動のために尽力した[1)6)]。1912（明治45）年に大阪府堺市は5名の学校専属の学校看護婦を採用し、市内小学校8校、幼稚園2園を巡回させた。さらに学校医の監督のもとでトラホームの洗眼・治療、救急処置、身体検査補助、学校行事への付き添い等の業務にも従事させた[1)]。つまり、学校看護婦は国の制度が先に成立したのではなく、トラホームに罹患した子供への対応から、子供の健康課題に応じて職務が拡大していくなかで、設置・発展したと言える。

コラム　トラホームから子供を守る—広瀬ますの活動—

岐阜県教育委員会は、広瀬ます氏を題材に、道徳の副読本「ぎふにすだつ心」を作成している。広瀬が子供の健康を守るためにトラホームの対応に尽力した様子がわかる一節を紹介する。

今のように衛生思想がゆきわたっていなかったので、生徒の中にはトラホームにかかっている者が多かった。これを見たますは、先ず子どもの目の治療から手をつけようと、全校トラホーム患者の洗眼（原本には洗顔）を始めた。初めて出来た衛生室であったので、充分な道具も薬も揃っていないため、時々自分のお金をこっそり出して、薬を買ったり、脱脂綿をととのえたりして、足らないところを補っているありさまであった。然し、このようにして学校で洗眼をしてせっかくよくなったと思っても、家へ帰ると、うち中共同の手拭を使用しているありさまで、再び家の人から病気がかえってきたり、手術をしたら治ると思われる者も貧しさのため手術の費用が出せなかったり、いろいろな問題にぶつかった。その時ますは子どもの家を一軒一軒訪問し、よく話して聞かせたり、貧しい人には治療代をそっとおいて来たりした。ますの愛情あふれた手当は、子どもだけでなく、だんだんその家族の人々の感謝の的になっていった。

引用・参考文献
1) ぎふにすだつ心、岐阜市教育委員会、1958、9-10

1920（大正9）年に学校医職務規程が改正され学校医の職務に病者、虚弱児、精神薄弱者等の監督看護が追加されると、嘱託学校医だけでは子供に対応できなくなった。そこで、1922（大正11）年に第7回全国学校衛生主事会議答申で「学校看護婦を設置すること」が示された。答申を受けて、学校に常駐して学校医と家庭をつなぐ等の学校衛生全般に従事する学校看護婦が増加し、職務内容もトラホームの治療補助的な役割から児童養護へと拡大していった[1)7)]。1912（明治45）年に9人であった学校看護婦は1922（大正11）年には111人、1924（大正13）年には316人、1928（昭和3）年には1,199人と増加した[8)]。しかし、その職務内容は、自治体

の規程により大きく異なっていた*2。

　文部省は1923(大正12)年7月、学校看護婦の増加に対応して、その職務基準を明確にするために「学校看護婦執務指針」(文部大臣官房学校衛生課)を発表した。「学校看護婦執務指針」では、学校看護婦の執務は学校内執務と学校外執務に分けて示された。指針には学校内執務は学校医が執務する日はその指示を得ること、そうでないときは独断で実行することがないよう心がけることと書かれ、学校看護婦は学校医の補助者という位置づけであった。学校内執務の9項目は「設備衛生の視察、児童の視察、教授の視察、体育運動の視察、病気の治療及び診察設備の整理、身体検査の補助、衛生教育の補助、学校給食の介助、調査事務及び講話の補助」であり、学校外執務の3項目は「家庭訪問、家庭訪問に関する注意、運動会・遠足・郊外教授の勤務」であった[9]。

　1929(昭和4)年に「学校看護婦ニ関スル件」(文部省訓令第21号　昭和4年10月)が公布された。これはわが国で初めての学校看護婦に関する訓令で、主に学校看護婦の職務内容を規定していた。前文には、学校衛生に関しては学校医が主に従事するが、幼弱な子供が通う幼稚園、小学校には学校看護婦がその職務を補助して、一層の養護の徹底を図ることが記された。訓令をみると、疾病の予防、救急処置、身体検査、環境衛生から、監察を要する児童の保護や家庭訪問をして疾病の異常がある者の治療を勧告したり、必要時には医療機関に同伴したり、眼鏡の調達等の世話をしたりすることが記され、現在の養護教諭の職務に通じる内容が読み取れる。しかし訓令には学校看護婦は学校長、学校医、関係職員の指示を受けて従事するとあり、学校看護婦は教職員、学校医の職務を補助する立場であった。

学校看護婦ニ関スル件

（文部省訓令第21号　昭和4年10月29日）抜粋

　近時学校衛生ノ発達ニ伴ヒ之ニ関スル各種ノ施設漸ク其ノ普及ヲ見ルニ至レルハ児童生徒ノ健康増進上洵ニ慶ブベキコトナリトス惟フニ学校衛生ニ関シテハ学校医主トシテ之ニ従事スト雖モ就中幼弱ナル児童ヲ収容スル幼稚園、小学校等ニ於テハ学校看護婦ヲシテ其ノ職務ヲ補助セシメ以テ周到ナル注意ノ下ニ一層養護ノ徹底ヲ図ルハ極メテ適切ナルコトト云フベシ

　而シテ学校看護婦ノ業務ハ衛生上ノ知識技能並ニ教育ニ関スル十分ナル理解ヲ必要トスルヲ以テ之ニ對シテハ特殊ノ指導ヲナサザルベカラズ然ルニ未ダ規準ノ拠ルベキモノナク為ニ往々業務ノ実行上不便アルノミナラズ延イテ該事業ノ発達上支障無キヲ保シ難キハ甚ダ遺憾ナルコトト云ワザルベカラズ

　地方長官ハ叙上ノ趣旨ニ鑑ミ左記事項ニ準拠シ夫々適当ノ方法ヲ講ジ以テ学校衛生上ノ実績ヲ挙グルニ力メラルベシ

一　学校看護婦ハ看護婦ノ資格ヲ有スルモノニシテ学校衛生ノ知識ヲ修得セル者ノ中ヨリ適任者ヲ採用スルコト但シ教育ノ実務ニ経験アルモノニシテ学校衛生ノ智識ヲ修得セル者ヲ採用スルモ妨ゲナキコト

二　学校看護婦ハ学校長、学校医其ノ他関係職員ノ指揮ヲ受ケ概ネ左ノ職務ニ従事スルコト

イ　疾病予防、診察ノ介補、消毒、救急処置及診療設備ノ整理並ニ監察ヲ要スル児童ノ保護ニ関スルコト

ロ　身体検査、学校食事ノ補助ニ関スルコト

---

*2　明治後半以降、学校看護婦は地域の必要性に応じてさまざまな形態で発展をした。そのため執務規程・心得は地域独自に作成されていた。また名称も学校看護婦ではなく学校衛生婦、学校養護婦を用いている地域もあった。先駆的な取り組みをしていた大阪市は1922(大正11)年に学校看護婦をそれまで主流だった巡回型ではなく、学校職員としての1校1名配置とし名称も学校衛生婦とした。この制度ははじめ6校から開始されたが、1927(昭和2)年には全校配置(214校)を終えた[1)2)8)]。この1校1名配置制度を今日の養護教諭に直結するものと考える研究者も多い[9)]。

ハ	身体、衣服ノ清潔其ノ他衛生訓練ニ関スルコト
ニ	家庭訪問ヲ行ヒテ疾病異常ノ治療矯正ヲ勧告シ又ハ必要ニ応ジテ適当ナル診察機関ニ同伴シ或ハ眼鏡ノ調達等ノ世話ヲ為シ尚病気欠席児童ノ調査、慰問等ヲ為スコト
ホ	運動会、遠足、校外教授、休暇聚落等ノ衛生事務ニ関スルコト
ヘ	学校衛生ニ関スル調査並ニ衛生講話ノ補助ニ関スルコト
ト	校地、校舎其ノ他ノ設備ノ清潔、採光、換気、暖房ノ良否等設備ノ衛生ニ関スルコト
チ	其ノ他ノ学校衛生ニ関スルコト
三	学校看護婦執務日誌其ノ他必要ナル諸簿冊ヲ学校ニ備フルコト
四	幼稚園其ノ他ノ教育機関ニ於テモ本訓令ニ準拠スルコト
五	本訓令ノ実施ニ関シ必要ナル事項ハ地方長官ニ於テ適当ニ之ヲ定ムルコト

2）学校看護婦から養護訓導へ

　1929（昭和4）年に「学校看護婦ニ関スル件」によって、学校看護婦の職務内容に関してはある程度の統一が図られたが、資格・身分・待遇についての規定はなく曖昧であった。そのため学校衛生婦令案（1933〈昭和8〉年）や学校養護婦令案（1938〈昭和13〉年）が起草されるが、政治の混乱等によって制定には至らなかった[1]*3。

　1938（昭和13）年の学校制度の全面的改訂を目的に設けられた教育審議会答申「国民学校、師範学校及幼稚園ニ関スル件」の国民学校ニ関スル要綱の第9項には、心身一体の訓練を重視して児童の養護、鍛錬に関する施設および制度を整備拡充すること、学校衛生職員に関する制度を整備することが示された[10]。この答申を受けて国民学校令施行規則第1条第4項には「心身を一体として教育し教授、訓練、養護の分離を避くべし」と記された。これにより「養護」が学校教育の内容であることが承認され、教科そのものではないが、教科の延長であると解釈されるようになった。また、教科を扱うのが訓導であるならば、養護を扱う職員も訓導の身分を持つべきであるとされた[11]。1929（昭和4）年には1,438人であった学校看護婦は1940（昭和15）年には約5,900人になった[8]。

　1941（昭和16）年には国民学校令（勅令第140号）[12]が公布され、国民学校に養護訓導を置くことができること、養護訓導の職務として児童の養護を掌ることが明記された。これにより「学校看護婦」は「養護訓導」となり教員として処遇されることになった。養護訓導になったことは、それまでの学校看護婦としての実績が評価されたことと、自らの地位の安定を求めて学校看護婦が職制運動を展開した成果でもあった[11]。

小学校令改正（抄）国民学校令[12]

（勅令第140号　昭和16年3月1日）抜粋

第15条　国民学校ニハ学校長及訓導*ヲ置クベシ　国民学校ニハ教頭、養護訓導及准訓導ヲ置クコトヲ

---

*3　学校衛生婦令案（昭和8年）起草の際には名称についても議論された。学校衛生婦の名称が使用されている地域があること、業務の本質が衛生であること、看護婦の資格がない者で適任者を採用する場合もあることから学校衛生婦と呼ぶのがふさわしいとの議論があった。学校養護婦令案（昭和13年）起草の際には学校看護婦は教育職員であることを明確にするために養護を使用することが採用された。理由の一つ目は昭和12年の身体検査規程改正により要養護者の養護に重点が置かれたことである。二つ目は昭和13年に感染症対策が厚生省に移管された際に、学校医・歯科医・学校看護婦の指導助成、学校給食と子供の養護に関する事項は、学校教育と不可分の関係があるとして文部省管轄に残されたことである[1]。

> 得^{**}
> 第17条　訓導及養護訓導ハ判任官ノ待遇トス　但シ学校長又ハ教頭タル訓導ハ奏任官ノ待遇ト為スコトヲ得
>
> 　訓導ハ学校長ノ命ヲ承ケ児童ノ教育ヲ掌ル養護訓導ハ学校長ノ命ヲ承ケ児童ノ養護ヲ掌ル
>
> 　准訓導ハ学校長ノ命ヲ承ケ訓導ノ職務ヲ助ク
>
> ＊訓導は、現行の教育法令でいう教諭と同等の職
> ＊＊置クコトヲ得　置くことができる
>
> （波線筆者）

　また、1943（昭和18）年には国民学校令が改正され、養護訓導は必置制となった。国民学校令中改正の件には、その理由を養護訓導はその設置を任意としていたが、国民の保健増進および体力の向上の助けとするために必置とすると書かれている。しかし、この時点では全国全ての学校に養護訓導を配置するのは実現不可能と判断され、当分の間は養護訓導を置かないことができるとの附則が挿入された[13]。

　以上示してきたように、国民学校令において養護訓導が教育職員として位置づけられたことは大きな変化であった。しかし、国民学校令の第１条に「国民学校は皇国の道に則りて初等普通教育を施し国民の基礎的錬成を為すを以て目的とす」とあるように国民学校は、教育の全般にわたって皇国の道を修錬することを目指し[14]、養護訓導も皇国民（天皇の統治する国の民）としての錬成や体格の向上の一環として設置されていた。

> **国民学校令改正**
> 　　　　　　　　　　　　　　　　　　　　　　　　（勅令第199号　昭和18年３月27日）抜粋
> 第15条１項　国民学校ニハ学校長、訓導及養護訓導ヲ置クベシ
> 附則　養護訓導ハ当分ノ内第15条１項ノ改正規定ニ拘ラズ之ヲ置カザルコトヲ得

　1942（昭和17）年には「学校看護婦ニ関スル件」を廃止し、「養護訓導執務要項」が制定された。「学校看護婦ニ関スル件」では学校看護婦は職務全般について学校長、学校医その他の教職員の指揮を受けるように記されていた。しかし「養護訓導執務要項」では養護訓導は医務に関してのみ学校医、学校歯科医の指導を受けることとされ、その他の執務は自律的に職務を遂行できることが示された。第１条には「養護訓導は常に児童心身の状況を査察し、特に衛生の躾、訓練に留意し児童の養護に従事すること」とある。躾、訓練の言葉が使われていることから、児童生徒への教育的任務が重視されていたことが読み取れる。執務内容は身体検査、学校設備の衛生、学校給食と児童の栄養に関する事項、健康相談、疾病の予防、救急看護、学校歯科、要養護児童への特別養護、その他児童の衛生看護の９項目が明記された。さらに必要であれば家庭との連絡を取ることに加えて、「学校看護婦ニ関スル件」では示されなかった、執務を行うにあたり他の職員と十分な連携を図ることが示された。

> **養護訓導執務要項**
> 　　　　　　　　　　　　　　　　　　　　　　（文部大臣訓令第19号　昭和17年７月）抜粋
> 　皇国民ノ基礎的錬成ヲ為ス国民学校ニ於テハ児童ノ衛生養護ヲ完ウシ体位ノ向上ヲ図ル為養護訓導ノ制度ヲ設ケタリ　養護訓導ノ職務ニ関シテハ国民学校令ニ於テ規定セラレアルモ今般養護訓導執務要項ヲ左ノ通定メ其ノ職務遂行ニ遺憾ナカラシメントス

一、養護訓導ハ常ニ児童心身ノ情況ヲ査察シ特ニ衛生ノ躾、訓練ニ留意シ児童ノ養護ニ従事スルコト
二、養護訓導ハ児童ノ養護ノ為概ネ左ニ掲クル事項ニ関シ執務スルコト
 イ、身体検査ニ関スル事項
 ロ、学校設備ノ衛生ニ関スル事項
 ハ、学校給食其ノ他児童ノ栄養ニ関スル事項
 ニ、健康相談ニ関スル事項
 ホ、疾病ノ予防ニ関スル事項
 ヘ、救急看護ニ関スル事項
 ト、学校歯科ニ関スル事項
 チ、要養護児童ノ特別養護ニ関スル事項
 リ、其ノ他児童ノ衛生養護ニ関スル事項
三、養護訓導ハ其ノ執務ニ当リ常ニ他ノ職員ト十分ナル連絡ヲ図ルコト
四、養護訓導ハ医務ニ関シ学校医、学校歯科医ノ指導ヲ承クルコト
五、養護訓導ハ必要アル場合ニ於テハ児童ノ家庭ヲ訪問シ児童ノ養護ニ関シ学校ト家庭トノ連絡ニカムルコト
附則
昭和4年文部省訓令第21号学校看護婦ニ関スル件ハ之ヲ廃止ス

コラム 養護教諭の観察力——小山安江の活動——

　養護訓導の職務の様子が綴られている『養護訓導の記録』から、子供と養護訓導のやりとりの一場面を紹介する。養護教諭の子供をみる観察力と担任と連携をしながら子供の健康を支援する様子は、現在の職務へとつながる光景である。

　「どこが……。」私は気持ち悪いと言う子の額に手を当てて見た。子供達が気持ち悪いと言うのは一番解りにくくて困るのである。彼等の解釈では、頭が痛くてもお腹が痛くても扁桃腺がはれても気持ちが悪いのである。「どこが気持ち悪いの」と重ねて訊ねると、その子は「キ・モ・チ・ワ・ル・イ」と蚊のような声でハァーッと吐息をつき、ひと言ひと言に身をくねらせ、ハンカチをクチャクチャと歯で噛んでいてどこだか解らないと言う。……ところが翌日も同じ時間に、また付き添いをつれてやってきた。これはおかしいと、私は色々と尋ねてみるのだが、要領をえない。授業がいやで、抜け出すのかしらと思ってみたが3年生位だし、それ程ずるい心はないだろう。……こうして4、5回衛生室へ姿を見せたある日、私は受け持ちの先生に相談に行った。「随分前からのことなんですよ。この頃はだから体操も休ませるようにしている始末よ。」S先生も同じ気持ちである。「胃が悪いように思うので、一度医者に診て貰うように親御さんに話してみたらどうでしょう。」と切り出すと、早速いってみますと快く引き受けてくださる。先生の話を総合的に見ると、裕福な家であるが、母親が何か子供の養育については別に関心がないらしいとの事であった。多分子供の要求するものを与え、食べないものはそのままにしているため、おそらくはひどい偏食の結果であろうとの想像がつく。……その翌日から子供は衛生室に来なくなった。2、3日してS先生は「やっぱし偏食からきた胃病だそうよ。お医者にも通っているわ。」2週間ばかりして私はまたS先生に子供のことを聞いてみた「子供って本当に現金ね。この頃はすっかりよいのか、元気に体操もするし、動作も言葉もハッキリしてきた。」と言う。

引用・参考文献
1）小山安江：養護訓導の記録、泉書房、1944、135-140（「胃病の子」より文章の一部を抜粋しながら概要を掲載）

3）終戦後の復興と養護教諭

　終戦後は食糧不足と戦時中の過重労働、非衛生的な環境や医療施設の荒廃により国民の健康状態はまさに危機的様相を示していた。子供の健康課題としても栄養状態の悪化による成長への影響、寄生虫病や結核をはじめとする感染症があげられ、それらへの対応は急務であった。1946（昭和21）年に「学校衛生刷新ニ関スル件」（文部省体育局長通達、昭和21年2月）が出され、学校における衛生教育の徹底、臨時身体検査の実施、学校給食の再開、巡回歯科診療の実施に加えて、学校保健を担う養護訓導の緊急な増員が勧告された。そこで国は各都道府県に養護訓導養成講習会を開催させ、養護訓導を大量に養成した[15]。

　1947（昭和22）年に国民学校令が廃止され、学校教育法が制定され養護訓導は養護教諭に改められ、「養護教諭は児童生徒の養護を掌る」と規定された（学校教育法第28条第5項および第40条）。また、小、中、盲・聾・養護学校には養護教諭を置かなければならないとされたが、有資格者の不足から当分の間、養護教諭を置かないことができるという条文が加えられ（学校教育法第28条第1項および第103条）現在もそのまま残されている。1949（昭和24）年には教育職員免許法が公布され養護教諭の養成コースが定められた。しかし、教諭が大学教育により養成されたのとは異なり、養護教諭は看護婦の資格を持つことが条件とされた。その後1953（昭和28）年に教育職員免許法が改正され、看護婦の免許を必要としない養護教諭養成コースが新設された。

　1949（昭和24）年に出された「中等学校保健計画実施要領（試案）」（小学校編は1951〈昭和26〉年に発行）には、子供たちの健康を推進するためには保健計画をたてること、校長、教諭、学校医・学校歯科医、保健主事、養護教諭それぞれの責任分担を決めて保健事業を行うことが示された。また、学校保健委員会を設けて、保護者を含めた学校以外の関係機関の協力を求めることも提案された[16]。保健主事の設置や学校保健委員会の設置により、学校保健活動を組織的に行うとした意義はあるものの、養護教諭の職務として整理された15項目をみると、援助、協力、補助、助言等の補助的な役割が多く示され、養護訓導執務要項と比べて養護教諭の主体的な役割が後退したと読み取れる。

中等学校保健計画実施要領（試案）

（文部省　昭和24年11月18日）抜粋

第4章　学校保健事業
第1節　学校保健事業の編成及び管理
（5）　養護教諭―学校保健計画におけるその職務
　養護教諭は学校教育法第28条第5項に従って生徒の看護及び保護を受けもつものとする。その職務は次の如くである。
1．学校保健事業に対する方策と計画を発展させ遂行させる助けをする。
2．学校身体検査の準備をし、かつ実施を援助する。
3．学校医・学校歯科医・教職員等と協力して、身体検査の結果の処理を計画し、実行する。
4．学校医の指導の下に伝染病の予防について補助する。
5．安全計画を実施するために具体案を立てかつ突発事故による障害、急病、その他救急処置に助力する。
6．学校給食については、炊事場の清潔と維持、調理場の清潔、給食準備の際の清潔、食物の栄養と衛生について助言を与える。

7．安全で、健康的で、み力に富んだ学校環境の設置基準を精細に承知し、この基準に達しかつそれを維持できるよう実際的な援助と助言を与える。
8．学校健康相談の準備をし、その実施を援助する。
9．健康教育に協力する。
　（1）　正課の健康教育において。
　（2）　必要に応じて行う健康教育において。
　（3）　健康教育に必要な資料と情報の獲得について。
10．健康に関する記録を整備し、この資料を有効に活用するよう教師に助言を与える。
11．教職員の健康保持のため必要な助言を与える。
12．学校保健事業を評価するため資料と情報を入手したり解釈したりする助けをする。
13．教師・生徒及び両親との接触によって知悉した事項が、学校の環境の健康的調整に関係があると認められた時は、その旨、学校長及び学校医に報告し、その解決に助力する。
14．教職員が利用し得るよう地域社会に現存する保健及び社会的資料に関する情報を確実に収集しておく。
15．必要に応じ、生徒の家庭訪問をなし、保健指導について助言を与える。

コラム　教育者としての養護教諭―千葉タツの活動―

　有間は学校看護婦から養護訓導、養護教諭を経験してきた千葉タツ（1899～1979）に注目し、その経歴と戦後教育改革における制度作成や民間情報教育局との接点を整理し、千葉の養護教諭論を明らかにしている。以下、論文より一部を抜粋しながら概要を紹介する。

　戦後の養護教諭は養護訓導からの単なる改称に見えるかもしれないが、占領下ではその役割が大きく問い直された。戦後の占領下で制度改革を担っていたオルトは「看護は一つ」との改革構想のもと、スクール・ナースとしての成立を求め、養護訓導は「学校看護婦」に回帰する可能性があった。千葉タツは養護教諭としての実践者でありながら、日本学校衛生会養護部初代部長やさまざまな委員を歴任した人物である。千葉とオルトの間では養護教諭の位置づけをめぐって論戦があったという。千葉はアメリカ学校保健視察を得て日本の衛生知識の欠如が課題であると認識し、補助的なスクール・ナースではなく、「衛生思想」「衛生知識」を向上させるために養護教諭が教育職として位置づくべきであると主張した。

　有間は「千葉は、実践者でありながら戦後学校保健のオピニオンリーダーとなり、教育者としての養護教諭の姿を提示した」とし、「教育職という身分は国民学校令の成立によって『受動的』に与えられたものだと指摘されるにとどまっていたが…（中略）…実践者が教育職として養護教諭に存在意義を見出し、積極的に位置づけていたことを確認した」と考察している。

引用・参考文献
1）有間梨絵：戦後教育改革期における千葉タツの養護教諭論　学校保健の主体者としての養護教諭、学校保健研究、61(2)、2019、87-95

4）昭和30年代から昭和40年代の養護教諭

　1958（昭和33）年に学校保健法が制定され、全国的に体系的な学校保健活動を実施する基礎が示された。しかし、養護教諭の職務について、1949（昭和24）年「中等学校保健計画実施要領（試案）」以降、公に明記されたものはなく、養護教諭の学校教育における位置づけやその

職務については十分には示されていなかった。

　学校保健法が制定された14年後の1972（昭和47）年に、保健体育審議会答申「児童生徒等の健康の保持増進に関する施策について」にて、養護教諭の役割が示された（p.29-30、表2−2−1参照）。内容は、専門的立場から全ての児童生徒の健康および環境衛生の実態を的確に把握すること、心身の健康に問題を持つ児童生徒の個別の指導にあたること、また、健康な児童生徒についても健康の増進に関する指導にあたること、一般の教員が行う日常の教育活動にも積極的に協力することであった。「中等学校保健計画実施要領（試案）」では養護教諭は補助的な役割が多く示されていたが、この答申では養護教諭の職務は主体的な活動として捉えられ、養護教諭の職務は「児童生徒の健康の保持増進にかかわる全ての活動」と解釈されるようになった。また、養護教諭の養成機関が多岐にわたっており、修業年限も幅があるとの答申の指摘を受けて、1975（昭和50）年には国立大学に4年制の養成課程が設置された。

2 子供の健康課題に応じた養護教諭の役割の変化

　養護教諭の職務はトラホームに罹患した子供への対応から始まり、全ての子供の健康保持増進にかかわる活動へと、子供の健康課題に応じて拡大し現在に至っている。それは昭和から平成、令和の時代においても同様である。本節では、1950年代以降に着目し、その時代背景や子供の健康課題に照らし合わせながら、養護教諭に求められた役割を述べる。論をすすめるにあたっては、四つの審議会答申を裏づけとする。取り上げる答申は1972（昭和47）年の保健体育審議会答申「児童生徒等の健康の保持増進に関する施策について」、1997（平成9）年の保健体育審議会答申「生涯にわたる心身の健康の保持増進のための今後の健康に関する教育及びスポーツの振興の在り方について」、2008（平成20）年の中央教育審議会答申「子どもの心身の健康を守り、安全・安心を確保するために学校全体としての取組を進めるための方策について」、2015（平成27）年の「チームとしての学校の在り方と今後の改善方策について」である（p.29-30、表2−2−1参照）。

1）高度成長期における健康課題

　第二次世界大戦で破壊的打撃を受けた経済は1950年代後半になると技術革新が進み、高度成長期を迎えた。また国民皆保険制度も整い、国民の生活水準の向上や医学の進歩により、戦後の結核等の感染症は急激に減少した。一方で、1960年代に入ると高度経済成長の歪みが健康に影を落とすようになった。大気汚染等の公害問題や生活習慣に関連して生じる疾病[*4]が増加した。子供の健康に目を向けると、体格は向上したものの体力が伴わない、視力低下やう歯の増加、肥満の増加、公害による健康被害が課題となった（図2−2−1）。これらの課題を受け、1972（昭和47）年の「児童生徒等の健康の保持増進に関する施策について」（答申）では学校保健の施策として、①健康診断の項目および方法の改善（児童生徒の健康診断〈尿検査、胸部

[*4] 当時は成人病と言われていたが1996（平成8）年に厚生省（現厚生労働省）は生活習慣病との名称に変えることにした。

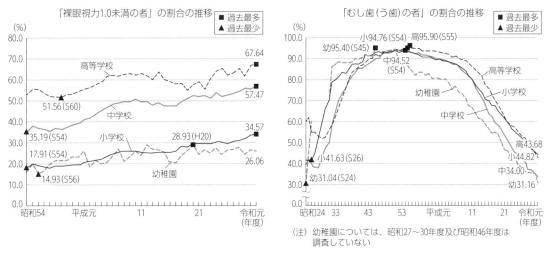

図2-2-1 「裸眼視力1.0未満の者」および「むし歯（う歯）の者」の割合の推移
出典）文部科学省：令和元年度学校保健統計

エックス線、心電図検査、体力に関する検査等の追加、肥満児に対する指導〉、就学時の健康診断〈実施項目の整理、肥満傾向児への留意〉、教職員の健康診断〈成人病に関する項目の追加〉）、②学校環境衛生の改善（施設設備の改善、学校環境衛生活動の推進）、③学校保健と公害対策（特別健康診断の実施、移動教室の実施、学校環境の緑化、光化学スモッグ対策）、④学校における保健管理体制の整備（学校保健計画の策定、学校保健委員会の設置の促進と運営の強化）があげられた。これらの施策を推進するために、養護教諭は子供の健康実態を把握して問題のある子供には個別に指導を、健康な子供には健康を増進させる指導を行うことが求められた。

さらに、これらの施策を推進するための保健管理体制において、養護教諭の役割について示された（p.29-30、表2-2-1参照）。

2）心理情緒面の健康課題の増加

1970年代後半になると、子供の心理的なストレスや人間関係の希薄化による情緒面の問題が注目されるようになった。

はじめに不登校の問題を述べる。1970年代後半になると、心理的・情緒的な原因により学校に行かない・行けない子供の存在[*5]が注目されはじめた。その後1980年代にかけて不登校は増加し続け、学校基本調査によると1977（昭和52）年には中学校で0.2%だった不登校の発生率は1990（平成2）年には0.7%に増加した[17]。

次にいじめの問題である。1970年代後半からいじめを苦にした自殺のニュースはあったものの、当時は校内暴力が大きな問題であったため、いじめの問題はあまり注目されなかった。しかし、校内暴力が鎮静化する1980年代から、学校でのいじめの問題がマスコミでも多く取り上げられて社会問題となった。そこで、当時の文部省は1985（昭和60）年から校内暴力に加えていじめの調査を開始した[18]。1986（昭和61）年に東京都中野区の中学2年生の男子が「このま

---

*5 当時は登校拒否、学校ぎらいと言われていた。1998（平成10）年からは不登校として調査するようになった。

まじゃ『生きジゴク』になっちゃうよ」と記した遺書を残し自殺をした。さらに担任も加わって葬式ごっこが行われていた事実が発覚し、大きなニュースとなった。不登校やいじめは時代によって定義や統計の集計方法が異なり、また社会的な注目度によっても認知件数に影響が出るため、推移をみる際には慎重になる必要があるが、1970年代以降に大きな社会問題となっていった[18]。

　また、1995（平成7）年には阪神・淡路大震災が起き、心的外傷後ストレス障害（PTSD）等の災害時の子供の心のケアの必要性が指摘された。

　このような背景のなか、1997（平成9）年に保健体育審議会「生涯にわたる心身の健康の保持増進のための今後の健康に関する教育及びスポーツの振興の在り方について」（答申）が出された。答申では近年の心の健康問題等の深刻化に伴い、学校におけるカウンセリング等の機能の充実が求められるようになってきていることに触れ、養護教諭の役割として、ヘルスカウンセリング（健康相談活動）の重要性が示された。この答申を受けて、1998（平成10）年に養護教諭の養成カリキュラムに養護に関する科目として「養護概説」および「健康相談活動の理論及び方法」が新設された。養護教諭が行う健康相談活動は心理カウンセリングとは異なり、養護教諭の職務の特質や保健室の機能を十分に生かして、心身の観察、問題の背景の分析、解決のための支援、関係者との連携を行いながら、心や体の両面への対応を行う健康相談活動とされた。

　1995（平成7）年には学校教育法施行規則の一部が改正され、教諭に限らず養護教諭も保健主事に充てることができるようになった。さらに、1998（平成10）年に教育職員免許法が一部改正され、養護教諭の免許状を有する者（3年以上の養護教諭の勤務経験がある者に限る）は、勤務する学校において「保健」の教科の領域に係る事項の教授を担任する教諭または講師になることができるようになった（兼職発令）。このことは、いじめ、不登校、薬物乱用、性の逸脱行動等の課題への対応に養護教諭の持つ専門的な知識や技能の活用が期待された表れとも言える。また、2000（平成12）年には学校教育法施行規則の一部改正により校長、教頭の資格の規制緩和が行われ、養護教諭の管理職への登用が可能となる等、学校教育における養護教諭の活躍の機会が広がっていった（p.27-28、表2-1-1およびp.29-30、表2-2-1参照）。

3）21世紀における健康課題の多様化

　2000年代に入ると子供の健康課題は、生活習慣の乱れ、いじめ、不登校、メンタルヘルスに関する課題、性の問題行動や薬物乱用に加えて、児童虐待、感染症、アレルギー疾患の増加、過度な運動やスポーツによる運動器疾患等が増加して、以前よりも多様化かつ複雑化していった。さらに、2001（平成13）年には大阪教育大学附属池田小学校に不審者が侵入し8名の児童が殺害される事件が起き、学校において一層の安全管理が求められるようになった。このような背景下で2008（平成20）年には中央教育審議会「子どもの心身の健康を守り、安全・安心を確保するために学校全体としての取組を進めるための方策について」（答申）が出された。答申では児童生徒の健康課題に対応するために、校長のリーダーシップのもと、全ての教職員で学校保健を推進するために組織体制の充実を図ることが提言され、教職員の学校保健における役割が示された。養護教諭の職務は保健管理、保健教育、健康相談活動、保健室経営、学校保健組織活動の5項目に整理された。さらに、養護教諭に期待する役割として、学校保健活動の

推進にあたり中核的役割、関係者との連携においてコーディネーター的役割、特別支援教育における役割、専門性を生かして保健教育に参画する役割、職務の特質を生かしていじめや児童虐待の早期発見・早期対応を図る役割等があげられた（p.29-30、表2－2－1参照）。この答申を受けて、2008（平成20）年6月に「学校保健法等の一部を改正する法律」が公布され、学校保健法は「学校保健安全法」に改称された。学校保健安全法第9条には「養護教諭その他の職員は、相互に連携して、健康相談又は児童生徒等の健康状態の日常的な観察により、児童生徒等の心身の状況を把握し、健康上の問題があると認めるときは、遅滞なく、当該児童生徒等に対して必要な指導を行うとともに、必要に応じ、その保護者（学校教育法第16条に規定する保護者をいう。第24条及び第30条において同じ。）に対して必要な助言を行うものとする。」と記され、養護教諭を中心とした関係教職員と連携した健康観察、健康相談、保健指導の充実が明記された。

4）グローバル化、情報化による子供の健康課題の複雑化

令和に入りグローバル化や情報化は一層進み、Society5.0に向けて社会が大きく変化し続けるなかで、子供の健康課題はさらに多様化、複雑化した。

身体面に注目すると、アレルギー疾患の増加、感染症への対応、医療的ケア児の増加等があげられる。特に、子供のアレルギー疾患の有病率が増加し、なかでも食物アレルギーでエピペン®（アドレナリン自己注射薬）を処方されている児童の割合は増加した（図2－2－2）。2012（平成24）年の食物アレルギーのある児童が給食でアナフィラキシーショックを起こし死亡する事故を教訓に学校におけるアレルギー疾患における取り組みの強化が求められるようになった。また、2009（平成21）年の新型インフルエンザの流行、2020（令和2）年の新型コロナウイルス感染症の流行は社会の在り方を一変させた。グローバル化に伴い、感染症が世界のどの地域で発生した場合でも、わが国に短時間で病原体が侵入する可能性が高くなっており、再興感染症、新興感染症の対応が一層求められるようになった。さらに医学の進歩によって医療的

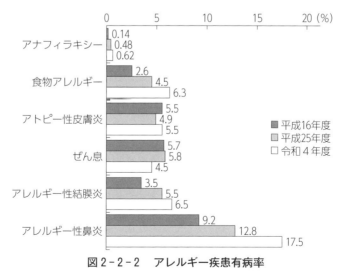

図2－2－2　アレルギー疾患有病率

出典）日本学校保健会：令和4年度アレルギー疾患に関する調査報告書、日本学校保健会、2023、16

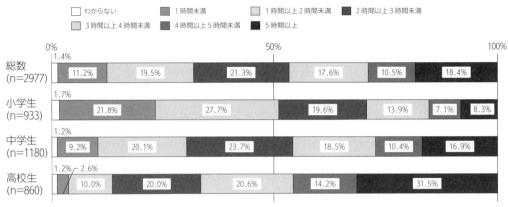

図2-2-3　青少年のインターネット利用環境
出典）内閣府：令和元年度青少年のインターネット利用環境実態調査、令和2年4月

ケア児は増加傾向にあり、2021（令和3）年の調査[19]では2万人を超えた。2021（令和3）年には「医療的ケア児及びその家族に対する支援に関する法律」が施行され、学校においても医療的ケア児が安全で安心して登校することができるよう体制整備を講じるようになった。

　今後は、急速な情報化に伴い、SNS（Social Networking Service）の過剰な使用による健康課題も懸念される。現に、平日1日あたりのインターネットの利用時間が3時間以上である高校生は6割である（図2-2-3）。スマートフォンを代表とするインターネット端末の普及は、生活リズムへの影響、睡眠時間への影響、姿勢への影響、視力の低下等の健康課題をもたらす。さらには、SNSの書き込みによるいじめをはじめ、ひきこもりや不登校の要因ともなり得る。そのため今後、情報化に伴う子供の健康課題への対応が急務の課題となっている。

　心理・社会面に注目すると、自殺の増加、精神疾患への対応、不登校の増加、子供の貧困、児童虐待、ヤングケアラーの問題、外国にルーツを持つ子供の健康課題等があげられる。多くの精神疾患は思春期から青年期に発症すると言われ、生涯のうちに精神疾患に罹る人のうち75％が25歳未満で発病しているという報告[20]もある。また、精神疾患は治療開始の遅れがその後の適応を悪くし、不登校や自殺につながるリスクがあり、成長期にある子供にとって、その後の人生に大きく影響する。そこで、精神保健教育の充実のために、高等学校学習指導要領（2018〈平成30〉年告示）では、新たに精神疾患の予防と回復が取り扱われることになった。また、2020（令和2）年の統計では小中高校生の自殺数が400人を超え[21]、調査開始以降最多となり早急な対応が求められる。

5）チームとしての学校における養護教諭

　子供の健康課題が多様化・複雑化する現代は、今まで以上に組織での連携・協働が求められる。2015（平成27）年に出された中央教育審議会答申「チームとしての学校の在り方と今後の改善方策について」では、多様化・複雑化する児童生徒の課題にはチームで対応することが明文化された。さらに、この答申では、校長のリーダーシップのもと、教員がチームとして取り組むことができるような体制を整えること、多職種の専門性を有するスタッフと体制を構築してくことが示され、チームとしての連携・協働の必要性が強調された。養護教諭には専門性を生かした健康相談、保健指導と生徒指導、学校職員や専門機関を含めたチーム連携におけるコ

ーディネーターとしての役割が示された（p.29-30、表 2 − 2 − 1 参照）。

　2021（令和 3）年に出された中央教育審議会答申「『令和の日本型学校教育』の構築を目指して〜全ての子供たちの可能性を引き出す、個別最適な学びと、協働的な学びの実現〜」では、多職種がチームとして協働するためには連携と分担が求められるとし、職種間の尊重、役割の明確化の必要性が明記された。2017（平成29）年には学校教育法施行規則にスクールカウンセラー、スクールソーシャルワーカー、部活動指導員が規定され、2021（令和 3）年には医療的ケア看護職員、特別支援教育支援員、情報通信技術支援員、教員業務支援員が規定されてチームを構成するメンバーは増え続けている。「学校保健の課題とその対応―令和 2 年度改訂」では養護教諭に求められる役割に専門スタッフ等との連携協働が加えられた。今後一層、養護教諭は子供の健康問題の解決のために、学校内だけでなく専門機関・スタッフとの連携・協働の要となることが求められる（p.29-30、表 2 − 2 − 1 、総論第 1 章2.3）養護教諭の職務と役割参照）。

> **まとめ**
>
> 　養護教諭に求められる役割は社会情勢や子供の健康課題に伴って大きく変化、拡大してきた。しかし、連綿と行われてきた養護実践の歴史を振り返るとき、そこには健やかな子供の成長と発達を第一に願う養護の不易性がある。これからも社会は変化し続け、子供の健康課題も変化していくであろう。教育において最も尊重されるべきことは、子供たちの心身の健康である。だからこそ、その一端を担う養護教諭は専門性を磨き、養い、発展し続けていかなければならない。

表 2 − 1 − 1　養護教諭にかかわる歴史・動向

西暦	年　号	学校教育・学校保健・養護教諭に関する動向
1871	明治 4 年	文部省設置（明治 4 年 9 月）
1872	明治 5 年	学制発布（明治 5 年 8 月）
1879	明治12年	教育令公布（明治12年 9 月）
1986	明治19年	小学校令（明治23年：第二次小学校令公布、明治33年：全面改正）、中学校令（明治32年：全面改正）公布
1889	明治22年	大日本帝国憲法発布
1898	明治31年	「公立学校ニ学校医ヲ置クノ件」、「学校医職務規程」公布　学校医制度が確立する
1920	大正 9 年	学校医職務規程の改正　「病者、虚弱児、精神薄弱者等ノ監督看護」が追加される
1923	大正12年	「学校看護婦執務指針」制定（文部大臣官房学校衛生課　大正12年 7 月）
1929	昭和 4 年	「学校看護婦ニ関スル件」公布（文部省訓令　昭和 4 年10月）
1938	昭和13年	教育審議会答申「国民学校、師範学校及幼稚園ニ関スル件」（昭和13年12月）
1941	昭和16年	国民学校令公布（勅令第148号　昭和16年 3 月）
1942	昭和17年	「養護訓導執務要項」制定（文部大臣訓令　昭和17年 7 月）
1943	昭和18年	国民学校令改正（昭和18年 6 月）
1946	昭和21年	日本国憲法公布（昭和21年11月 3 日）学校衛生刷新ニ関スル件（体育局長通達　昭和21年 1 月）

1947	昭和22年	教育基本法公布（昭和22年3月31日）学校教育法制定（昭和22年3月31日）
1949	昭和24年	教育職員免許法制定（昭和24年5月）中等学校保健計画実施要領（試案）（昭和24年11月18日）
1952	昭和27年	教育職員免許法改正（昭和27年7月）
1958	昭和33年	学校保健法制定（法律第56号　昭和33年4月）
1972	昭和47年	保健体育審議会答申「児童生徒等の健康の保持増進に関する施策について」（昭和47年12月）
1980	昭和55年	第5次義務教育諸学校教員配置改善計画 小中学校の1学級当たりの児童生徒数の基準が45人から40人に変更になる
1993	平成5年	第6次義務教育諸学校教員配置改善計画 30学級以上の大規模校に養護教諭の複数配置が進められる
1995	平成7年	学校教育法施行規則一部改正（平成7年3月） 教諭に限らず養護教諭も保健主事への任命が可能となる
1997	平成9年	保健体育審議会答申「生涯にわたる心身の健康の保持増進のための今後の健康に関する教育及びスポーツの振興の在り方について」（平成9年9月）
1998	平成10年	教育職員免許法一部改正　（平成10年6月） 養護教諭の免許状を有し3年以上の勤務経験がある者で、現に養護教諭として勤務している者は、兼職発令により、保健の教科の領域に係る授業を単独で担任することが可能となる 養護教諭の養成カリキュラムに養護に関する科目として「養護概説」「健康相談活動の理論及び方法」が新設される
2000	平成12年	学校教育法施行規則一部改正（平成12年1月） 校長、教頭の資格の規制緩和が行われ、養護教諭の管理職への登用が可能となる
2001	平成13年	第7次義務教育諸学校教員配置改善計画 小学校は児童851人以上、中・高等学校801人以上、養護学校61人以上に養護教諭の複数配置が進められる。健康課題のある学校への加配措置を養護教諭にも適応される
2008	平成20年	中央教育審議会答申「子どもの心身の健康を守り、安全・安心を確保するために学校全体としての取組を進めるための方策について」（平成20年1月）
2009	平成21年	学校保健安全法施行
2015	平成27年	中央教育審議会答申「チームとしての学校の在り方と今後の改善方策について」（平成27年12月）
2017	平成29年	学校教育法施行規則一部改正（平成29年4月） スクールカウンセラー、スクールソーシャルワーカーの名称と職務を規定する
2021	令和3年	中央教育審議会答申「『令和の日本型学校教育』の構築を目指して～全ての子供たちの可能性を引き出す、個別最適な学びと、協働的な学びの実現～」（令和3年1月） 学校教育法施行規則一部改正（令和3年8月） 医療的ケア看護職員、情報通信技術支援員、特別支援教育支援員、教員業務支援員の名称と職務を規定する
2023	令和5年	養護教諭及び栄養教諭の資質向上に関する調査研究協力者会議　議論の取りまとめ

筆者作成

表2-2-1 答申等からみる養護教諭に求められる役割

年・月	審議会答申・冊子	養護教諭に関する記述	養護教諭に求められる役割
1972（昭和47）年12月	保健体育審議会「児童生徒等の健康の保持増進に関する施策について」（答申）	養護教諭は、専門的立場からすべての児童生徒の健康および環境衛生の実態を的確に把握して、疾病や情緒障害、体力、栄養に関する問題等心身の健康に問題を持つ児童生徒の個別の指導にあたり、また、健康な児童生徒についても健康の増進に関する指導にあたるのみならず、一般教員の行う日常の教育活動にも積極的に協力する役割を持つものである。このため、養護教諭の専門知識及び技能をいっそう高めるよう、その現職教育の改善充実に特に配慮する必要がある。 また、養護教諭の養成数および定員の計画的な増加を図り、その配置を促進するとともに、児童生徒の健康の積極的な増進を目ざす今後の学校保健の要請にこたえ得るよう養成機関における教育課程の改善方策を検討し、さらに将来は四年制大学を中心としてこれを養成するよう検討する必要がある。	・専門的立場から全ての児童生徒の健康および環境衛生の実態の的確な把握 ・心身の健康に問題を持つ児童生徒の個別の指導 ・健康な児童生徒への健康の増進に関する指導 ・一般の教員の行う日常の教育活動への積極的な協力
1997（平成9）年9月	保健体育審議会「生涯にわたる心身の健康の保持増進のための今後の健康に関する教育及びスポーツの振興の在り方について」（答申）	（養護教諭の新たな役割） 近年の心の健康問題等の深刻化に伴い、学校におけるカウンセリング等の機能の充実が求められるようになってきている。この中で、養護教諭は、児童生徒の身体的不調の背景に、いじめなどの心の健康問題がかかわっていること等のサインにいち早く気付くことのできる立場にあり、養護教諭のヘルスカウンセリング（健康相談活動）が一層重要な役割を持ってきている。養護教諭の行うヘルスカウンセリングは、養護教諭の職務の特質や保健室の機能を十分に生かし、児童生徒の様々な訴えに対して、常に心的な要因や背景を念頭に置いて、心身の観察、問題の背景の分析、解決のための支援、関係者との連携など、心や体の両面への対応を行う健康相談活動である。	・新たな役割として子供へのヘルスカウンセリング（健康相談活動）を重視 ・養護教諭の行うヘルスカウンセリング：養護教諭の職務の特質や保健室の機能を十分に生かした、心身の観察、問題の背景の分析、解決のための支援、関係者との連携を行いながら、心や体の両面への対応を行うこと。
2008（平成20）年1月	中央教育審議会「子どもの心身の健康を守り、安全・安心を確保するために学校全体としての取組を進めるための方策について」（答申）	①養護教諭は、学校保健活動の推進に当たって中核的な役割を果たしており、現代的な健康課題の解決に向けて重要な責務を担っている。（中略）養護教諭の行う健康相談活動がますます重要となっている。またメンタルヘルスやアレルギー疾患などの子どもの現代的健康課題の多様化により、医療機関などとの連携や特別な配慮を必要とする子どもが多くなっているとともに、特別支援教育において期待される役割も増してきている。 ②養護教諭の職務は、現在、救急処置、健康診断、疾病予防などの保健管理、保健教育、健康相談活動、保健室経営、保健組織活動などを行っている。また、子どもの現代的な健康課題の対応に当たり、学級担任等、学校医、学校歯科医、学校薬剤師、スクールカウンセラーなど学校内における連携、また医療関係者や福祉関係者など地域の関係機関との連携を推進することが必要となっている中、養護教諭はコーディネーターの役割を担う必要がある。 ⑤深刻化する子どもの現代的な健康課題の解決に向けて、学級担任や教科担任等と連携し、養護教諭の有する知識や技能などの専門性を保健教育に活用することがより求められていることから、学級活動などにおける保健指導はもとより専門性を生かし、ティーム・ティーチングや兼職発令を受け保健の領域にかかわる授業を行うなど保健学習への参画が増えており、養護教諭の保健教育に果たす役割が増している。 ⑦近年、社会的な問題となっているいじめや児童虐待などへの対応に当たっては、すべての教職員がそれぞれの立場から連携して組織的に対応するための校内組織体制の充実を図るとともに、家庭や、地域の関係機関等との連携を推進していくことが求められている。養護教諭はその職務の特質からい	・学校保健活動の推進にあたっての中核的存在 ・子供への健康相談 ・医療機関との連携や特別な配慮を必要とする子供への対応 ・関係者との連携においてのコーディネーター ・専門性を生かした保健教育への参画 ・いじめや児童虐待の早期発見・早期対応 ・いじめや児童虐待への養護教諭に最新の知見の提供 ・学校保健活動のセンター的役割を果たしている保健室の経営の充実

		じめや児童虐待などの早期発見・早期対応を図ることが期待されており、国においても、これらの課題を抱える子どもに対する対応や留意点などについて、養護教諭に最新の知見を提供するなど、学校の取組を支援することが求められる。 ⑧子どもの健康づくりを効果的に推進するためには、学校保健活動のセンター的役割を果たしている保健室の経営の充実を図ることが求められる。そのためには、養護教諭は保健室経営計画を立て、教職員に周知を図り連携していくことが望まれる。また、養護教諭が充実した健康相談活動や救急処置などを行うための保健室の施設設備の充実が求められる。	
2015（平成27）年12月	中央教育審議会「チームとしての学校の在り方と今後の改善方策について」（答申）	養護教諭は、児童生徒等の身体的不調の背景に、いじめや虐待などの問題がかかわっていること等のサインにいち早く気付くことのできる立場にあることから、近年、児童生徒等の健康相談においても重要な役割を担っている。特に、養護教諭は、主として保健室において、教諭とは異なる専門性に基づき、心身の健康に問題を持つ児童生徒等に対して指導を行っており、健康面だけでなく生徒指導面でも大きな役割を担っている。養護教諭は、学校保健活動の中心となる保健室を運営し、専門家や専門機関との連携のコーディネーター的な役割を担っており、例えば、健康診断・健康相談については、学校医や学校歯科医と、学校環境衛生に関しては学校薬剤師との調整も行っているところである。さらに、心身の健康問題のうち、食に関する指導に係るものについては、栄養教諭や学校栄養職員と連携をとって、解決に取り組んできているところである。このように、養護教諭は、児童生徒等の健康問題について、関係職員の連携体制の中心を担っている。養護教諭は、学校に置かれる教員として、従来から、児童生徒等の心身の健康について中心的な役割を担ってきた。今後は、スクールカウンセラーやスクールソーシャルワーカーが配置されている学校において、それらの専門スタッフとの協働が求められることから、協働のための仕組みやルールづくりを進めることが重要である。	・児童生徒等のサインにいち早く気づくことのできる立場を活用した子供への健康相談 ・心身の健康に問題を持つ児童生徒等に対して教諭とは異なる専門性に基づいた健康面のみならず生徒指導面からの指導 ・学校保健活動の中心となる保健室の運営 ・専門家や専門機関との連携のコーディネーター ・児童生徒等の健康問題に関しての関係職員の連携体制の中心的存在 ・協働のための仕組みやルールづくりの推進
2021（令和3）年3月	学校保健の課題とその対応―養護教諭の職務等に関する調査結果から―令和2年度改訂―	中央教育審議会答申＊及び学校保健安全法等から養護教諭の主な役割を考察してみると次のとおりである。 (1)学校内及び地域医療機関等との連携を推進する上でのコーディネーター (2)養護教諭を中心として関係教職員等と連携した組織的な健康相談、健康観察、保健指導の充実 (3)学校保健センター的役割を果たしている保健室経営の充実（保健室経営計画の作成） (4)いじめや児童虐待等の心身の健康課題の早期発見・早期対応 (5)学級（ホームルーム）活動における保健の指導をはじめ、T・Tや兼職発令による保健教育への積極的な授業参画と実施 (6)健康・安全にかかわる危機管理への対応（救急処置、心のケア、アレルギー疾患、感染症等） (7)専門スタッフ等との連携協働 ＊平成20年の答申を指す	・学校内および地域医療機関等との連携を推進するうえでのコーディネーター ・養護教諭を中心として関係教職員等と連携した組織的な健康相談、健康観察、保健指導の充実 ・学校保健センター的役割を果たしている保健室経営の充実（保健室経営計画の作成） ・いじめや児童虐待等の心身の健康課題の早期発見・早期対応 ・学級（ホームルーム）活動における保健の指導をはじめ、T・Tや兼職発令による保健教育への積極的な授業参画と実施 ・健康・安全にかかわる危機管理への対応（救急処置、心のケア、アレルギー疾患、感染症等） ・専門スタッフ等との連携協働

※養護教諭に求められる役割は、各答申等の記述をもとに筆者作成

引用・参考文献
1) 杉浦守邦：養護教員の歴史、東山書房、1974、20-26、109-132
2) 近藤真庸：養護教諭成立史の研究、大修館書店、2003、40-67
3) 医療情報科学研究所：病気がみえる Vol.12 眼科、メディックメディア、2019、76
4) 養護教諭制度50周年記念誌編集委員会編：養護教諭制度50年記念誌、ぎょうせい、1991、2-4
5) 三井登：1910年代の学齢児童のトラホームの状態と学校医の治療をめぐる問題、北海道大学大学院教育学研究科紀要、83、2001、117-157
6) 石川フカエ：「広瀬ます」に関する考察─日本初の公費負担による学校看護婦の活動を通して─、福岡県立大学看護学研究紀要、7(2)、2010、48-55
7) 文部省著、日本学校保健会編：学校保健百年史、第一法規出版、1973、238-239
8) 瀧澤利行、七木田文彦：雑誌『養護／学童養護』2(9)、大空社、2014、14-19
9) 瀧澤利行、七木田文彦、竹下智美：雑誌「養護」の時代と世界─学校の中で学校看護婦はどう生きたか─、雑誌『養護／学童養護』別巻、大空社、2015、37-40
10) 文部科学省：国民学校、師範学校及幼稚園ニ関スル件
https://www.mext.go.jp/b_menu/hakusho/html/others/detail/1318176.htm
11) 岡田加奈子、河田史宝編：養護教諭のための現代の教育ニーズに対応した養護学概論─理論と実践─、東山書房、2016、23
12) 文部科学省：小学校令改正（抄）国民学校令
https://www.mext.go.jp/b_menu/hakusho/html/others/detail/1318023.htm
13) 国立公文書館デジタルアーカイブ：国民学校令改正ノ件
14) 文部科学省：国民学校令の公布
https://www.mext.go.jp/b_menu/hakusho/html/others/detail/1317696.htm
15) 杉浦守邦：養護教諭講座1 養護概説、東山書房、1999、49
16) 文部科学省：中等学校保健計画実施要領（試案）
https://erid.nier.go.jp/files/COFS/s24jp/index.htm（2024年7月7日アクセス）
17) 香川卓：不登校の状態像の変遷について─方向喪失型の不登校という新しい型─、心理社会的支援研究、2、2011、3-15
18) 国立教育政策研究所編：平成24年度教育研究公開シンポジウム いじめについて、わかっていること、できること、悠光堂、2013、10-21
19) 厚生労働省社会・援護局障害保健福祉部：医療的ケア児支援センター等の状況について
https://www.mhlw.go.jp/content/12204500/000995726.pdf
20) 精神疾患に関する指導参考資料作成委員会：精神疾患に関する指導参考資料：新学習指導要領に基づくこれからの高等学校保健体育の学習、日本学校保健会、2021、2-3
21) 文部科学省：令和4年度児童生徒の問題行動・不登校等生徒指導上の諸課題に関する調査
https://www.mext.go.jp/a_menu/shotou/seitoshidou/1302902.htm

3 養護教諭の免許と養成制度、現職研修

1) 養護教諭の養成と教員免許

(1) 教育職員免許法と養成の変遷とその背景

　養護教諭は教育職員であり、その資格要件は教育職員免許法（以下、免許法）に規定されており、養護教諭養成は免許法やその関連法規によって定められてきた。そこで、これまでの免許法および養成の変遷とその背景を概観したうえで、現在の免許法と養成について述べる。

①戦後の教員養成制度と養護教諭養成

　戦後の教員養成制度は、「4ヶ年課程を持つ高等教育機関（新制大学）において行われるべき」であるとし、また教員養成の教育は「一般教養、教科専門教育、教職専門教育の3種類に

わたって行われなければならない」とされた。また、教員養成の二本柱として、一つは国立の「教員養成学部」の「免許必修目的養成」であり、もう一つはその他の「一般学部」の「開放制教員養成（以下、開放制）」という教員養成方式を指している[1]。

しかし、GHQの介入により1949（昭和24）年の免許法の養護教諭免許については、全てが看護婦（当時の名称）や保健婦（当時の名称）免許を基礎資格とするものであった。

1953（昭和28）年の改正免許法では看護婦免許を基礎資格としない養成が復活し、「学士の称号を有するもの」の規定が盛り込まれ、教諭と同じように4年制大学での養成による取得を明記したが、看護婦免許等の基礎資格に大きく依存する免許法であった。このような規定は開放制とは別に大学卒の者とそれ以外の者という養成に加えて、看護婦免許を有する者と有しない者といった教諭にはみられないさまざまな養成が混在することにつながっている[2]。

1958（昭和33）年に学校保健法が制定され、学校保健が進展するなか、養護教諭の養成制度は教員養成として充実した。1965（昭和40）年「国立養護教諭養成所設置法」が制定され、3年制の国立養護教諭養成所が国立大学教育学部に附置された。1975（昭和50）年以降、養成所は、順次教育学部養護教諭養成課程となっていった。

②1988（平成元）年以降の免許法の改正

1988（平成元）年の免許法改正では、免許の高度化が重視された。それまで「一種・二種」の区分であった普通免許状は、その取得単位数により「一種・二種・専修」の区分となり、免許は一種・専修を基本とし、二種免許の人は認定講習等を経て、一種免許状の授与を受けるように努めることが推奨された。

1998（平成10）年の改正では、児童生徒の教育課題の深刻化にあいまって、教職に関する専門科目の単位数を充実させるとともに、選択履修式として新たな科目区分「養護または教職に関する科目」が設けられた。また、この改正では「養護概説」と「健康相談活動の理論と方法」という養護の専門科目が新設されたことは画期的であった。「健康相談活動の理論と方法」は、「健康相談活動」を1997（平成9）年の保健体育審議会で「心と体の両面への対応をするもの」と明示したことを受けたものであり、養護教諭の職務の特質や保健室の機能を生かした養護教諭固有のものとして学ぶことを位置づけたことも意義深い。

本改正では、「養護に関する専門科目」は、専修・一種免許では40単位から28単位へ、二種免許では30単位から24単位に減じられた。このことに鑑み、各養成機関では「養護または教職に関する科目」の展開により一層の充実が求められることとなった。

また、3年以上養護教諭として勤務経験を有する者で、現に養護教諭として勤務している者はその勤務校において「保健」の領域に係る事項の教授を担任する教諭または講師となることができるとした（兼職発令）。

2010（平成22）年には、養成段階における省察力を持った教員養成の充実を図るため、科目「教職実践演習」2単位が必修化された。

③現行の免許法

前述の経緯をふまえ、現行では表2-3-1に示す免許取得科目になっている。なお、養護教諭養成やカリキュラムの充実に向け、日本教育大学協会全国養護部門ならびに日本養護教諭養成大学協議会が養護教諭の養成にかかわるコア・カリキュラムを提案している。

表2-3-1　養護および教職に関する科目（教育職員免許法施行規則第9条）

第一欄	養護及び教職に関する科目	各科目に含めることが必要な事項	専修	1種	2種
最低取得単位数	第二欄　養護に関する科目	衛生学・公衆衛生学（予防医学を含む。）	4	4	2
		学校保健	2	2	1
		養護概説	2	2	1
		健康相談活動の理論・健康相談活動の方法	2	2	2
		栄養学（食品学を含む。）	2	2	2
		解剖学・生理学	2	2	2
		微生物学、免疫学、薬理概論	2	2	2
		精神保健	2	2	2
		看護学（臨床実習及び救急処置を含む。）	10	10	10
	第三欄　教育の基礎的理解に関する科目	・教育の理論並びに教育に関する歴史及び思想 ・教職の意義及び教員の役割・職務内容（チーム学校運営への対応を含む。） ・教育に関する社会的、制度的又は経営的事項（学校と地域との連携及び学校安全への対応を含む。） ・幼児、児童及び生徒の心身の発達及び学習の過程 ・特別の支援を必要とする幼児、児童及び生徒に対する理解 ・教育課程の意義及び編成の方法（カリキュラム・マネジメントを含む。）	8	8	5
	第四欄　道徳、総合的な学習の時間等の内容及び生徒指導、教育相談等に関する科目	・道徳、総合的な学習の時間及び総合的な探究の時間並びに特別活動に関する内容 ・教育の方法及び技術（情報機器及び教材の活用を含む。） ・生徒指導の理論及び方法 ・教育相談（カウンセリングに関する基礎的な知識を含む。）の理論及び方法	6	6	3
	第五欄　教育実践に関する科目	養護実習	5	5	4
		教職実践演習	2	2	2
	第六欄	大学が独自に設定する科目	31	7	4
		合　計（総単位）	80	56	42

※「養護に関する科目」「教職に関する科目」「養護又は教職に関する科目」の3区分は廃止し、総単位数以外は全て省令において規定。
※「教育の基礎的理解に関する科目」「道徳、総合的な学習の時間等の内容及び生徒指導、教育相談等に関する科目」においては、アクティブ・ラーニングの視点等を取り入れること。

出典）三木とみ子編集代表：新訂養護概説、ぎょうせい、2022、30（一部改変）

（2）養護教諭の免許が取得できる養成機関

　養護教諭の免許は表2-3-1に示すように、免許法に定められている所定の科目と単位数を修得することで「養護教諭の普通免許状」が取得できる。普通免許状はその修得単位数により「一種・二種・専修」の区分がある。教員免許状を授与したいと考えている大学等の教育機関は、免許法施行規則第19条から第23条に定めている課程認定の申請をして審査を受け、免許の授与ができる大学等の養成機関として認定される。

　養護教諭の免許を取得できる養成機関においては、一種免許は主に4年制の大学で、二種免

表2-3-2　養護教諭免許が取得可能な養成機関および学部等名

2022（令和4）年4月1日現在

大学等の区別	取得免許	専修	一種	二種	主な学部名・研究科名等　　（　）は学校数
大学院	国立	38			教育学研究科／学校教育研究科（25）　医学系研究科（5）　保健学研究科等
	公立	6			看護学研究科（4）　看護福祉研究科　人間看護学研究科
	私立	31			看護学研究科（7）　教育学研究科／教職研究科（3）　保健科学研究科等
大学	国立		26		教育学部（16）　医学部・医学群（9）　歯学部（1）
	公立		20		看護学部・群（9）　保健医療福祉部（5）　看護福祉部 他
	私立		107		看護学部看護学科（33）　医療福祉学部や健康科学部等看護学科（12）総合福祉学部・体育学部・心理学部・栄養学部・人間科学部等
短期大学				15	人間教育学科・生活科学科・看護保健学科等　専攻科（5）
通信課程				4	教育学部（2）　人間科学部　通信教育学部
指定教員養成機関	国立養護教諭特別別科		6		教育学部
	専門学校			1	
学校数の計		75	163	16	

※一部、同じ大学で異なる学部での養成があるが、課程認定数であらわしている。

許は主に短期大学や指定教員養成機関で、専修免許は主に大学院での取得となる。また、看護師免許を基礎資格として、指定教員養成機関である国立大学教育学部の1年課程の養護教諭特別別科に進学することで一種免許の取得が可能である。

（3）現職養護教諭の研修

①現職教員の研修の位置づけとその動向

　養護教諭を含む教員の研修については教育公務員特例法（以下、教特法）第21条第1項に「教育公務員は、その職責を遂行するために、絶えず研究と修養に努めなければならない。」と定められ研究と修養が義務づけられ、職務遂行に不可欠なものとして位置づけられている。

　教員に求められる資質・能力は、2015（平成27）年中央教育審議会（以下、中教審）の「これからの学校教育を担う教員の資質能力の向上について」において、使命感や責任感、教育的愛情、教科や教職に関する専門的知識、実践的指導力、総合的人間力、コミュニケーション能力、ファシリテーション能力などがあげられている。翌2016（平成28）年の教特法の改正により、第22条第2項および第3項において公立学校の校長および教員の計画的かつ効果的な資質の向上を図るための「指標」の策定に関する「指針」を定めた。公立学校の任命権者が実施する現職研修は「指針」を参酌してその地域の実情や職責、経験等に応じて教員としての資質能力の向上を図るべき「指標」を定め、これをふまえた教員研修計画が展開されることとなる。現在は、各都道府県や自治体で「資質向上に関する指標」が策定されている。

　さらに2021（令和3）年1月26日の中教審「『令和の日本型学校教育』の構築を目指して」の後、同審議会教師のあり方特別部会が同年11月15日に「『令和の日本型学校教育』を担う新たな教師の学びに向けて　審議のまとめ」を出している。このまとめでは、確実な学びの契機

と機会が提供されるよう、また、学校管理職等との積極的な対話に基づく環境づくりの重要性が指摘され「研修履歴の作成とその履歴を活用した指導助言」についても言及された。研修は郊外研修・講習のほか、校内研修や教師同士の学び合いによる「現場の経験」を重視した学びも含むものとなっている。ここでは校内全ての教師の専門性を生かして、真に全校的な学び合い文化を醸成するため、教諭等とは異なる専門性を有する養護教諭などが一丸となって校内文化をつくっていくことへの期待が示されている。養護教諭はキャリアを重ねるなかで、校内研修のリーダー的な役割も求められている。

②教員研修の現状

教員研修の実際の実施体系は、表2-3-3に示すとおりである。初任者研修や中堅教諭等資質向上研修は法定研修である。その他、国レベルの教職員支援機構での実施や都道府県教育委員会などが実施するさまざまな公的機関での研修がある。

教員研修については、主に公的機関での研修を紹介してきたが、令和の日本型学校教育を担う新たな教師の学びは、今まで以上に教員の主体的な学びの重要性を指摘している。自主的に実践交流を通して省察的に養護教諭同士の学習会を行ったり、学会へ参加したりするなど、さまざまな機会を積極的に活用して養護教諭としての力量形成を目指していくことに期待したい。

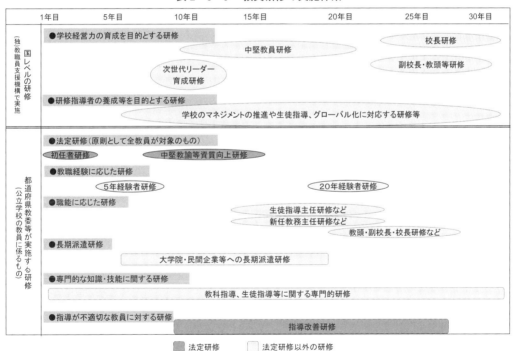

表2-3-3 教員研修の実施体系

出典）文部科学省：教員研修の実施体系
https://www.mext.go.jp/a_menu/shotou/kenshu/__icsFiles/afieldfile/2019/10/29/1244827_001.pdf

まとめ

　免許法は、養護教諭の資格と養成教育の内容や授業を規定しているものであり、子供の教育・健康課題や社会の変化のなかで、多くの改正がなされてきた。また、現職の教員研修の在り方についても同様のことを背景に変化してきている。それは、時代に即応した養護教諭の資質能力を担保し、質の高い養護活動への期待であるとも言える。

引用・参考文献
1）臼井嘉一：開放制目的教員養成論の探究、学文社、2010、9
2）後藤ひとみ：第8章　養護教諭の教育、三木とみ子代表編集、新訂養護概説、ぎょうせい、2018、84

第3章
専門職としての養護教諭

1 専門職とは

1）専門職としての養護教諭と自律性

　養護教諭は、教職生活全体を通じて、実践的指導力等を高めるとともに、社会の急速な進展のなかで、知識・技能の絶えざる刷新が求められることから、探究力を持ち、学び続ける[1]という専門職としての自覚が求められている。

　専門職（profession）とは知的職業を意味する[2]。また、自律性（autonomy）は専門職の重要な側面である[3]。すなわち、自律性は、専門職としての専門性の発揮や職業人としての成長にかかわる概念である。ユネスコの「教師の地位に関する勧告」（1966年）[4]では、教職は専門職であること、教師個人、そして教師集団は専門的知識や教育方法に関する研究を継続的に行い、その知識や方法によって子供の教育や福祉に責任を負うことを規定し、専門職として研究を行い、自律性を発揮することを求めている[5]。つまり専門職としての養護教諭は、養護実践に関する研究を行い、専門的な知識をもとに判断し、養護実践を行うことで自律性を発揮し、子供の健康や成長・発達を促進することが必要となる。

　自律性は、ギリシャ語の autos（self）と nomos（rule）に由来する用語であり、「自分で自分の行為を規制すること。外部からの制御から脱して、自身の立てた規範に従って行動すること」（広辞苑）であり、主に独立性、自己統制、自己決定等の意味を持つ概念である[6]。

　では、専門職としての養護教諭の自律性とは具体的に何か。養護教諭の職務の規定は、学校教育法に「養護教諭は養護をつかさどる」と規定され、「つかさどる」は他からの指示を待たずその職種自身の判断でなし得ること、すなわち自律性を示している[7]。よって、養護教諭は「養護」において自律性が認められた専門職であり、養護教諭の自律性は、よりよい養護実践のために変革し続ける姿勢や成熟性を持ち、他者と協働しながら専門職としての考えに基づき自ら意思決定し、行動することを意味する[8]。つまり、養護教諭は子供の心身の健康状態や成長・発達について専門的知識をもとにアセスメントし、課題やニーズを見極めて適切に対応することで、子供の健康や成長・発達を促すという専門性がある。また、専門職として自らの役割と限界を認識し、必要時には最適な資源（外部の専門家を含む）を活用することも必要となる。そして養護教諭の自律性は、養成教育において、子供の健康や成長・発達にかかわる専門性を学び、さらに現職となってからは、子供や教職員等とかかわり、試行錯誤を重ねながら自分で考え、責任を持って判断し、行動することで発揮される。

　このように専門職としての養護教諭には自律性を発揮することが期待される一方、自律性を

強調しすぎると子供にとっての利益と両立しない可能性もある[9]。したがって、自律性を発揮すると同時に、その責任の自覚と倫理的な行動実践が求められる。そこで本稿では、養護教諭の専門職とその自律性に関連する側面として、1節で養護実践の改善や発展に必要なEBP（Evidence-based Practice）と情報リテラシー、2節で養護教諭の倫理について概説する。

2）EBPと情報リテラシー

（1）EBPに基づいた養護実践

　Evidence-based Practice（以下、EBP）とは「エビデンス（科学的根拠）に基づいた実践」であり、研究によって導かれたエビデンスを、臨床的専門技能を用いて患者の価値観と統合し、患者に提供するケアについて意思決定し、そのケアを実践するプロセスを指す[10]。もとは医学のEvidence-based Medicine（EBM）を始まりとし、その後、看護、リハビリテーション等でも活用できる一般化した概念としてEBPが提唱された。医療から生まれた概念であるが、養護実践においても活用可能である。EBPにより、教育現場における多様な課題の解決につながる最良の情報を得て、養護教諭としてどのように対応するか、検討することができる。したがって、養護教諭は専門職として養護実践の質の向上を追究し、子供の健康の保持増進に寄与するために、日々の実践において「これでよいのか？」と考え、EBP的思考で実践を見直す姿勢が求められる。

　なお、エビデンスは、必ずしも養護実践に関するものでなくても、看護学や心理学、教育学等のエビデンスを参考に、学校現場における養護実践に応用可能な場合もある。そのため、関連分野も含めてエビデンスを収集・吟味し、養護実践に応用することで、新たな養護実践を創出することが期待できる。具体的には、エビデンスに基づいた養護実践を行い、その効果を検証し、論文として公表することで、他の養護教諭も類似の課題に対して活用することができる。さらにはEBPと研究の循環的発展[10]が養護実践の向上だけでなく、養護実践のエビデンスの構築にもつながる。

　養護実践においては、養成教育での学びを基盤にするとともに、目の前の子供の課題に対して、どのように対応するか疑問が生じた場合は、インターネット等の身近な情報を拾い読みするのではなく、養護実践あるいは関連分野も含めたエビデンスを入手し、活用することを意識してほしい。具体的に、EBPを実践するには、表3-1-1の五つのステップがある。

表3-1-1　EBPの五つのステップ段階

| Step 1：疑問の明確化（Ask） |
| Step 2：情報の入手（Acquire） |
| Step 3：情報の吟味（Appraise） |
| Step 4：適用（Apply） |
| Step 5：評価（Assess） |

出典）友滝愛：特別記事 全訳 Explanation and elaboration paper（E&E）for the Guideline for Reporting Evidence-based practice Educational interventions and Teaching（GREET）2016-概説：根拠に基づく実践の教育的介入と教育の報告ガイドライン（GREET）2016：E&E、看護研究、53(3)、2020、228-262[11]

① Step 1：疑問の明確化（Ask）

　Step 1：疑問の明確化は、曖昧な疑問を答えられる疑問へ変換することであり[11]、養護実践における問題や疑問、知りたいことを整理し明確化する段階である。多くの疑問はPECOあるいはPICOにあてはめて考えることができる。PECOはPatients（対象）、Exposure（要因への暴露）、Comparison（比較）、Outcomes（アウトカム）であり、PICOはExposureの代わりにIntervention（介入）が入る[12]。介入とは、養護教諭の職務では保健教育や健康相談等が該当する。このように、PECO/PICO

を参考に、疑問を明確化する。次の事例をもとに具体的に説明する。

【採用１年目のA養護教諭の事例】
　地区の養護教諭部会で、A養護教諭は他校の養護教諭と情報交換をした際に、擦過傷には感染が心配だという理由で消毒を使用していると聞いた。しかし、A養護教諭は学生のときに、擦過傷の処置には消毒は不要であり、流水での洗浄をしっかり行い、絆創膏を貼付する方法で行うと学んだ。確かに洗浄後に消毒をしないと感染症の心配がある一方、消毒薬が創傷の治癒を遅らせ、消毒時の疼痛も懸念される。流水で傷口を洗浄することは前提とし、さらに消毒をすべきなのか、本当に正しい処置方法は何なのか、A養護教諭はどうしたらよいか疑問に思った。

　A養護教諭の「擦過傷の処置で消毒薬は必要なのか？」という疑問は、「擦過傷の者（子供）に消毒薬を使用しない場合と、消毒薬を使用する場合を比べて、創傷感染の発生率に差がないのだろうか？」といった仮説に置き換えられる。これは、PICOにあてはめると次のように定式化できる。
・P誰を対象に：擦過傷のある者（子供）を対象に
・I何を行うと：消毒薬を使用しない場合と
・C何と比較して：消毒薬を使用する場合を比べて
・Oどうなる：創傷感染の発生率に差がない[*1]

　なお、養護実践における全ての疑問が、PECO/PICOで単純化できるとは限らない[*2]。医療の分野でも、例えば「Aさんにとって、病の体験の意味（苦しみ）とはどのようなものであるのか？」といった問い等、これまでの方法では定式化できない問いがあり、今後研究が必要とされている[13]。
　さて、上記のように疑問を明確化できたら、Step 2に進む。

② Step 2：情報の入手（Acquire）
　Step 2：情報の入手は、利用可能な最良な根拠を系統的に抽出することであり[11]、Step 1の疑問をもとに文献を検索して入手することである。養護実践（あるいは関連分野での実践）の効果に関する情報を探したい場合は、システマティック（系統的）レビュー（あるテーマの研究に関する複数の文献を体系的に収集、評価、統合した論文）やガイドライン等の二次文献（原著論文は一次文献）から検索する。二次文献で知りたい情報が得られない場合は、文献データベースを使ってさらに調べる[14]。養護実践の資料を入手するには、CiNii Research（国立情報学研究所）、医学中央雑誌（NPO医学中央雑誌刊行会）等を活用するとよい。なお近年は、世界的にオープンアクセスが推進され、時間や場所等を制限されずに学術情報を入手することが可能になってきている。国立研究開発法人科学技術振興機構が運営する電子ジャーナル無料公開システムであるJ-STAGE等からも文献を入手することができる。
　次にエビデンスレベルについて述べる。研究デザインによりエビデンスレベルが異なり、図3-1-1のようにピラミッドの上になるほどエビデンスレベルが高いとされる。つまり、エビデンスレベルが高いほど、そのエビデンスに基づいて実践をすることによって、生じている課

---

*1　PECO/PICOのOはOutcomes（アウトカム）であるため、改善・悪化などの養護実践上の転帰・結果を意味する。よって、疑問によって、Oは「●●が増加する」、「●●が低下する」等と表現することもできる。
*2　子供の経験やその意味づけ、思い等に焦点をあてた場合、PECO/PICOでは答えられない問いも存在する。その場合は、質的研究等の知見も参考にするとよい。

図3-1-1　エビデンスピラミッド

RCT：ランダム化比較試験
※各研究デザインは、第4章 p.54、表4-2-2を参照。
出典：「西垣昌和：研究をする：エビデンスを「つくる」、看護学テキストシリーズ NICE 看護と研究 根拠に基づいた実践 Evidence-based Practice（EBP）（西垣昌和編）、南江堂、2023、67」[10] より許諾を得て転載

題の解決に近づく可能性が高いと考えることができる[10]。一般的に、記述研究（事例報告等）はエビデンスレベルが低いとされるが、研究デザインのみでエビデンスや研究の価値を評価するのは誤りである。テーマによってはシステマティックレビューがない場合や、質的研究によるエビデンスが有用な場合もある。そのため、関連するエビデンスを入手した後は、Step 3で活用可能であるかをよく吟味し、エビデンスを活用する。

③ Step 3：情報の吟味（Appraise）

　Step 3：情報の吟味は、妥当性と重要性について、エビデンスを批判的に吟味することであり[11]、Step 2で得られた文献が有用か検討することである。その研究が妥当な方法で行われ、結果は十分に示されているか、養護実践に活用可能か、などをよく吟味する。今回のA養護教諭の例で考えると、擦過傷の感染予防に消毒薬が有効であるという確立されたエビデンスは見つからなかった。

④ Step 4：適用（Apply）

　Step 4：適用は、吟味したエビデンスを実践に適用することである[11]。Step 3で論文を批判的に吟味した結果、その論文で示されたエビデンスが有用で、対象となる子供自身の置かれた環境や状況でも適用できるか、養護実践で適用可能かを判断する。対象者（子供、保護者）の価値観や希望をどこまで実現できるのかを検討した結果、吟味してきたケアを最終的に行わない判断もあり得る[14]。今回のA養護教諭の例で考えると、擦過傷の処置に消毒薬を使用しないという選択をした。

⑤ Step 5：評価（Assess）

　Step 5：評価は、実施を評価することである[11]。Step 4の適用をふまえ、子供の心身の状態、会話等から必要な情報を収集し、養護実践の結果を評価する。今回の事例の場合は、創傷の治癒の経過（感染徴候の有無、自覚症状等）、治癒にかかった日数、子供の発言等のデータを用いることが考えられる。

　このように、EBPを活用することで、専門職としての責任を果たすとともに、日頃の養護実践を見直す一助となる。子供にとって最善の養護実践を行い、子供の健康の保持増進に寄与するため、EBPをぜひ活用してほしい。

(2) 養護教諭と情報リテラシー

　AI（Artificial Intelligence）やロボティクス、ビッグデータ、IoT（Internet of Things）といった技術が発展したSociety 5.0時代に対応し、教員には情報活用能力、データリテラシーの向上が求められている[15]。養護教諭も例外でなく、新型コロナウイルス感染症の流行下において、さまざまな情報が錯綜したなかで、ウィズ／ポスト・コロナ時代を生き抜くためには、不確実性のなかでの意思決定の在り方が重要となる[16]。すなわち、養護教諭にはリスク回避のために有用な情報を批判的に吟味し、適切な情報を選択して、課題解決のために「判断」できる力[16]、すなわち情報リテラシーが求められている。

　情報リテラシーは情報を「得る」、「理解する」、「評価する」、そして情報をもとに「意思決定する」ことである[17]。情報リテラシーは情報活用能力と関連し、①情報活用の実践力（必要な情報の主体的な収集・判断・表現・処理・創造など）、②情報の科学的な理解（情報活用の基礎となる情報手段の特性の理解など）、③情報社会に参画する態度（社会生活のなかで情報や情報技術が果たしている役割やおよぼしている影響の理解など）が必要とされる[18]。

　また情報リテラシーを補完する力として重要なのが、クリティカル・シンキング（批判的思考、critical thinking）である。クリティカル・シンキングとは、科学的原理と科学的方法（問題解決の際に、情報を集め、仮説を立て、仮説を検証すること）を基本とし、意図的な目標指向型の思考で、憶測（当て推量）でなく証拠（事実）に基づいた判断である[19][20]。つまり、情報リテラシーは最適な情報の入手に必要な能力であり、クリティカル・シンキングはその情報の信頼性や適切性を判断することに役立ち、相互に関連する能力といえる。

　VUCA（Volatility、変動性；Uncertainty、不確実性；Complexity、複雑性；Ambiguity、曖昧性）時代と言われるなかで、今後もパンデミック、災害等の不測の事態が生じる可能性がある。いかなる場合でも、養護教諭は専門職としての自らの役割を自覚し、情報をただ待つのではなく、情報リテラシーやクリティカル・シンキングを基盤にEBPを実践し、子供の命を守り、健康や成長・発達を促す役割が社会的に期待されている。

まとめ

　本節では、専門職としての養護教諭に求められるEBPと情報リテラシーについて解説した。養護教諭は、日々の養護実践における疑問をそのままにせず、EBPを実践するとともに、予測不可能なVUCA時代において、情報リテラシーやクリティカル・シンキングを活用し、絶えず養護実践の質の向上を追究する姿勢が求められている。

引用・参考文献

1) 文部科学省：教職生活の全体を通じた教員の資質能力の総合的な向上方策について（答申）、2012
https://www.mext.go.jp/b_menu/shingi/chukyo/chukyo0/toushin/1325092.htm（2023年9月25日アクセス）
2) 小倉学：養護教諭　その専門性と機能（第9版）、東山書房、1982、4-18
3) Engel GV: Professional Autonomy and bureaucratic organization, Administrative Science Quarterly, 15 (1), 1970, 12-21
4) 文部科学省：ユネスコ　教員の地位に関する勧告（仮訳）
https://www.mext.go.jp/unesco/009/1387153.htm（2023年9月22日アクセス）
5) 秋田喜代美：教職の専門性　教職に対する国際的認識、秋田喜代美、佐藤学編著、新しい時代の教職入門、有斐閣、2006、153-171

6）中島義明：自律性、心理学辞典、有斐閣、1999、432
7）堀内久美子：養護教諭の専門性、大谷尚子、中桐佐智子編著、新養護学概論、東山書房、2012、29-37
8）籠谷恵、朝倉隆司：養護教諭の専門職的自律性尺度の開発の試み、学校保健研究、57(3)、2015、115-128
9）今津孝次郎：教師専門職化の再検討―「地位」論から「役割」・「実践」論へ、名古屋大学教育学部紀要、38、1991、85-103
10）西垣昌和編：看護学テキストシリーズ NICE 看護と研究 根拠に基づいた実践 Evidence-based Practice（EBP）、南江堂、2023、4、11、67
11）友滝愛：特別記事 全訳 Explanation and elaboration paper (E&E) for the Guideline for Reporting Evidence-based practice Educational interventions and Teaching (GREET) 2016- 概説：根拠に基づく実践の教育的介入と教育の報告ガイドライン（GREET）2016：E&E、看護研究、53(3)、2020、228-262
12）福原俊一：リサーチ・クエスチョンの作り方～診療上の疑問を研究可能な形に～、NPO法人健康医療評価研究機構（iHope）、2009
13）斎藤清二：改訂版医療におけるナラティブとエビデンス 対立から調和へ、遠見書房、2023
14）友滝愛：EBPに取り組むための5つのステップ、医学界新聞
https://www.igaku-shoin.co.jp/paper/archive/y2021/3422_05（2023年9月25日アクセス）
15）文部科学省：「令和の日本型学校教育」を担う教師の養成・採用・研修等の在り方について～「新たな教師の学びの姿」の実現と、多様な専門性を有する質の高い教職員集団の形成～（答申）、2022（2023年9月25日アクセス）
16）森慶惠：ウィズ／ポスト・コロナ時代の養護教員の重要性、思春期学、38(4)、2020、366-370
17）中山和弘：新連載 養護教諭のためのヘルスリテラシー講座 第1回ヘルスリテラシーとは、中学保健ニュース第1559号付録、少年写真新聞社、2013
18）文部科学省：教育の情報化に関する手引（令和元年12月）、2019
https://www.mext.go.jp/a_menu/shotou/zyouhou/detail/mext_00117.html（2023年9月25日アクセス）
19）Alfaro-LeFevre R原著、江本愛子監訳：看護場面のクリティカル シンキング、医学書院、1996
20）グレッグ美鈴、池西悦子：看護教育学 改訂第2版、南江堂、2018

コラム　専門職としての養護教諭のキャリア発達にかかわる要因―自律的に学ぶ「主体的な姿勢」と関連して―

「『令和の日本型学校教育』を担う教師の養成・採用・研修等の在り方について（答申）」（2021年）[15]では、「新たな教師の学びの姿」として、変化を前向きに受け止め、探究心を持ちつつ自律的に学ぶという「主体的な姿勢」が示されている。つまり、養護教諭には、問いを立て実践を積み重ね、振り返り、次につなげていく探究的な学びを自らがデザインしていくこと[15]が必要になる。

筆者は以前、養護教諭の成長の要因を明らかにするため、研究を行った経験がある。この背景には、身近で大学院に入学する養護教諭は、経験年数10年以上の中堅養護教諭が多かったため、養護教諭の成長には自律的な学びが関係していると考えたことがあった。そこで、成長のなかでも、職業人がスキルや知識を一通り覚えてから、それ以上伸びなくなる状態であるプラトー化（内容的プラトー化、階層的プラトー化）に着目し、プラトー化する養護教諭の特徴を明らかにすることを目的に研究を行った。

その結果、経験年数の長い養護教諭は、プラトー化に陥りやすいこと、主体的学習の高い養護教諭は、仕事に対してポジティブで充実した心理的状態であるワーク・エンゲイジメントが高く、プラトー化が低いということが明らかになった。主体的学習は、養護教諭の専門職的自律性[8]の構成概念の一つであり、先に示した答申[15]の自律的な学びと関連する。

よって、養護教諭のプラトー化を防ぐには、主体的学習を高める支援や職場環境づくり（仕事上の変化や挑戦の機会の提供等）、経験年数を考慮した現職研修等が必要であり、それにより、仕事にもいきいきと取り組むことができ、プラトー化を防ぐとともに、自身のキャリアを創造していくことにつながることが示唆された。

引用・参考文献
1）籠谷恵、朝倉隆司、佐久間浩美：養護教諭におけるプラトー化の関連要因、日本公衆衛生雑誌、68、2021、349-362

2 養護教諭の倫理

1）学校と倫理

　教育基本法第1条には学校で行われる教育について、「人格の完成を目指し、平和で民主的な国家及び社会の形成者として必要な資質を備えた心身ともに健康な国民の育成を期して行われなければならない。」と明記されている。また、教育基本法第6条第2項では、「学校においては、教育の目標が達成されるよう、教育を受ける者の心身の発達に応じて、体系的な教育が組織的に行われなければならない。」と定められている。つまり、教育は人格の完成と心身ともに健康な国民の育成を目的としており、学校はその教育の目的を実現する場として機能しなければならない。

　しかし学校の現状は、生きる力の育成としながらも学力重視の学校教育、教員による子供への体罰やわいせつ行為、教員同士のいじめ、管理職からのハラスメント、教員の忙しさゆえの働き方改革など多くの倫理的な課題を抱えており、まさしく教員の倫理観や学校文化の在り方が問われている。

　特に学校では教員と子供、すなわち教える者と学習者、もしくは大人と子供という関係性が倫理的課題を生じさせる。モーリス・メルロ＝ポンティ[1]は「われわれは、自分の行為に人を愚弄するところがあるのに気づかないことがありますが、それは、われわれがおのれをある『地』の上に浮きあがらせることをしないからです。」と述べ、教員は教育という行為が暴力性を伴うことを意識するべきであると指摘している。つまり、教員が「教育」として介入したことが、子供にとっては「抑圧」と感じる場合があるということを理解しておく必要がある。教員は子供や保護者に対する影響力を自覚し認識したうえで、かかわらなければならないのである。

　久冨らは学校で生じている多くの問題について、教員文化の在り方を問い、学校の営みや教員個人の問題などを次のように指摘している[2]。これまで子供や保護者から獲得していた教員に対する信頼のもとで成り立っていた学校の営みが破綻しており、学校で子供の命と安全を守る教師の責任が改めて問われている[2]。そのうえで、この破綻を回避するには、教員は子供や保護者などの関係者からの期待を認知し、権威と信頼を得て、教育活動を行う権限を持つこと、そしてそれに対する責任意識を持つような教員文化の再構成が重要であることを強調している[2]。つまり、教職アイデンティティとして、教員一人一人が自分自身の仕事におけるアイデンティティを確立し、それを遂行できるようになることが重要であるといえる。今まさに、教師の責任と倫理という観点から教職アイデンティティを問い直すことが問われている。

2）倫理の基本

（1）倫理とは

　倫理の倫は、同列に並んだ仲間、人間同士の整理された関係、理は物事の筋道、ことわりなどを意味している。つまり、倫理という言葉は、人と人とのかかわり合うなかでの守るべき道理であり個人または集団の行動の原則を意味している。古代ギリシャの哲学者であるアリスト

テレスは、「倫理の目標は我々がよく生き、よい行いをするのを助けることだ」と述べ、倫理学として人格に焦点をあて、どのような人になることを目指すべきかを問いかけた[3]。一方、現代の倫理学では、行為に焦点をあて、ある特定の行為がどのようなときに正しく、どのようなときに間違っているかを問いかけている[4]。倫理は、人として根源的に大事なものを念頭に、人としての在り方や態度、行為について、よいか、よくないか、その理由は何か、どうするのがよいことかを考える活動[5]であり、よく生きることへの探求といえる。

（2）原則の倫理

原則の倫理（principle based ethics）とは、ある行動が倫理的かどうかを倫理原則に照らして判断する考え方である。専門職としてある行動をするべきか、その理由は何か、ということを倫理原則という外的な基準を参照して判断することを指す。医療では、①無害、②善行、③自律の尊重、④公平の四つが生命倫理の４原則といわれ、ビーチャムとチルドレスによって示された[6]。また、看護ではフライが生命倫理の４原則から導いた、①善行と無害、②自律の尊重、③公平、④誠実、⑤忠誠が重要な倫理原則としている[7]。ここでは、一般的な原則を学校現場に適用した場合の例を表３-２-１に示す。

表３-２-１　倫理原則

原則	内容
１）無害の原則 do not harm	無害とは、「他者に害を与えない」、「他者への害を最小にする行動をする」という原則である[7]。
	学校においては、子供に対して害をおよぼさない支援の提供、安全な環境づくりをおこなうことである。
２）善行の原則 do good	善行は「他者へ利益（すなわち善）を提供するために行動する」、「最善をつくす」という原則である[7]。
	学校においては、子供にとっての最善の利益が何かを考え、子供にとって最善の支援をおこなうことである。
３）自律尊重の原則 respect for autonomy	自律尊重は「個人の価値観と信条に基づいて、対象者が自分の意見を持つ権利、選ぶ権利、行動する権利を認め尊重する」という原則である[7]。
	学校においては、子供は自分について自己決定する権利があり、その権利を支える義務がある。子供には自分自身のことを知る権利があり、養護教諭は正直かつ十分に子供に伝える義務がある。
４）公平の原則 distributive justice	公平は「人的・物的な資源を公平に分配する」、「ケアは平等に提供する」という原則である[7]。
	学校においては、国籍、宗教、年齢、性別、社会的地位、経済的状態、健康問題等にかかわらず、公平、平等に対応することである。一人一人の子供に合わせて支援を行うことである。
５）誠実の原則 truth telling	誠実は「正直である」、「うそをつかない」、「他者をだまさない」という原則である[7]。
	学校においては、子供と関係性を構築するためにも、子供に対して正直であることである。子供の身体に起きていることをごまかしたりすることはせず、子供がわかるように正しく伝えることである。
６）忠誠の原則 promise keeping	忠誠は「他者との信頼関係に内在する義務に対して誠実である」ことであり、「約束を守る」、「相手の秘密を守る」という原則である[7]。
	学校においては、子供の日常的なニーズに具体的に対応する、子供や社会が養護教諭に対して抱いている期待に応えることである。「相手の秘密を守る」すなわち守秘義務は、養護教諭という専門職としての責任でもある。

3）養護教諭の倫理

専門職（profession）は、仕事の責任の大きさや公共性によって、社会からの信頼を得る必要があるため、社会的責任ならびに職業倫理を行動規範として明文化した倫理綱領を作成し、公表することが求められる[8]。

日本養護教諭教育学会は、養護教諭は、教育職員としての専門性を発揮し、教育活動を通して子供の心身の健康の保持増進を支援する専門職であることから、養護教諭の実践レベル（水準を保証する基準）が必要であるとして、表3-2-2に示す「養護教諭の倫理綱領」を定めた[9]。特に養護教諭は、その職務の特性から子供の健康権、発達権の保障と学習権と教育権の保障の狭間でジレンマを抱くことが多い。さらに養護教諭は多くの学校で一人職であり、組織のなかで同職種の存在がないゆえに一人で思い悩み、学校組織内の連携にかかわる課題、学校保健としての組織体制にかかわる課題、子供の対応にかかわる課題、養護教諭の専門性や働き方に関する課題といった倫理的課題を抱えている[10]。養護教諭の倫理とは、よい養護教諭として実践する道筋である。養護教諭は倫理という言葉にとらわれず、実践について本当にこれでいいのかと振り返ることが倫理について考えることであり、その感受性が重要である。

表3-2-2　養護教諭の倫理綱領

第1条	基本的人権の尊重	養護教諭は、子どもの人格の完成をめざして、一人一人の発育・発達権、心身の健康権、教育権等の基本的人権を尊重する。
第2条	公平・平等	養護教諭は、国籍、人種・民族、宗教、信条、年齢、性別、性的指向、社会的問題、経済的状態、ライフスタイル、健康問題の差異にかかわらず、公平・平等に対応する。
第3条	守秘義務	養護教諭は、職務上知り得た情報について守秘義務を遵守する。
第4条	説明責任	養護教諭は、自己の対応に責任をもち、その対応内容についての説明責任を負う。
第5条	生命の安全・危機への介入	養護教諭は、子どもたちの生命が危険にさらされているときは、安全を確保し、人権が侵害されているときは人権を擁護する。
第6条	自己決定権のアドボカシー	養護教諭は、子どもの自己決定権をアドボカシーするとともに、教職員、保護者も支援する。
第7条	発育・発達の支援	養護教諭は、子どもの心身の健康の保持増進を通して発育・発達を支援する。
第8条	自己実現の支援	養護教諭は、子どもの生きる力を尊重し、自己実現を支援する。
第9条	ヘルスプロモーションの推進	養護教諭は、子どもたちの健康課題の解決やよりよい環境と健康づくりのため、校内組織、地域社会と連携・協働してヘルスプロモーションを推進する。
第10条	研鑽	養護教諭は、専門職としての資質・能力の向上を図るため研鑽に努める。
第11条	後継者の育成	養護教諭は、社会の人々の尊敬と信頼を得られるよう、品位と誠実な態度をもつ後継者の育成に努める。
第12条	学術的発展・法や制度の確立への参加	養護教諭は、研究や実践を通して、専門的知識・技術の創造と開発に努め、養護教諭にかかわる法制度の改正に貢献する。
第13条	養護実践基準の遵守	養護教諭は、質の高い養護実践を目指し、別に定める養護実践基準をもとに省察して、実践知を共有する。
第14条	自己の健康管理	養護教諭は、自己の心身の健康の保持増進に努める。

（日本養護教諭教育学会2015年度総会（2015.10.11）承認）

コラム　インフォームド・コンセントとインフォームド・アセント

　インフォームド・コンセントは、説明と同意と訳され、主に医療の場や医学研究で用いられる。インフォームド・コンセントとは、患者が医療者から治療について必要な情報を説明され、患者本人が理解したうえで、治療の選択、同意もしくは拒否をすることである[1)2)]。「子どもの権利条約」第12条子どもの意見を表す権利、第13条表現の自由に示されているとおり、子供にも医療場面で自分の症状や気持ちを伝えたり、病気や治療を知ったりする権利がある。しかし子供は、大人のような法制上の義務はないため、インフォームド・コンセントの代わりにインフォームド・アセントが必要となる。インフォームド・アセント＊1とは、子供が自分になされる行為について理解できるように、十分に説明され、その選択決定について了解することをいう[1)3)]。

　このインフォームド・コンセントとインフォームド・アセントは、養護実践においても重要である。養護教諭は、子供に処置や指導を行う場合、子供の発達段階に応じた説明を行い子供の同意を得るとともに、子供が自分自身で意思決定をできるよう働きかけねばならない。

＊1　インフォームド・アセントの対象
　日本では、「人を対象とする生命科学・医学系研究に関する倫理指針」において、インフォームド・アセントの対象は、中学校等の課程を未修了であり、且つ16歳未満の未成年者で、自らの意向を表することができると判断される場合とされている[3)4)]。

引用・参考文献
1）日本医師会：医の倫理の基礎知識2018年版、日本医師会
　　https://www.med.or.jp/dl-med/doctor/member/kiso/inorinri_kiso2018.pdf（2024年2月16日アクセス）
2）日本看護協会：インフォームドコンセントと倫理
　　https://www.nurse.or.jp/nursing/rinri/text/basic/problem/informed.html（2024年2月16日アクセス）
3）日本小児看護学会：子どもを対象とする看護研究に関する倫理指針、2015
　　http://jschn.umin.ac.jp/files/201510_child_kenkyu_rinri.pdf
4）文部科学省・厚生労働省・経済産業省：人を対象とする生命科学・医学系研究に関する倫理指針（令和5年3月27日一部改正）
　　https://www.lifescience.mext.go.jp/files/pdf/n2373_01.pdf（2023年9月8日アクセス）

4）養護教諭がおこなうケアの倫理

　ケアという言葉について、広辞苑[11)]では「①介護、世話、②手入れ」とあるが、英語のcareには、「①世話、②配慮、関心、気遣い」（ロングマン現代英英辞典[12)]）という意味がある。つまり、他者のことを大切に思い、その人のために、その人に対して行うことを意味する。メイヤロフは、「ケアとは他者が成長すること、自己実現することを助けることであり、他者の成長を助けることによって自分自身を実現するという意味でケアは相互的である」と述べている[13)]。このことは、他者にケアを行うことが自分自身の成長につながることを指し、人間はケアを提供する、ケアを受けるという相互的なケアの関係のもとで育まれるといえる。

　養護教諭の実践はケアという概念に支えられているといえる。専門職として自分が向き合う対象を大切に思い、対象が抱えている問題やニーズに応えようと、ケアの関係のもとで責任を負う。そこには、養護教諭としてどのようにケアを実践できるか、どのように実践すべきか、という根本的な問いがあり、倫理が存在することがわかる。

　養護教諭のケアの倫理を考えるうえで、養護実習で実習生が経験した事例を紹介する。

> 中学校で、ある男性教諭が保健室にいる男子生徒を半ば強引に教室に連れ戻そうとしていた。その生徒は前日に同級生と喧嘩をして指導を受けていたが、その一件について保健室で養護教諭と話をして落ち着こうとしていたところであった。
> その生徒の担任である男性教諭は、非常に熱心に生徒にかかわったが、生徒はすっかり萎縮してしまっていた。養護教諭もその男性教諭の態度に驚き、言葉を失ってしまった。実習生自身もどうしたらよいかわからず、連れ戻される男子生徒の後ろ姿に胸が痛み、実習が終わっても心が晴れなかった。

実習生は男子生徒が抱えている問題に気づき、どうしたらよいかを考えた。男子生徒は男性教諭によって強制的に教室に連れ戻されてしまうが、これは男子生徒のニーズを無視しているといえる。そしてそこには、男子生徒がなぜ保健室にいるのかを知ろうとせず強制的に連れ戻そうとする男性教諭、男子生徒の話を聞こうとしていたが男性教諭との関係性の前に意見ができない養護教諭がいた。実習生は男子生徒の話を聞きたいけれど、男性教諭と養護教諭の関係性、養護教諭と男子生徒の関係性、養護教諭と自身の関係性のなかで自分がどうしたらよいかわからず、心を痛めてはがゆい思いをしていた。

この事例では男性教諭も養護教諭もそれぞれの立場で考えており、男子生徒の問題、ニーズに対して応答しているとはいえず、ケアの倫理として考えられていなかった。一方、実習生はその男子生徒のニーズに応答する力はないなかで、男子生徒の心情を気遣うことができていた。それゆえ、実習生は実習後の振り返りのなかでこの事例を取り上げた。この実習生は、自分自身がどうあればよかったのかについて学生同士でディスカッションしたことで、考えや気持ちの整理がついたと述べている。そしてこの事例を通じて、実習生は養護教諭として学校という場におけるケアの倫理について考えなくてはならないと気づいたという。

ケアの倫理は、ケア提供者と対象者の相互的な関係を重視し、対象者に深い関心を向け、相手が本当に求めていること（ニーズ）は何かを考え、そのニーズに対して取るべき行為を考えるものである。目の前の状況を第三者としてみるのではなく、その状況にかかわる当事者として、対象者に対する自分の責任を果たすことを考える。ケアの倫理において倫理的であるということは、ケアの関係を維持し、その向上に努めることであり、その関係性に重きを置くとされている[5]ことを、養護教諭は十分に理解しておく必要がある。自分がどのような養護教諭であるべきか、養護教諭として何をなすべきか、養護教諭として子供たちのニーズにどのように応答すべきか、そして養護教諭としてどうありたいか、常にこの問いかけをすることでよりよいケアにつながっていく。

まとめ

本節では、養護教諭の倫理として、倫理とは何か、学校という場で養護教諭が抱える倫理的課題、そして養護教諭がおこなうケアの倫理について述べた。養護教諭はその専門性ゆえにあらゆる場面でジレンマを抱きやすく、日々の実践のなかで、あれでよかったのであろうかといった思いをすることが多いため、実践そのものが倫理と結びついている。養護教諭の倫理を考えるうえで重要なのは、そうした思いや実践をそのままにせず、関係者間で話し合って検討し、よりよい支援につなげることである。

引用・参考文献

1) モーリス・メルロ＝ポンティ著、木田元、鯨岡峻訳：意識と言語の獲得―ソルボンヌ講義 1、みすず書房、1993、134
2) 久冨善之、長谷川裕、福島裕敏編著：教師の責任と教職倫理　経年調査にみる教員文化の変容、勁草書房、2018、1-13
3) アリストテレス著、高田三郎訳：ニコマコス倫理学（上）、岩波書店、1971、15
4) ジョナサン・ハイト著、藤沢隆史、藤沢玲子訳：しあわせ仮説　古代の知恵と現代科学の知恵、新曜社、2005・2011、237-241
5) 小西恵美子編：看護倫理　よい看護・よい看護師への道しるべ　改訂第 3 版、南江堂、2020、2-3、47
6) Beauchamp TL, Childress JF: Principles of biomedical ethics. 7th ed. Oxford University Press, 2013
7) Fry ST, Johnstone MJ 著、片田範子、山本あい子訳：看護実践の倫理　第 3 版、日本看護協会出版会、2010、28
8) 日本看護協会：看護職の倫理綱領、2021
   https://www.nurse.or.jp/home/publication/pdf/rinri/code_of_ethics.pdf（2023年9月19日アクセス）
9) 日本養護教諭教育学会：養護教諭の倫理綱領、2015
   https://yogokyoyu-kyoiku-gakkai.jp/wp-content/uploads/4d105782a0fbef67f73bb5dd09fd65eb.pdf（2023年9月19日アクセス）
10) 三森寧子、浦口真奈美：養護教諭が直面する日常の実践における困りごと、日本健康相談活動学会第18回学術大会抄録集、2021
11) 広辞苑無料検索　https://sakura-paris.org/dict/%E5%BA%83%E8%BE%9E%E8%8B%91/content/6008_1270（2024年2月29日アクセス）
12) オンライン版ロングマン現代英英辞典
    https://www.ldoceonline.com/jp/dictionary/caring（2024年2月29日アクセス）
13) ミルトン・メイヤロフ著、田村真、向野宣之訳：ケアの本質―生きることの意味、ゆみる出版、1987、115-123

コラム　教育実習で学生が遭遇する倫理的課題から「教職の倫理」について考える

　筆者は、「教職実践演習」の科目が新設・必修化となってから、毎年、「教職の倫理」という授業を実施している。授業を行うにあたり、毎年、養護実習を経験した学生へ、「実習を振り返って、あなたが実習中に経験したこと、目にしたことについて『なぜこうなんだろう？』『これで本当によかったのだろうか？』といった違和感を覚えたことや疑問を抱いたことを少なくとも二つ書いてください。」というテーマで自由記載のアンケートを取っている。記載された事例をいくつか抽出し、再構成し、授業ではグループで各事例をより掘り下げて検討している。これまで記載された学生が経験した倫理的課題は、大きく「関係性にかかわる課題」と「組織・管理にかかわる課題」、「養護教諭という専門職としての課題」であった。

　実習において、学生は、教員や養護教諭と子供との関係性だけでなく、実習生としての自分と子供との関係性、養護教諭との関係性において違和感を覚え、多くの倫理的課題に遭遇していた。教員の指導の在り方に対して子供の人格の尊重や子供にとっての益が何かという問いを抱き、教員、養護教諭、実習生のかかわり方に対して子供との関係の平等性の問題に気づいていた。学生という立場でありながら教えるという立場で実習に臨んだなかで、双方の立場にある学生であるからこその気づきであったといえる。また、学校という場について組織・管理に関する課題に気づいたことは、学生自身が組織やシステム、環境といった全体をみる視点を持っていたことがわかる。特に対象とする子供にとって安全や安心をもたらす環境なのか、と教育の場を捉えて課題としてあげたことは、学生の感性の鋭さをうかがわせる。

　このように実習を通して教育現場の倫理的課題について考えることで、実習を振り返る必要性と学生の視点が確認でき、今後の養成教育へ重要な示唆が得られた。

引用・参考文献

1) 三森寧子：教育実習で遭遇した倫理的課題：教職実践演習での「教職の倫理」の取り組みを通して、聖路加国際大学紀要、3、2017、1-10

第4章
専門職としての養護教諭と研究

1 養護教諭が研究を行う必要性

　専門職とは、日々改善を繰り返すことによって、よりよい方法（手法・技術）を追求するプロフェッショナル集団のことであり、養護教諭が名実ともに真のプロフェッショナル集団となるには、自ら研究を行うことが不可欠である[1]。かつて小倉は、専門職は、常に自ら研究に努めて資質の向上、現代化を図ることが期待される[2]と述べ、養護教諭にとって、研究することの重要性を指摘している。この現代化とは、学問は進歩し、社会は変貌を続けていくため、今日教育されていることで、10年後あるいは数年後には通用しなくなることを意味している[2]。つまり養護教諭は、専門職として自らの実践内容を記録し（言語化し）、その記録で実践の成果を振り返る一方で、他者からの評価も受けながら、さらによりよい実践を生み出していく姿勢が重要であり、そのような実践と評価の往還の中心にあるのが「研究」ということである[1]。研究することは、養護教諭の実践のプロセスの中核に位置するのである。

　さらに、養護教諭の倫理綱領第12条でも、「養護教諭は、研究や実践を通して、専門的知識・技術の創造と開発に努め」[3]とあり、研究を行うこと、またその能力は研究者だけでなく、専門職としての養護教諭にも求められている。本書を手にされている学生、養護教諭は、養護実践を研究的に捉えるか、もしくは養護実践を検証することを意識してほしい。ただし、研究を行うにはトレーニングが必要であるため、養護教諭の研究を大学の研究者が支援する、あるいは共同研究を行うスタイルが望ましい。

　実際に、養護教諭は多様な実践的課題や疑問を持っており、「健康課題を改善するには、どのような実践をすればよいのか」、「どのようにすればその効果を検証できるのだろうか」、「これらのことを明らかにする方法を知りたい」[4]といった疑問を持っている。研究の基本的な方法を学び、一定の方法に則りデータを収集してまとめ発表することは、以下の意義がある。すなわち、①校内の課題を見つけ解決や改善を目指す、②他校の養護教諭にも役立つ情報を提供する、③将来、研究を行って学位論文を作成する、④学会等での研究発表を通して、日本の子供たちの健康推進や学校保健、養護学の発展に貢献する[4]。ここで注意したいのは、一定の方法に則り研究を行うことが重要であり、情報が広く利用されるには調査の厳密さ、正確さが求められるということである[4]。正しい方法で研究を行えば、妥当な結果を示すことができ、養護教諭自身が広く活用されるエビデンスをつくることにもつながる。次からは、研究のプロセスと基本的方法について解説する。

2 研究のプロセスと基本的方法（図4-2-1）

1）研究疑問（リサーチ・クエスチョン）の設定

　構想を練るため、まずはアイディアを思いつく限り多く書き出す。日々の職務における悩みや疑問、解決したいこと等、いくつかあると思われる。研究疑問を考えるのは、個人的な疑問や関心から始まってもよいが、全てが「答えるに値する疑問」であるとは限らない。すなわち、研究疑問を設定するためには、個人的な興味関心から始まったアイディアを、一般的なもの、普遍的なものに絞っていくことが必要になる。よってアイディアを書き出したら、俯瞰して眺め、関連づけたり、統合したり追加したりしながら、研究疑問を洗練させていく。また、関連要因図（マップ）[5]をつくり、着想した研究課題に関連しそうなキーワードや要素・要因をできるだけ多く書き出し、グルーピングしたり比べたり別の角度から考えて加えたりしてみるのもよい。

　前述のように構想を練るとともに、関連する先行研究を読みながら、①自分自身が取り組もうとしている研究の意義（価値がある、重要である）、②新規性（新しい）、③実現可能性（実際にできそう）を検討する。なお、養護実践に関連する和文誌のデータベースとしては、CiNii Research（国立情報学研究所）、医学中央雑誌（NPO医学中央雑誌刊行会）等がある。初学者のつまずきとして、文献を思うように探せないことがあるため、検索に慣れないうちは、図書館の司書に相談するとよい。原著論文のほか、該当する分野のレビュー論文（総説）があれば、効率よく先行研究の動向を理解し、重要な文献を把握することに役立つ。一方、レビュー論文にはバイアス（情報の偏り）が含まれる可能性があるため、自ら情報収集することも必要となる[6]。なお、書籍はある程度蓄積された知見をもとにまとめられているため、最新の研究に関する情報は論文から得る。

　先行研究を読むなかで、初学者からよく聞くのが、「このテーマで研究を行いたかったが、もう行われているのでどうしたらよいか」という質問である。たしかに同様のテーマでの研究が報告されているが、よく読むと方法論的な課題等があり限界が書かれている、あるいは読み取れることが多い。そのため、論文を批判的に読む（論文クリティーク）ことが重要である。ここでは詳述しないが、論文のタイトル、抄録、序論、方法、結果、考察といった各セクションで書かれていることを鵜呑みにせず、よく吟味しながら読むことである。また、論文を読むなかでの疑問や、不明な用語を調べたりしながら読むことも重要である。それにより、内容の理解が深まるとともに、その分野や研究に関連する知識が増え研究力も向上する。

　先行研究の論文クリティークをふまえ、研究疑問を明確化する。よい研究疑問を評価する指標として、実現可能性（F: feasible）、興味深さ（I: interesting）、新規性（N: novel）、倫理性（E: ethical）、切実な（R: relevant）、という五つの要件であるFINER[7]を満たしているかを確認する。研究疑問は、研究の目的と関連する。この段階までたどり着いたら、研究計画のアウトラインを作成するため、①先行研究では何がわかっていたのか（研究の背景・到達点）、②意義があるのに未知だったものは何か（新規性）、③何を明らかにするのか（研究目的）、④どのような方法なら明らかにできるのか（実現可能性）、⑤期待される成果・意義等を

まとめる[5]。

2）研究計画書の作成

　研究を実施する際は、あらかじめ研究計画書を作成する必要がある。はじめから詳細な研究計画書を書く必要はなく、まずはアウトラインを作成してから繰り返し修正し、洗練させていく。可能であれば、大学教員等に相談し、研究計画の指導を受けて実施できるとよい。

　研究計画書には、主に図4-2-1に示した内容を記載する。具体的には以下（1）①～⑧を参照のこと。このほか、調査票やインタビューガイド、対象者等への依頼状（研究の目的、意義、方法および期間、協力しないことにより不利益を受けないこと、情報公開の方法、個人情報等の取り扱い等を含む）、同意書（調査票またはWEBフォームを用いた調査の場合は、同意書でなく、回答をもって同意を得ると対象者に説明する場合もある）を作成する。調査票や

```
研究疑問（リサーチ・クエスチョン）の設定
　① アイディアを書きだす（日々の職務における悩みや疑問、解決したいこと等）
　② 文献検索・収集・論文クリティーク
　③ 研究疑問の明確化（FINER〈実現可能性、科学的興味深さ、新規性、倫理性、必要
　　性〉を満たしているか？）
```
↓
```
研究計画書の作成
　① 研究のタイトル
　② 研究の実施体制
　③ 研究の背景（文献レビュー・新規性・意義を含める）
　④ 目的
　⑤ 用語の定義
　⑥ 研究の枠組みや仮説（質的研究等では設定しないこともある）
　⑦ 研究の方法（研究デザイン、対象、データ収集方法及び調査期間、研究全体のスケ
　　ジュール、調査内容、分析方法を含む）
　⑧ 倫理的配慮
```
↓
```
予備調査
　① 調査票、インタビューの質問項目の見直し等
```
↓
```
本調査
　① 対象者への説明と同意
　② 調査票の配布と回収、またはインタビュー等によるデータ収集
　③ 必要時、調査票の回収率を上げるため督促状を送付
```
↓
```
分析
　① データ入力、または逐語録の作成
　② 統計的分析、または質的分析
```
↓
```
結果の解釈
```
↓
```
文章化、発表
```

図4-2-1　調査研究の基本的なプロセス

インタビューガイドは予備調査を行い、対象者が答えやすい質問項目や順序、調査票の設計になっているか等を確認し、本調査を実施する。

（1）研究計画書に含める事項

①研究のタイトル
　タイトルには、研究のキーワード、方法、対象を含め、何を明らかにする研究なのかがわかるように書く。タイトルは、研究目的と関連させて書くことが大事である。

②研究の実施体制
　実施体制は、研究にかかわる研究者等の氏名や所属機関等について記載する。なお、論文としてまとめる際の著者は、研究の構想またはデザイン、あるいは研究データの取得、解析、または解釈、そして論文の作成を含め、研究の全ての側面に対して説明責任を負う者のことである[8]。

③研究の背景
　背景（はじめに、緒言）には、主に、着目している問題や現象を取り巻く状況、動機、新規性、意義を含めて書く。動機は、なぜこの研究に取り組もうと考えたかを、新規性はこれまでどのような先行研究が報告され、この研究はどのような点で新しさがあるか（新しいトピック、新しいデータ、新しい方法・アプローチ等）を書く。意義は、この研究の価値や、なぜこのテーマを重要と考えるか、この研究によりどのような成果が得られるか（例えば、養護教諭の実践への還元、子供の健康の改善・向上等）を記載する。

④目　的
　目的は、この研究では何を、どこまで明らかにするかをシンプルに、可能であれば一文で「本研究の目的は……である。」と書く。目的は、「研究疑問」に相当する。

⑤用語の定義
　正確な測定のため、研究テーマや目的に関連するキーワードを定義する。可能であれば、根拠（文献）を示したうえで、なぜそのような定義にしたかを説明する。

⑥研究の枠組みや仮説
　概念枠組みは先行研究がある程度蓄積され、設定可能な場合、関連する理論や先行研究をふまえ、研究目的に記述した変数間の関係、概念間の関係を関係図で示したものである。仮説検証型研究では、仮説を作成して予測変数（時間的あるいは生物学的に先行している）とアウトカム（帰結）等の関係を文章化（例「AとBは関連があるか？」）や図式化し、その根拠を説明する。なお、質的研究は先行研究が蓄積されていないため、研究の枠組みや仮説を設定しない（できない）ことが多い。

⑦研究の方法
　研究計画書を作成するにあたり、重要なのが研究デザイン・方法の検討である。どのような研究でも課題や限界があるものの、重要な研究テーマであるにもかかわらず、方法に重大な課題があると妥当な結果とはいえず、その論文の価値は低くなる。よって、研究計画の段階で、研究目的に合わせた研究方法を具体的に考えることが重要である。なお、本稿では文献研究の解説は割愛する。

　ⅰ　研究デザイン
　ⅰ）研究デザインとは
　研究デザインとは、広義の意味では研究の設計全体を表し、狭義では研究の種類を指す[7]。

表4-2-1　量的研究、質的研究、混合研究

【量的研究】 　数量的データを統計的手法を用いて分析し、一般的な法則性や傾向（関連性や因果関係、比較、予測、判別等）を明らかにする研究である。実態調査や仮説検証、効果検証、尺度開発等を目的に行われる。研究疑問が「AはBに影響するか」（関連性や因果関係）、「AとBで、●●の効果に違いはあるか」（比較）、「Aを予測するための効果的な要因Bは何か」（予測）等の場合は、量的研究を選択する。 【質的研究】 　主に先行研究の蓄積がないテーマを対象に、探索的で記述的なアプローチをとり、新たな理解や理論を構築することを目的に行う研究である。参加者の視点や経験を理解することに焦点をあて、インタビューデータ、観察データ、記録等のデータをもとに、着目した現象や事象を詳細に理解し、背景にある意味や文脈を見出すことを重視する。研究疑問が「これは何か（対象者の経験、思い等）」のレベルであり、対象者の視点による現象や事象の理解と説明に焦点をあてた、探索的な研究疑問等の場合は質的研究を選択する。 【混合研究】 　一つの研究で質的・量的研究データを組み合わせ、結果を統合する研究である。混合研究は量的研究と質的研究を補完しあう優れた研究手法であるが、費用や労力を要する。

　研究デザインには、量的研究や質的研究、混合研究（表4-2-1）といった具体的な研究方法や手順を含む。

　研究計画書に研究デザインを明記することで、研究者自身が研究計画の段階で目的に沿った適切な研究デザインの選択を慎重に行うことにつながる。研究をデザインする際に重要なのが、内的妥当性と外的妥当性を確保することである[9]。内的妥当性は、その研究による因果関係の推論がどれくらい適切かを指す[9]（例えば、ある介入によりアウトカムが変化する）。不適切な研究デザインであったり、研究で扱う要因以外の外的な要因（例えば、コーヒーを多く飲むと肥満になるのではなく、そこに砂糖という要因がかかわる場合）の影響を制御できていなかったりすると、内的妥当性が低くなる（例えば、ある介入によりアウトカムが変化したとはいえない）。外的妥当性は、一般化可能性を意味し、その研究から導かれた結果が、対象集団以外の集団にどの程度あてはまるかを指す[9]。外的妥当性には、対象者の選択や研究環境等がかかわるため、研究デザインを考える際に考慮する。

ⅱ）研究デザインの選択

　研究デザインを検討するにあたり、まず①研究対象のレベル（個人・集団）、②介入の有無（保健教育や健康相談等の介入を行い、評価する介入研究か否か）、③ランダム化（対象者を無作為に割りつける）の有無、④2群以上での比較の有無、⑤観察時間の流れ（後ろ向き〈現在から過去へ対象者を2回以上観察〉・前向き〈現在から未来へ対象者を2回以上観察〉・横断的〈対象者を一時点だけ観察〉）の五つの視点で捉え、研究デザインを選択する。表4-2-2に、量的研究と質的研究の主な研究デザインを示す。なお、混合研究は発展的な研究であるため本稿では割愛する。

　量的研究の研究デザインは、主に介入研究と観察研究に分類される[10)11)]。介入研究は、対象者に研究を意図した介入（教育、ケア等）を行う研究である。ランダム化比較試験（randomized controlled trials: RCT）、非無作為比較試験（non-RCT）、前後比較試験がある。

　観察研究は、分析的研究と記述的観察研究に分類される。比較対照群がある場合は分析的研究、比較対照群がない場合は記述的観察研究である。分析的観察研究は、要因とアウトカムを測定するタイミングで分類される。同時に測定（対象者を1回だけ観察、測定）する研究は横断研究、2回以上繰り返し観察する研究は縦断研究である。縦断研究は、症例対照研究（ケー

表4-2-2　量的研究と質的研究の主な研究デザイン

	研究デザイン	概　要
量的研究	RCT	介入群と対照群をランダム（無作為）に割りつけて行う介入研究で、群間の性質の違いが結果に影響をおよぼす可能性が少なく、エビデンスレベルが高い[12]。しかし、学校で子供に実施するのは倫理的に困難であることが多い[11]。また理論的根拠に基づく計画設計が必要であるため、RCTを実施する前に問題の原因を明らかにするための観察研究、介入設計の根拠となる準実験研究が必要となる[9]。
	non-RCT	RCTを行うことが難しい場合、クラス単位等で介入群と対照群に割りつけて介入する研究である。対象者の性質に偏りが生じやすくなるため、RCTよりもエビデンスレベルが低い[13]。
	前後比較試験	介入前後の2回以上の観察と比較をする方法であり、対照群は設定しない[12]。介入前後で測定値に変化があっても、介入以外の要因による可能性もあるため、結果を慎重に解釈する。
	横断研究	一時点に横断的に測定した情報の関連をみる研究である。1回の調査で完結するため、安価で簡便だが、関連の時間性を評価できない[6]。
	症例対照研究	疾患のある群（症例群）と、疾患のない対照群で過去の情報を振り返り、疾患の原因を明らかにする研究である[6]。
	コホート研究	ある要因に暴露した集団（例えば喫煙習慣）と、暴露していない集団を追跡し、要因と疾患の関連を検討する研究である[13]。
質的研究	事例研究	1事例または複数事例を丁寧に分析し、特定の現象や事象の理解を深めるためのデザインである。
	現象学的研究	ある現象に関する対象者の経験の本質を理解することを目的とした研究である[10]。現象の意味を理解したい場合に選択する。
	エスノグラフィー	研究者が対象のフィールドに入り、文化的、社会的1集団を描写し、解釈することに焦点を置く研究デザインである[12]。
	GTA	データに基づく理論開発を意図した研究である。日本では、GTAを発展させた修正版グラウンデッド・セオリー・アプローチ（Modified Grounded Theory Approach; M-GTA）も用いられている。

文献[4-6) 9-13)]を参考に筆者作成

ス・コントロール研究）（観察の向きは後ろ向き、過去）とコホート研究（観察の向きは前向き、未来）がある。記述的観察研究は、例えば、ある疾患に関する人口規模別の年齢調整死亡率等の大規模なものや、症例報告（Case report）等の小規模なものが含まれる[10]。

　質的研究の研究デザインは、研究領域によって研究デザインの分類は多様であるが、主に事例研究、現象学的研究、エスノグラフィー、グラウンデッド・セオリー・アプローチ（GTA）等がある。

　このように、各研究デザインの特徴を理解したうえで、研究目的に合った研究デザインを選択する。

ⅱ　対　象

　研究対象者の選定方針（どのような対象者を含み、どのような対象者を対象外とするか）、セッティング（一つの学校、特定地域、全国の子供等）、対象者数を含み記載する。

　母集団を全数調査できない場合は、何らかの方法で母集団から対象者を抽出し（標本抽出、サンプリング）、調査を行う。例えば、日本の小学生に関する調査を行う場合、全国の小学生全員を対象にすることは困難であるため、サンプルを抽出する必要がある。しかし、サンプリングの方法によっては、偏った集団を抽出する可能性があるため、注意が必要である。

　サンプリングの目的は、母集団から、調査者の意図を入れずにサンプリングした対象者（標

本集団）を調べ、母集団の情報を推測することである[4]。つまり、母集団を全数調査できない場合でも、無作為に抽出した標本集団を対象に調査を行うことで、得られた結果が標本集団だけでなく、母集団にもあてはめることができることを意味する。これを一般化という。

　サンプリングの主な方法として、確率的サンプリングと非確率的サンプリングがある。

　確率的サンプリングは、全ての人が等しい確率で対象者に選ばれるサンプリング方法である[10]。単純ランダムサンプリング（単純無作為抽出）は、乱数表やコンピューターを用いて必要なサンプル数だけ乱数を求め、それに対応する番号の対象者を抽出する方法である[10]。Microsoft Excelでも乱数が作成できる。また、母集団を構成する人が、いくつかの特性に分かれる場合（例えば、養護教諭への調査の場合、学校種別に分かれる等）には、各層に分けて単純ランダムサンプリングを行う層別ランダムサンプリング等もある。

　非確率的サンプリングは、実習校や養護教諭の勤務校の子供を対象とする場合に該当するが、結果を一般化するためには、確率的サンプリングを行うことが理想である。学校での調査では、調査を行う者と何らかのつながりのある対象者をサンプルにする方法である機縁法によるサンプリング（スノーボール・サンプリング）が多い。これは簡便なサンプリング方法ではあるが、サンプルが母集団を代表しているという保証はない[11]。このほかの方法として、応募法等がある。いずれの方法にしても、研究テーマにとって適切な対象者であるのか、その対象者はどのような人たちで、どのようにして選んだのかを合理的に説明できることが重要である[4]。

　なお、量的研究のサンプル数は、フリーソフトG*Power等で計算することもできる。質的研究のサンプル数は、研究デザインや目的に合わせて決定するため、合意の得られた基準はない。一つの目安として、等質な研究対象の場合は6～8名、異質な（多様性のある）対象の場合は12～20名との意見もある[14]。しかし、対象数がその研究の重要性や一般化を意味するのではなく、質的研究ではデータの質（対象者の深い語り等）も重要である点に留意したい。

　ⅲ　データ収集方法および調査期間、研究全体のスケジュール

　データ収集は、表4-2-3に示す各方法のメリットとデメリットを理解し、誰を対象に、どのようなデータを収集したいのかを考慮したうえで、研究目的や対象に適した方法を選択する。

　研究計画書には調査期間、研究全体のスケジュールも記載し、可能であれば表でわかりやすく示す。調査期間は主に、調査準備（対象者の依頼を含む）、予備調査、本調査、データ入力と分析、まとめ（論文執筆・発表準備）を含め、余裕のあるスケジュールを立てる。

　ⅳ　調査内容

　調査票やWEBフォームによる調査の場合は、何を、どのように測定するのかを検討する必要がある。例えば、子供の基本属性を知りたい場合、学年、年齢等、何を調査するのか、先行研究を参考にしながら、研究目的に合った項目を設定する。また、ある事象や特性（例えば子供の抑うつ）を測定したい場合、信頼性・妥当性が担保された既存の測定尺度を使用すると、先行研究との比較ができる。なお、調査項目の作成においては、対象者が答えづらい曖昧な言葉、難しい言葉は使用しないこと、1項目で複数の内容（論点）を問わないこと（ダブルバーレル質問）、調査者の意図した回答を誘導するような聞き方はしないことに注意する。

　回答形式は、選択肢か、自由回答がある。選択肢の場合は、名義尺度（性別等）、順序尺度（徒競走の順位等）、間隔尺度（温度等）、比例尺度（身長等）があり、尺度により使用できる分析方法が限定される。自由回答は、対象者の自由な意見等を尋ねる場合に用いられることが

表4-2-3　主なデータ収集方法

データ収集方法	概　要	
観察調査	対象者を観察することでデータを収集する方法であり子供の行動等を研究対象にする場合に用いる。対象集団に調査者が参加し、行動をともにしながら観察する参与観察法と、参加せずに周囲から観察する非参与観察法がある。	
面接調査	個人面接と集団面接があり、集団面接のデータ収集方法は、共通する状況の対象を数名集めて面接するフォーカス・グループインタビューと、共通するテーマについて自由に話し合うブレインストーミングがある。面接調査では、面接者の態度や環境が対象者の語りに影響するため、話しやすい雰囲気で対象者がリラックスして語れるように十分に配慮する。 【面接調査の種類】	
	構造化面接	全ての対象者に共通した質問・順序で質問する方法である。
	半構造化面接	主な質問項目と回答内容に応じて適宜挿入する質問項目を準備して行う方法である。対象者の語りを尊重しながら、深い語りを促すため適宜質問を加えて面接する。構造化面接と半構造化面接は、事前に質問項目や面接の流れを含めたインタビューガイドを作成し、データを収集する。
	非構造化面接	詳細な質問項目等は準備せず、面接のテーマや目的を設定して対象者に自由に語ってもらう。
電話調査・オンライン調査	対象者と直接会うことが困難な場合等は、電話調査やオンライン調査がある。電話調査は、タイムリーな調査が可能だが、対象者の反応を十分に確認できないことに加え、長時間の拘束ができず、質問が限られる等のデメリットがある。 オンライン調査は、対象者の反応がある程度確認できるが、対象者に通信料の負担が生じること、通信状態により予定どおり調査できない場合があること等のデメリットがある。	
集合調査	対象者が集合し、一斉に調査票に回答してその場で回収する方法である。高い回収率が見込まれ、学校の子供への調査ではよく行われるが、代表性に課題がある。また、強制的に回答させることがないように配慮が必要となる。	
留置調査	対象者に調査票を渡した後、対象者に記入してもらい、一定期間を置き回収する方法である。その場で答えにくい質問や回答に時間のかかる質問の場合、対象者は時間をかけて回答することができるが、代理回答の可能性に留意する必要がある。	
郵送調査	郵送調査は、調査票の配布や回収を郵送で行う。広い地域の対象者を選定でき、サンプリングの仕方によりサンプルの代表性が高まる。一方、回答者の関心を促す工夫や報酬等がない場合や、質問項目が多いと回収率が低くなる傾向にある。	
WEB調査	Eメール等で配布したWEBの質問フォームに回答してもらう。Google FormsやMicrosoft Forms等で作成できる。ICT化が進むなかで、対象者にとっても回答が簡便である一方、個人情報保護に厳重に留意して行う必要がある。このほか、詳細に触れないが、Chat型AIを用いたインタビューもある。	

文献[15)][16)]を参考に筆者作成

多い。

　観察調査や面接調査では、研究目的をふまえて観察項目あるいはインタビュー項目を検討し、研究計画書に記載する。なお、面接調査の場合は、事前に質問項目や面接の流れを含めたインタビューガイドを作成する。その際、調査の流れ（自己紹介、目的、方法の説明と同意、対象者の緊張への配慮を含む）、質問の順序（導入的な質問から深い質問へ）等を慎重に検討する。

Ⅴ　分析方法

　表4-2-4は、主な量的研究と質的研究の分析方法である。統計的処理には、IBM SPSSを用いることが多いが、個人で購入するには高価であるため、Microsoft Excelのほか、フリーの統計ソフトR、EZR（Easy R）等も選択肢に入れるとよい。構造方程式モデリングはMicrosoft

表4-2-4 量的研究と質的研究の主な分析方法

	分析方法	概　要
量的研究	χ^2検定	二つ以上の質的データ（性別等の名義尺度）同士の関連を比較する。
	t検定	2群の平均値の差を比較する。
	一元配置分散分析	3群以上の平均値の差を比較する。
	相関分析	二つの変数の関連を検討する。
	因子分析	観測変数から潜在因子（変数間の共通の要因）を特定する。 例：尺度開発
	重回帰分析	複数の独立変数（説明変数）で一つの従属変数・目的変数（連続変数）を説明・予測する。
	クラスター分析	類似性に基づき、対象を自動的に集めて分類する。
質的研究	事例研究	一つまたは少数の事例を取り上げ、詳細に情報収集を行い、その事例の特徴や変化を分析・評価する。
	内容分析	テキストのある特定の属性を客観的・体系的に分析し、ある事象について明らかにする。
	KJ法	付箋等の紙にアイディアを書き出してグループ化・図解化し、叙述化する。
	GTA	質的データに立脚して仮説や理論を生成する。M-GTA（Modified-Grounded Theory Approach）という方法もある。

文献[4-6)][9)][10)]を参考に筆者作成

Amos、Mplus等、テキストマイニングはKH Coder等のソフトがある。

⑧倫理的配慮

　日本では、研究における倫理的配慮の指針として、日本国憲法、個人情報の保護に関する法律、条例、世界医師会による「ヘルシンキ宣言」および科学技術会議生命倫理委員会における「ヒトゲノム研究に関する基本原則」に示された倫理規範等をふまえ、「人を対象とする生命科学・医学系研究に関する倫理指針」（以下、倫理指針）が定められている[17)]。倫理的配慮は、対象者が安心して研究に参加できる環境を整えるとともに、対象者の尊厳および人権が守られ、研究の適正な推進が図られる[17)]ようにするために重要である。

　研究機関に所属する研究者は通常、研究倫理委員会で研究計画書等の審査を受け、承認されてから研究を実施する。学生の卒業論文の場合は、大学教員の指導・責任のもと実施する。現職の養護教諭等で倫理委員会の審査を受けられない場合は、倫理指針[17)]を参考に研究計画書を作成し、倫理的配慮に留意して実施する。

　研究計画書には倫理的配慮として、研究倫理審査の有無、対象者への説明と同意、研究参加への自由意思の尊重、同意の撤回、個人情報保護等について記載する。なお、子供への調査の場合は、保護者への説明と同意を得ること（インフォームド・コンセント〈p.46コラム参照〉）、子供へのインフォームド・アセント*1に努めることが必要となる。詳細は倫理指針[17)]を参照する。

＊1　インフォームド・アセント[17)][18)]とは、インフォームド・コンセントを与える能力を欠くと客観的に判断される研究対象者（中学校等の課程を未修了であり且つ16歳未満の未成年者等）が、実施または継続されようとする研究に関して、その理解力に応じたわかりやすい言葉で説明を受け、当該研究を実施または継続されることを理解し、賛意（assent）を表することをいう。

3）データの収集・分析と解釈

　予備調査を経て、本調査でデータを収集した後は、量的データを Microsoft Excel 等に入力する。Excel ファイルは SPSS 等の統計ソフトに取り込みができる。入力後は、基本統計量を算出し、入力ミスがないかを確認する。この作業を怠ると、本分析の際に正確な結果が得られないため慎重に確認する。インタビューの場合は、逐語録を作成し、分析の下準備をした後、研究計画書に基づき分析する。

　結果は、目的（研究疑問）をもとに、どのような結果が得られたかを解釈する。想定外の結果であった場合でも、思いがけない発見等もあるため、共同研究者と意見交換をし、多角的な視点で結果を解釈する。

4）文章化（論文作成）と公表

　研究成果を文章化し、公表することは研究者（職業研究者だけでなく、研究をする全ての者）の責務である。公表の方法は、現職の養護教諭の場合は校内研究会での発表、地区・地域の養護教諭の研究会での発表、学会発表（ポスター発表、口頭発表）、論文での発表がある。

　校内研究会での発表は、勤務校の子供を対象にした調査結果を発表する場合等が想定されるため、養護教諭の職務を他の教職員に発信できる貴重な機会となる。また、地区・地域の研究会での発表は、意見交換をすることで、研究の意義や課題等を見出すことにつながるとともに、他の養護教諭の実践への還元が期待される。そのためにも、一般化可能性のある研究成果を示すことが望ましい。学会発表は、養護教諭だけでなく、関連分野の研究者も参加しているため、意見交換の機会となるとともに、研究ネットワークも広がる。

　次に、論文による研究成果の公表についてである。論文を書くうえで、論理的文章を書くトレーニングは必須であり、初学者はできるだけ多くの論文を読み、論文のスタイルや書き方を学ぶことが望ましい[19]。論文作成の基本としては、アメリカ心理学会の論文作成マニュアル[20]が参考になる。このマニュアルは、心理学だけでなく、看護学でも広く使われる論文作成の基準の一つであり、論文の構成・書式、文法知識、偏見のない文章表現、引用文献のスタイル等が掲載されている。さらに近年、研究デザインごとに、必要な報告内容に関するガイドラインがいくつか公表されており、EQUATOR Network のホームページには報告ガイドラインが掲載されている[21]。例えば、横断研究は STROBE、記述研究（症例報告等）は CARE、質的研究は SRQR、COREQ 等がある。

　特に論文を書く際に重要となるのは、研究目的をふまえて執筆するという点である。具体的には論文の緒言（はじめに）には、着目している問題や現象を取り巻く状況、動機、新規性、意義、すなわち研究目的に至る道筋を書く。方法は、「2．2）研究計画書の作成」の内容を参考に具体的に書く。結果は、研究目的（研究疑問）に沿い、明らかになったことを書き、考察は、研究目的との関連で主要な結果は何か、先行研究との関連（その解釈を含む）、一般化可能性、限界、養護学への還元・実践的意義を書く。なお、緒言と考察では、必ず過去の文献を引用しながら説明する。その際、引用とオリジナルの文章を区別し、直接引用（引用箇所を「」で示す）または間接引用（引用箇所を要約して記す）により明示することは言うまでもない。先行研究の引用は、その引用が本当に当該論文に必要なのかをよく検討したうえで、必要

最低限を引用する。

　また、わかりやすく、論理的な文章を書くためには、パラグラフライティングが参考になる。パラグラフとは、一つのトピックを説明した文の集まりのことである[22]。原則として、一つの要約文と複数の補足情報の文で構成する。パラグラフの先頭には、そのパラグラフのトピック（最も言いたいこと、主題・主張）を示した要約文（トピックセンテンス）を置き、次に要約文の内容を詳しく解説し（補足や例示等）、必要があればまとめの文を述べてパラグラフを終えるという構造をとる[22]。このように執筆した論文は、可能であれば他者に読んでもらい、意見をもらったうえで推敲を繰り返す。

まとめ

　本稿では、養護教諭が行う研究について解説した。研究の基本を理解し、専門職としての養護教諭には、エビデンスの作り手として、養護実践を研究的に捉える、もしくは、養護実践を検証することを期待したい。

引用・参考文献

1) 古田真司：養護実践における「実践」とは何か、養護実践学研究、5(1)、2023、1-2
2) 小倉学：養護教諭　その専門性と機能（第9版）、東山書房、1982、213-215
3) 日本養護教諭教育学会：養護教諭の倫理綱領、2015
　https://yogokyoyu-kyoiku-gakkai.jp/wp-content/uploads/4d105782a0fbef67f73bb5dd09fd65eb.pdf（2023年9月8日アクセス）
4) 朝倉隆司：養護教諭のための調査研究法入門、少年写真新聞社、2013
5) 近藤克則：研究の育て方　ゴールとプロセスの「見える化」、医学書院、2018
6) 福田吉治、山縣然太朗：保健医療福祉の研究ナビ、金原出版、2007
7) 福原俊一：リサーチ・クエスチョンの作り方～診療上の疑問を研究可能な形に～、NPO法人健康医療評価研究機構（iHope）、2009
8) 日本看護科学学会：研究論文投稿に関する不正行為防止のためのガイドライン
　https://www.jans.or.jp/uploads/files/publications/PreventionofMisconduct_j.pdf（2023年9月20日アクセス）
9) 西垣昌和編：看護学テキストシリーズ NICE 看護と研究 根拠に基づいた実践 Evidence-based Practice（EBP）、南江堂、2023、69
10) 小山田隼佑：研究デザインの選び方、医学界新聞
　https://www.igaku-shoin.co.jp/paper/archive/y2019/PA03324_05（2023年9月28日アクセス）
11) Mellis C. M. (2020). How to choose your study design. Journal of paediatrics and child health, 56(7), 1018-1022. https://doi.org/10.1111/jpc.14929
12) 横山美江：よくわかる看護研究の進め方・まとめ方　エキスパートをめざして、医歯薬出版株式会社、2007
13) 健康を決める力：用語集　https://www.healthliteracy.jp/yougo/（2023年9月8日アクセス）
14) Holloway I、Wheeler S著、野口美和子監訳：ナースのための質的研究入門―研究方法から論文作成まで　第2版、医学書院、2006、126
15) 高野陽太郎、岡隆編：心理学研究法―心を見つめる科学のまなざし、有斐閣、2004
16) 総務省統計局：データ・スタート　ゼミナール編（2）～調査実施と分析、2-2-1 さまざまな調査方法
　https://www.stat.go.jp/dstart/point/seminar/02/2-2-1.html（2024年2月14日アクセス）
17) 文部科学省・厚生労働省・経済産業省：人を対象とする生命科学・医学系研究に関する倫理指針（令和5年3月27日一部改正）
　https://www.lifescience.mext.go.jp/files/pdf/n2373_01.pdf（2023年9月8日アクセス）
18) 文部科学省・厚生労働省・経済産業省：人を対象とする生命科学・医学系研究に関する倫理指針 ガイダンス（令和5年4月17日一部改訂）
　https://www.lifescience.mext.go.jp/files/pdf/n2376_01.pdf（2024年2月20日アクセス）

19) 竹鼻ゆかり、古田真司：養護実践学の論文を誰が書くべきか―養護実践を論文化する意義とその方法についての考察―、養護実践学研究、3(2)、2020、3-8
20) アメリカ心理学会（APA）著、前田樹海、江藤裕之訳：APA論文作成マニュアル 第3版、医学書院、2023
21) EQUATOR Network: Reporting guidelines for main study types
https://www.equator-network.org/（2024年2月19日アクセス）
22) 倉島保美：論理が伝わる 世界標準の「書く技術」、講談社、2012

コラム　養護教諭が実践研究を行う意義と課題

　日本の養護教諭は、健康教育と健康管理によって子供の健康を保持・増進し、発育・発達の支援を行う教育職員である点と、ほとんどの学校に常勤で配置されている点で世界的にも独自な専門職である。ところが、養護教諭は、教育活動のなかでその力を発揮し、多様な実践を蓄積しているにもかかわらず、養護教諭の職務内容やその役割に関する学問的な研究は遅れている[1]。

　養護実践を研究的に取り組み、論文化することの意義について、竹鼻ら（2020）[2]は次の3点を述べている。一つ目は子供たちの健康課題の解決、二つ目は未来の社会や学校づくりへの貢献、三つ目は養護教諭の実践を経験知から形式知として一般化することによる理論と養護学の構築である。

　養護教諭が実践研究を行う際に配慮すべき事項は、以下が参考になる[3]。

1. 予め研究計画を立て、児童生徒や保護者等に説明を行い研究への同意を得ること。その際、研究への参加の可否によって不利益を受けないようにし、伝えること。
2. 研究参加によって生じる対象者への損害が最小限になるようにし、もし予想される損害がある場合は予め児童生徒や保護者等に伝えること。
3. 個人情報が洩れることがないよう細心の注意を払い、工夫をする必要があること。
4. 通常の教育活動や養護実践を行った後から研究としてまとめる際は、後からでもよいので児童生徒や保護者等から同意を得ること。

　養護教諭には上記のような倫理的配慮を十分に理解したうえで、日々の養護実践を研究的に捉え、公表することを期待したい。なお、研究方法の詳細は、養護教諭向けの書籍[4]等を参照してほしい。

引用・参考文献
1) 古田真司：日本養護実践学会　第2回学術集会 開催趣意
https://yjissen.jpn.org/wp-content/uploads/2023/01/pamphlet2020x.pdf（2024年6月3日アクセス）
2) 竹鼻ゆかり、古田真司：養護実践学の論文を誰が書くべきか―養護実践を論文化する意義とその方法についての考察―、養護実践学研究、3(2)、2020、3-8
3) 原郁水：養護実践学研究に論文を投稿する際の倫理的配慮に関する一考察、日本養護実践学会、6(2)、2024、41-49
4) 朝倉隆司：養護教諭のための調査研究法入門、少年写真新聞社、2013

第5章
学校における連携・協働

1 現代的教育・健康課題

　子供たちの現代的教育・健康課題は社会環境の変化や科学技術の発展とともに複雑化、多様化、深刻化しており、アレルギー疾患をはじめとする疾病・障害、不登校、虐待など、特別な支援を必要とする児童生徒の支援にかかわる対応や体制の整備など、さまざまな問題が山積している。また情報機器の普及によってスクリーンタイムが増加したことによる視力、聴力への影響や、睡眠障害といった新たな健康問題も懸念されている。

　2022（令和4）年度「児童生徒の問題行動・不登校等生徒指導上の諸課題に関する調査」[1]によると、不登校児童生徒数は、小・中学校で約29.9万人、高等学校を合わせると約36万人に上り過去最高となった。また、学校内外の専門機関等で相談・指導等を受けた不登校児童生徒数は61.8％（約18.5万人）に上る[1]など、不登校は生徒指導上の喫緊の課題となっている。さらに、小・中・高等学校から報告のあった自殺した児童生徒数は2022（令和4）年度は411人[1]になるなど、児童生徒の心理・社会問題は深刻な状況にある。背景には経済状況の悪化や家庭の教育力の低下も懸念されている。

　また、内閣府「こども・若者の意識と生活に関する調査報告書」（2023〈令和5〉年3月）[2]によると、ひきこもりの人口は、15歳から64歳までの年齢層の2％余り、推計146万人に上ることが報告されている。ひきこもりの初発年齢が13歳から18歳に多いという報告[3]もあり、児童期・思春期の不登校がそのままひきこもりにつながることも懸念される。そのため、不登校の対策には初期段階からの丁寧な分析と対応が必要である。

　児童虐待は、こども家庭庁が公表した「令和4年度 児童相談所での児童虐待相談対応件数」[4]によると219,170件と過去最多を更新している。特に配偶者の暴力が心理的虐待と認定されるようになってから、心理的虐待の割合が増加している。このように近年、福祉の支援を必要とする児童生徒が増加しており、ヤングケアラー*1の存在も注目されるようになった。「ヤングケアラーと思われる児童生徒」は2020（令和2）年度には中学校で46.6％、定時制高校で70.4％、通信制高校で60.0％存在しており[6]、これまで認知されていなかった子供の問題が顕在化し始めている。

　加えて、発達障害が疑われる児童生徒は2022（令和4）年、通常学級に8.8％存在[7]しているという報告もあり、10年前の2013（平成25）年度に実施された同調査よりも2.3％増加し、

---

*1　ヤングケアラーとは、年齢や成長の度合いに見合わない重い責任や負担を負って、本来、大人が担うような家族の介護（障がい・病気・精神疾患のある保護者や祖父母への介護など）や世話（年下のきょうだいの世話など）をすることで、自らの育ちや教育に影響をおよぼしている18歳未満の子供を言う[5]。

学校現場では個々に合った支援体制の構築が大きな課題となっている[*2]。また近年、小児医療の進展により医療的ケアを必要とする子供が増加している。2021（令和3）年に特別支援学校に在籍する医療的ケア児[*3]は8,485人、幼稚園、小・中・高等学校に在籍する医療的ケア児は1,783人、全国の医療的ケア児（在宅）は、推計約2万人を超えるなど、15年前と比較すると約2倍となっている[8]。

さらに近年、生産年齢人口の不足[11]から外国人労働者の数を増やすことを目的として改正出入国管理法（2019〈平成31〉年4月1日施行）が施行され、国際化はさらに進むことが予測される[12]。それに伴い、外国にルーツを持つ子供が増加し[13]、日本語指導員や、学校内外での支援体制の拡充が急がれている。

2 学校における多職種連携

1）多職種連携とは

多職種連携とは、異なった専門的背景を持つ専門職が、共有した目標に向けてともに働くことを言う。世界保健機関（World Health Organization：WHO）では、1980～90年代にかけて多職種連携の必要性を推奨しており、世界に向けて多職種連携や多職種連携教育の重要性に関する報告書を発表した[14]。近年、医療領域では、医学分野の情報量の増大と診療技術の発展により診療の高度化、複雑化が進行し、専門職が細分化されるようになった。それに伴い、専門職連携（Interprofessional work：IPW）の重要性が高まっている。

学校教育においても、「チームとしての学校」が提唱され、さまざまな職種が児童生徒の支援にかかわるようになった。さまざまな人材・機関との連携・協働には、他職種の役割や専門性および自身の職業の専門性や責任の範囲を理解することが重要であり、多職種連携を支えるうえでの資質能力の基本を理解する必要がある。

多職種連携には、表5-2-1に示す11の資質能力が必要とされる。まずは多職種連携の目標についての認識・共通理解や専門職としての能力、基本的なコミュニケーション能力、互いの専門性を尊重する力が必要である。また、異なる領域、分野でも理解できる共通言語を持つことやチーム機能の理解、ケースカンファレンスをマネジメント、ファシリテートする能力、連携のリーダーシップをとる能力が必要である。さらにこれらの資質能力を発揮するためには専門職間・チーム同士の葛藤への課題解決、個性の違いに対応・尊重する力が必要とされる。

しかし、時にチームメンバーのなかで葛藤が生じることがある。葛藤が生まれる原因としては、職種間の地位や力の格差（職種の階層構造の課題）、知識や価値観など専門職文化の違い、

[*2] 文部科学省初等中等教育局特別支援教育課「障害のある子供の教育支援の手引～子供たち一人一人の教育的ニーズを踏まえた学びの充実に向けて～」（令和3年6月）[9]において、インクルーシブ教育の推進および各関係者の役割が明確に示され、「全ての教員は、特別支援教育に関する一定の知識・技能を有している」ことが求められている。教育職である養護教諭においても同様である。

[*3] 医療的ケア児とは、日常生活および社会生活を営むために恒常的に医療的ケア（人工呼吸器による呼吸管理、喀痰吸引その他の医療行為）を受けることが不可欠である児童を言う（文部科学省：学校教育法施行規則の一部を改正する省令の施行について〈通知〉3文科初第861号、令和3年8月23日[10]）。

表 5-2-1　多職種・多機関連携に必要な資質・能力

多職種連携の目標についての認識・共通理解	児童生徒・家族・地域を中心とした支援であるという認識を持つ
専門職としての能力	養護教諭の専門的知識・技術および養護教諭でなければ捉えられないこと等
基本的なコミュニケーション能力	あいさつ、ふるまい、礼儀等のビジネスマナー、非言語的な要素
互いの専門職に対するリスペクト	多職種の専門性や役割の理解および個々の専門性に対する尊重
共通言語の使用	異なる領域、分野でも理解できる共通言語を持つ
チーム機能の理解	組織の一員であることの自覚
ファシリテートする力	ケースカンファレンスをマネジメント、ファシリテートする能力
リーダーシップ能力	連携のリーダーシップをとる力
職種間に生じた葛藤を解決する能力	ストレスマネジメント、合意形成の仕方
個々の個性に対するスキル	専門性や個性が異なる相手に有効にアプローチする能力
ダイバーシティの視点	多様性の感性を磨く

出典）松岡千代：多職種連携はなぜ必要なのか、TRUE COLORS JAPAN[15]、松岡千代：チームアプローチに求められるコミュニケーションスキル、認知症ケア事例ジャーナル、3(4)、2011、401-408[16] を参考に筆者作成

チーム・機関の文化の差異、多職種連携の方法や葛藤解決等の知識、スキルの不足などがあげられる。専門性や個性の異なる相手に有効にアプローチする能力を習得するためには、個性の違いに対応する具体的なスキルの習得、違いを受け入れる力、互いの価値観を理解し合意形成していく力が必要とされる[15) 16)]。これらは、自然に身につくものではなく、チームが有効に機能するためには多職種連携の基本について研修などを通した適切なトレーニングが必要である。

2）学校における連携・協働の法的根拠

（1）教育基本法と学校保健安全法

学校が家庭および地域住民との相互の連携協力に努めることは教育基本法に定められており、それぞれの役割や責任を自覚し、相互の連携および協力に努めることが求められている。加えて教育委員会などはそれらを支えるための連携、協力の促進を努める役割を担っている（社会教育法第5条および同条第2項）。また、学校保健安全法においては、学校は地域と救急処置、健康相談、保健指導、安全の確保について連携を図ることが示されている。

教育基本法
（学校、家庭及び地域住民等の相互の連携協力）
第13条　学校、家庭及び地域住民その他の関係者は、教育におけるそれぞれの役割と責任を自覚するとともに、相互の連携及び協力に努めるものとする。

学校保健安全法
（地域の医療機関等との連携）
第10条　学校においては、救急処置、健康相談又は保健指導を行うに当たっては、必要に応じ、当該学校の所在する地域の医療機関その他の関係機関との連携を図るよう努めるものとする。
（保健所との連絡）
第18条　学校の設置者は、この法律の規定による健康診断を行おうとする場合その他政令で定める場合においては、保健所と連絡するものとする。
（地域の関係機関等との連携）

> 第30条　学校においては、児童生徒等の安全の確保を図るため、児童生徒等の保護者との連携を図るとともに、当該学校が所在する地域の実情に応じて、当該地域を管轄する警察署その他の関係機関、地域の安全を確保するための活動を行う団体その他の関係団体、当該地域の住民その他の関係者との連携を図るよう努めるものとする。

（2）チームとしての学校

　2016（平成28）年に文部科学省は、これからの学校が教育課程の改善等を実現し、複雑化・多様化した課題を解決していくためには、「チームとしての学校」をつくり上げていくことが大切であるとした[17]。さらに、校長のリーダーシップのもと、教職員や学校内の多様な人材が、それぞれの専門性を生かして能力を発揮し、子供たちに必要な資質・能力を確実に身につけさせることができるチームとしての学校を実現するための方策として、表5-2-2の3点が示された[17]。

表5-2-2　チームとしての学校を実現するための方策

○専門性に基づくチーム体制の構築
　これからの学校に必要な教職員、専門能力スタッフ等の配置を進めるとともに、教員が授業等の専門性を高めることができる体制や、専門能力スタッフ等が自らの専門性を発揮できるような連携、分担の体制を整備する。
○学校のマネジメント機能の強化
　教職員や専門能力スタッフ等の多職種で組織される学校がチームとして機能するよう、管理職のリーダーシップや学校のマネジメントの在り方等について検討を行い、校長がリーダーシップを発揮できるような体制の整備や、学校内の分掌や委員会等の活動を調整して、学校の教育目標の下に学校全体を動かしていく機能の強化等を進める。
○教職員一人一人が力を発揮できる環境の整備
　教職員や専門能力スタッフ等の多職種で組織される学校において、教職員一人一人が力を発揮し、更に伸ばしていけるよう、学校の組織文化も含めて、見直しを検討し、人材育成や業務改善等の取組を進める。

出典）文部科学省：2．「チームとしての学校」の在り方[17]

（3）令和の日本型学校教育

　2021（令和3）年文部科学省は、「『令和の日本型学校教育』の構築を目指して～全ての子供たちの可能性を引き出す、個別最適な学びと、協働的な学びの実現～」（答申）[18]を発出し、連携・分担による学校マネジメントを実現するための方策として、表5-2-3の4点を示している。

表5-2-3　連携・分担による学校マネジメントを実現するための方策

○校長を中心に学校組織のマネジメント力の強化を図るとともに、学校内外との関係で「連携と分担」による学校マネジメントを実現
○外部人材や専門スタッフ等、多様な人材が指導に携わることのできる学校の実現、事務職員の校務運営への参画機会の拡大、教師同士の役割の適切な分担
○学校・家庭・地域がそれぞれの役割と責任を果たし、相互に連携・協働して、地域全体で子供たちの成長を支えていく環境を整備
○カリキュラム・マネジメントを進めつつ、学校が家庭や地域社会と連携し、社会とつながる協働的な学びを実現

出典）文部科学省：「令和の日本型学校教育」の構築を目指して～全ての子供たちの可能性を引き出す、個別最適な学びと、協働的な学びの実現～（答申）【概要】、2021[19]、文部科学省：4．「令和の日本型教育」の構築に向けた今後の方向性　（3）連携・分担による学校マネジメントを実現する[18]より一部抜粋

　また本答申[18]では、学校教育の質と多様性、包摂性を高め、教育の機会均等を実現するための方策として、次の3点を重視している（表5-2-4）。

表5-2-4 学校教育の質と多様性、包摂性を高め、教育の機会均等を実現するための方策

①子供たちの資質・能力をより一層確実に育むため、基礎学力を保障してその才能を十分に伸ばし、社会性等を育むことができるよう、学校教育の質を高める
②学校に十分な人的配置を実現し、1人1台端末や先端技術を活用しつつ、多様化する子供たちに対応して個別最適な学びを実現しながら、学校の多様性と包摂性を高める
③ICTの活用や関係機関との連携を含め、学校教育に馴染めないでいる子供に対して実質的に学びの機会を保障するとともに、地理的条件に関わらず、教育の質と機会均等を確保

出典）中央教育審議会：「令和の日本型学校教育」の構築を目指して～全ての子供たちの可能性を引き出す、個別最適な学びと、協働的な学びの実現～（答申）【概要】、2021[19]

3）多職種連携における養護教諭の役割

　全ての子供たちへの個別最適な学びを実現するため、教職員は学校のみならず地域と連携・協働していくことや、学校と地域が互いにパートナーとして子供たちの成長を支えていくことが求められている。養護教諭は全校児童生徒の心身の健康実態を把握しており、かつさまざまな個別の課題に対して支援を行っている。そのため、家庭や地域とかかわる機会は多く、地域全体で子供たちの成長を支えていくための環境整備や連携・協働のキーパーソンとしての役割が期待される。加えて、「安全安心な居場所・セーフティネットとしての身体的、精神的な健康の保障を学校教育の本質的な役割として重視し、継承して」[18]いくために、保健室には学校教育の一教育施設としての重要な役割が求められている。また、学校保健活動の中核的な役割を担っている養護教諭は、健康や安全にかかわる行事や事業等において、地域と連携、協力することが不可欠である。また、児童生徒の健康実態の周知や課題解決の促進において、学校長の諮問機関である学校保健委員会が果たす役割は大きい。学校保健委員会は家庭や地域、社会教育をつなぐ核となる。そのため、その実施計画を立案するうえで中心となる養護教諭は重要な役割を担っている。養護教諭は、児童生徒の実態を明確にし、支援の方針をしっかりとふまえたうえで保健室経営計画や学校保健計画、学校安全計画を組織として策定し推進していくことが求められている。

3 学校における関係職種・関係機関等

　前述したように、複雑・多様化する子供たちの現代的教育・健康課題を解決するために、学校における連携・協働は不可欠である。さまざまな人材の専門性や機関との連携・協働によって子供たちの課題を多角的かつ客観的に捉えることができるとともに、情報収集を迅速に行うことができる。さらに、チームにおいて各自がさまざまな職種と相互に連携を深めることで、チームの一員としての自覚と連帯意識が高まる。つまり、学校における連携・協働によって、子供や保護者への適切な支援が可能となる。

　学校における連携・協働には、どのような人材、組織、機関があるのか、それらの人材や機関はどのような専門性を持ち、どのような役割・支援を担うことができるのか、連携・協働における養護教諭の役割について理解することは必須である。

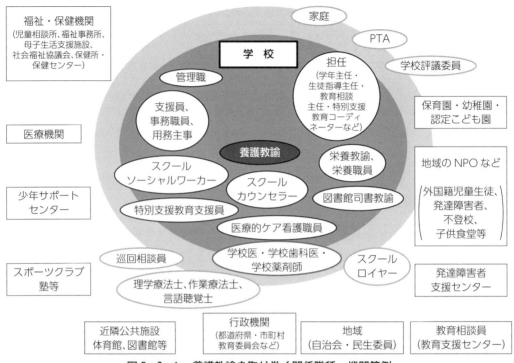

図5-3-1　養護教諭を取り巻く関係職種・機関等例

　学校が連携する機関は、学校種や地域、また支援の目的によって異なる。勤務する学校や地域にどのような機関があるか把握しておくことは、迅速かつ適切な支援につながる。養護教諭を取り巻く関係職種・機関等を図5-3-1に示す。学校内外の人材および機関別の役割例については、次に述べる。

1）学校内

　学校教育法等に規定される学校における主な職名・職務は表5-3-1に示すとおりである。

表5-3-1　学校における主な職名・職務（学校教育法等に規定される主な職）

	職名	法的根拠等	主な職務内容
管理職	校長	校長は、校務をつかさどり、所属職員を監督する。（学校教育法第37条第4項等）	校務の掌理、職員の監督
	副校長	副校長は、校長を助け、命を受けて校務をつかさどる。（学校教育法第37条第5項等）	校長の補佐、校長等の命を受けた校務の掌理
	教頭	教頭は、校長（副校長を置く小学校にあっては、校長及び副校長）を助け、校務を整理し、及び必要に応じ児童生徒の教育をつかさどる。（学校教育法第37条第7項等）	校長等の補佐、校務の整理、必要に応じた児童生徒の教育
教員	教諭	教諭は児童生徒の教育をつかさどる。（学校教育法第37条第11項等）	児童生徒の教育
	養護教諭	養護教諭は、児童生徒の養護をつかさどる。（学校教育法第37条第12項等）	保健室経営、保健管理、保健教育、健康相談、保健組織活動
栄養職員	栄養教諭	栄養教諭は、児童生徒の栄養の指導及び管理をつかさどる。（学校教育法第37条第13項等）	栄養指導、栄養管理

	学校栄養職員	学校給食法（昭和29年法律第160号）第7条に規定する職員のうち栄養の指導及び管理をつかさどる主幹教諭並びに栄養教諭以外の者をいう。（公立義務教育諸学校の学級編制及び教職員定数の標準に関する法律第2条第3項）	学校給食に関する栄養管理、衛生管理、検食等
実習助手	実習助手	実習助手は、実験又は実習について、教諭の職務を助ける。（学校教育法第60条第4項等）	実験や実習における教諭の補助
技術職員	技術職員	技術職員は、技術に従事する。（学校教育法第60条第6項等）	農業、水産、工業等の職業教育を主とした学科における機械器具の調整や保護などの技術
事務職員等	事務職員	事務職員は、事務をつかさどる。（学校教育法第37条第14項等）	庶務関係事務、人事関係事務、会計関係事務、教務関係事務
	学校用務員	学校用務員は、学校の環境の整備その他の用務に従事する。（学校教育法施行規則第65条）	校地および校舎の管理や整備、施設および設備の小規模な修理
学校医等	学校医	学校医は、学校における保健管理に関する専門的事項に関し、技術及び指導に従事する。（学校保健安全法第23条第4項）	保健管理に関する専門的事項に関し、技術および指導
	学校歯科医	学校歯科医は、学校における保健管理に関する専門的事項に関し、技術及び指導に従事する。（学校保健安全法第23条第4項）	保健管理に関する専門的事項に関し、技術および指導
	学校薬剤師	学校薬剤師は、学校における保健管理に関する専門的事項に関し、技術及び指導に従事する。（学校保健安全法第23条第4項）	保健管理に関する専門的事項に関し、技術および指導

出典）文部科学省：学校に置かれる主な職の職務等について[20] より一部抜粋し改変して筆者作成

2）学校内の組織・役割例

　表5-3-2に示すとおり、学校内にはさまざまな組織および役割があり、どのような組織や役割がどのような目的で設置されているかを把握しておく必要がある※。加えて、各組織においての養護教諭の役割を理解することが重要である。

表5-3-2　学校内の組織・役割例

	役職名	役割・法的根拠等
役割	教務主任	教務主任は、校長の監督を受け、教育計画の立案その他の教務に関する事項について連絡調整及び指導、助言に当たる。（学校教育法施行規則第44条第4項）
	学年主任	学年主任は、校長の監督を受け、当該学年の教育活動に関する事項について連絡調整及び指導、助言に当たる。（学校教育法施行規則第44条第5項）
	生徒指導主事	生徒指導主事は、校長の監督を受け、生徒指導に関する事項をつかさどり、当該事項について連絡調整及び指導、助言に当たる。（学校教育法施行規則第70条第4項）
	進路指導主事	進路指導主事は、指導教諭又は教諭をもつて、これに充てる。校長の監督を受け、生徒の職業選択の指導その他の進路の指導に関する事項をつかさどり、当該事項について連絡調整及び指導、助言に当たる。（学校教育法施行規則第71条第3項）
	保健主事	保健主事は、校長の監督を受け、小学校・中学校・高等学校における保健に関する事項の管理に当たる。（学校教育法施行規則第45条第4項等）
	特別支援教育コーディネーター	校内や福祉、医療等の関係機関との間の連絡調整役として、あるいは、保護者に対する学校の窓口として、校内の関係者や関係機関との連携協力の強化を図る。（「特別支援教育の推進について（通知）」文部科学省初等中等教育局長通知、平成19年4月1日付）
	教育相談コーディネーター	学校において、組織的な連携・支援体制を維持するためには、学校内に、児童生徒の状況や学校外の関係機関との役割分担、SCやSSWの役割を十分に理解し、初動段階でのアセスメントや関係者への情報伝達等を行う。（「児童生徒の教育相談の充実について（通知）」文部科学省初等中等教育局長通知、平成29年2月3日付）

	委員会	目的および根拠となる通知	養護教諭の役割例 (各組織の目的に応じて、専門的視点からの助言を行う)
組織	生徒指導委員会	児童・生徒の人格形成を支援するために日常の学校生活について、共通理解しておきたい指導内容や児童生徒の実態について協議し課題解決のための具体策を考案する。加えて情報共有し全職員への周知と共通理解をはかる。 生徒指導提要(文部科学省)(令和4年3月)	保健室で捉えた児童生徒のけがや事故、いじめ等、社会的逸脱行動に関する実態や状況についての情報提供を行う等
	いじめ防止対策委員会	学校は、当該学校におけるいじめの防止等に関する措置を実効的に行うため、当該学校の複数の教職員、心理、福祉等に関する専門的な知識を有する者その他の関係者により構成されるいじめの防止等の対策のための組織を置くものとする。 (いじめ防止対策推進法第22条)	
	教育相談委員会	学校内の関係者が情報を共有し、教育相談にチームとして取り組むため、既存の校内組織を活用するなどして、早期から組織として気になる事例を洗い出し検討するための会議を定期的に実施し、解決すべき問題又は課題のある事案については、必ず支援・対応策を検討するためのケース会議を実施する。 (「児童生徒の教育相談の充実について(通知)」文部科学省初等中等教育局長通知、平成29年2月3日付)	保健室で捉えた不登校、保健室登校、発達障害、精神疾患等に関する実態や状況についての情報提供を行う等
	特別支援校内委員会	全校的な支援体制を確立し、発達障害を含む障害のある幼児児童生徒の実態把握や支援方策の検討等を行う。 (「特別支援教育の推進について(通知)」文部科学省初等中等教育局長通知、平成19年4月1日付)	保健室で捉えた発達障害に起因する児童生徒の実態や状況についての情報提供を行う等
	進路指導委員会	社会的・職業的自立に向けたキャリア教育の視点で、生徒一人一人が自分の個性や適性を理解し、主体的に進路を選択していくための指導、援助。中学校・高等学校に限定される教育活動。 (「高等学校の入学者選抜について(通知)」平成5年2月22日付、「高等学校の入学者選抜の改善について(通知)」平成9年11月28日付)	保健室で捉えた基礎疾患や発達障害、精神疾患、身体機能面において、児童生徒の進路にかかわる情報提供を行う等
	健康安全部会	健康・安全にかかわる行事、事業を検討する。 (「子どもの心身の健康を守り、安全・安心を確保するために学校全体としての取組を進めるための方策について(答申)」中央教育審議会、平成20年1月、「「生きる力」をはぐくむ学校での安全教育」文部科学省、平成22年3月31日改訂)	保健室で捉えた事故等に関する児童生徒の実態や状況についての情報提供を行い健康安全に関する教育や管理について助言。遠足、修学旅行など宿泊行事、体育的行事にかかわる健康管理・健康診断、学校保健委員会、学校保健計画等の立案等
	学校保健委員会	学校における健康に関する課題を研究協議し、健康づくりを推進する。 (「子供の心身を守り、安全・安心を確保するために学校全体としての取組を進めるための方策について(答申)」中央教育審議会、平成20年1月)	学校保健委員会の立案・運営・評価等

出典) 文部科学省：学校に置かれる委員会等の組織(一覧) 資料1-3【概要】(平成29年11月6日学校における働き方改革特別部会)[21]、文部科学省：学校に置かれる委員会等の組織(一覧) 資料1-3(平成29年8月4日学校における働き方改革特別部会資料2-1)[22] より一部抜粋し改変して筆者作成

※役職名や役割の詳細については個々の学校によって異なる。学校によっては生徒指導委員会のなかに教育相談委員会が組み込まれるものなどさまざまである。学校の規模や学校種、職員構成、児童生徒の実態や地域性などを考慮し設定されている。実情に合わせ、人権委員会、アレルギー児童生徒対策委員会などさまざまな委員会が細分化されている学校もある。

3）教員以外の学校内専門職

　学校種により設置されている専門職は異なる。養護教諭はさまざまな学校種への異動が伴うため、学校に配置されている専門職とその役割、法的根拠を理解しておく必要がある。

表5-3-3　教員以外の学校内専門職

分野	職名	役割・法的根拠等
心理や福祉に関する専門スタッフ	スクールカウンセラー	スクールカウンセラーは、小中高における児童生徒の心理に関する支援に従事する。（学校教育法施行規則第65条の3等） 児童生徒の臨床心理に関して、高度に専門的な知識および経験を有し、児童生徒の心のケアに当たる専門家。児童生徒へのカウンセリング、教員に対する助言・援助、保護者に対する助言・援助を行う。具体的には、主にカウンセリングの手法を用いて、問題の背景にある「個人の内面」に焦点を当てて問題解決を図る役割を担う。
	スクールソーシャルワーカー	スクールソーシャルワーカーは、小中高における児童生徒の福祉に関する支援に従事する。（学校教育法施行規則第65条の4等） 社会福祉分野等の専門的な知識・技術を用いて、問題を抱える児童生徒等への支援を行う専門家。具体的には、主にソーシャルワークの手法を用いて、問題行動等の背景にある、家庭の問題などの子供を取り巻く「環境」に焦点を当てて、学校内におけるチーム体制を構築し、家庭訪問を行ったり、関係機関等と連携するなどして問題解決を図る役割を担う。
特別支援教育に関する専門スタッフ	医療的ケア看護職員	医療的ケア看護職員は、小中高における日常生活及び社会生活を営むために恒常的に医療的ケアを受けることが不可欠である児童生徒の療養上の世話又は診療の補助に従事する。（学校教育法施行規則第65条の2等）
	言語聴覚士（ST）	音声機能、言語機能又は聴覚に障害のある者についてその機能の維持向上を図るため、言語訓練その他の訓練、これに必要な検査及び助言、指導その他の援助を行う。（言語聴覚士法第2条、平成6年7月24日）
	作業療法士（OT）	厚生労働大臣の免許を受けて「作業療法士」の名称を用いて、医師の指示の下に、「作業療法」を行う。（理学療法士及び作業療法士法、昭和40年6月29日）
	理学療法士（PT）	厚生労働大臣の免許を受けて「理学療法士」の名称を用いて、医師の指示の下に、「理学療法」を行う。（理学療法士及び作業療法士法、昭和40年6月29日）
	就職支援コーディネーター	地域のさまざまな支援団体や専門機関などと障害者を橋渡しする調整役。公共職業安定所（ハローワーク）が設置している。
	早期発達支援コーディネーター	子供の発達とその支援に関する知識と経験を有しており、子供の発達および家族の支援を適切に行える人材で、かつ、子供・家族の支援に必要と考えられる関係機関を調整し、支援をコーディネートする。（認定資格：一般社団法人こども家族早期発達支援学会）
	発達障害支援コーディネーター	発達障害の可能性のある児童生徒の特性に配慮した指導方法の改善助言。発達障害児者および家族等支援事業（都道府県、市町村）に、発達障害児者の家族同士の支援の推進のために、同じ悩みをもつ本人同士発達障害児者の家族に対するピアサポート等の支援の充実のため、家族だけではなく本人の生活の質の向上を図る。（厚生労働省：発達障害者支援施策の概要）
	特別支援教育支援員	小・中学校において障害のある児童生徒に対し、食事、排泄、教室の移動補助等学校における日常生活動作の介助を行ったり、発達障害の児童生徒に対し、学習活動上のサポート等を行う。（学校教育法施行規則第65条の2）
授業等において教員を支援する専門スタッフ	情報通信技術支援員	授業や研修、校務において、教員と相談したり、指示を受けたりしながら、機器やソフトウェアの設定や操作の指導、機器やソフトウェアの効果的な活用のアドバイス、必要なデジタル教材やソフトウェアの紹介などの業務を行う。（学校教育法施行規則第65条の5）

	教員業務支援員	授業準備、文書の作成など教員のサポートを行う。業務内容は実情に合わせて相談しながら協働する。（文部科学省：教員業務支援員との協働の手引き～みんなにとってより良い学校を目指して～令和5年12月）
	学校司書	専門的な知識・経験を有する学校図書館担当職員。学校図書館の運営に係る専門的技術的業務や日常的な実務、学校図書館を活用した教育活動への協力・参画等を行う。（学校図書館法第6条第2項） 具体的な職務内容は各学校ごとにさまざまであるが、図書の貸出・返却やレファレンス、目録の作成等のほかにも、図書館資料の選択・収集や図書館利用のガイダンス等において、重要な役割を担っている例が多く見られる。
	外国語指導助手（ALT）	小学校の外国語活動や中・高等学校の外国語の授業等の補助を行う。
スクールサポートスタッフ（補習など学校教育活動を充実させるため）	外国人児童生徒等に対する日本語指導支援員	外国人児童に対し、日本語指導や教科指導における補助、外国人児童生徒や保護者からの教育相談への対応、また、教材や学校だより等の翻訳作業等にあたる。
理科の観察実験アシスタントの指導員等	理科支援員	小学校の理科授業において、教員と相談しつつ、観察・実験等の支援や理科教材の開発支援、理科授業の進め方等の提案・助言などを行う。（2007年度理科支援員等配置事業「特別講師授業」（文部科学省））
部活動に関する専門スタッフ	部活動指導員、外部指導者	地域に住むスポーツ・文化・科学・芸術等の専門的な知識や技能等を有する者が、部活動における児童生徒への専門的技術指導を行う。（学校教育法施行規則第78条の2等）

出典）総務省：学校における専門スタッフ等の活用に関する調査 結果報告書、2020[23]、文部科学省：学校に置かれる専門スタッフを参考に筆者作成

なお、医療的ケア看護職員の職務内容については、「学校教育法施行規則の一部を改正する省令の施行について」（通知）[10]において、次のように示されている。

> 日常生活及び社会生活を営むために恒常的に医療的ケア（人工呼吸器による呼吸管理、喀痰吸引その他の医療行為をいう。以下同じ。）を受けることが不可欠である児童（以下「医療的ケア児」という。）の療養上の世話又は診療の補助に従事する医療的ケア看護職員について、その名称および職務内容を規定するものであること（学校教育法施行規則（昭和22年文部省令第11号）（以下「施行規則」という。）第65条の2関係）。

1. 医療的ケア児及びその家族に対する支援に関する法律（令和3年法律第81号）において、学校に在籍する医療的ケア児が保護者の付添いがなくても適切な支援を受けられるようにするため、学校の設置者に対して、看護師等の配置等の措置を講ずることが求められているなど、学校現場への配置の必要性が高まっている医療的ケア看護職員について、医療的ケア児の療養上の世話又は診療の補助に従事する職員として、施行規則第65条の2に規定するものであり、その具体的な職務内容は、主に次のものが考えられること。
・医療的ケア児のアセスメント・医師の指示の下、必要に応じた医療的ケアの実施
・医療的ケア児の健康管理・認定特定行為業務従事者である教職員への指導・助言
2. 医療的ケア看護職員は、保健師、助産師、看護師、准看護師（以下「看護師等」という。）をもって充てること。
3. 医療的ケア看護職員は、例えば、施行規則第65条の3及び第65条の4で規定する、スクールカウンセラーやスクールソーシャルワーカーと同様、学校に配置される者の名称であり、この度の改正により、看護師等と異なる新たな資格を設けるものではないこと。
4. 医療的ケア看護職員の職務内容として規定される「療養上の世話又は診療の補助」※とは、医療的

ケア児に対して、施行規則第65条の2に規定される医療的ケアやそれに関連する業務を行うものであること。

※「療養上の世話又は診療の補助」とは、保健師助産師看護師法（昭和23年法律第203号）において規定される看護師の業である。

出典）文部科学省：学校教育法施行規則の一部を改正する省令の施行について（通知）3文科初第861号、令和3年8月23日[10]より一部抜粋

4）学校外の機関・専門職とその役割

子供たちの問題が多様化するなかで、学校外の機関・専門職との連携は不可欠である。そのため、養護教諭は学校外にどのような機関があり、どのような役割を担っているのか、またどのような専門職がいるのかについて理解しておくことが大切である。表5-3-4に学校外の機関・専門職とその役割について示す。

表5-3-4　学校外の機関・専門職とその役割

地域社会の主な関係機関	主な役割	主な専門職と役割
【教育関係】 教育委員会 教育センター 教育委員会所管の機関 （教育相談所、適応指導教室、特別支援学校 など）	子供の学校や家庭での様子等を聞き取り、必要に応じて各種心理検査等を実施し、総合的に判断した上で、学校・家庭での対応や配慮等の具体的支援について、相談員がアドバイスする。医療機関等との連携、訪問による行動観察、ケース会議、研修会開催なども行っている。	○指導主事 ○相談員 ○社会福祉士 ○医師 ○心理職 　公認心理師・臨床心理士（心理カウンセリング、教職員・保護者への指導・助言等） ○臨床発達心理士 　発達心理を専門とした心理職
【福祉関係】 児童相談所 子ども家庭支援センター （児童相談所） 要保護児童対策地域協議会	子供の虐待をはじめ専門的な技術援助および指導を必要とする相談に応え、問題の原因がどこにあるか、どのようにしたら子供が健やかに成長するかを総合的に調査、診断、判定し、自ら又は関係機関等を活用し、その子供に最も適した援助を行っている。	○児童福祉士 　児童の保護・相談 ○児童指導員 ○児童心理司判定 ○児童自立支援専門員
発達障害者支援センター	発達障害児（者）とその家族が、豊かな地域生活を送れるように、保健、医療、福祉、教育、労働などの関係機関と連携し、地域における総合的な支援ネットワークを構築しながら、発達障害児（者）とその家族からの様々な相談に応じ、指導助言を行っている。	○精神科医 ○社会福祉士 ○精神保健福祉士 ○言語聴覚士 ○心理職 　公認心理師・臨床心理士（心理査定、心理カウンセリング、本人、保護者への指導・助言等） ○保健師 　健康教育・保健指導
【保健・医療関係】 保健所（健康福祉事務所） 保健センター	子供の虐待およびドメスティック・バイオレンス（DV）をはじめ、難病の相談や講演会・交流会等、子供と家庭の保健と福祉に関する相談指導を行っている。 感染症、精神保健医療、食品安全、生活環境安全などの分野における住民の健康や衛生を支える保健衛生行政機関である。	○医師 ○社会福祉士 ○精神保健福祉士 ○保健師 　健康教育・保健指導 ○精神保健福祉相談員

精神保健福祉センター	心の問題や病気、アルコール・薬物依存の問題、思春期・青年期における精神医学的問題について、専門の職員が相談に応じている。また、精神保健福祉に関する専門的機関として、地域の保健所や関係諸機関の職員を対象とする研修を行ったり、連携や技術協力・援助をとおして地域保健福祉の向上のための活動をしている。	○精神科医 ○精神保健福祉相談員 ○社会福祉士 ○精神保健福祉士 ○保健師 　健康教育・保健指導 ○心理職 　公認心理師・臨床心理士（心理カウンセリング、本人、保護者への指導・助言等）
子育て世代包括支援センター 病院・診療所（精神科、心療内科、小児科など）	妊娠初期から子育て期にわたり、妊娠の届出等の機会に得た情報を基に、妊娠・出産・子育てに関する相談に応じ、必要に応じて個別に支援プランを策定し、保健・医療・福祉・教育等の地域の関係機関による切れ目のない支援を行う。	○保健師 ○助産師 ○社会福祉士　など
【司法・警察関係】 警察 少年サポートセンター （家庭裁判所） （少年鑑別所） （保護観察所） （少年院）	万引き、薬物乱用等の非行、喫煙や深夜徘徊等の不良行為、また、いじめ、児童虐待、犯罪被害等で悩んでいる子供や保護者等からの相談に応じ、問題の早期解決に向け、支援する。	○心理職 　公認心理師・臨床心理士（心理カウンセリング、本人・保護者への指導・助言） ○警察関係者（少年相談、本人・保護者への指導・助言） ○少年補導職員 ○裁判官　家庭裁判所調査官 ○法務教官 ○法務技官（臨床心理専門家） ○保護観察官

出典）日本学校保健会：教職員のための子供の健康相談及び保健指導の手引―令和3年度改訂―、日本学校保健会、2022、17-18[24]

4 特別なニーズのある子供の支援における連携・協働

　特別なニーズのある子供とは、発達障害や医療的ケア児など先天的な心身の課題、日本語の活用に困難な言語の課題、貧困、虐待、ヤングケアラーなど家庭環境や経済状況の課題等がある子供を言う。今後これらの問題を抱えた子供を支援するために、学校においては教育、医療、福祉の連携が不可欠となる。

　近年、特別支援教育にかかわる制度改正、通常学級における発達障害を持つ子供の増加等からも、インクルーシブ教育の理念をふまえた特別支援教育のよりいっそうの充実や環境整備が進められている。2024（令和6）年4月1日、障害者差別推進法の改訂により合理的配慮が義務化された。発達障害のある子供のなかには感覚の過敏性や鈍麻などの身体の特質がある子供の存在も報告[25]されているため、養護教諭が捉えた心身の発達上の問題・疾患に起因する学習生活上の課題があれば、支援に係るチームや組織に基礎的環境整備についての助言や情報提供を行うなど養護教諭は、積極的に個別の指導・教育支援計画作成にも参画していくことが求められる。障害を持った子供の個々の学びの保障や合理的配慮を進めるうえで教育、医療、福祉の連携は重要である。

　なお、医療的ケア児が救急時や予想外の災害、事故に遭遇した際に、その対応にあたる医師

や救急隊員などが必要な情報を迅速に共有できるようにするための医療的ケア児等医療情報共有システム（MEIS）があるので活用するとよい。

1）合理的配慮

合理的配慮とは、障害のある子供が、他の子供と平等に教育を受ける権利を享有・行使することを確保するために、学校の設置者および学校が必要かつ適当な変更・調整を行うことである。合理的配慮は障害のある子供が、学校教育を受ける場合に個別に必要とされるものである。一方で、合理的配慮を行う際には、学校の設置者および学校に対して、体制面、財政面において、均衡を失した、または過度の負担を課さないものとされている[26]。

2）基礎的環境整備

基礎的環境整備は、合理的配慮の基礎となる。国、都道府県、市町村は合理的配慮の充実を図るうえで、必要な財源を確保すること、およびインクルーシブ教育システムの構築に向けた取り組みとして、基礎的環境整備の充実を図ることが求められている。「共生社会の形成に向けたインクルーシブ教育システム構築のための特別支援教育の推進（報告）」（2012〈平成24〉年7月）[27] において、基礎的環境整備の項目を以下のように示している。

①ネットワークの形成・連続性のある多様な学びの場の活用
②専門性のある指導体制の確保
③個別の教育支援計画や個別の指導計画の作成等による指導
④教材の確保
⑤施設・設備の整備
⑥専門性のある教員、支援員等の人的配置
⑦個に応じた指導や学びの場の設定等による特別な指導
⑧交流及び共同学習の推進

出典）文部科学省：共生社会の形成に向けたインクルーシブ教育システム構築のための特別支援教育の推進（報告）、2012[27]

なお、基礎的環境整備は、各自治体によって異なる。体制面、財政面を勘案し、均衡を失した、または過度の負担を課さないよう留意する必要があることが示されている。

3）個別の教育支援計画と個別の指導計画

障害等のある子供が適切な教育を受けられるようにするためには、子供の個別の教育的ニーズに適切に応える支援・指導を提供していくことが重要である。そのためには個々の支援や指導を計画的に実施していく必要がある。

2017（平成29）年改訂の学習指導要領において、「個別の教育支援計画」や「個別の指導計画」を作成・活用することが明記され、通級指導においては支援・指導の対象となる子供ごとに作成・活用することが義務づけられた。

指導についての計画や家庭、医療、福祉等の業務を行う関係機関と連携した計画を個別に作成することによって、個々の子供の障害の状態等に応じた指導内容・方法が可視化され、さまざまな立場や専門職種が情報や意見を出し合うことで計画的かつ組織的な支援が可能となる。

表5-4-1 個別の教育支援計画および個別の指導計画の定義

個別の教育支援計画	平成15年度から実施された障害者基本計画においては、教育、医療、福祉、労働等の関係機関が連携・協力を図り、障害のある児童生徒等の生涯にわたる継続的な支援体制を整え、それぞれの年代における児童生徒等の望ましい成長を促すため、個別の支援計画を作成することが示された。この個別の支援計画のうち、児童生徒等に対して、校長が中心となって児童生徒の在学時に作成するものをいう。
個別の指導計画	個別の指導計画は、個々の児童生徒等の実態に応じて適切な指導を行うために学校で作成されるものである。個別の指導計画は、教育課程を具体化し、障害のある児童生徒等一人一人の指導目標、指導内容及び指導方法を明確にして、きめ細やかに指導するために作成するものである。

出典）文部科学省：個別の教育支援計画の参考様式について（事務連絡 令和3年6月30日）[28]（一部改変）

障害特性によって、対人関係トラブルを起こしたり、集団のなかでのストレスが身体症状として現れたり、けがをしやすかったりする事例もあるため、保健室で捉えた情報や対応を積極的に支援計画に反映させていく必要がある。個別の教育支援計画および個別の指導計画の定義は表5-4-1のとおりである。

5 危機管理の視点からの連携・協働

2020（令和2）年の新型コロナウイルス感染症の世界規模での拡大が例としてあげられるように、現在は何が起きるか予測不可能なVUCA（Volatility：変動性、Uncertainty：不確実性、Complexity：複雑性、Ambiguity：曖昧性）時代に入ったと言われている。グローバリゼーションの進展により、今後ますます世界規模で感染症が拡大しやすくなっているため、学校は幾度となく感染症の脅威に遭遇する可能性は否めない。危機管理に関する連携・協働は、平時と有事の場合で対応が全く異なることを理解する必要がある。

1）日常と変化する時代に向けての危機管理における連携・協働

日常の危機管理で重要なことは、校内体制として危機管理マニュアルなどに定められた役割を、個々の教職員が確実に実施することである。特に養護教諭はけがや病気、事故・災害などにかかわるケースが多いため、日頃から学校内の教職員と円滑なコミュニケーションを構築していく姿勢が求められる。また、危機管理や救急体制についてはPDCA（plan〈計画〉-do〈実行〉-check〈評価〉-act〈改善〉）に基づき、よりよい体制や方法を更新していかなければならない。

しかし、VUCA時代の危機管理はOODA（① Observe〈観察〉、② Orient〈状況判断、方向付け〉、③ Decide〈意思決定〉、④ Act〈行動〉）の発想が必要であるとされている[29]。通常、感染症対策などは精密な事前計画を重視するPDCAサイクルに基づき実施されるが、OODAではそのときの観察、状況判断が重要であり事後対応を重視する。つまり、パンデミックなどの非常事態において、計画よりも状況判断が重視される危機管理の在り方である[29]。

これからの時代は、危機管理においてもその時々の「最適解」を迅速に見出す力、複雑、曖昧な状況から瞬時に本質を捉える力、さまざまな方向性から物事を考える能力、状況が変わればできるだけ早く柔軟に方向転換を図る力など、迅速に対応できる思考回路をつくっておくことが大切である。また、非常事態には専門職の判断が重要になる。

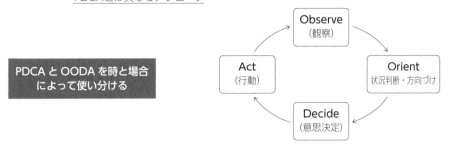

Observe：状況を観察、これまでのルール・方法に固執、思い込みを排除「柔軟さ」「臨機応変さ」
Orient：観察結果に基づき、情勢・状況判断、方向付ける→適確性の向上
Decide：情勢・状況判断に基づき、今後の具体的な方針・行動計画の策定→実効性の向上
Act：実行

PDCAとOODAの違い
・PDCAは「計画」、OODAは「情勢判断」を重要視
・PDCAは定期的業務には必須、OODAは不確実性が高く非定期的業務が望ましい

図5-5-1　変化する時代に向けての危機管理
出典）チェット・リチャーズ著、原田勉訳：OODA　LOOP、東洋経済新報社、2019、328[29]を参考に筆者作成

図5-5-1に、変化する時代に向けての危機管理について示す。

2）非常時における連携・協働

　養護教諭が中心となってかかわる非常時の危機管理には、主にパンデミック、事故・自然災害時等があげられる。通常は危機管理マニュアルに沿った対応を行えばよいが、非常時は想定外の事象が起きるため、日頃から瞬時に組織的な対応ができるよう指示、連絡、報告系統等を明確にしておく必要がある。特に非常時は迅速な情報収集と的確な判断が求められる。

　養護教諭の有事の際に求められる能力については、①情報収集、状況判断、分析能力、②リーダーシップ、③コミュニケーション能力があげられる。特に子供の心身の健康管理にかかわる事態にあっては、養護教諭は積極的にリーダーシップを発揮することが期待される。

　加えて、緊急時の状況によって連携機関等が異なるため、事前に想定される事態・状況別に情報収集や機関等について理解しておく必要がある。大規模災害や事故など子供が深いトラウマを抱えるような事態においては迅速な心身のケアが必要となるため、スクールカウンセラーや専門家チームとの連携が不可欠である。また、終息後も経過観察や、フォローアップ支援を含めて連携しておくことが重要である。表5-5-1に状況別に、連携機関とその内容を示す。

　特に、インクルーシブ教育が進展するなか、危機管理においては個々の障害特性に応じた対応計画も必要である。学校には、さまざまな疾患や障害を持つ子供が存在するため、それぞれの疾患や障害の特性を理解した危機管理マニュアルが必要である。

　学校教育という場においての危機管理については、養護教諭は専門的立場から積極的に助言していく必要がある。

表5-5-1　非常時の危機管理時の連携機関とその内容

状況	学校内	学校外
パンデミック（急速な感染症拡大）	児童生徒への迅速な健康観察の集約、校内組織への報告 ※事前に迅速な健康観察や情報収集ができるようなシステムを構築しておく	学校医、学校薬剤師、教育委員会、保健所、家庭、地域との連携
学校事故（自殺、死亡事故、後遺症が残る事故、教職員の不祥事など）	児童生徒の心身の健康観察、学校内組織、スクールカウンセラーとの連携	教育委員会との連携およびDMAT[※1]、DPAT[※2]、CRT[※3]など心のケアチームとの連携
自然災害（大規模地震、台風など）	児童生徒の健康観察、安否確認	教育委員会、家庭、地域、NGO等のボランティアとの連携

[※1] DMAT（Disaster Medical Assistance Team）災害派遣医療チーム：大地震および航空機・列車事故等の災害時に被災者の生命を守るため、被災地に迅速に駆けつけ、救急治療を行うための専門的な医療チーム[30]。

[※2] DPAT（Disaster Psychiatric Assistance Team）災害派遣精神医療チーム：自然災害、航空機・列車事故、犯罪事件などの大規模災害等の後に被災者および支援者に対して、精神科医療および精神保健活動の支援を行うための専門的な精神医療チーム[30]。

[※3] CRT（Crisis Response Team）：コミュニティーの危機に際し、支援者への支援を中心に、期間限定で精神保健サービスを提供する多職種の専門職チーム（定義）。日本においては、学校CRTとして活動指針「児童・生徒の多くにトラウマ（心的外傷）を生じかねないような事故・事件等が発生した場合に学校に駆けつける『こころのレスキュー隊』」として説明されている。現在、全国的に普及はしておらず大分県、和歌山県、静岡県、長崎県、山口県のみである。

まとめ

社会の変化が目まぐるしい現在において、子供たちの健康課題は今後ますます深刻化、複雑化、多様化することが予想される。多職種・多機関が連携・協働することによって、子供や保護者がよりよい選択ができるよう、適切な支援をしていくことが求められる。教育、医療、福祉等の知識を持ち、子供を通じて校内外のさまざまな職種、機関とのかかわりが多い養護教諭は、多職種・多機関連携を機能させていくための要となっている。

引用・参考文献

1) 文部科学省：令和4年度児童生徒の問題行動・不登校等生徒指導上の諸課題に関する調査、2022
2) 内閣府：こども・若者の意識と生活に関する調査報告書、2023年3月
3) 特定非営利活動法人KHJ全国ひきこもり家族会連合会：令和3年度補正予算 独立行政法人福祉医療機構社会福祉振興助成事業「多機関と連携したひきこもり支援体制の向上と情報の相互共有事業」オンラインを活用したひきこもり支援の在り方に関する調査報告書、2023
4) こども家庭庁：令和4年度 児童相談所における児童虐待相談対応件数、2023
   20230401_policies_jidougyakutai_07.pdf（cfa.go.jp）（2023年9月16日）
5) 厚生労働省・文部科学省：厚生労働省・文部科学省におけるヤングケアラー支援に係る取組について、2021
   https://www.mhlw.go.jp/content/11907000/000753053.pdf（2023年10月10日アクセス）
6) 令和2年度 子ども・子育て支援推進調査研究事業 ヤングケアラーの実態に関する調査研究について https://www.mhlw.go.jp/content/11907000/000767891.pdf
7) 文部科学省：通常の学級に在籍する特別な教育的支援を必要とする児童生徒に関する調査結果（令和4年）、2022
8) 文部科学省：令和3年度学校における医療的ケアに関する実態調査結果（概要）、2022
9) 文部科学省：障害のある子供の教育支援の手引 ～子供たち一人一人の教育的ニーズを踏まえた学びの充実に向けて～、2021
10) 文部科学省：学校教育法施行規則の一部を改正する省令の施行について（通知）、2021
11) 国際連合統計局編、原書房編集部訳：国際連合世界統計年鑑2022、原書房、2023
12) 国立社会保障・人口問題研究所：日本の将来推計人口（令和5年推計）、2023
13) 文部科学省総合教育政策局国際教育課：外国人児童生徒等教育の現状と課題、2021

14) World Health Organization: "Framework for action on interprofessional education & collaborative practice", 2010
15) 松岡千代:多職種連携はなぜ必要なのか、TRUE COLORS JAPAN
http://truecolorsjapan.jp/for-helpers/ipw/、(2023年10月1日アクセス)
16) 松岡千代:チームアプローチに求められるコミュニケーションスキル、認知症ケア事例ジャーナル、3(4)、2011、401-408
17) 文部科学省:2「チームとしての学校」の在り方 https://www.mext.go.jp/b_menu/shingi/chukyo/chukyo3/siryo/attach/1365408.htm (2023年9月16日アクセス)
18) 中央教育審議会:「令和の日本型学校教育」の構築を目指して～全ての子供たちの可能性を引き出す、個別最適な学びと、協働的な学びの実現～(答申)、2021
19) 中央教育審議会:「令和の日本型学校教育」の構築を目指して～全ての子供たちの可能性を引き出す、個別最適な学びと、協働的な学びの実現～(答申)[概要]、2021
https://www.mext.go.jp/content/20210428-mxt_kyoiku01-00014639_10.pdf
20) 文部科学省:学校に置かれる主な職の職務等について https://www.mext.go.jp/b_menu/shingi/chukyo/chukyo3/042/siryo/__icsFiles/afieldfile/2009/03/19/1247451_1.pdf (2023年10月1日アクセス)
21) 文部科学省:学校に置かれる委員会等の組織(一覧)資料1-3【概要】(平成29年11月6日学校における働き方改革特別部会)、2017
22) 文部科学省:法令等で学校に義務付けられている業務等(一覧)(平成29年8月4日学校における働き方改革特別部会資料2-1)、2017
23) 総務省:学校における専門スタッフ等の活用に関する調査 結果報告書、2020
24) 日本学校保健会:教職員のための子供の健康相談及び保健指導の手引―令和3年度改訂―、日本学校保健会、2022
25) 髙橋智、増渕美穂:アスペルガー症候群・高機能自閉症における「感覚過敏・鈍麻」の実態と支援に関する研究、東京学芸大学紀要、59、2008、289-310
26) 文部科学省:3.障害のある子どもが十分に教育を受けられるための合理的配慮及びその基礎となる環境整備
https://www.mext.go.jp/b_menu/shingi/chukyo/chukyo3/siryo/attach/1325887.htm (2024年1月2日アクセス)
27) 文部科学省:共生社会の形成に向けたインクルーシブ教育システム構築のための特別支援教育の推進(報告)、2012 https://www.mext.go.jp/b_menu/shingi/chukyo/chukyo3/044/houkoku/1321667.htm (2024年1月11日アクセス)
28) 文部科学省:個別の教育支援計画の参考様式について(事務連絡 令和3年6月30日)、2021
29) チェット・リチャーズ著、原田勉訳:OODA LOOP ―次世代の最強組織に進化する意思決定モデル―、東洋経済新報社、2019、328
30) 厚生労働省:DMATとDPATの比較 https://www.mhlw.go.jp/houdou_kouhou/kaiken_shiryou/2013/dl/130228-01.pdf

コラム　多職種連携の課題―専門職連携教育と異分野と協働した専門職連携教育・研修の促進―

　2016(平成28)年1月、文部科学省は専門性に基づくチーム体制の構築「チームとしての学校」を掲げ、これからの学校に必要な教職員、専門スタッフ等の配置を進めるとともに、教員が授業等の専門性を高めることができる体制や、専門能力スタッフ等が自らの専門性を発揮できるような連携、分担の体制を整備することを提示した。しかし、連携・協働を支える技能・感性は、養成段階から訓練・醸成される必要がある。保健医療福祉の領域では、専門職同士の連携(Interprofessional work:IPW)とそれを支えるための専門職連携教育(Interprofessional education:IPE)がすでに進展している。世界保健機関(WHO)によりIPEを推奨する報告書が出版されており、IPEは国際的にも進められている。現在、保健医療福祉領域を中心に、養成段階(pre-service education stage)から多様な領域の学生たちがともに学ぶIPEを卒前教育(pre-graduation education)として実施している大学が増加傾向にある。IPEとは、「複数の領域の専門職者が連携及びケアの質を改善するために、同じ場所でともに学び、お互いから学び合いながら、お互いのことを学ぶこと」[1]と定義づけられており、今後、学校教育の領域においても重要である。この卒前専門職連携教育に関す

る日本の研究・実践報告は医療福祉系においてはみられるが、教員養成からの報告は、養護教諭および栄養教諭養成課程における教職実践演習で実施したプログラム開発[1]、学級担任と養護教諭の連携・協働[2]、教育と医療の専門職連携[3]、特別支援学校教員養成・看護師養成における教育学部と看護学部との連携教育[4]など、報告はまだ少ない。また国外では、米国・インディアナ州立パデュー大学（2016）で特別支援教育の学部学生とスクールカウンセラーの大学院生との専門職連携教育（IPE）[5]の実践が報告されているなど、教員養成での教育が進められている。今後教員研修においても、教育、医療、福祉等の合同の専門職連携（IPW）を積極的に計画し取り入れていく必要がある。

引用・参考文献

1) 水津敦子、丹佳子：養護教諭・栄養教諭養成教育における多職種連携を主眼とした演習プログラムの開発に関する研究、山口県立大学学術情報、10、2017、103-113
2) 梅澤収、鎌塚優子：学級担任と養護教諭の連携・協働のための学び―新しい教員養成カリキュラム・授業実践の取組み―、静岡大学教育実践総合センター紀要、30、2020、18-27
3) 鎌塚優子、竹下温子、雪田聡他：医療と教育の専門職養成における大学間専門職連携卒前教育の試み―合同ゼミナールの実践を通じて―、静岡大学教育実践総合センター紀要、31、2021、187-197
4) 安田和夫、大森裕子：特別支援学校教員養成・看護師養成における連携の可能性―特別支援教育・看護合同演習の取り組みについて―、育療、73、2023、38-43
5) Dobbs-Oates, J &Wachter Morris, C "The case for interprofessional education in teacher education and beyond" Journal of Education for Teaching: International Research and Pedagogy, 2016, 42(1), 50-65

第6章
養護教諭と学校保健活動

1 学校保健活動

1) 学校保健活動の目的と内容

　学校保健活動とは、学校において展開される学校保健に関する諸活動のことである。学校教育目標を実現するための教育活動のなかでも学校保健に関連するものを指す。学校保健活動は、養護教諭がかかわる活動や保健室における取り組みのみならず、学校教育のなかで行われる保健に関するさまざまな教育活動をいう。中央教育審議会答申（2008〈平成20〉年1月）[1]において、「養護教諭は、学校保健活動の推進に当たって中核的な役割を果たしており、現代的な健康課題の解決に向けて重要な責務を担っている」と示されるように、学校保健活動推進における養護教諭への期待はより大きなものとなっている。本稿では、養護教諭が学校保健活動を推進していくために必要な基本的事項として、学校保健活動とは何か、学校保健活動を推進するための学校保健計画の策定について概説し、養護教諭の果たす役割を示す。

　学校保健活動の目的は、教育の目的に深く関係する。教育基本法に示される「心身ともに健康な国民の育成」（総論第1章〈p.8、表1-2-5〉参照）を実現するために、学校保健が重要であることは言うまでもない。各学校が児童生徒等の健康・安全を学校教育の基盤として捉え、学校保健を重視した学校経営がなされる必要がある。

文部科学省設置法
第2章　文部科学省の設置並びに任務及び所掌事務　第2節　文部科学省の任務及び所掌事務
（所掌事務）
第4条　文部科学省は、前条第1項の任務を達成するため、次に掲げる事務をつかさどる。
二　学校保健（学校における保健教育及び保健管理をいう。）、学校安全（学校における安全教育及び安全管理をいう。）及び学校給食に関すること。

　文部科学省は「学校保健とは、学校において、児童生徒等の健康の保持増進を図ること、集団教育としての学校教育活動に必要な健康や安全への配慮を行うこと、自己や他者の健康の保持増進を図ることができるような能力を育成することなど学校における保健管理と保健教育である」[2]と位置づけている。さらに、「学校保健は、保健教育及び保健管理の諸活動を通して、児童生徒の健康の保持増進を図り、学校教育目標の達成に寄与することを目指しておこなわれる」[5]としている。

　すなわち学校保健活動は、①心身ともに健康な国民の育成を図り、学校教育目標の実現を目

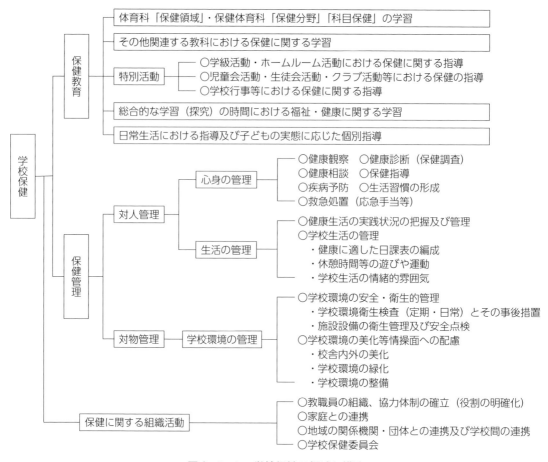

図6-1-1　学校保健の領域と構造

出典）日本学校保健会：「生きる力」を育む学校での歯・口の健康づくり令和元年度改訂、日本学校保健会、2020、14をもとに一部改変して筆者作成

指す、②児童生徒等の健康の保持増進を図り、教育活動に必要な保健安全に関する配慮を行う、③児童生徒等自身が、生涯にわたって健康な生活を送ることができる実践力を身につける、ことを目的としている。

　学校保健活動の内容は、健康な生活に必要な知識や能力の育成を目指して、教科や特別活動など学校の教育活動全体を通して行う保健教育と、学校保健安全法に基づいて行う健康診断、環境衛生の改善などの保健管理とに分けて考えることで、具体的な活動内容をイメージすることができる。ただしこれは、学校保健の目的を達成させるための方法論的な分け方であり、保健管理と保健教育は、個々に運営されるものではない。両者を有機的に関連づけながら、組織として運営していく必要がある（図6-1-1）。

2）学校保健安全法と学校保健活動

　学校保健安全法は、学校における保健管理に関して必要な事項を定めた法律である。この法律における「学校保健」の章は、学校の管理運営等、健康相談等、健康診断、感染症の予防、学校保健技師ならびに学校医、学校歯科医および学校薬剤師、地方公共団体の援助および国の補助からなっている。

学校保健安全法に示される学校保健は、保健管理を中心にしており、その内容として、学校の施設・設備の環境管理、児童生徒の健康状態の把握とその対応（健康相談、健康診断、感染症の予防）等の活動とこれらの活動を支える学校保健関係者および行政のしくみを指している。

　学校保健活動を展開するうえでは（特に保健管理を中心に）、学校保健安全法に則って、学校における児童生徒等および職員の健康の保持増進を図るために計画、実施する必要がある。

3）学校保健活動における養護教諭の役割

　学校には、保健主事という校務分掌を与えられた教諭または養護教諭がいる。学校保健活動を推進していくうえで、保健主事は重要な役割を担い、養護教諭とのかかわりは非常に深い。ここでは、保健主事とともに、学校保健活動を推進していく際の養護教諭の役割を概説する。

（1）保健主事との協働

　保健主事は、学校教育法施行規則第45条に規定される「保健に関する事項の管理に当たる」教職員であり、「指導教諭、教諭または養護教諭をもって、これに充てる」とある。保健主事の果たす管理とは、いわゆる管理・監督ではなく、学校保健活動全体の企画・調整にあたることであり[3]、全ての教職員が学校保健活動に関心を持ち、それぞれの役割を円滑に遂行できるように、指導・助言することが期待されている[5]。

　保健主事の基本的な役割としては、①学校保健と学校教育全体との調整、②学校保健計画の作成と実施、③学校保健に関する組織活動の推進、④学校保健に関する評価の実施があげられる[5]。保健主事がこのような役割を果たすためには、養護教諭との協働が不可欠である。

　保健主事は学校保健活動を展開していくうえで、リーダーシップを発揮していく教職員である。保健主事は、当該学校に必要で明確な学校保健目標を定め、全教職員の役割を検討する必要がある。保健に関する情報をもとに、保健主事と養護教諭がともに当該学校の課題を検討することで、より適切な学校保健目標の設定が可能となる。学校保健活動は当該学校における児童生徒等の健康実態を把握し、集団としての健康課題を見出し、この学校で重点的に取り組む必要のある事項を取り上げるというプロセスである。養護教諭には、保健主事が学校保健の課題を明確にすることができるような情報提供が求められる。同時に、養護教諭は、学校保健目標を理解して、目標到達のために、保健主事が推進する学校保健の方針を最もよく理解して、保健活動を展開していく教職員の1人となる。

　一方で、2020（令和2）年の調査において、保健主事の経験のある養護教諭は57.6%であり[6]、保健主事の役割と養護教諭の役割を1人で果たさなければならない状況がある。つまり、前述のような二つの職が協働することで、よりよく実践できる事項を1人で行わなければならない現状を表している。そこで保健主事は学校全体で学校保健活動に取り組むことを意図的に展開し、学校保健活動の多くを担当者だけで進めることのないように留意する必要がある。

（2）組織的な学校保健活動の展開

　組織的に学校保健活動を展開するために、保健に関する係や委員会のような組織活動は大きな力を発揮する（保健組織活動については、各論第4章保健組織活動 参照）。しかし、組織的な活動とは、単に組織があるということだけではない。組織的にとは、学校全体で学校保健活動に取り組むことであり、養護教諭や保健主事だけが熱心に取り組むことだけではなし得ない。全ての教職員が、当該校の学校保健に関する課題と課題解決のための目標を共有し、それぞれ

の役割が明確になっている必要がある。養護教諭は、保健主事と協働したうえで、学校保健活動の全体を掌握し、学校のニーズに合わせた学校保健計画の策定にあたることができる。前述のように、養護教諭が保健主事を担当する場合は、特に、学校保健を担当する教職員はもちろんのこと、関連する校務分掌（学校安全、学校給食、特別活動等）の教職員や学年主任等からの協力を得て、取り組むことが重要となる。

　また、養護教諭自身が組織の一員として、学校保健計画によって計画された活動を実施する際にも、担当する活動の意義や目的、学校保健目標に照らした位置づけを提示し、一人一人の教職員の果たすべき役割を示すことが重要になる。全ての教職員が学校保健の方向性を理解できるような学校保健計画が策定され、各活動において自らの役割を果たすことができるような展開が望まれる。

2 学校保健計画

　学校教育目標を達成するための具体的な目標の一つとして、学校保健目標が設定される。この学校保健目標を具現化するための方策が計画的に、組織的に位置づけられたものが学校保健計画である。学校保健計画は、各学校の実態に応じて、保健主事が中心となって立案するものであり、様式や書き方はそれぞれの学校の特色に応じたものが望ましい。

　学校保健計画の内容としては、学校保健安全法第5条の規定により、「児童生徒等及び職員の健康診断、環境衛生検査、児童生徒等に対する指導」については、必ず盛り込まれる必要がある。その他の内容については、各学校の学校保健目標に応じて、必要な保健活動を明記する（表6-2-1）。その際に各学校の教育課程に基づき、全校的な立場から年間を見通した保健に関する諸活動の総合的な基本計画として作成する必要がある。

　主な形式としては、学校保健（全体）計画または学校保健（年間）計画の形で示されている。全体計画と年間計画の両方を示している学校もみられる。

1）学校保健（全体）計画

　学校教育目標を受けて、児童生徒等の健康実態から引き出される学校保健目標が明示され、学校保健目標を実現するための各分掌や学年における取り組みを示したものである（図6-2-

表6-2-1　学校保健計画の内容例

保健管理に関する事項	・健康観察　・健康相談　・保健指導　・健康診断（保健調査）および事後措置 ・疾病予防　・学校環境衛生検査および日常における環境衛生管理 ・その他必要な事項
保健教育に関する事項	・体育科保健領域・保健体育科保健分野　・関連する教科 ・特別活動（学級活動・ホームルーム活動、児童会活動、生徒会活動、学校行事）における保健に関する指導 ・保健に関する総合的な学習（探究）の時間 ・日常生活における指導および子供の実態に応じた個別指導
組織活動に関する事項	・学校内における組織活動　・学校保健に必要な校内研修　・家庭・地域社会との連携 ・学校保健委員会　・その他必要な事項

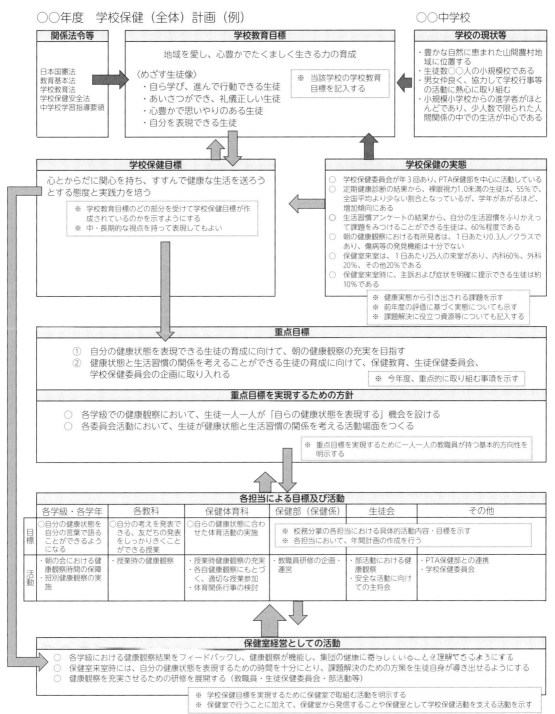

図6-2-1　学校保健（全体）計画例

1）。学校保健（全体）計画は、学校保健目標を具現化するために、誰がどのような方針で取り組んでいくのかをわかりやすく示すことができる。

2）学校保健（年間）計画

学校保健目標の具現化に向けて、活動時期を明示したうえで、具体的な活動内容を示したも

○○年度　学校保健（年間）計画（例）　　　　　　　　○○中学校

〈学校保健目標〉
心とからだに関心を持ち、すすんで健康な生活を送ろうとする態度と実践力を培う

〈今年度の重点目標〉
①自分の健康状態を表現できる生徒の育成に向けて、朝の健康観察の充実を目指す
②健康状態と生活習慣の関係を考えることができる生徒の育成に向けて、保健教育、生徒保健委員会、学校保健委員会の企画に取り入れる

重点目標評価指標：
（健康観察における有所見率、保健室来室時主訴等の表現状況等）
（生活習慣アンケートにおける意識、保健室来室時等の自己分析状況等）

（◎は、特に重点目標に対応する活動）

月			4月	5月	6月	7・8月	9月
（生徒の）保健目標			自分のからだを知ろう	自分の生活を知ろう	安全な生活環境について考えよう	夏休みの生活のしかたを考え、実践をしよう	自分たちの生活を見直してみよう
学校行事・保健行事			・始業式 ・入学式 ・交通教室 ・新入生歓迎会 ・家庭訪問 ・参観日 ・PTA総会 ・宿泊研修（1年）	・宿泊研修（2年） ・修学旅行（3年） ・生徒総会 ・新体力テスト	・体育会 ・学校保健委員会 ・教育相談 ・プール開き ・歯と口の健康週間 ・救命救急講習	・期末考査 ・クリーン作戦 ・大掃除 ・保護者懇談会 ・終業式 ・総合体育大会 ・地区別懇談会 ・地域学校保健委員会 ・薬物乱用防止教室	・始業式 ・職場体験（2年） ・身長体重測定 ・避難訓練
保健管理	環境		・清掃用具整備 ・日常点検の計画 ・机いすの調節 ・カーテン等教室整備	◎WBGT測定 ・光化学スモッグ対策 ・便所手洗い場の整備清潔 ・照度まぶしさ騒音の検査 ・黒板面の色彩検査	・運動場の整備 ・プール管理 ・プール水の水質検査 ・水道飲料水の衛生管理	・教室の空気の検査 ・ネズミ衛生害虫の検査 ・ダニ等の検査 ・揮発性有機化合物の検査	・日常点検の励行（記録整理） ・机いすの調節
	健康（心身）・生活		・保健調査 ・健康診断の計画と実施 ・健康観察の周知実施 ・緊急連絡体制の確認 ・疾病異常等配慮と対応の共通理解 ◎班別健康観察の実施	・健康診断の実施と事後措置 ・水分補給と体調管理 ・生活状況調査の実施 ◎班別健康観察の実施	・食中毒、感染症予防 ・熱中症予防 ◎班別健康観察の実施	・受診及び治療の勧告（再通知） ・疾病異常等への配慮事項確認 ◎健康観察のまとめ	・夏休み後の健康調査 ・疾病異常等の受診状況把握 ◎班別健康観察の実施
	健康相談・保健指導		・健康相談 ・疾病等に合わせた学校生活の過ごし方 ◎保健室来室時の指導	・健康相談 ・熱中症ハイリスク生徒への生活指導 ・プール開始に向けた指導 ◎保健室来室時の指導	・健康相談 ・ブラッシング指導 ◎保健室来室時の指導	・健康相談 ・健康診断結果に応じた受診や生活について ・夏休みの過ごし方 ◎保健室来室時の指導	・健康相談 ・運動器に関する指導 ◎保健室来室時の指導
保健教育	教科等	保健体育（保健分野） 1学年	◎健康の成り立ちと疾病の発生要因	◎生活習慣と健康			心身の機能の発達と心の健康
		2学年		◎生活習慣病などの予防	喫煙・飲酒・薬物乱用と健康		傷害の防止
		3学年		健康と環境	◎感染症の予防	個人の健康を守る社会の取組	

	その他の教科等	1学年	道徳「自分を見つめて伸ばして（節度・節制）」	技術・家庭科「食生活と栄養」	国語「ニュースの見方を考えよう」		
		2学年			技術・家庭科「住居の機能と安全な住まい方」	道徳「命を輝かせて（生命の尊さ）」	
		3学年				総合的な学習の時間「健康を支える社会資源について調べよう」	道徳「人と支え合って（相互理解・寛容）」
特別活動	学級活動	1学年		◎熱中症が起こりやすいからだの状態		タバコを誘われた時	
		2学年		◎宿泊研修での健康と安全：事前の準備と危険防止		性情報への対処と男女のかかわり方	
		3学年		◎修学旅行での健康と安全：緊急時の対応〜起こり得る事故と自分たちにできること〜		身近にせまる危険ドラッグ	
	生徒保健委員会		・年間計画の作成 ◎健康観察の推進	・WBGT 測定 ・宿泊研修等における健康観察の進め方について ◎健康観察の推進	・体育会の実施に向けて（安全と健康に留意した実施） ・健康観察の推進	・薬物乱用防止教室 ◎健康観察のまとめ	・文化祭での展示発表「健康観察のポイント！！」
	日常の指導		◎健康観察のしかた ・健康診断の意義と受け方 ・保健室の利用のしかた	・水分補給のしかた ・手洗い励行 ◎体の状態を表現する方法	・歯口の衛生について ・歯みがき指導（昼食後）	◎部活動時の健康観察	
組織活動	職員保健委員会		・配慮を要する生徒への支援について ・アレルギー対応研修 ◎健康観察に関する職員研修の企画・実施 ・緊急時の対応〜救急体制の確認〜 ・保健だよりの発行	◎健康観察の工夫（校内研修） ・体育会に向けて体制整備 ・健康観察の充実周知 ・保健だよりの発行	・保健統計のまとめ ・プール指導時の救急体制についての研修 ・保健だよりの発行	・部活動時の健康管理体制確認（救急物品の点検） ・保健教育年間計画の検討 ・保健だよりの発行	・避難訓練と連動した救急体制の確認研修 ・緊急時における職員の動き確認（避難訓練のふりかえり） ・保健だよりの発行
	PTA 保健委員会		・活動計画の作成	◎生活調査結果から（学校保健委員会への提案）	・救命救急講習の実施	・「生活習慣」研修会の計画	
	学校保健委員会				第1回学校保健委員会 ◎6/20「生徒の健康状態と生活について」	学校保健委員会だよりの発行	
	地域学校保健委員会		・中学校区における組織づくり			第1回地域学校保健委員会	

図 6-2-2　学校保健（年間）計画例

のである（図 6-2-2）。いつ、どのような活動に取り組むのかをわかりやすく示したもので、学校保健に関する年間行事予定を示すことができる。一方で、学校保健目標との関連を示すことが難しい側面があり、学校保健（全体）計画と合わせて提示することで、当該学校の目指す学校保健活動の方向性と具体的な活動に対する関係者の理解を促進することができる。

3）学校保健計画の策定

学校保健計画の策定にあたっては、次のようなプロセスと留意点がある（図 6-2-3）。

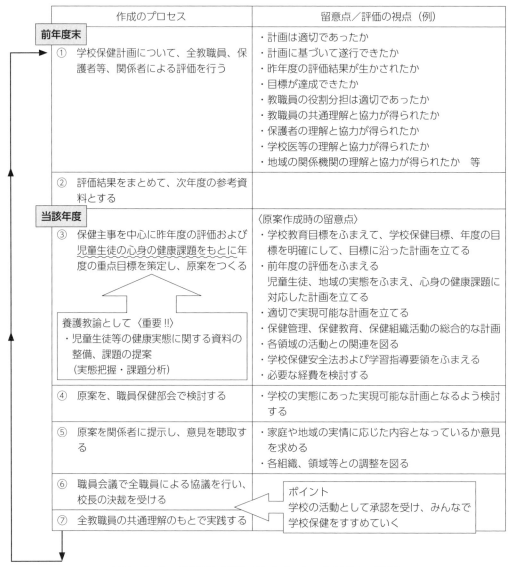

図 6-2-3　学校保健計画の作成プロセスと留意点／評価

出典）日本学校保健会：学校保健の課題とその対応—養護教諭の職務内容に関する調査結果から—令和 2 年度改訂、2021[6]、日本学校保健会：学校保健の課題とその対応—養護教諭の職務内容に関する調査結果から、2012[7] を参考に筆者作成

4）学校保健計画と養護教諭の役割

（1）児童生徒の健康実態の把握と課題分析および評価

　養護教諭は、自らが取り扱うさまざまな健康情報（保健調査、健康診断、保健室来室状況等）をもとに児童生徒の健康実態を多面的に把握し、学校の健康課題を明確に示すことができる。学校課題（健康課題）に基づき、活動の計画がなされ、課題に対する評価を実施することが重要となる。養護教諭は、健康診断や保健調査に基づく課題分析はもちろんのこと、保健室来室状況や日常の学校生活における気づきをもとに児童生徒等の実態を明らかにしたうえで、必要な活動を提案する必要がある。課題分析が明確であれば、学校保健活動の展開は、課題解決に直結する。おのずと実態把握・課題分析の視点は、直接的な評価の視点となり、実態把握から課題分析が適切に行われていれば、評価の実施は十分可能となる。

（2）学校における教育全体を通じた取り組み

　学校保健活動は、学校保健目標の具現化を目指した活動であるとともに、当該学校の教育活動の一つである。養護教諭は教職員の1人として、教育課程の編成やその他の教育活動（例えば、人権教育、道徳教育、総合的な学習、外国語活動、キャリア教育等）を理解したうえで、関連する教育活動における企画や関係者の協力を求めることが必要となる。特に、学校安全については、学校保健と重なる部分が多く、相互の活動の関連や重複を確認し、効果的な取り組みとなるような工夫が求められる。

（3）学校保健計画と保健室経営の関連

　学校保健目標は、学校保健計画によって具現化される。すなわち学校保健計画は、学校保健活動を導く地図であり設計図である。さらに、学校保健活動を推進する中核的役割を担う養護教諭が取り組む日々の養護実践や保健室経営は、学校保健活動を支える基盤となるものである。養護実践や保健室経営は学校保健活動の一部であり、学校保健活動は学校経営の一部をなしている。養護教諭は、学校保健目標と保健室経営および養護実践のかかわりを意識して取り組むとともに、保健室経営が学校保健目標の実現に果たす役割を周知することが求められる（保健室経営については、総論第7章2．保健室経営　参照）。

5）学校保健計画の評価の観点

　学校保健活動は、学校教育目標の具現化を図るための活動であり、結果として児童生徒等の心身の健康の保持増進につながるものでなければならない[5]。一方で、学校保健計画の評価については課題が多く、十分な実施がなされていない現状がある[6]。

　学校保健に関する評価は、学校評価の一環であり、適切に評価される必要がある。学校保健計画の評価の観点例（図6-2-3）を示した。評価項目および評価指標については、活動過程のプロセス評価の側面と目標の達成状況を評価する側面のどちらをみているのか、意識する必要がある。計画した活動の実施状況は、重要な評価の観点の一つである。実施できなかったのであれば、その理由や実施に向けた方策を検討する必要がある。計画した活動が実施できたという評価に加えて、実施によって児童生徒の健康状態にどのような影響を与え、目標が達成できたのかを示す指標を設定する必要がある。例えば、児童生徒等の意識や行動の変化、健康観察における症状の出現の頻度、事故発生数の増減等が考えられる。このことは、前述の課題分

析と関連が深く、実態把握、課題分析の際に、児童生徒等の健康課題をあらわす指標を捉えておくことが重要となる。

> **まとめ**
>
> 　学校保健活動は、健康で安全な学校生活のもとで、学校教育を実現していくための活動であり、児童生徒等自身が生涯にわたって健康な生活を送ることができる実践力を身につける活動でもある。学校保健活動を組織的に計画的に進めていくために策定される学校保健計画は、学校保健活動にかかわる全ての関係者が活動の目標や方向性を共通理解するためのツールといえる。養護教諭は、児童生徒等の健康実態の把握と課題分析および評価の側面において重要な役割を果たしている。また、保健室経営が、学校保健目標をいかに具現化するのかを明確に示す必要がある。

引用・参考文献

1) 中央教育審議会：子どもの心身の健康を守り、安全・安心を確保するために学校全体としての取組を進めるための方策について（答申）、2008
2) 文部科学省：学校保健の推進
　https://www.mext.go.jp/a_menu/kenko/hoken/index.htm（2023年10月9日アクセス）
3) 日本学校保健会：保健主事の手引〈三訂版〉、日本学校保健会、2004
4) 日本学校保健会：保健主事に関する状況調査報告書、日本学校保健会、2014
5) 日本学校保健会：保健主事のための実務ハンドブック―令和2年度改訂―、日本学校保健会、2021
6) 日本学校保健会：学校保健の課題とその対応―養護教諭の職務内容に関する調査結果から―令和2年度改訂、日本学校保健会、2021
7) 日本学校保健会：学校保健の課題とその対応―養護教諭の職務内容に関する調査結果から、日本学校保健会、2012

コラム　学校保健計画は、カリキュラム・マネジメントの先駆けである

　近年、カリキュラム・マネジメント[*1]の重要性が指摘されているが、カリキュラム・マネジメントの考え方は、旧来から学校保健計画が推進してきた事項と同様といえる。カリキュラム・マネジメントの促進により、学校保健計画が、各教科領域等をつなぎ、児童生徒等の健康の保持増進を図る取り組みが、より一層円滑となることが期待される。

「学校保健計画」の歴史

1949（昭和24）年	中等学校保健計画実施要領（試案）
1958（昭和33）年	学校保健法制定 　第2条（学校保健計画）　学校においては、児童、生徒、学生又は幼児及び職員の健康診断その他その保健に関する事項について計画を立て、これを実施しなければならない。 学校保健法および同法施行令等の施行にともなう実施基準について（通達） 　○年間計画および月間計画を立てこれを実施すべきもの
1972（昭和47）年	保健体育審議会答申「児童生徒等の健康の保持増進に関する施策について」 　○学校保健計画は、（中略）この計画は、学校における保健管理と保健教育との調整にも留意するとともに、体育、学校給食など関連する分野との関係も考慮して策定することがたいせつである。
1978（昭和53）年	学校保健法改正 　第2条（学校保健安全計画）　学校においては、児童、生徒、学生又は幼児及び職員の健康診断、環境衛生検査、安全点検その他の保健又は安全に関する事項について計画を立て、こ

	れを実施しなければならない。 学校保健法、同法施行令及び同法施行規則の一部改正等について（通知） ○計画は学校の実情により、保健に関する事項と一括して立てても、別個に立てても差し支えないこと。
2008（平成20）年	中央教育審議会答申「子どもの心身の健康を守り、安全・安心を確保するために学校全体としての取組を進めるための方策について」 ○校長のリーダーシップの下、学校保健計画に基づき、教職員の保健部（係）などの学校内の関係組織が十分に機能し、すべての教職員で学校保健を推進することができるように組織体制の整備を図り、保健教育と保健管理に取り組むことが必要である。 学校保健法改正学校保健安全法公布 ○第5条（学校保健計画）第27条（学校安全計画）

筆者作成

＊1　カリキュラム・マネジメント
　カリキュラム・マネジメントとは、各学校においては、児童（生徒）や学校、地域の実態を適切に把握し、教育の目的や目標の実現に必要な教育の内容等を教科等横断的な視点で組み立てていくこと、教育課程の実施状況を評価してその改善を図っていくこと、教育課程の実施に必要な人的又は物的な体制を確保するとともにその改善を図っていくことなどを通して、教育課程に基づき組織的かつ計画的に各学校の教育活動の質の向上を図っていくこと。

第7章
養護教諭と保健室・保健室経営

1 保健室

1) 保健室の法的根拠

　保健室の設置については学校教育法施行規則で、保健室の設置と目的については学校保健安全法で、次のとおり定められている。

学校教育法施行規則
第1条　学校には、その学校の目的を実現するために必要な校地、校舎、校具、運動場、図書館又は図書室、保健室その他の設備を設けなければならない。
学校保健安全法
（保健室）
第7条　学校には、健康診断、健康相談、保健指導、救急処置その他の保健に関する措置を行うため、保健室を設けるものとする。

　また、保健室は各学校設置基準において、小・中・高等学校、特別支援学校は「校舎に備えるべき施設」、幼稚園は「施設及び設備等」において次のとおり定められている。

小学校設置基準、中学校設置基準
（校舎に備えるべき施設）
第9条　校舎には、少なくとも次に掲げる施設を備えるものとする。
　一　教室（普通教室、特別教室等とする。）
　二　図書室、保健室
　三　職員室
高等学校設置基準
（校舎に備えるべき施設）
第15条　校舎には、少なくとも次に掲げる施設を備えるものとする。
　一　教室（普通教室、特別教室等とする。）
　二　図書室、保健室
　三　職員室
特別支援学校設置基準
（校舎に備えるべき施設）
第15条　校舎には、少なくとも次に掲げる施設を備えるものとする。ただし、特別の事情があるときは、教室と自立活動室及び保育室と遊戯室とは、それぞれ兼用することができる。
　一　教室（普通教室、特別教室等とする。ただし、幼稚部にあっては、保育室及び遊戯室とする。）
　二　自立活動室

三　図書室（小学部、中学部又は高等部を置く特別支援学校に限る。）、保健室
　　四　職員室
幼稚園設置基準
（施設及び設備等）
第9条　幼稚園には、次の施設及び設備を備えなければならない。ただし、特別の事情があるときは、保育室と遊戯室及び職員室と保健室とは、それぞれ兼用することができる。
　　一　職員室
　　二　保育室
　　三　遊戯室
　　四　保健室
　　五　便所
　　六　飲料水用設備、手洗用設備、足洗用設備

2）保健室の役割・機能

　社会の変化、養護教諭の役割の変化とともに保健室の機能は、子供の健康課題や学校教育の現状に合わせて担う役割を広げてきた。保健室は、単に保健室という場所があり、保健管理や保健教育の措置を行う場所としての役割を果たすだけではない。現在の保健室は、学校保健活動のセンターとして、子供の実態はもとより、学校や地域の実態に応じた子供の健康づくりを計画的、組織的に推進する拠点として機能することが求められている[1]。中央教育審議会答申[2]および学校保健安全法をふまえ、日本学校保健会は[3]、保健室の機能を学校保健活動のセンター的機能（場としての機能）としたうえで、具体的な機能について表7-1-1をあげている。なお、保健室に求められる機能は、社会の変化とともに変化しており、保健室は単に存在としての保健室というだけでなく、機能する保健室として期待されている[4]。

表7-1-1　保健室の機能〈場としての機能〉[3]

| ・健康診断　・健康相談　・保健指導　・救急処置　・発育測定 |
| ・保健情報センター　・保健組織活動のセンター　など |

　表7-1-1の保健室の機能を十分に発揮するためには、次の事項が求められる[5]。

- 児童生徒等が主体的に活動できる機会と場の工夫
- 児童生徒等のヘルスニーズの十分な理解
- 健康問題や課題を解決できるよう支援する専門的知識・技術
- 教職員の共通理解や協力が得られる体制

3）保健室の施設設備・環境

(1) 学校施設整備指針

　学校の施設・設備の基準となるものとして、文部科学省において小・中・高等学校、特別支援学校、幼稚園の校種別に「学校施設整備指針」[6-10]が定められている。この指針は、学校を取り巻く社会状況の変化や学習指導要領の改訂、学校における事件、事故、災害等の事例に伴い、数回にわたり見直されてきた。

文部科学省は2022（令和4）年3月に「新しい時代の学びを実現する学校施設の在り方について」の最終報告を公表し[11]、これに合わせ2022（令和4）年6月に学校施設整備指針の改定が行われた。この最終報告では、保健室は休養や処置のために柔軟に対応できる面積を確保し、健康に関する情報を発信するなど、健康教育の中心とするとともに、児童生徒の相談のために、落ち着いた空間を確保することが重要であるとされている。また、児童生徒の出欠状況や健康観察、健康診断票、保健室来室管理等の保健系機能を実装した統合型校務支援システム等において情報機器や情報ネットワークを活用できる環境を計画することも重要であるとされている[11]。

　学校施設整備指針において保健室にかかわる内容は小学校施設整備指針[6]に示されている。なお、中学校施設整備指針[7]は小学校に準じ、高等学校施設整備指針[8]も基本的には準じたものとなっている。

小学校施設整備指針

第1章　総則　第2節　第2　安全でゆとりと潤いのある施設整備
7　カウンセリングの充実のための施設
保健室、教育相談室（心の教室）、不登校児童の支援のための別室、保護者等のための相談スペース等については、カウンセリングの機能を総合的に計画することが重要である。

第3章　平面計画　第10　管理関係室
3　保健室
（1）静かで、日照、採光、通風、換気、室温、音の影響等に配慮した良好な環境を確保することのできる位置に計画することが重要である。
（2）特に屋内外の運動施設との連絡がよく、児童の出入りに便利な位置に計画することが重要である。
（3）救急車、レントゲン車などが容易に近接できる位置に計画することが重要である。
（4）職員室との連絡及び便所等との関連に十分留意して位置を計画することが望ましい。
（5）健康に関する情報を伝える掲示板を設定するなど、健康教育の中心となるとともに、児童のカウンセリングの場として、児童の日常の移動の中で目にふれやすく、立ち寄りやすい位置に計画することが望ましい。

第4章　各室計画　第10　管理関係室
4　保健室
（1）児童の休養や様々な健康課題への対応など各種業務に柔軟に対応し、ベッドを配置する空間を適切に区画することのできる面積、形状等とすることが重要である。
（2）児童等が屋外から直接出入りできる専用の出入口を設け、その近傍に手洗い、足洗い等の設備を設置する空間を確保することも有効である。
（3）児童が養護教諭に相談しやすいよう、保健室に隣接した位置又は保健室内に間仕切りを設置する等して、プライバシーに配慮した落ち着いた空間を確保することも有効である。
（4）保健室が健康教育の中心となるよう、健康教育に関する掲示・展示のためのスペースや委員会活動のためのスペースを、室内又は隣接した位置に確保することが望ましい。
（5）保健室に近接した位置に便所やシャワー等の設備を計画することが望ましい。
（6）児童の出欠状況や健康観察、健康診断、保健室来室管理等の保健系機能を実装した統合型校務支援システム等を利用できるよう、情報機器や情報ネットワークを活用できる環境を計画することが重要である。

第8章　設備設計　第6　空気調和設備
（9）保健室や特別支援学級関係室等は、地域の寒冷度等に応じ、冷暖房設備の設置を計画することが重要である。

（2）保健室の備品等の基準

保健室の備品については、文部科学省通知「保健室の備品等について」（2021〈令和3〉年改正）[12] において表7-1-2のとおり定められている。

さらにこれからの保健室に求められる施設・設備としての備品例を表7-1-3にあげる。

表7-1-2 保健室の備品

一般備品	健康診断・健康相談用	救急処置・疾病の予防処置用	環境衛生用
机（救急処置用、事務用）	身長計	体温計	温湿度計（0.5度目盛又は同等以上のもの）
いす（救急処置用、事務用）	体重計	ピンセット	風速計
ベッド	巻尺	ピンセット立て	WBGT（暑さ指数）計
寝具類および寝具入れ	国際標準式試視力表および照明装置	剪刀	照度計
救急処置用寝台およびまくら	遮眼器	膿盆	ガス採取器セット
脱衣かご	視力検査用指示棒	ガーゼ缶	塵埃計
長いす（待合用）	色覚異常検査表	消毒盤	騒音計
器械戸棚	オージオメータ	毛抜き	黒板検査用色票
器械卓子	額帯鏡	副木、副子	水質検査用器具
万能つぼ	捲綿子	携帯用救急器具	プール用水温計
洗面器および洗面器スタンド	消息子	担架	プール水質検査用器具
薬品戸棚	耳鏡	マウス・トゥ・マウス用マスク	ダニ検査キット
書類戸棚	耳鼻科用ピンセット	松葉杖	
健康関係書類格納庫	鼻鏡	救急処置用踏み台	
ついたて	咽頭捲綿子	洗眼瓶	
湯沸器具	舌圧子	洗眼受水器	
ストップウォッチ	歯鏡	滅菌器（オートクレーブを含む）	
黒板（ホワイトボードを含む）	歯科用探針	汚物投入器	
懐中電灯	歯科用ピンセット	氷のう、氷まくら	
温湿度計	聴診器	電気あんか	
冷凍冷蔵庫	打診器		
各種保健教育資料	血圧計		
	照明灯		
	ペンライト		

※下線は2021（令和3）年に追加された項目
出典）文部科学省初等中等教育局：保健室の備品等について（通知）、2021

表7-1-3 保健室に備えたい備品

保健室専用コンピューター、セキュリティソフト、保健室専用プリンター、保健室専用プロジェクター・スクリーン、保健室専用シュレッダ 、保健室専用電話、各教室との連絡設備（インターホン）、校内LAN、ファクシミリ、インターネット接続環境、作業用デスク、自動体外式除細動器（AED）、サチュレーションモニター、ゴーグル、感染物蓋つきごみ箱、車いす、製氷機、電子レンジ、掃除機、洗濯機、応接セット（ソファー等）

出典）日本学校保健会：保健室利用状況に関する調査報告書（平成23年度調査結果）、日本学校保健会、2013[13]、門田新一郎、大津一義編著：学校保健 子供の「生きる力」を育む、大学教育出版、2021[14] を参考に筆者作成

（3）保健室の機能をふまえた配置

保健室の配置は、学校保健活動のセンター的役割を発揮できるように機能別の配置を考え、スペースや設備を設けることが望まれる。例えばスペースの設置例として、健康診断コーナー、健康相談コーナー、保健指導コーナー、救急処置コーナー、休養コーナーなどがある。また、委員会活動やその他の機会を活用し、可能な範囲で掲示板や保健委員会用戸棚、測定器具、本

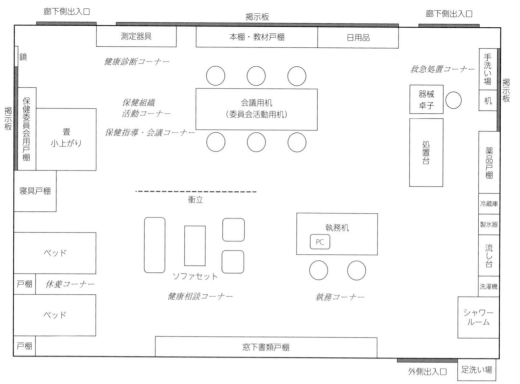

図7-1-1　保健室のレイアウト例

出典）林典子、田嶋八千代、下村淳子他著：スキルアップ養護教諭の実践力養護教諭・保健室の5S+S 整理・整頓・清掃・清潔・躾・作法・セキュリティー、東山書房、2016、99[15]（一部改変）

棚、日用品の棚などの配置や中身の整理、飾りつけなどを児童生徒等と協同で考えるなどの工夫もできる。保健室のレイアウト例を図7-1-1に示す。

4）保健室の利用状況

学年や学級に関係なく、全ての子供たちが保健室に来室することができる。小・中・高等学校1校あたりの1日平均の保健室利用者数は20人前後であり[16]、多くの子供たちが保健室を利用している。

保健室利用者の来室理由は図7-1-2のとおりである。どの学校種においても、子供たちは身体の不調で来室していることがわかる。その他にも友だちの付き添いや、特に理由がなく利用していることも多い。来室の背景要因（図7-1-3）からも、保健室では養護教諭が身体的な問題に対応しているだけでなく、心や家庭・生活環境に問題のある子供にも対応していることがわかる。養護教諭は保健室という場を活用し、救急処置や健康相談、保健指導などに加え、さまざまなタイミングや方法で子供たちへ教育活動を実践している。子供たちの生きる力を育むための教育の場として保健室が積極的に活用されることが求められる[1]。

5）他国の保健室

他国での養護教諭と類似した職種の一つとして、スクールナースがある。しかし一般的にスクールナースは看護師であり、教員である日本の養護教諭とは異なる部分も多い。とりわけアメ

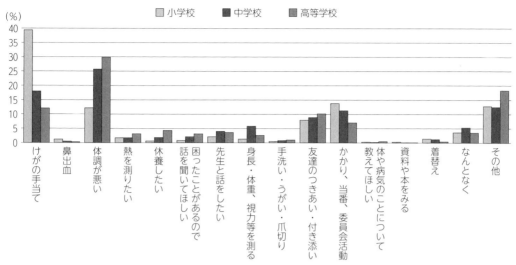

図7-1-2　保健室利用者の来室理由

出典）日本学校保健会：保健室利用状況に関する調査報告書（令和4年度調査結果）、日本学校保健会、2024[16]）をもとに筆者作成

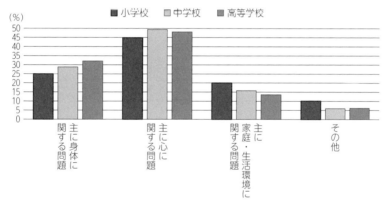

図7-1-3　来室した児童生徒の主な背景要因

出典）日本学校保健会：保健室利用状況に関する調査報告書（令和4年度調査結果）、日本学校保健会、2024[16]）をもとに筆者作成

リカとオーストラリアには、看護師であるとともに教育的役割を果たすスクールナースがいる。本稿では、アメリカのSchool Nurse Teacherとオーストラリアの School Based Youth Health Nurse ならびに両国の保健室について紹介する。

（1）アメリカ

　アメリカの学校教育制度は州によって異なる。ロードアイランド州ではSchool Nurse Teacherという看護師と教師の両方の役割を持つ職種が公立学校全校に配置されている[17]）。アメリカでは養護教諭に類似する職種としてSchool Nurseや Public Health Nurse、Community Health Nurseといった看護師としての役割を担う職種が一般的であるが、教師の役割も持つSchool Nurse Teacherは珍しい職種である。School Nurse Teacherは一つの学校に常勤で勤務しているため、保健管理や保健教育の他に学校保健組織活動も推進することができる。カウンセリングや保健指導のできる部屋の隣に保健室として、救急処置やベッドで休養できる部屋が隣接している。School Nurse Teacherの役割は養護教諭と類似する点

が多くあり、保健室の様子も広さや設備など日本と共通する点が多い。

（2）オーストラリア

　オーストラリアの学校教育制度も州によって異なる。一般的に私立学校にはSchool Nurseの配置があるが、公立の学校には常勤のSchool Nurseの配置はない。簡単な救急処置は担任や教科担任、事務職員が、保健教育は担任や体育教師などが担い、ヘルスカウンセリングは心理の資格を持つ教師がスクールカウンセラーを兼務している。

　クイーンズランド州では学校で健康教育とヘルスカウンセリングを実践するSchool Based Youth Health Nurse（以下、SBYHN）という職種がある[17]。SBYHNは、公立のセカンダリスクール（中学・高等学校）全校に配置され、1人が数校を受け持ち、学校を巡回している。SBYHNは、集団への健康教育は主に教室や他の学校施設で行い、個別の保健教育やヘルスカウンセリングはSBYHNのオフィスで行う。そのため、オフィスは相談室の雰囲気がある。

　アメリカやオーストラリアの保健室は、勤務するナースの役割や特徴に合わせ、休養する場、救急処置をする場、相談する場といった機能に合ったさまざまな形がとられている。日本の保健室も保健指導をする場、救急処置をする場、健康診断をする場、休養する場、組織活動をする場などの養護教諭の役割に合わせた機能を持ち合わせている。保健室はそこに勤務する専門職員の役割が反映された場ということができる。

まとめ

　他国のスクールナースと比較した日本の養護教諭の特徴は、教育職であること、毎日同じ学校に勤務し、同じ子供たちと継続的にかかわること、ほぼ全ての学校に配置されていることなどがある。養護教諭の役割の特徴は、ヘルスプロモーションの視点を持ち、教員として子供の健康増進に組織的にかかわることである。そこで、これらの特徴が生きることを考え、それぞれの学校の実情に合わせながら保健室をつくることが望まれる。

引用・参考文献
1）岡田加奈子、河田史宝編著：養護教諭のための現代の教育ニーズに対応した養護学概論―理論と実践―、東山書房、2016
2）中央教育審議会：子どもの心身の健康を守り、安全・安心を確保するために学校全体としての取組を進めるための方策について（答申）、2008
3）日本学校保健会：保健室経営計画作成の手引　平成26年度改訂、日本学校保健会、2015
4）日本学校保健会：養護教諭の専門性と保健室の機能を生かした保健室経営の進め方、日本学校保健会、2004
5）植田誠治、河田史宝監修：新版・養護教諭執務のてびき（第10版）、東山書房、2018
6）文部科学省大臣官房文教施設企画・防災部：小学校施設整備指針、2022
7）文部科学省大臣官房文教施設企画・防災部：中学校施設整備指針、2022
8）文部科学省大臣官房文教施設企画・防災部：高等学校施設整備指針、2022
9）文部科学省大臣官房文教施設企画・防災部：特別支援学校施設整備指針、2022
10）文部科学省大臣官房文教施設企画・防災部：幼稚園施設整備指針、2022
11）学校施設の在り方に関する調査研究協力者会議：新しい時代の学びを実現する学校施設の在り方について　最終報告、2022
12）文部科学省初等中等教育局：保健室の備品等について（通知）、2021
13）日本学校保健会：保健室利用状況に関する調査報告書（平成23年度調査結果）、日本学校保健会、2013
14）門田新一郎、大津一義編著：学校保健―子どもの「生きる力」を育む、大学教育出版、2021
15）林典子、田嶋八千代、下村淳子他著：スキルアップ養護教諭の実践力　養護教諭・保健室の5S+S　整理・整頓・

清掃・清潔・躾・作法・セキュリティー、東山書房、2016
16) 日本学校保健会:保健室利用状況に関する調査報告書(令和4年度調査結果)、日本学校保健会、2024
17) 伊藤武彦、松村京子、鬼頭秀明編著:健康教育の理論と実践 わが国と外国の事例をもとに、日本学校保健会、2018

コラム 新しい時代の学びを実現する学校施設の在り方について

文部科学省は2022(令和4)年3月に「新しい時代の学びを実現する学校施設の在り方について」[1]の最終報告を公表した。この報告では、学校施設全体を学びの場として捉え直し、実空間の価値を再評価する「未来思考」のビジョンが掲げられている。このビジョンをふまえて、学校施設の在り方として次の五つの姿があげられた。

> 学び:個別最適な学びと協同的な学びの一体的な充実に向け、柔軟で創造的な学習空間
> 生活:新しい生活様式をふまえ、健やかな学習・生活空間
> 共創:地域や社会と連携・協働し、ともに創造する共創空間
> 安全:子供たちの生命を守り抜く、安全・安心な教育環境
> 環境:脱炭素社会の実現に貢献する、持続可能な教育環境

学びの姿から保健室は、もともと救急処置や健康相談、保健指導、児童生徒保健委員会、健康診断の場などとして、個と集団両方の活動ができ、子供の個別最適な学びと協働的な学びに向けて場所を提供しやすい。生活の姿においては例えば木材を活用し温かみのあるリビングのような空間のなかで、壁面の工夫やベンチ等を配置するなどの工夫があげられる。共創の姿からは教職員に加え保護者や関係機関の人々、地域の人たちが利用しやすい場にすること、学校保健活動のセンター的機能を高めることで、地域や社会と連携・協働し、ともに創造する共創空間をつくることが可能である。安全の姿からは老朽化対策等により長く使い続けることができるように安全性を確保すること、環境の姿からは省エネルギー化や再生可能エネルギーを積極的に導入することなどがあげられる。今後、保健室をこれらの姿に近づけるためにできることを養護教諭だけでなく子供たちや教職員、地域の人たちと共創しながら考えていくことが求められる。

引用・参考文献
1) 学校施設の在り方に関する調査研究協力者会議:新しい時代の学びを実現する学校施設の在り方について 最終報告、2022

---

2 保健室経営

保健室は、学校教育法施行規則に設置が義務づけられており、設置にあたっては小学校・中学校・高等学校・特別支援学校施設整備指針に具体的な指針が示されている(総論第7章1.保健室 参照)。また、学校保健安全法には、保健室の役割が明示されている。保健室は、学校教育の基盤となる児童生徒の健康や安全を確保するための学校保健のセンター的役割を担っている。そのため保健室経営は、法令、学校の教育目標等をふまえ、児童生徒等の健康の保持増進を図ることを目的に、養護教諭の専門性と保健室の機能を最大限生かしつつ、教育活動の一環として計画的・組織的に運営すること[1]と定義されている。

1）保健室経営の目的・意義

　保健室経営は、当該学校の教育目標や学校保健目標を受けその具現化を図るために保健室経営において達成されるべき目標を立て、計画的・組織的に運営することである。保健室経営の目的については、児童生徒の健康の保持増進のために学校全体にかかわること[2]と示されている。

　保健室は、学校保健活動のセンター的役割を担っていることから、保健室経営の充実を図ることは、子供の健康づくりを効果的に推進するうえで意義がある。また保健室経営は、養護教諭の職務であり、保健室経営計画を作成し保健室経営の充実を図ることが求められている。

2）保健室経営の法的根拠

　養護教諭の職務は、学校教育法で「児童生徒の養護をつかさどる」と定められており、1972（昭和47）年および1997（平成9）年の保健体育審議会答申において主要な役割が示されている。それらをふまえて、2008（平成20）年の中央教育審議会答申においては、「救急処置、健康診断、疾病予防などの保健管理、保健教育、健康相談活動、保健室経営、保健組織活動などを行っている。」と示されている[3]。このことから、保健室経営は養護教諭の職務であり年度ごとに計画を立て遂行していく必要がある。

3）保健室経営の方法

（1）保健室経営計画の作成

　保健室経営計画とは、保健室経営を実質的に行うために作成される計画である。保健室経営計画は、養護教諭が作成し、その目的を達成するために教職員と共通理解を図ることが重要である。また学級・学年経営ともかかわり合うため、保健室経営計画の作成にあたっては相互に連携することが不可欠である。

　保健室経営計画は、目的や方法、実施状況や評価等が外から見えやすく、わかりやすくすることが望ましい。保健室経営は教育活動であるため、保健室経営計画の作成にあたっては、各

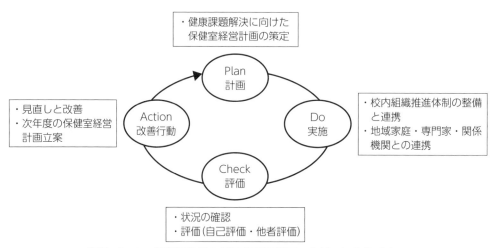

図7-2-1　課題解決型の保健室経営計画マネジメントサイクル

出典）日本学校保健会：保健室経営計画作成の手引　平成26年度改訂、日本学校保健会、2015、7（一部改変）

令和〇〇年度　保健室経営計画　　〇〇〇学校

学校教育目標
人権を尊重し、豊かな人間性をもち、心身ともにたくましく未来に向かって生きる生徒の育成

学校保健目標
生徒が自らの心身の発育発達・健康に関心をもち、主体的に健康を保持増進しようとする生徒を育てる。

重点目標	生徒の主な健康課題
①生徒が自らの健康状態を把握し、すすんで健康な生活をしようとする態度を育てるための指導を充実させる。 ②心の健康問題の早期発見に努め、支援の充実を図る。	・基本的生活習慣が確立できていない生徒が多くみられる。（夜更かし・朝食抜き・ネット依存） ・人間関係によるストレスや不安感等のメンタルヘルスの問題を抱える生徒が多い。

到達度：　1　よくできた　　2　ほぼできた　　3　あまりできなかった　　4　まったくできなかった

保健室経営目標	目標達成のための具体的な方策	自己評価			他者評価		
		到達度	今後に向けて／理由		誰から	方法	評価到達度
①生徒が自らの健康状態を把握し、すすんで健康な生活をしようとする態度を育てるための指導を充実させる。	A）全校生徒対象に生活習慣に関する調査を行い、体調や体格との関連を調べ、個別に適切なアドバイスをすることにより、生徒が生活を見直すことができるようにする。	2	保健指導に活用することができた。		教職員	評価シート 聞き取り	1（60.9%） 2（34.8%） 3（4.3%）
	B）健康チャレンジ作戦を全校で取り組む期間を設定したり、学級活動で話し合ったりして、健康意識が高まるようにする。	3	プリントでの保健指導にとどまった。		教職員	評価シート 聞き取り	1（60.9%） 2（34.8%） 3（4.3%）
	C）健康診断の事前事後指導を充実させ、健康に関心がもてるようになったり、二次検診の受診率が向上したりするように取り組む。	1	全ての項目で意識の向上が見られた。		教職員	評価シート 聞き取り	1（87.0%） 2（13.0%） 3（0.0%）
	D）生徒の健康行動が高まるような環境を整えることにより、疾病に関する知識理解を深め、主体的に感染症予防ができるようにする。	3	生徒の主体的な予防活動は難しかった。		教職員	評価シート 聞き取り	1（66.7%） 2（33.3%） 3（0.0%）
②心の健康問題の早期発見に努め、支援の充実を図る。	A）保健室の機能を充実させるとともに、来室した生徒の心身の問題の背景や要因を把握するため、適切なアセスメントを行い、きめ細やかな対応ができるようにする。	2	丁寧な聞き取りを行い、アセスメントに努めた。		教職員	評価シート 聞き取り	1（79.2%） 2（20.8%） 3（0.0%）
	B）担任、学年団、部活顧問、生徒指導主事、管理職、保護者、スクールカウンセラー等と情報交換を行い、連携を密にする。	2	連携に努めたが、時々連絡が遅れることがあった。		教職員 SC	評価シート 聞き取り	1（87.5%） 2（12.5%） 3（0.0%）

※この保健室経営計画は実施後の評価まで含めて記載している。

図7-2-2　保健室経営計画例

出典）滝川つぼみ作成、2019（一部改変）

表7-2-1　保健室経営計画作成時の留意点

【保健室経営計画策定のプロセス】
①前年度末に保健室経営計画について、養護教諭自身による評価と関係者による評価を行い、評価結果をまとめ、次年度の参考資料とする。
②前年度の評価および児童生徒の心身の健康課題をもとに年度の重点目標を策定し原案をつくる。
③原案を職員の保健部会や関係者に提示し、意見聴取を行う。
④職員会議で全教職員による協議を行い、校長による決裁を受ける。
⑤全教職員の共通理解のもとで実施していく。

【保健室経営計画作成上のポイント】
(PDCAサイクルにのせて毎年確認しながら立てる内容、五つの必須事項)
○学校教育目標を受けるものであること
○養護教諭の専門性を生かしたものであること
○保健室の機能を生かしたものであること
○児童生徒等の心身の健康の保持増進を図ることを目的とした活動を示していること（課題解決型）
○教育活動の一環として計画的・組織的に運営すること

【保健室経営計画以外に別立てで作成すべき事項】
○保健室の利用方法　○緊急時の救急体制（養護教諭不在時の対応含む）　○保健室の備品と管理方法　○健康観察の方法　○感染症の対応および出席停止等の措置　○諸帳簿一覧　等

　学校の教育目標や学校保健計画（長期的目標）と関連を持たせながら、学級や学年経営との関連も考慮する。その際、児童生徒の健康実態から課題を明らかにし当年度に重点的に取り組む重点目標（短期的目標）を決定して、具体的な実施計画（課題解決型保健室経営計画）を立てる。保健室経営計画を作成し周知することで、教職員への共通理解を図ることができ、ひいては保護者、地域住民および関係機関等からの理解と協力を得ることにつながっていく（図7-2-2）。

（2）保健室経営の評価

　保健室経営計画のマネジメントサイクル（PDCA）を円滑かつ機能的に行うために評価は重要な鍵となる。評価結果をふまえて、次年度の保健室経営計画の改善に反映され計画が立てられる（P）。その計画に沿って実践が行われ（D）、実践の状況を把握しながら評価をしていく（C）。その評価内容を改善したり工夫したりして（A）、また次の年度の計画へつなぐ（P）マネジメントサイクルとなっている。

　評価の観点については、表7-2-2に記す。それぞれの観点について、誰が誰に評価するのかを明確にし、養護教諭の自己評価と他者評価の両方で捉えることが大切である。また、自己評価と他者評価の観点は同様とし、評価の観点は、計画の段階から周知しておくことで自己評価および他者評価が実施しやすくなる。保健室経営計画の自己評価および他者評価を行うことにより、総合的な評価ができるとともに課題がより明確になり、次年度の保健室経営に生かすことができる。さらに、公表が義務化されている学校評価（学校教育法施行規則第66条、第67条、第68条）に位置づ

表7-2-2　評価の観点

○学校教育目標をふまえたか。
○学校保健目標は、児童生徒の実態に即していたか。
○当該年度の児童生徒の健康実態を把握し、取り組むべき課題を明確にしたか。
○目標を達成するために計画は適切であったか。
○計画に基づいて遂行できたか。
○前年度の評価結果を生かせたか。
○目標は、達成できたか。
○教職員の役割分担は適切であったか。
○教職員の協力と共通理解が得られたか。
○学校医等の理解と協力が得られたか。
○保護者の理解と協力が得られたか。
○地域の関係機関の理解と協力が得られたか。　等

出典）日本学校保健会：保健室経営計画作成の手引　平成26年度改訂、日本学校保健会、2015、15をもとに筆者作成

けられている学校保健の全体評価と保健室経営の評価はそれぞれに行うことになっている[2]。評価方法については、聞き取り、アンケート、振り返りカード等、評価を実施する対象に合わせて実施する。評価の結果は、客観的に評価できるようデータ化し評価する。

4）保健室経営における ICT の活用と情報管理

中央教育審議会答申「『令和の日本型学校教育』の構築を目指して〜全ての子供たちの可能性を引き出す、個別最適な学びと、協働的な学びの実現〜」（2021）において、児童生徒の1人1台タブレットの GIGA スクール構想が示され急速に普及進展している。学校教育において ICT の活用は、不可欠かつ重要なツールとなっている。

養護教諭は、これまでも日常の執務において ICT を活用している。例えば、学校医や養護教諭同士の連絡のやり取りを電子メールで行い、保健室からの情報提供や保健だよりの作成にパソコンやソフトを活用し、保健室来室管理や健康診断の統計ではデータ管理を行っている。さらにポストコロナ時代に入り、ICT を利活用した健康観察ソフトやアプリ、タブレットを活用した保健教育の教材、保健組織活動の方法、健康相談ツール、保健室来室管理（保健日誌）アプリ等、さまざまなツールやコンテンツが作成されている。保健室経営においても ICT を効果的に活用し、タイムリーな情報収集や情報発信、児童生徒の健康課題の解決に向けた取り組みが期待される。

一方で、ICT の利活用において個人情報の取り扱いやプライバシーの保護については、これまで以上に配慮が必要となる。データが一度流出すれば100%回収することは不可能である。児童生徒の心身の健康にかかわる情報の管理は、使用するパソコンにインターネットをつながない、データ管理においてはパスワードをかけたり、アクセス権限や暗号化を行う等、セキュリティーレベルを確保する。教育情報セキュリティポリシーに関するガイドライン[4]や学校における情報管理マニュアル・教育委員会の指針に照らし合わせ、厳重な管理体制のもと管理する。

保健室で扱う表簿に関しては、関連法規の規定内容を遵守し、校内での管理場所や管理体制について管理職を含め共通認識を図っておく必要がある（表7-2-3）。

これらの表簿以外にも、日本スポーツ振興センター関係、学校給食関係、学校環境衛生検査簿、安全点検簿等は、各教育委員会で定める学校文書処理要領等の規定に基づき適切に管理しなければならない。なお保存期間を経過した表簿は、管理者の決裁を受け適切な方法で廃棄する。

表7-2-3　表簿の保存期間

表簿	保存期間	関連法規
児童・生徒健康診断票（一般／歯・口腔）	5年	学校保健安全法施行規則
職員健康診断票	5年	
就学時健康診断票		各自治体の定めるところによる※
学校医執務記録簿	5年	学校教育法施行規則
学校歯科医執務記録簿	5年	
学校薬剤師執務記録簿	5年	

※文部科学省初等中等教育局健康教育・食育課「学校における健康診断について」平成30年5月24日

まとめ

　養護教諭の専門性や保健室の機能を生かし、保健室経営を計画的かつ組織的に実践することは、養護教諭の職務であり児童生徒の健康の保持増進を図るうえで不可欠である。また、保健室経営にICTを取り入れたりすることで充実を図り学校保健のセンター的役割を果たすことが期待される。

引用・参考文献
1）日本養護教諭教育学会：養護教諭の専門領域に関する用語の解説集〈第三版〉、2019、21
2）日本学校保健会：保健室経営計画作成の手引　平成26年度改訂、日本学校保健会、2015、4、15
3）中央教育審議会：子どもの心身の健康を守り、安全・安心を確保するために学校全体としての取組を進めるための方策について（答申）、2008、7-8、10
4）文部科学省：教育情報セキュリティポリシーに関するガイドライン（令和6年1月）、2024

コラム　ICTを活用した保健室経営

　「令和の日本型学校教育」では、個別最適な学び、協働的な学びが示され、加えて、GIGAスクール構想の実現に向けて多くの取り組みや教育実践が行われている。養護実践においても例外ではない。個別最適な学びにおいては、これまで以上に子供の成長やつまずき、悩みなどの理解に努め、個々の興味・関心・意欲等をふまえきめ細かく指導・支援することと示されている。そこで、ICTを活用した養護実践を紹介する。

1．保健だよりのメール配信（デジタル化）
　紙媒体で配付していた保健だよりをメール配信にすることで、印刷の費用や手間が省け、イラストや写真をカラーで鮮明に表示でき、じっくりと読んでくれる子供や保護者が増えた。

2．デジタル健康観察簿
　デジタル健康観察簿とは、Google classroomのストリームとスプレッドシートの機能を使い、担任が行う毎朝の健康観察の結果（出欠や健康に関する情報）をタブレットに入力し、管理を行うものである。入力された情報はクラウドで自動的に集約される。そうすることで、瞬時に全校の情報が集約されプリントアウト可能になる、管理職への報告や相談がタイムリーにできる、人の手を介して健康観察の結果を集める必要がなくなる。

3．保健教育の充実
　保健教育の一つのツールとして、Googleフォームやロイロノート・スクール等がある。それらを活用し子供一人一人の意見を授業に反映することで、さまざまな意見があることに気づく、違いを認め合う力につながる。ICTの活用ありきではなく養護教諭の「こんな授業がしたい！」というアイデアを担任教諭と協働し実践している。

　このような養護実践から、新しい保健室経営の姿が見えてくる。学校におけるICTは、教材・教具や学習ツールの一つとして積極的な活用が求められている。そのなかで、養護教諭にもICT活用力を身につけることが期待される。その一方で、健康面への配慮やICTの確かな知識と厳正な情報管理が求められることを忘れてはいけない。

引用・参考文献
1）岩崎保之：養護教諭に求められる「ICT活用指導力」ICTを活用した「令和の日本型学校教育」、心とからだの健康、25(6)、2021、40-44

第8章
養護教諭の活動過程

1 養護教諭の活動過程

1）養護教諭の活動過程の目的・意義

　養護教諭の活動過程は、児童生徒の課題解決の基本的な進め方であり、情報収集・アセスメント、問題の明確化、目標・計画、実施、評価という五つの構成要素からなる。この活動過程は養護教諭の行う全ての活動に共通するプロセス（過程）[1]である。看護師が用いている看護過程[2）3）]と同様、養護教諭の活動過程は、養護の目的や機能をふまえ、専門性を生かした活動をするための手段・方法論であるとともに、思考と行動の過程でもある。養護教諭がこの活動過程を用いる目的は、子供の健康課題の解決のために、根拠のある意図的な実践を行うことにある。

　養護教諭の活動過程（表8-1-1）は、文部科学省の「現代的健康課題を抱える子供たちへの支援」[4）]の基本的な進め方とほぼ同じであるが、本稿で取り扱う活動過程は、児童生徒の現代的な健康課題だけでなく、養護教諭の活動全般を対象としている。そのため、ステップ1の1．体制整備は、養護教諭の活動の前提となる日常的な取り組みとして位置づけ、本稿で述べ

表8-1-1　「現代的健康課題を抱える子供たちへの支援」[4）]の基本的な進め方と本稿で提案する養護教諭の活動過程と意義

「現代的健康課題を抱える子供たちへの支援」の課題解決の基本的な進め方[4）]		本稿で提案する養護教諭の活動過程と意義		
		プロセス	養護教諭にとっての意義	子供にとっての意義
ステップ1	1．体制整備	（活動の前提となる日常的な取り組み）	・情報収集しアセスメントすることにより、根拠に基づいた問題の特定や目標設定が可能になる。	養護教諭の先入観が排除され、他職種との協働が促進されることで効率よく効果的な支援を受けることができる。短時間での問題の解決が望める。
	2．気づく（報告・対応）			
ステップ2	1．情報収集・分析	①情報収集・アセスメント　②問題の明確化	・この過程に沿うことで、養護教諭の活動が可視化され、活動の説明や多職種協働が容易になる。	
	2．校内委員会におけるアセスメント			
ステップ3	1．支援方針・支援方法の検討	③目標・計画	・目標を立てることにより、意図的な実践ができ、評価も容易になる。	
	2．支援方針・支援方法の実施	④実施	・活動の一つとして評価を組み入れることにより、実践の改善、実践知の獲得につながる。	実践が改善することにより、よりよい支援を受けることができる。
ステップ4	児童生徒の状況確認及び支援方針・支援方法等の再検討と実施	⑤評価		

る活動過程には含めていない。一方、「現代的健康課題を抱える子供たちへの支援」[4]と同様に、障害のある児童生徒への教育支援、緊急で対応する必要があり学校で独自に手順が示されている場合や、いじめや不登校、児童虐待など法令等で対応方法が定められているものについては、法令にしたがって学校で定められている手段・方法を用い、組織的に対応する。

　養護教諭の活動過程は、子供にとって多くの利益をもたらす。活動過程の最初に行う幅広い情報収集とアセスメントにより養護教諭の先入観が排除され思い込みのない個別性の高い支援が受けられる。さらに、他職種との協働が促進され、効率よく効果的な支援を受けることができる。その結果、問題の早期解決が望める。同時に、この活動過程を用いることは、養護教諭にとっても多くの利点がある。情報収集・アセスメントすることにより、事実に基づく根拠をふまえた問題の特定や目標設定が可能になる。さらに、目標に基づいて計画立案することにより意図的な実践ができ、評価も可能となる。評価は実践の改善、実践知の獲得[5]につながる。また、この過程に沿うことで、養護教諭の活動が可視化され、他職種への活動の説明が容易になり多職種協働が促進される。

2 養護教諭の活動過程の展開

　活動過程の五つの構成要素（図8-2-1）は、互いに関連しあっている[6]。一般的に情報収集・アセスメント、問題の明確化、目標・計画、実施、評価の順に進むが、少しずつ重なりつながっている。例えば、情報収集・アセスメントでは次のプロセスで検討する問題を予想しながら必要な情報を収集しアセスメントする[7]。実施では、実施前、実施中、実施後を通して子供の状態・反応を観察し、その結果を評価しながら実施内容・方法を調整する[6]。そのため、各段階の適切さは、その前の段階の正確さに大きく影響される[8]。このように、養護教諭の活動過程の五つの構成要素は、それぞれが前の段階を受けて進む連続的なプロセスであるが、互いに関連することによって、根拠に基づく系統的、意図的な実践[3]が生まれる。

　養護教諭の標準的な職務の内容[9]における活動過程の概要を表8-2-1に整理した。養護

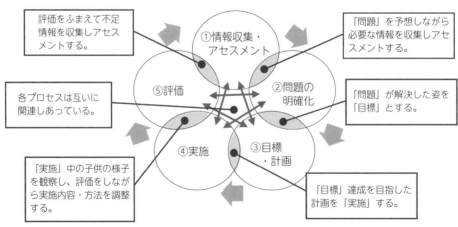

図8-2-1　養護教諭の活動過程と各段階のつながり

出典）ルース F. クレイブン、コンスタンス J. ハーンリー編、藤村龍子、中木高夫監訳：基礎看護科学、医学書院、1996、79[6]を参考に筆者作成

教諭の活動は短時間の取り組みから中長期的な取り組みまである。対象も児童生徒自身（個）への取り組みから、保健委員会、学級（小集団）、学校全体を巻き込んだ取り組みまである。このように時間的特徴も対象もさまざまであるが、いずれの活動においても、活動過程の各段階のつながりを意識することで、根拠に基づく系統的、意図的な実践となる。

表8-2-1　養護教諭の活動の内容と活動過程の一例

活動の内容 時間的特徴 主な対象 活動過程	保健管理				保健教育
	救急処置	健康相談	健康診断	児童生徒保健委員会活動	各教科等における指導
	短時間	短時間〜中長期	長期	中〜長期	中長期
	個	個	学校全体	小集団	小集団
①情報収集・アセスメント	・児童生徒からの訴えや養護教諭の発見および他者からの連絡等により問題の概要を把握する[10] ・把握した問題に関する情報を収集する ・②に向けて情報を分析・査定する	・児童生徒からの訴え、他者からの連絡、日頃の状況などから気になる変化に気づく[4] ・「気になる変化」に関する情報を収集する ・②に向けて情報を分析・査定する	・学校における健康診断の目的と役割をふまえ、健康診断に関する情報を収集する[11] ・②に向けて情報を整理・分析する	・委員会活動の意義や目的[12]をふまえ、委員会活動に関する情報を収集する ・②に向けて情報を整理・分析する	・扱う単元に関係する保健室における子供の実態、学習指導要領、子供の学びの履歴と定着状況に関する情報を収集する ・②に向けて情報を整理・分析する
②問題の明確化	・①に基づいて緊急度・重症度判断（病者の身体のなかで起こる病的な変化がどのように進行するのか、その生命予後と機能的予後について推測し、救急搬送もしくは専門医受診の判断[13]）を行う	・①に基づいて、「気になる変化」の現状、要因・背景を分析し、問題（リスク）を明らかにする[14][15]	・①に基づいて、健康診断や子供たちの課題を明らかにする	・①に基づいて、委員会や子供たちの課題を明らかにする	・①に基づいて、単元に関する子供たちの課題（生活実態や知識・技能、思考・判断・表現、態度）を明らかにする
③目標・計画	・①②に基づいて、救急車要請、速やかに受診、帰宅、保健室で経過観察、保健室でできる一時的な手当を行う（苦痛緩和・悪化防止も含む）、担任・保護者への連絡、保健指導を行う[16-18]	・①②に基づいて、期待される成果（目標）を立て、目標到達に向けての実施計画を立案する	・①②に基づいて、健康診断における期待される成果（目標）を立て、目標到達に向けて実施計画を立てる	・①②に基づいて、児童生徒保健委員会活動における期待される成果（目標）を立て、目標到達に向けて実施計画を立てる	・①②に基づいて、実施する授業の目標を立て、目標到達に向けて本時の展開を考える（指導案を作成する）
④実施	・実施内容、子供の反応を記録する	・③の計画を実施する。実施内容、子供の反応は記録する	・③の計画を実施する。実施内容・結果、子供の反応を記録する	・③の計画を実施する。実施内容・結果、子供の反応を記録する	・③の指導案に基づいて授業を実施する。本時の展開に記述した評価を行う
⑤評価	・④の結果（子供の変化、保護者、管理職、学級担任等、医師からの助言、診断結果を含む）に基づいて①〜④を振り返り、改善点を明らかにし、今後の養護実践に生かす	・④の子供の反応に基づいて目標達成を評価する。目標達成されていない場合は①〜④を振り返り、再計画を行う。達成されている場合は評価結果を今後の養護実践に生かす	・④の子供の反応や教職員からの意見に基づいて評価を行い、次回の健康診断や養護実践に生かす	・④の子供の反応や教職員からの意見に基づいて評価を行い、次回の委員会活動や養護実践に生かす	・④の授業中の子供の反応、提出物等から評価を行い、次回の授業や養護実践に生かす

※養護教諭の活動過程として書いているが、必要に応じて、校内他職種、校外の関係機関、保護者との連携を行う。
※活動は「養護教諭の標準的な職務の内容」[9]から抽出した。
※各活動の詳細は本稿p.106〜109を参照のこと。

1）情報収集・アセスメント

　養護教諭の活動過程の第1段階は、情報収集・アセスメントである。次のプロセスである問題の明確化に向けて、必要な情報を収集・整理し、アセスメントを行う。

（1）情報収集

①情報収集の目的と情報の種類

　情報収集の目的は、問題の種類・程度、要因・背景を判断するために必要な事実を収集することである。収集した情報は第2段階（問題の明確化）だけでなく第3段階の目標・計画の根拠にもなる。

　情報は客観的情報と主観的情報の2種類がある。客観的情報は観察・調査・検査・測定によって得ることができる情報で、主観的情報は子供自身が実際に感じたり、考えたりしたことを言語的に表現したものである[8]。主観的情報は重要であるが、重視しすぎると情報が偏り、誤った問題の特定につながることがある[19]。

　この情報収集は、救急処置や健康相談では、養護教諭の気づき[4]や子供たちからの訴え、学級担任等からの情報提供により開始される。一方、健康診断、保健委員会活動、保健教育などはその活動の目的や意義と過去の取り組みの評価に基づいて情報収集を開始する。

　例えば健康診断では、健康診断の目的と役割に基づいて、健康診断に関する情報を収集する。また、保健教育では、保健教育の意義をふまえて、単元に関係する保健室における児童生徒の実態、学習指導要領における目標・内容、児童生徒の学びの履歴と定着状況に関する情報を収集する。

　保健室で得られる情報には健康観察、保健室利用状況、健康相談結果、生活習慣、家庭の状況などの心身の健康に関する情報などがある。さらに、児童生徒本人をはじめ、学級担任、学級や部活動に所属する児童生徒、管理職、保護者など、児童生徒本人にかかわりがある全ての人から情報を収集する。また、健康診断や児童生徒の保健委員会活動では、前年度の活動における評価、学校評価、学校保健活動の評価、学校医からの指導助言も重要な情報である。さらに、事故などの場合は事故現場に関する情報を得る必要がある。

②問題の予測に基づく情報収集

　前述したように、情報収集の目的は問題の種類・程度、要因・背景の根拠となる事実を収集することであるため、仮説を形成（問題を予測）することで、効率のよい情報収集をすることができる[7)15)19]。仮説の生成には知識や経験が必要であるため、初学者が仮説を立てて情報収集を行うことは難しい。最初はアセスメントシート（図8-2-2）などを用いて網羅的な情報収集・アセスメントを行う。次第に知識や経験の蓄積により、仮説が立てられるようになると、効率がよい情報収集・アセスメントができるようになる。その場合も養護教諭の思い込みにならないよう、仮説の検証[19]は欠かせない。

（2）アセスメント

　アセスメントは、問題の種類・程度・その問題を引き起こしている要因等を明らかにするために（救急処置のアセスメントは緊急度・重症度判断を行い対応を決定するために）、収集した情報を整理・分析・査定するプロセスである。このアセスメントは、養護教諭が単独で行う場合もあるが、校内委員会において実施する場合もある。それぞれの立場で収集した情報を共

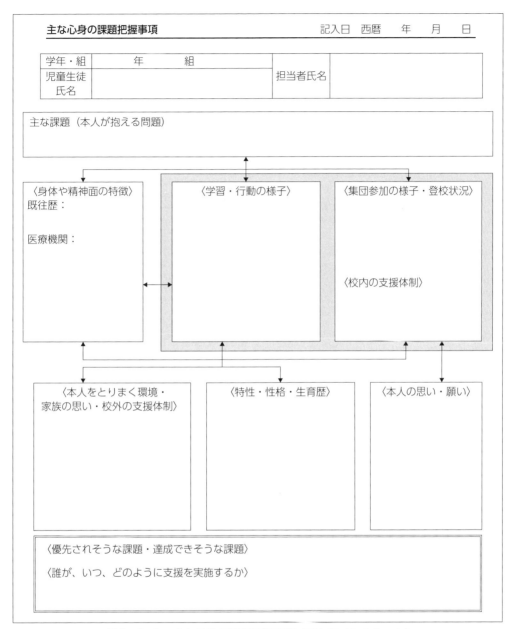

図 8-2-2　主な心身の課題把握事項（アセスメントシート）
出典）文部科学省：現代的健康課題を抱える子供たちへの支援〜養護教諭の役割を中心として〜[4]（一部改変）

有し、問題の種類・程度、要因を議論することは、多角的に子供を捉えることができ有用である。

2）問題の明確化

第2段階の問題の明確化プロセスは、情報収集・アセスメントの結果として、問題の種類・程度、要因・背景等を明らかにし、支援の必要性を判断するプロセスである。この判断に基づいて、次の目標・計画プロセスで支援計画が具体的に立てられる。複雑な問題を取り扱う場合は、図（図8-2-3、図8-2-4等）を用いて分析するとよい。図を使用することによって視

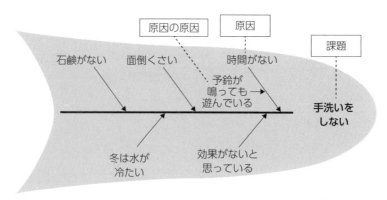

図8-2-3　特性要因図（フィッシュボーン）を用いた要因分析
出典）戸部秀之：【学校保健のミッション（9）】新型コロナ対策を生きた教材にしよう[21]

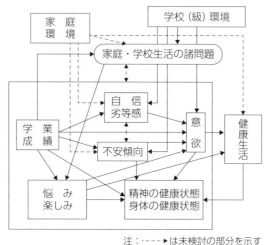

注：-----▶は未検討の部分を示す

図8-2-4　関連図を用いた要因分析の一例
出典）小倉学：各種の情報をどのように活用するか、健康教室、第103集、1984[22]

覚化、構造化され、支援の方向性がつかみやすくなる。また、前述したアセスメントシート（図8-2-2）を用いて整理するのもよい。

3）目標・計画

問題と支援の必要性が明らかになったら、第3段階では問題の優先順位・目標を定め、実施方法を検討し計画を立案する。

（1）目標設定

目標は問題が解決した状況を子供の姿・期待される成果として記述する。目標の主語は子供とし、目標到達が予測される期限を記述する。解決に時間がかかりそうな問題であれば、長期目標と短期目標を立てる。長期目標とは長期的な視点にたって、子供のより望ましい状況を記述したもので、短期目標とは長期目標をふまえ、短期間で成果が期待できる目標である。また、この目標は評価の際の指標にもなるので、実現可能性、具体性、観察可能性のある表現をする。この目標を養護教諭と管理職、学年主任、学級担任、教員以外の専門スタッフ等と共有することで、活動方針が定まり、効果的な協働が期待できる。

（2）計画立案

　計画の立案にあたって養護教諭は、問題の解決（目標）に向けて具体的な活動方法を考える。計画には、誰が誰にいつまでにどこで何をどのように行うのかを明確に記述する。情報収集・アセスメントを生かし個別性のある計画を立案する。また、養護教諭が一人で抱え込まないように、組織で支援することを意識し、それぞれの役割を明確に記述する。問題の種類によっては、校内だけで取り組む内容・方法の記述にとどまらず、専門家からの支援や関係機関との連携についても記述する[4]。

4）実　施

　第4段階では立案した計画を実施する。実施した内容や子供の反応は記録をする。長期間の支援であれば時系列で事実を記録すると同時にその都度、養護教諭のアセスメントも記録する。計画を実施するにあたり、養護教諭は困難や迷いが生じた場合は、管理職や課題ごとに決めた担当教職員等に相談するとともに、必要に応じて校内委員会を開催する。養護教諭は計画を実施しながら常に子供の心身の状態を把握し、実施内容や方法を微修正するとともに、目標に基づいて評価を行う。

5）評　価

　第5段階では実施した結果（子供の反応、変化、教職員からの意見等）に基づいて、第3段階で設定した目標の達成の有無と程度を評価する。望ましい結果が得られなかった場合は、活動過程の各プロセスに問題はなかったか振り返る。例えば、情報収集・アセスメントにおいて情報量は十分だったか、情報は正確だったか、問題の明確化において明らかにした問題は適切であったか、他の原因は考えられなかったか、新たな要因が生じていないか、計画において目標は適切だったか、不足した活動はなかったか等、各プロセスが適切であったかを振り返り、原因を分析するとともに計画の再検討を行う。

　アセスメント同様、このプロセスは養護教諭が単独で行う場合もあるが、校内委員会において実施する場合もある。問題の種類によっては、校内だけで取り組む内容・方法の記述にとどまらず、専門家からの支援や関係機関と連携をする。

まとめ

　養護教諭の活動過程は、情報収集・アセスメント、問題の明確化、目標・計画、実施、評価という五つの構成要素からなる。この活動過程は、養護の目的や機能をふまえ、専門性を生かした活動をするための手段・方法論であるとともに、思考と行動の過程でもある。この過程を用いることで、養護教諭のさまざまな活動が意図的な行為、すなわち養護実践となる。

引用・参考文献

1）日本養護教諭教育学会：養護教諭の専門領域に関する用語の解説集〈第三版〉、「養護活動過程」、日本養護教諭教育学会、2019、9
2）医療情報科学研究所：看護がみえる vol.4 看護過程の展開、メディックメディア、2020、36
3）茂野香おる：系統看護学講座　専門分野　基礎看護学［2］、基礎看護技術Ⅰ、医学書院、2023、272-276
4）文部科学省：現代的健康課題を抱える子供たちへの支援〜養護教諭の役割を中心として〜

https://www.mext.go.jp/a_menu/kenko/hoken/1384974.htm（2023年9月17日アクセス）
5）金井壽宏、楠見孝編：実践知〜エキスパートの知性、有斐閣、2012、41-45
6）ルース F. クレイブン、コンスタンス J. ハーンリー編、藤村龍子、中木高夫監訳：基礎看護科学、医学書院、1996、74-79
7）中村恵子、塚原加寿子、伊豆麻子他：心の健康問題をもつ子どもの養護診断・対応に関する研究、新潟青陵学会誌、5(3)、2013、1-9
8）深井喜代子、前田ひとみ編：基礎看護学テキスト（改訂第2版）、南江堂、2015、14-22
9）文部科学省：養護教諭及び栄養教諭の標準的な職務の明確化に係る学校管理規則の参考例等の送付について、2023
https://www.mext.go.jp/content/20230704-mxt_kenshoku-100000619_1.pdf（2023年9月17日アクセス）
10）津島ひろ江編集代表：学校における養護活動の展開（改訂6版）、ふくろう出版、2019、51-276
11）文部科学省スポーツ・青少年局学校健康教育課監修：児童生徒等の健康診断マニュアル（平成27年度改訂）、日本学校保健会、2015、9-12
12）文部科学省：中学校学習指導要領（平成29年告示）第5章特別活動、164
13）河本妙子、松枝睦美、三村由香里他：学校救急処置における養護教諭の役割—判例にみる職務の分析から—、学校保健研究、50、2008、221-233
14）力丸真智子、三木とみ子、大沼久美子他：養護教諭の「健康相談活動」に活かすヘルスアセスメントに関する研究、学校保健研究、54(2)、2012、162-169
15）菊池美奈子、池川典子：養護教諭が行う健康相談・健康相談活動の継続支援プロセスの初期段階—中学校・高等学校の養護教諭インタビュー調査から(1)—、学校保健研究、61(1)、2018、26-40
16）岡美穂子、松枝睦美、三村由香里他：養護教諭の行う救急処置：実践における「判断」と「対応」の実際、学校保健研究、53、2010、399-410
17）三村由香里、岡田加奈子編、山内豊明監修：保健室で役立つステップアップフィジカルアセスメント、東山書房、京都、2013、22-32
18）細丸陽加、三村由香里、松枝睦美他：養護教諭の救急処置過程における困難感について—外傷に対しての検討、学校保健研究、57、2015、238-245
19）丹佳子、小迫幸恵、田中周平：養護教諭が行う学校救急処置における臨床推論の実態と特徴—困難事例からの分析—、学校保健研究、61(4)、2019、202-211
20）日本学校保健会：保健教育の指導と評価（令和4年度版）、日本学校保健会、2023、1-9
21）戸部秀之：【学校保健のミッション（9）】新型コロナ対策を生きた教材にしよう
https://www.kyobun.co.jp/education-practice/p20201004/（2023年9月17日アクセス）
22）小倉学：各種の情報をどのように活用するか、健康教室、第103集、1984

コラム　養護教諭の臨床判断

　救急処置や心の健康問題への対応に関する活動過程において、養護教諭は子供の変化に気づき、今後どうなっていくのかを予期しながら情報収集・判断を行っている[1-6]。情報収集の前に「気づき」「予期」し判断につなげるプロセスは、普段から子供一人一人を理解し子供の健康課題をつかんでいる養護教諭の専門性が発揮された判断プロセスであると同時に、現場での対応をより迅速かつ的確に行うための判断プロセスであるといえる。

　現場での対応をより迅速かつ的確に行うため、対象の反応から適切にその場で考え出して行う判断を「臨床判断」[7]という。タナーの臨床判断モデル[7]によると「気づく」「予期」は、臨床判断の最も最初の段階で現れる。「気づく」は確定には至らないが、状況や今後を「予期」し対象の全体像を把握する機能を持つ。予期し全体的な初期把握をするためには、典型的なパターンやそれに対する対応パターンを知っていることが前提となり、そのパターンは実践的な知識や教科書的な知識などからもたらされる。

　臨床判断は実践的な知識が用いられるため、ベテランの思考であるともいえる。そのため、初学者がこのプロセスを学ぶのは非常に難しい。タナーは「臨床実習などで経験豊富な看護師と場面を共有し、気づきを共有することが学びにつながる」[8]と述べている。現職の養護教諭は一人職が多

いため、そのような機会は持ちにくいが、学生は養護実習で養護教諭と子供に対応する場面を共有し、気づきを共有することで、養護教諭の実践的な思考を学ぶことができる。気づきの共有時に、養護教諭は思考発話（何に気づき、どう解釈し、だからこのように行動した等、自分が考えたことを声に出して表現する)[9]を行うと効果的である。

引用・参考文献

1) 菊池美奈子、池川典子：養護教諭が行う健康相談・健康相談活動の継続支援プロセスの初期段階—中学校・高等学校の養護教諭インタビュー調査から(1)—、学校保健研究、61(1)、2018、26-40
2) 竹下和子：保健室に来室する児童への養護教諭の心理的援助プロセス：援助の意図に焦点をあてて、福岡大学臨床心理学研究、20、2021、9-18
3) 丹佳子、小迫幸恵、田中周平：養護教諭が行う学校救急処置における臨床推論の実態と特徴—困難事例からの分析—、学校保健研究、61(4)、2019、202-211
4) 岡美穂子、松枝睦美、三村由香里他：養護教諭の行う救急処置：実践における「判断」と「対応」の実際、学校保健研究、53、2010、399-410
5) 中村恵子、塚原加寿子、伊豆麻子他：心の健康問題をもつ子どもの養護診断・対応に関する研究、新潟青陵学会誌、5(3)、2013、1-9
6) 異儀田はづき、小山達也、嵐弘美他：中学校に勤務する養護教諭が捉える生徒の心の健康問題のサインとそれに関わる養護教諭の技術、東京女子医科大学看護学会誌、10(1)、2015、1-10
7) Christine A. Tanner：Thinking Like a Nurse: A Research-Based Model of Clinical Judgment in Nursing, Journal of Nursing Education, 45(6), 2006, 204-211
8) Christine A. Tanner：なぜ、臨床判断モデルか、看護教育、63(4)、2022、405-412
9) 三浦友理子、奥裕美：臨床判断ティーチングメソッド、医学書院、2020、39-42

各論

養護活動論

第1章
保健管理

1 健康観察

1）健康観察の目的・意義

　健康観察とは、子供の健康状態が学校生活を送れる状態であるかどうかを、一定の方針に基づいて詳しく見極めることである。日常的に子供の健康状態を観察し、心身の健康問題を早期に発見して適切な対応を図ることは、学校における教育活動を円滑に進めるための重要な活動であり、子供が自他の健康状態に関心を持ち、自己管理能力を育てる一つの手立てとなる。

　教育活動全体を通じて全教職員によって行われる健康観察は、体調不良など身体的な健康問題のみならず、心理的ストレスや悩み、いじめ、不登校、虐待や精神疾患など子供の心の健康問題への早期発見・早期対応にもつながる。加えて、近年起こった新型コロナウイルス感染症の世界的流行は、感染症の一次予防、二次予防の観点からも、健康観察が学校教育を進めていくうえで極めて重要な活動であることを学校関係者に改めて認識させたといえる。

　文部科学省は、健康観察の目的として次の3点を示している[1]。

> ①子供の心身の健康問題の早期発見・早期対応を図る。
> ②感染症や食中毒などの集団発生状況を把握し、感染の拡大防止や予防を図る。
> ③日々の継続的な実施によって、子供に自他の健康に興味・関心をもたせ、自己管理能力の育成を図る。

2）健康観察の法的根拠

　子供の心身の健康問題の早期発見・早期対応を図るうえで重要な役割を果たしている健康観察は、中央教育審議会答申「子どもの心身の健康を守り、安全・安心を確保するために学校全体としての取組を進めるための方策について」（2008〈平成20〉年1月）においてその重要性が述べられている。これをふまえて、学校保健安全法第9条に健康観察を示す記述が新たに記された。

> 学校保健安全法
> （保健指導）
> 第9条　養護教諭その他の職員は、相互に連携して、健康相談又は児童生徒等の健康状態の日常的な観察により、児童生徒等の心身の状況を把握し、健康上の問題があると認めるときは、遅滞なく、当該児童生徒等に対して必要な指導を行うとともに、必要に応じ、その保護者に対して必要な助言を行うものとする。
> 　　　　　　　　　　　　　　　　　　　　　　　　　　　　　　　　　　　（波線筆者）

学校保健安全法第9条は保健指導に関する条文であるが、この条文の記述のなかにある「養護教諭その他の職員は、相互に連携して、児童生徒等の日常的な観察により、児童生徒等の心身の状況を把握」するという文言は、まさに健康観察を指しており、法律の条文に健康観察は学校で実施すべき重要な活動として明確に位置づけられている。条文の「養護教諭その他の職員は、相互に連携して」という記述は、養護教諭を中心に全ての教職員が行うことを、「日常的な」という記述は、学校生活のあらゆる場面で行うものであることを示している。つまり、健康観察は、いつでも、どこでも、あらゆる場面で、みんなで行う活動であるということを認識しておく必要がある。

3）健康観察の方法と内容

（1）方 法

健康観察の方法には、呼名式、自己申告式などの方法がある。どの方法を用いるかは、教育活動の機会や子供の発達段階に応じて工夫するとよい。呼名式は、学級担任等が子供の名前を呼び、子供一人一人の声の様子や表情、顔色などを観察して健康状態を把握する方法で、自己申告式は、子供が自己の健康状態について異常がある場合に学級担任等に申し出る方法である。

小学校低学年や特別な配慮が必要な子供は、自分の健康状態を言葉でうまく表現できないことがある。そのため、学級担任等は平常時の健康状態を日常的な観察でよく理解しておくことや、いつもと違う様子を注意深く観察して見極められるようにしておくことが求められる。より的確に子供の心身の状態を把握するためには、学校と保護者との情報共有は欠かせない。保護者と情報を共有することで、学校は子供の健康問題にいち早く気づくことにつながる。2020（令和2）年以降、数年間にわたって世界的規模で感染が拡大した新型コロナウイルス感染症対策においても、家庭での健康観察の実施や連携は、学校での感染拡大を防止するうえで重要な意味を持った[2) 3)]。学校は、保護者の理解と協力を得るとともに、保護者にも家庭での健康観察の視点等について周知を図ることが大切である。

（2）内 容

健康観察を行う際の観察の視点を、出欠状況と身体をみる視点に分けて表1-1-1と表1-1-2に示した。子供は自分の気持ちを言葉でうまく表現できず、心の問題が顔の表情や行動に現れたり、頭痛や腹痛などの身体症状となって現れたりすることが多いため、きめ細やかな観察が必要となる。不調の背景にあるのが友人関係や家庭環境など心理社会的な問題ではなく、脳の機能障害や心身症など疾患が原因となっていることも少なくない。そのような場合には専

表1-1-1 学校への出欠状況に関する視点

	出欠状況	考えられる健康問題など
欠席	①身体症状あり（発熱、腹痛、下痢等）	感染症
	②継続的な欠席	虐待、いじめ、不登校
	③散発的な欠席	登校しぶり、いじめ、不適応、心因性
遅刻	①理由のはっきりしない遅刻	
	②継続的な遅刻	

出典）文部科学省：教職員のための子どもの健康観察の方法と問題への対応、2009、11[1)]をもとに改変して筆者作成

表 1-1-2　身体をみる視点

	観察事項	気になるサイン	観察ポイントや考えられる疾患など
他覚症状	気づきの視点	いつもと違う	観察や問診を進める
	全身	元気がない	感染症、人間関係、生活習慣
	顔色	顔色が悪い（蒼い）	嘔気、貧血、起立性調節障害、消化器症状
	眼	眼が赤い、眼がかゆい	アレルギー性結膜炎、流行性結膜炎、咽頭結膜熱
	上気道	鼻汁、鼻づまり	上気道炎、アレルギー性鼻炎、鼻内異物
		咳、くしゃみ	呼吸器感染症、気管支喘息、心因性咳嗽、結核
		息苦しい、呼吸困難	過換気症候群、アナフィラキシー、誤嚥
	皮膚	発疹、湿疹	じんましん、アトピー性皮膚炎、感染症
		打ち身、不潔	けが、いじめ、虐待
自覚症状	痛み	頭痛	急性（感染症、打撲、耳・鼻・眼疾患）
			慢性（一次性頭痛）
		咽頭痛	咽頭炎、扁桃腺炎、ヘルパンギーナ、溶連菌感染症など
		頬やあごの痛み	流行性耳下腺炎、川崎病
		腹痛	便通異常、感染性胃腸炎、過敏性腸症候群、月経痛
		関節痛	スポーツ障害、成長痛
	体調	気分が悪い	感染性胃腸炎、起立性調節障害、心因性
		身体がだるい	発熱疾患、疲労、睡眠不足、起立性調節障害
		眠い	睡眠不足、てんかん、うつ病
		熱っぽい	発熱疾患、熱中症、心因性発熱
		吐き気・嘔吐	心因性、感染性胃腸炎、食中毒、食べ過ぎ
		下痢	心因性、感染症、食中毒、過敏性腸症候群
		落ち着きがない	発達障害、人間関係

出典）文部科学省：教職員のための子どもの健康観察の方法と問題への対応、2009、11[1]をもとに改変して筆者作成

門機関との連携が必要となる。安易に心の問題と判断することがないよう、特に養護教諭は子供に身体的な疾患がないかを見極めることが必要となる。

（3）特別な配慮を要する子供の健康観察の方法と内容

　通常の学級に在籍する特別な配慮を要する子供が増えている。特別な配慮を要する子供は、自分の状況をうまく伝えることができなかったり、遠慮して言わなかったり、我慢してしまったり、環境の変化に対応しにくかったりする。そのため、周囲に気づかれないまま健康状態を悪化させてしまうことがある。教職員は、その点を十分に理解したうえで、健康観察を実施する必要がある。

　観察内容には、一般的な健康観察に加えて、個々の疾病や障害の特性を加える。ただし同じ疾病や障害であっても、個々に症状や配慮の内容は違う。そのため、養護教諭や特別支援教育コーディネーターの教員などが中心となり、保護者や主治医と連携しながら、対象となる子供の特性をふまえた観察内容を検討して、学級担任に伝えるとよい。

　また教員は、特別な配慮を要する子供の健康状態は通常より変化しやすいことを念頭に置き、一日を通した観察が必要となることに留意したい。

4）健康観察のさまざまな機会と流れ

　学校において日常的に行う健康観察は前述したように、いつでも、どこでも、あらゆる場面で、みんなで行う活動である。子供の健康状態は変化することを念頭に置き、子供が学校にいる時間の全てが健康観察の機会になることを意識して、学校生活全般を通じて行う必要がある。健康観察の機会と内容をまとめると表1-1-3のようになる。学級担任や養護教諭のみならず、全教職員が健康観察の意義を自覚し、健康観察の内容を共通理解しておく必要がある。

表1-1-3　健康観察の機会・場面と内容

	機会	主な実施者	実施場所	主な視点
学校	始業前	全教職員	校舎内外	○登校の時間帯・形態 ○顔色・姿勢・動作行動
	朝の会	学級担任	教室	○健康観察表の項目に準ずる
	授業中	学級担任 教科担任	教室・運動場等 授業実施の場	○顔色・姿勢・動作行動 ○授業の参加態度　　○友人・教員との人間関係 ○本人からの申し出 ○体調が悪く保健室を来室した者の経過観察
	休憩時間	全教職員 （児童・生徒）	校舎内外	○顔色・姿勢・動作行動 ○友人関係、過ごし方 ○本人からの申し出
	昼食時間	学級担任	教室、 ランチルーム	○顔色・姿勢・動作行動 ○食事の摂取量、食欲、偏食、アレルギー症状の有無等 ○午前中に保健室を来室した者の経過観察と体調の確認 ○本人からの申し出
	帰りの会	学級担任	教室	○顔色・姿勢・動作行動 ○午前・午後を通し保健室を来室した者の経過観察と体調の確認 ○本人からの申し出
	部活動	顧問・指導員	活動場所	○顔色・姿勢・動作行動 ○参加状況および態度、部活動での人間関係、体調 ○本人からの申し出
	保健室 来室時	養護教諭	保健室	○顔色・姿勢・動作行動・心身の状況 ○担任等の健康観察をふまえた二次的健康観察 ○来室頻度・理由など
	学校行事	全教職員	活動の実施場所	○顔色・姿勢・動作行動 ○参加状況および態度 ○本人からの申し出
家庭	・食欲、睡眠（起床・就寝の状況を含む）、排便等の基本的生活習慣にかかわるもの ・家庭における学習、遊びのときの心身の状況 ・習癖等（爪嚙み、指しゃぶり、チック等） ・身体的特徴（顔色、目・耳・鼻・皮膚等の状況、体温等） ・姿勢、歩き方、運動時の状態等			

出典）文部科学省：教職員のための子どもの健康観察の方法と問題への対応、2009、7[1]、静岡県養護教諭研究会編著、林典子監修：養護教諭の活動の実際（第3版）、東山書房、2022、63[4]、文部科学省：児童生徒等の健康診断マニュアル　平成27年度改訂、日本学校保健会、2015、18[5]をもとに筆者作成

（1）日常における健康観察の流れ

学校において日常的に行われる健康観察の実施から事後措置までは、図1-1-1のような流れで行われる。健康観察は全教育活動を通じて行われるため、活動の内容や学校の状況に応じて観察内容や方法が異なる。健康観察は子供の発達段階、年齢に応じてかかりやすい病気、特別な配慮を要する子供の特性を考慮したうえで実施する必要がある。そのため、観察項目、手順、記録等については、各学校の実態に合った方法で実施することが求められる。

学級担任等は健康観察を行った結果、子供にけがや体調不良があれば保健室に移送する。養護教諭は、保健室に移送された子供に対して専門的知識を生かした健康観察を行い、その結果に応じて、救急処置や健康相談、保健指導を実施する。養護教諭は、子供の教育活動継続が困難であると判断した場合は、学級担任、管理職へ報告後、学級担任から保護者に連絡してもらい、子供を迎えに来てもらう。養護教諭が教育活動を継続できると判断した場合は、子供を教室に復帰させる。その際、養護教諭は、学級担任や教科担任に継続した観察を依頼する。

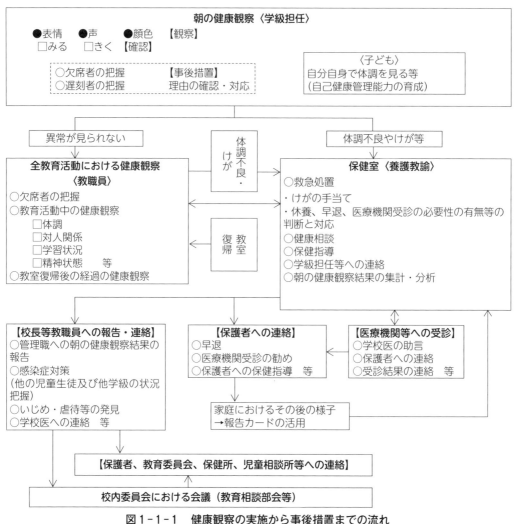

図1-1-1　健康観察の実施から事後措置までの流れ

出典）文部科学省：教職員のための子どもの健康観察の方法と問題への対応、2009、10（一部改変）

（2）朝の健康観察

　朝の健康観察は、日常的に行う健康観察のなかでも、子供がその日一日の教育活動に元気に参加できる健康状態であるかどうかを判断するうえで重要な機会であり、全校一斉に組織的に実施する必要がある。そのため、実施方法等については、教職員の共通理解を得ておくことが重要となる。

　具体的には、学級担任は、朝の学級活動時に、欠席者・遅刻者の把握とその理由の確認を行うとともに、子供の健康状態の観察を行う。朝の健康観察では、健康観察表（カード）を活用することが多い。健康観察表には、学級ごとにまとめられている一覧表タイプ（表１−１−４）や個人ごとに記録するタイプなどがある。朝の健康観察の結果は、朝の学級活動後に、保健室や職員室に集められる。養護教諭はそれらを集計・分析して、管理職等に報告する。表１−１−４に示す毎日の記録から子供個々の健康状態の推移を読み取るだけでなく、表１−１−５のように、当日の各クラスの健康観察結果を集計したり、週ごと、月ごと、年間で必要に応じて結果を集計し推移をみたりすることにより、全校の健康状態を把握する。

　ここで健康観察の結果の見方・考え方の一例を示す。表１−１−４は、ある中学校１年１組の11月の健康観察表であり、１日から16日まで記録されている。表１−１−５は11月16日当日の健康観察の集計結果を示したものである。16日は、１年１組に、インフルエンザでの出席停止が１名、頭痛とかぜでの欠席が各１名いる。この結果から、感染症の潜伏期間をふまえて、健康観察表を数日さかのぼることで、感染症の疑われる症状を呈している生徒がいつ頃から出始めたか、他のクラスにも感染症の症状を呈している生徒がいるかを確認することができる。さらにその時期に子供同士が接触する行事などの機会があれば、集団感染を想定する必要がある。もし接触の機会があった場合は、他のクラスや学年、他の学校の子供など、どの程度の規模の接触なのか、などの情報を収集することで、感染拡大の程度を予測することができる。また、他に感染症の症状を呈する可能性のある生徒を把握し、早期に保健指導や臨時休業等の措置を

表１−１−４　健康観察表

〇年11月　健康観察表（１年１組）　　　　　　　　　　　　　　　　　　　　　担任：〇〇　〇〇

番号	氏名	1木	2金	3土	4日	5月	6火	7水	8木	9金	10土	11日	12月	13火	14水	15木	16金	17土	18日	19月	20火	21水	22木	23金	24土	25日	26月	27火	28水	29木	30金	備考
1	〇〇 〇〇																															
2	〇〇 〇〇														か	か	か															
3	〇〇 〇〇					気								気		頭	テ															
4	〇〇 〇〇														か		頭															
5	〇〇 〇〇																															
6	〇〇 〇〇	か	か			腹	腹	気	体	け			気	体	腹	腹																
7	〇〇 〇〇					体								気			か															
8	〇〇 〇〇																															
9	〇〇 〇〇													頭																		
10	〇〇 〇〇																															
35	〇〇 〇〇																															
欠席者数		1	1			2	1	1	0	1			0	1	1	2																
忌引き																																
出席停止																	1															
体調不良者人数		1	1			6	1	1	1	1			4	2	4	7																

■欠席の場合は、記入欄に「／」を記入し、右隅に理由を入れ、遅刻はチと記入する。
■欠席の理由が体調不良以外については、出席停止：テ、忌引き：キとする。
観察項目の記入に使う記号の一覧
　かぜ…「か」　腹痛…「腹」　頭痛…「頭」　発熱…「熱」　気持ちが悪い…「気」　けが…「け」　通院…「通」　体調不調…「体」

表1-1-5　朝の健康観察のまとめ〈当日、各クラスの集計〉

学年	第1学年 (150)					第2学年 (148)					第3学年 (155)					合計
クラス	1	2	3	4	小計	1	2	3	4	小計	1	2	3	4	小計	
忌引き					0					0					0	
出席停止	1	0	0	0	1	0	0	0	0	0	0	0	0	0	0	1
欠席	2	2	0	1	5	2	1	1	0	4	1	2	1	1	5	14
遅刻	0	1	0	0	1	0	0	3	3	6	0	0	0	0	0	7
かぜ	5	1	2	1	9	1	0	1	0	2	1	0	1	0	2	13
腹痛	1	0	0	0	1	0	0	0	2	2	0	0	0	1	1	4
頭痛	1	1	0	2	4	0	0	0	2	2	0	0	0	0	0	6
発熱	0	0	0	0	0	0	0	0	0	0	0	0	0	0	0	0
気持ちが悪い	0	1	0	0	1	0	0	0	2	2	0	0	1	1	1	4
けが	0	0	0	0	0	0	0	0	2	2	0	0	0	0	0	4
通院	0	0	0	1	1	0	0	0	0	0	0	0	0	0	0	1
体調不良	0	0	0	0	0	2	0	3	1	6	0	0	0	0	0	6
その他	0	0	0	0	0	0	0	2	0	2	0	0	0	0	0	2
備考（欠席理由等）	1-1：頭痛1、かぜ1、インフルエンザ1　1-2：発熱2　1-4：かぜ1					2-1：その他1、体調不良1　2-2：頭痛1　2-3：その他1					3-1：その他1　3-2：その他2　3-3：体調不良1　3-4：その他1					

行うことで、感染拡大を防ぐのに役立てられる可能性がある。近い将来に、学校行事等集団で行う教育活動が予定されていれば、その開催の延期や中止を含めた検討につなげられる場合もある。健康観察の記録から、健康相談や保健指導の対象となる子供の様子を把握するのにも役立てられる。

　2020（令和2）年以降の新型コロナウイルス感染症の世界的流行は、わが国で検討されていたGIGAスクール構想を加速させ、1人1台パソコンなどの情報端末を持つなど、ICT環境の整備を進めた。子供が持つ情報端末に入っている健康観察アプリを活用して、健康観察を実施する学校もみられるようになり、情報端末を通じて即時的に全校生徒の健康状態を把握することも可能となってきている。現在整備が進められている統合型校務支援システムとともに、今後、学校での情報環境の整備がさらに進めば、個人情報を守秘しつつ、今以上に学校保健情報を有効に活用した学校保健活動が展開できるようになるであろう。

（3）学校行事における健康観察

　学校行事においては、日常的に行う健康観察よりも丁寧な健康観察を実施することで事故防止につなげていく。表1-1-6に示すように、特に体育的な行事や宿泊を伴う行事では、事前から事後まで子供の健康状態をしっかり把握して実施することが大切である。体育的な行事では、事前の練習が続くと子供は疲労がたまり体調を崩したり、けがを起こしやすくなったりする。宿泊行事では、家を離れて集団生活をすることへの期待や不安から、生活習慣のリズムを崩すこともある。行事前から継続した健康観察を行い、子供の健康状態を把握しておくことで、適宜、保健指導や健康相談につなぐことができる。さらに子供は、良好な健康状態で当日を迎

表 1 - 1 - 6　学校行事における健康観察

事前の健康観察	当日の健康観察	事後の健康観察
・保健調査 ・継続した健康観察（数日前） ・健康相談（必要に応じて） ・健康診断	・活動前⇒活動できる状態か ・活動中⇒活動の様子を観察し、異常の有無を把握する ・活動後⇒変化や異常がみられないか	・活動した翌日に健康状態を把握する ・家庭で、変化や異常がみられなかったかを調査する

出典）静岡県養護教諭研究会編著、林典子監修：養護教諭の活動の実際　第3版、東山書房、2022、69[4]

えることができる。行事当日は、子供も教職員も通常と活動範囲が異なることから、教職員の役割をふまえて、誰が、いつ、どのような健康観察を行うかを具体的に分担することや、緊急時の連絡・報告体制を整えておく必要がある。

（4）災害、事件・事故等発生時の健康観察

学校管理下で自然災害や事件・事故に子供が巻き込まれる事態が起こった場合の危機管理は、子供の命と健康を守るうえで学校の重要な課題となっている。子供が災害、事件・事故を体験した後、適切なケアがなされなかった場合、その後の成長や発達に大きな障害が生じることもあり、心のケアの重要性が指摘されている[6]。子供は、自分の状態を自覚できていなかったり、言葉でうまく表現できなかったりするため、心の問題が行動や態度の変化、身体症状として現れやすい。災害、事件・事故発生直後から継続して健康観察を行い、保護者とも協力して、学校は子供の心のケアにつなげていくことが大切である。

災害、事件・事故後、学校はただちに子供への健康観察を行えるように、養護教諭はストレス症状の特徴をふまえた観察のポイントを日頃から用意しておき、教職員に周知できるよう準備しておくとよい（表1-1-7）。

表 1 - 1 - 7　子供に現れやすいストレス症状の健康観察のポイント

身体の健康状態	心の健康状態
・食欲の異常（拒食・過食）はないか ・睡眠はとれているか ・吐き気・嘔吐が続いていないか ・下痢・便秘が続いていないか ・頭痛が持続していないか ・尿の回数が異常に増えていないか ・身体がだるくないか	・心理的退行現象（幼児返り）が現れていないか ・落ち着きのなさ（多弁・多動）はないか ・イライラ、ビクビクしていないか ・攻撃的、乱暴になっていないか ・元気がなく、ぼんやりしていないか ・孤立や閉じこもりはないか ・無表情になっていないか

出典）文部科学省：子どもの心のケアのために―災害や事件・事故発生時を中心に―、2010、21[6]

5）養護教諭の役割

健康観察における養護教諭の役割は次のように整理される[7][8]。

①教職員に対して、健康観察の目的・方法・視点などを周知徹底させる。
②専門的な知識や技術を生かした健康観察を実施し、子供の健康状態を判断し対応する。
③健康観察の結果から、個人・集団の健康状態や課題を把握し、発信することで、早期対応へつなげる。

一つ目に、養護教諭は、一人一人の子供および集団の健康状態を把握するため、学級担任等

子供に直接かかわる教職員に、健康観察の重要性を理解してもらうとともに、実施の方法や視点等について周知する役割がある。学級担任等の教職員が行う健康観察は、欠席者・遅刻者の把握とその理由を確認すること、学級の子供個々の平常時の健康状態を念頭に置いて外観（顔色・姿勢・動作行動など）からの観察により、いつもと違う子供の心身の健康状態を把握することが、活動の中心となる。養護教諭は、朝と昼食時、学校行事や感染症の流行期、災害発生時など、その時々の状況に応じた健康観察の視点や留意点などを教職員に伝え、学校として適切な健康観察が実施できるよう努める必要がある。

　二つ目の役割として、養護教諭は、保健室に来室した子供の訴えや、学級担任等教職員が行った健康観察を受けて、子供に医学的な知識を含めた専門的な健康観察を行い、必要に応じて、救急処置や健康相談、保健指導等を行う。詳細な問診・視診・触診・打診・バイタルサインの測定等から、個々の子供の健康状態を医学的な見地に基づき、より的確に把握し、総合的に判断するのである。なお、養護教諭の役割として特に留意しておきたいのは、心の健康問題が疑われる場合であっても、まずは身体的な疾患がないかを見極めてから対応することである。

　三つ目として、養護教諭は、学校全体の健康観察の結果から、個別および集団の健康状態を評価し、報告・発信する役割も担う。感染症発生時には、養護教諭が朝の健康観察の結果を集計し管理職に報告することで、対応を早期に検討することができる。また、健康観察の結果から、気になる子供の様子を学級担任や管理職に報告することで、健康相談や保健指導につなげるきっかけをつくることができる。

　このように養護教諭は、健康観察の結果を個別・集団、短期的・長期的な視点で分析して、個人および集団の健康課題を早期に発見することが求められる。

6）評価の観点

　健康観察の評価は、以下の観点等[1]に基づいて評価する。学期ごとあるいは学年末に行い、次年度の実施に生かすことが大切になる。

---

①健康観察の必要性について共通理解されているか。
②学級担任による朝の健康観察は適切に行われているか。
③全教育活動を通じて実施されているか。
④健康観察事項は適切であったか。
⑤心身の健康問題の早期発見に生かされているか。
⑥健康観察の事後措置（健康相談・保健指導等）は適切に行われたか。
⑦子供に自己健康管理能力が育まれたか。
⑧必要な事項について記録され、次年度の計画に生かされたか。
⑨保護者の理解や協力が得られたか。　　　等

まとめ

　健康観察は、いつでも、どこでも、あらゆる場面で、みんなで行う活動である。毎日見ているからこそ気づく変化もあれば、たまに会ってかかわるからこそ気づけることもある。教職員全体で、それぞれの立場や役割のなかでできる健康観察の重要性を理解し、健康観察の視点を学校全体で共有して、みんなで子供の健康を守ろうとする意識づけが大切である。養

護教諭は、日々の活動のなかで教職員にそのことを伝えるとともに、医学的な見地から、より客観的に的確に子供の健康状態を把握できるように努める必要がある。

引用・参考文献
1) 文部科学省：教職員のための子どもの健康観察の方法と問題への対応、2009、6-19
2) 文部科学省：学校における新型コロナウイルス感染症に関する衛生管理マニュアル
https://www.mext.go.jp/a_menu/coronavirus/mext_00029.html（2023年9月28日アクセス）
3) 鎌塚優子、大沼久美子：「新しい学校生活」のための感染症対策ハンドブック、学事出版、2020、110-113
4) 静岡県養護教諭研究会編著、林典子監修：養護教諭の活動の実際 第3版、東山書房、2022、62-71
5) 文部科学省：児童生徒等の健康診断マニュアル 平成27年度改訂、日本学校保健会、2015、18
6) 文部科学省：子どもの心のケアのために―災害や事件・事故発生時を中心に―
https://www.mext.go.jp/a_menu/kenko/hoken/1297484.htm、（2023年9月28日アクセス）
7) 岡田加奈子、河田史宝編著：養護教諭のための現代の教育ニーズに対応した養護学概論―理論と実践―、東山書房、2021、144-152
8) 三木とみ子編集代表：新訂養護概説、ぎょうせい、2023、129-133

コラム 子供の不調をいかに把握するか

新型コロナウイルス感染症が世界的に大流行し、コロナ禍と呼ばれた2020（令和2）年から、2023（令和5）年5月8日付で「感染症の予防及び感染症の患者に対する医療に関する法律（平成10年法律第114号）」上の5類感染症に移行するまで、子供に対する健康観察は、学校における感染症対策の重要な柱の一つとして機能した。この時期の健康観察では子供や保護者が、家庭で朝晩の体温、体調、同居家族の健康状態、保護者のサイン等を健康観察表に記入し、子供が登校時に持参して、教員が確認するという対応が行われた。この経験から健康観察を通じて学校が家庭での子供の様子を知ることは不可欠であるとの学校関係者の認識は深まったと思われる。

ところが、2020（令和2）年12月に小中学生を対象として実施された朝の健康観察に関する調査[1]で、自分の健康状態を正直に伝えられていないとする子供が7.2%いたと報告された。この要因については、「クラスのみんなに体の様子を知られたくない」、「クラスのみんなの前で体調が悪いことを伝えにくい」など子供が負担に感じる気持ちが強いと、担任に正直に伝えることができていないという可能性が指摘された。コロナ禍で得られたこの結果が、今後どのように変化するのか気になるところである。

他方で、例えば鉄欠乏性貧血のように、ゆるやかに病状が進行した場合には、慢性的な貧血状態に体が順応し、自覚症状が出ないこともある[2]。体調不良の状態が慢性的になるほど、不調を感じているはずの本人にとっても当たり前の状態に感じられてしまい、問題に気づけなくなってしまう可能性もある。

子供が自分の不調を自覚しているかどうか、不調を伝えられるかどうかに限らず、養護教諭は、その専門的立場から健康観察の視点を教職員、保護者含めて共有し、子供の様子の変化に敏感に気づける体制をつくっておきたいものである。

引用・参考文献
1) 石井有美子、奥田紀久子、田中祐司他：小中学生における朝の健康観察の日常生活への活用―恩恵、負担、ソーシャルサポート、ヘルスリテラシーとの関連性―、学校保健研究、64(3)、2022、235-247
2) 宮西邦夫、笠原賀子：学童の貧血に関する記述疫学的研究、小児保健研究、64(2)、2005、295-300

2 健康診断

1）健康診断の目的・意義

健康診断の目的は次のとおりである。

①児童生徒等が学校生活を送るにあたり支障となる疾病を早期発見・早期治療につなげる。
②児童生徒等の発育状況を確認するなかで学校全体の健康課題を明らかにし、健康教育に役立てる。
③児童生徒自らが健康に関心を持ち、生活習慣を見直す機会とする。

健康診断は、学校保健の保健管理に位置づけられ、児童生徒の健康を保持増進するうえで中核的な役割を担っている[1]。健康診断には、在籍している児童生徒等に対して行われる児童生徒等の健康診断、教職員を対象に行われる職員の健康診断、小学校就学前に行われる就学時の健康診断の3種類がある（表1-2-1）。そのうち、児童生徒等の健康診断と職員の健康診断

表1-2-1　学校で行われる健康診断の種類

	学校で行われる健康診断		
	学校教育法17条1項・学校保健安全法11条	学校教育法12条・学校保健安全法13条	学校保健安全法15条
	就学時の健康診断	児童生徒等の健康診断	職員の健康診断
	時期：学齢簿が作成された後、翌学年の初めから4か月前までの間（学校保健安全法施行令1条）	定期健康診断 期限：毎学年4月から6月30日までに（学校保健安全法施行規則5条）／臨時	定期健康診断 時期：学校設置者が定める適切な時期に（学校保健安全法施行規則12条）／臨時
〈対象者〉	学校教育法第17条第1項に規定された就学予定者（満6歳の幼児）	児童・生徒・学生および幼児	所属する常勤・非常勤の教職員
〈検査項目〉	学校保健安全法施行令2条 1．栄養状態 2．脊柱及び胸郭の疾病及び異常の有無 3．視力及び聴力 4．眼の疾病及び異常の有無 5．耳鼻咽頭疾患及び皮膚疾患の有無 6．歯及び口腔の疾病及び異常の有無 7．その他の疾病及び異常の有無	学校保健安全法施行規則6条 1．身長及び体重 2．栄養状態 3．脊柱及び胸郭の疾病及び異常の有無並びに四肢の状態 4．視力及び聴力 5．眼の疾病及び異常の有無 6．耳鼻咽頭疾患及び皮膚疾患の有無 7．歯及び口腔の疾病及び異常の有無 8．結核の有無 9．心臓の疾病及び異常の有無 10．尿 11．その他の疾病及び異常の有無	学校保健安全法施行規則13条 1．身長、体重及び腹囲 2．視力及び聴力 3．結核の有無 4．血圧 5．尿 6．胃の疾病及び異常の有無 7．貧血検査 8．肝機能検査 9．血中脂質検査 10．血糖検査 11．心電図検査 12．その他の疾病及び異常の有無

出典）文部科学省スポーツ・青少年局学校健康教育課監修：児童生徒等の健康診断マニュアル　平成27年度改訂、日本学校保健会、2016[1]をもとに改変して筆者作成

には、毎学年定期に行われる定期健康診断と感染症や食中毒などが生じたときに臨時的に実施される臨時健康診断の2種類がある。
　児童生徒等の健康診断の意義は、以下の3点である。

①医学的な見地から個人および集団の健康状態を正しく評価する。
②発育・発達や疾病異常に関する問題点を明らかにする。
③継続的な保健管理や健康相談・健康教育によって、個人および集団の課題解決に役立てる。

　児童生徒等の健康診断は、計画立案、事前の活動（準備・連絡調整・事前指導）、検診等の実施、事後の活動（事後措置・事後指導）、評価があり1年を通して行われている。単に「測定する」「検査する」だけではなく、健康診断の意義を教職員や児童生徒が理解する必要がある。
　健康診断の結果は、児童生徒の健康状態を平均値や発生率など、数値化することで他の集団との比較ができる。全国や都道府県単位の平均値と比較することで、自校の実態を正しく把握し、何が健康課題なのかを確認できる。また、児童生徒個人の健康実態の推移を把握することができる。成長曲線を活用することによって、児童生徒個々の成長に伴う特性を把握し、肥満ややせ、低身長などの疾病も早期発見できる。

2）健康診断の法的根拠

　就学時の健康診断、児童生徒等の健康診断、職員の健康診断を実施することの法的根拠は、学校教育法と学校保健安全法に定められている。具体的な条文は次のとおりである。

学校教育法
第12条　学校においては、別に法律で定めるところにより、幼児、児童、生徒及び学生並びに職員の健康の保持増進を図るため、健康診断を行い、その他その保健に必要な措置を講じなければならない。
学校保健安全法
（就学時の健康診断）
第11条　市（特別区を含む。以下同じ。）町村の教育委員会は、学校教育法第17条第1項の規定により翌学年の初めから同項に規定する学校に就学させるべき者で、当該市町村の区域内に住所を有するものの就学に当たって、その健康診断を行わなければならない。
第12条　市町村の教育委員会は、前条の健康診断の結果に基づき、治療を勧告し、保健上必要な助言を行い、及び学校教育法第17条第1項に規定する義務の猶予若しくは免除又は特別支援学校への就学に関し指導を行う等適切な措置をとらなければならない。
（児童生徒等の健康診断）
第13条　学校においては、毎学年定期に、児童生徒等（通信による教育を受ける学生を除く。）の健康診断を行わなければならない。
2　学校においては、必要があるときは、臨時に、児童生徒等の健康診断を行うものとする。
第14条　学校においては、前条の健康診断の結果に基づき、疾病の予防処置を行い、又は治療を指示し、並びに運動及び作業を軽減する等適切な措置をとらなければならない。
（職員の健康診断）
第15条　学校の設置者は、毎学年定期に、学校の職員の健康診断を行わなければならない。
2　学校の設置者は、必要があるときは、臨時に、学校の職員の健康診断を行うものとする。
第16条　学校の設置者は、前条の健康診断の結果に基づき、治療を指示し、及び勤務を軽減する等適切な措置をとらなければならない。

臨時の健康診断は、学校内で食中毒が発生したときや学校区内で風水害が発生するなど、児童生徒の多くに健康被害がおよぶ恐れがある場合など、学校周辺の環境や児童生徒の状況に応じて健康状態を把握するために実施するものである。

学校保健安全法施行規則
（臨時の健康診断）
第10条　法第13条第２項の健康診断は、次に掲げるような場合で必要があるときに、必要な検査の項目について行うものとする。
一　感染症又は食中毒の発生したとき
二　風水害等により感染症の発生のおそれのあるとき
三　夏季における休業日の直前又は直後
四　結核、寄生虫病その他の疾病の有無について検査を行う必要のあるとき
五　卒業のとき

その他、健康診断は教育課程上の位置づけとして、学習指導要領「特別活動」の学校行事（健康安全・体育的行事）に位置づけられている[2]。

3）健康診断の対象

各々の健康診断の対象者は以下のとおりである。

・就学時の健康診断：学校教育法第17条第１項に規定された就学予定者（満６歳の幼児）
・児童生徒等の健康診断：児童、生徒、学生および幼児
・職員の健康診断：所属する常勤・非常勤の教職員

4）健康診断の方法と内容

在籍中の児童生徒等に対して、毎学年定期に実施する定期健康診断に焦点をあて、検査項目と実施学年、実施の流れを順に説明する。

（1）検査項目と実施学年

定期健康診断で実施する検査項目とそれぞれの実施学年と基準等は、学校保健安全法施行規則第６条、第７条に示されている（表１-２-２）。実施時期については、同法施行規則第５条で「毎学年、６月30日までに行うものとする」とある。

ただし、病気療養などのために長期間欠席していた児童生徒に対しては、学校復帰後、速やかに健康診断を受けさせなければならない。

（2）健康診断の流れ

児童生徒等の健康診断について、実施の流れを「事前の活動」「実施中」「事後の活動」に分けて解説する。それぞれの実施すべき時期と内容、養護教諭がすべき活動については表１-２-３に記した。

①事前の活動
　　ⅰ　計画立案と準備

健康診断において最初に行う活動は、実施計画の検討・立案である。これまでの反省点や現在の児童生徒が抱える健康課題をふまえて、養護教諭が原案を作成する。他の教員の助言も得

表1-2-2 定期健康診断の検査項目および実施学年

平成28年4月1日現在

項目	検診・検査方法			幼稚園	小学校 1年	2年	3年	4年	5年	6年	中学校 1年	2年	3年	高等学校 1年	2年	3年	大学
保健調査	アンケート			○	◎	◎	◎	◎	◎	◎	◎	◎	◎	◎	◎	◎	○
身長				◎	◎	◎	◎	◎	◎	◎	◎	◎	◎	◎	◎	◎	◎
体重				◎	◎	◎	◎	◎	◎	◎	◎	◎	◎	◎	◎	◎	◎
栄養状態				◎	◎	◎	◎	◎	◎	◎	◎	◎	◎	◎	◎	◎	◎
脊柱・胸郭 四肢 骨・関節				◎	◎	◎	◎	◎	◎	◎	◎	◎	◎	◎	◎	◎	△
視力	視力表	裸眼の者	裸眼視力	◎	◎	◎	◎	◎	◎	◎	◎	◎	◎	◎	◎	◎	△
		眼鏡等をしている者	矯正視力	◎	◎	◎	◎	◎	◎	◎	◎	◎	◎	◎	◎	◎	△
			裸眼視力	△	△	△	△	△	△	△	△	△	△	△	△	△	△
聴力	オージオメータ			◎	◎	◎	◎	△	◎	△	◎	△	◎	◎	△	◎	△
眼の疾病及び異常				◎	◎	◎	◎	◎	◎	◎	◎	◎	◎	◎	◎	◎	◎
耳鼻咽喉頭疾患				◎	◎	◎	◎	◎	◎	◎	◎	◎	◎	◎	◎	◎	◎
皮膚疾患				◎	◎	◎	◎	◎	◎	◎	◎	◎	◎	◎	◎	◎	◎
歯及び口腔の疾患及び異常				◎	◎	◎	◎	◎	◎	◎	◎	◎	◎	◎	◎	◎	△
結核	問診・学校医による診察				◎	◎	◎	◎	◎	◎	◎	◎	◎				
	エックス線撮影													◎			◎ 1学年（入学時）
	エックス線撮影 ツベルクリン反応検査 喀痰検査等				○	○	○	○	○	○	○	○	○				
	エックス線撮影 喀痰検査・聴診・打診													○			○
心臓の疾患及び異常	臨床医学的検査 その他の検査			◎	◎	◎	◎	◎	◎	◎	◎	◎	◎	◎	◎	◎	◎
	心電図検査			△	◎	△	△	△	△	△	◎	△	△	◎	△	△	△
尿	試験紙法	蛋白等		◎	◎	◎	◎	◎	◎	◎	◎	◎	◎	◎	◎	◎	△
		糖		△	◎	◎	◎	◎	◎	◎	◎	◎	◎	◎	◎	◎	△
その他の疾病及び異常	臨床医学的検査 その他の検査			◎	◎	◎	◎	◎	◎	◎	◎	◎	◎	◎	◎	◎	◎

注）◎：ほぼ全員に実施されるもの
　○：必要時または必要者に実施されるもの
　△：検査項目から除くことができるもの

出典）文部科学省スポーツ・青少年局学校健康教育課監修：児童生徒等の健康診断マニュアル 平成27年度改訂、日本学校保健会、2016、19[1)]

表1-2-3　事前・実施中・事後の活動

	時期	主な内容	養護教諭の活動
事前の活動	1～3月	【実施計画立案】 ●次年度の学校保健計画案作成 　学校医・学校歯科医・学校薬剤師は学校保健計画の立案に参与 ●健康診断実施計画（案）・要項（案）の作成 ●関係者などとの連絡・調整	・学校評価や学校保健活動の評価、学校医・学校歯科医からの助言をふまえ、学校保健委員会で原案を作成し十分検討する ・職員会議で検討し、原案を作成する ・学校医・学校歯科医・検査機関担当者と連絡調整を図る
	4～6月	●実施計画・実施要項の決定 ●関係者等との共通理解・確認 　学校医、学校歯科医、教職員など ●検診・検査会場の準備 【器具・物品の準備・確認】 ●検診・検査用機器や用具などの点検 　学校医・学校歯科医との打ち合わせ 　滅菌消毒、必要数などの確認 ●健康診断票や諸用紙の確認と準備 　学校医・学校歯科医との打ち合わせ 【事前指導】 ●健康診断実施に関する資料等作成 　指導資料の作成 　保護者向けの通知 　（協力依頼、啓発等） ●児童生徒等への事前指導	・学校保健計画、健康診断実施計画・要項などについて職員会議などで検討し、校長が決定する ・教職員や学校医、学校歯科医、関係機関などと実施内容などの共通理解と日程確認などを行う ・適切な広さ・明るさ・室温を確保し、プライバシー保護に配慮した場所を確保・設定する ・会場責任者との打ち合わせを行う ・検診・検査用機器・用具等を点検・修理をし、動作確認をする ・使用前後の管理・保管について確認する ・健康診断票（一般、歯・口腔）、結核問診票、保健調査票などの確認と配付などの準備をする ・個票、学級別記録用紙などを準備する ・健康診断実施についての教師用指導資料や子供向けの資料を作成し、配付する ・保護者向けに「健康診断実施計画について」などで連絡や啓発を行う ・検診や検査当日に受診等できなかった場合の対応についても連絡しておく ・健康診断の結果をスムーズに本人および保護者に通知できるよう準備しておく ・学級活動やホームルーム活動などにおいて、健康診断の意義や検診を受けるときの挨拶・マナーなどについて指導を行う ・検診の方法・検診内容について指導を行う
		〈事前指導の例〉 　・尿検査でわかる病気　　　・眼科検診でわかる病気 　・歯肉炎を予防するには　　・正しい視力測定の仕方	
実施中	4～6月	●保健調査の実施 　問診票やアンケート等の実施 ●健康診断の実施 　校内で行う検査 　　身長・体重測定、視力・聴力検査 　　四肢・運動機能検査等 　外部機関による検査 　　心電図検査・尿検査・エックス線検査等 　学校医等による検診 　　内科検診、眼科検診、耳鼻科検診、歯科検診等	・教職員や保護者等に配付と回収方法を伝える ・回収後、記載事項を教師や養護教諭が確認し、検診前に整理しておく ・職員朝会などで、実施する検診の意義（目的）・日程・役割分担・時間・会場・方法（流れ）などを再確認する ・教職員の協力体制を求める（役割分担・保健室運営の補助） ・学校医・学校歯科医への対応する（来校時刻確認など） ・検診会場の設営、検査に必要な機器や用具を配置する ・健康診断票など諸用紙の準備（記入方法など確認） ・健康診断の結果を一覧表にまとめて内科検診の資料を作成する ・保健委員等への指導 ・児童生徒等に対して、健康診断前後の時間を使って保健指導を行う

		●後片付け 　使用機器や用具の片付け 　会場の原状回復	・検診などで使用した機器や用具に適した方法で消毒などを行い、後片付けをする（適切な管理・保管） ・使用した会場をすみやかに原状回復し、教育活動に差し支えないようにする
		●学校医・学校歯科医からの指導	・児童生徒等の健康状況などについて指導を受ける
		●総合判定	・内科検診の際に、学校医から保健管理や保健指導のすすめ方などを検討する
		●未受診者への指導と対応	・早期に未検診などの項目を受けるよう本人および保護者に指導する
		●健康診断結果の通知	・健康診断結果を児童生徒本人および保護者に対し、すみやかに通知する
事後の活動	7〜12月	●事後措置の実施 　学校医等による個別指導 　学級担任・養護教諭等による保健指導	・個別や集団指導、学級活動などにて指導を行う
		●管理が必要な児童生徒等に対応	・状況に応じた検診・検査体制を整備する ・主治医や保護者等と管理の内容などを確認する
		●学校医・学校歯科医による健康相談の実施	・一人一人の健康問題の解決に向けて行う
		●地域の関係機関との連携	・結核対策委員会の開催など管轄保健所、病院などと連携を図り、継続的に児童生徒等の健康管理を行う
		●健康実態の把握および課題の把握 　健康診断結果の集約（統計処理） 　健康状況報告と課題や対策検討 　教育計画の見直し、改善	・健康診断の結果を集約し、分析する ・校内保健委員会や学校保健委員会などにおいて報告し、自校の健康課題への対応について報告する ・必要に応じて、校内運営委員会・職員会議などで教育計画の見直しを行う ・教育活動全体を通して、健康の保持増進を図る ・一人一人の健康問題解決に向けて、計画的継続的に取り組みを行う
		●健康教育における活用	〈健康教育の活用例〉 ・肥満傾向の児童に対して、継続的に体重測定を行いながら、食生活と生活習慣の改善を目指す ・未処置歯のある児童に対して、治療の必要性を伝えることで、早期の受診を促す
		●健康診断票などの整理と管理 ●養護教諭・教職員による健康相談・保健指導の実施	・個人情報の取り扱いを周知し、適切に管理する ・継続的な観察や指導の必要なものについて、あらかじめ計画し、実施する

出典）文部科学省スポーツ・青少年局学校健康教育課監修：児童生徒等の健康診断マニュアル　平成27年度改訂、日本学校保健会、2016、11[1] を改変して筆者作成

ながら、前年度のうちに分掌部会や職員会議等で協議・検討を重ねておく。学校保健委員会を利用して、学校医や保護者と協議する機会を設けることも重要である。

計画段階では、検査場の選定も重要である。検査場は、適切な照度や室温が確保でき、検査場所だけでなく児童生徒の待機場所、更衣スペースが確保できる広さの教室を選ぶ。とりわけ、プライバシーには十分留意し、体重測定や内科検診、心電図検査、エックス線検査など、衣服の着脱を伴う検査においては、男女別々に実施できるようにする。

その他には、身長計や体重計などの器具の点検・修理や必要物品の購入、学校医等や検査機関担当者との打ち合わせを3月中に済ませておく。

ⅱ 実施計画の周知と保健指導

新年度が始まった4月以降、養護教諭はスケジュール等を記した詳細な実施計画を作成し教職員に周知する。学級担任を通じて、児童生徒や保護者に日時・場所・注意事項などを伝える。また検査を補助する教職員等に手順や測定方法を伝える。

健康診断は保健教育の機会でもあることから、事前指導の一環として保健教育を行うとよい。例えば視力測定の前には、「正しく視力を測定する方法」「視力を守るための工夫」「適切な眼鏡を使うことの大切さ」などのテーマで測定方法とともに保健教育をする。歯科検診の前には、「検査前に歯を丁寧に磨く」「正しい歯ブラシの持ち方と磨き方」などを伝えるのもよい。指導する時間を確保できない場合は、検診を待つ間に学級単位で行う。

尿検査や内科検診など、その検査に必要な情報を伝えながら、児童生徒が自分の体に興味関心を持つことができるようにすることが大切である。

ⅲ 保健調査の実施

保健調査は学校保健安全法施行規則第11条に示されている。

事前に保健調査をすることで、検査や測定などを円滑に実施することができ、学校医等の検診の助けにもなる。保健調査票は、あらかじめ学校医等の助言を得るなどして、内容・項目を十分に精選して身上調査にならないよう作成する。また、調査票の配布・回収の際に他の児童生徒に記載した情報が見えないよう個別の袋に入れるなどプライバシーに十分配慮する必要がある。

保健調査票により、児童生徒の健康状態だけでなく生活の実態も確認することができる。日常の健康観察の結果を含めて活用することで、保健管理および保健指導にも生かせる。とりわけ、女子の月経困難症など月経に伴う諸症状は、保健調査において把握し継続的な健康観察や保健指導につなげていくことが望ましい[3]。

学校保健安全法施行規則
(保健調査)
第11条　法第13条の健康診断を的確かつ円滑に実施するため、当該健康診断を行うに当たっては、小学校、中学校、高等学校及び高等専門学校においては全学年において、幼稚園及び大学においては必要と認めるときに、あらかじめ児童生徒等の発育、健康状態等に関する調査を行うものとする。

---

②実施中

健康診断期間中は、検査が連日行われるため、日によっては複数の検査の準備と並行して、終了後の片付けを行う日もある。この準備や片付けは、養護教諭だけでかかわるのではなく、

教職員全体で分担して進めることが大切である。また、学校医・学校歯科医、外部の検査機関の技師など、外来者に対しては前日までに、当日の来校時間を伝えるなどの配慮も必要である。検査実施日には、朝の職員打ち合わせの際に、養護教諭は教職員に検診の流れを説明する。

定期健康診断の最後には内科検診を実施し、学校医より総合判定をしてもらう。その際、個々の児童生徒が1年間を通じて健康で安全に教育を受けることができるかどうかを、学校医が医学的な見地から判定する。そのために、養護教諭はすでに終了した検査結果を集約した資料を作成し、必要に応じて学校医が参照できるよう準備して内科検診に臨むようにする。

③事後の活動

健康診断終了後、養護教諭は担任と協力しながら児童生徒に対して確実に事後措置を行う。事後措置は、健康診断によって明らかになった健康上の課題を改善し、よりよい状態で学校生活を送ることができるように実施するものである。

> **学校保健安全法施行規則**
> （事後措置）
> 第9条　学校においては、法第13条第1項の健康診断を行つたときは、21日以内にその結果を幼児、児童又は生徒にあっては当該幼児、児童又は生徒及びその保護者に、学生にあっては当該学生に通知するとともに、次の各号に定める基準により、法第14条の措置をとらなければならない。
> 一　疾病の予防処置を行うこと。
> 二　必要な医療を受けるよう指示すること。
> 三　必要な検査、予防接種等を受けるよう指示すること。
> 四　療養のため必要な期間学校において学習しないよう指導すること。
> 五　特別支援学級への編入について指導及び助言を行うこと。
> 六　学習又は運動・作業の軽減、停止、変更等を行うこと。
> 七　修学旅行、対外運動競技等への参加を制限すること。
> 八　机又は腰掛の調整、座席の変更及び学級の編制の適正を図ること。
> 九　その他発育、健康状態等に応じて適当な保健指導を行うこと。

ⅰ　健康診断結果の通知

学校は、健康診断の結果を速やかに児童生徒や保護者に伝える。学校保健安全法施行規則第9条では、健康診断終了後21日以内に児童生徒および保護者に結果を通知すると示されている。健康診断はスクリーニング（選別）検査であることから、異常のある際は速やかに再検査や精密検査を指示し、医師に確定診断をしてもらうことが重要である。また、学校生活管理指導表を用いて、主治医からの診断結果や学校生活上の配慮事項を確認する必要がある。

ⅱ　健康診断結果の集約と教職員への周知

健康診断終了後は、結果をクラス別一覧表や項目別有所見者一覧表、治療勧告該当者一覧表などにまとめる。身長や体重などの発育状況やう歯・視力の状況は、公表されている学校保健統計調査等の数値と比較することで、自校の子供が抱える健康課題を把握できる。この結果は学校保健委員会や職員会議等で教職員等に報告することで、健康課題を全職員が認識でき、組織的に学校保健活動を行うための重要な資料となる。

ⅲ　健康診断票等の記録と保管

学校保健安全法施行規則第8条では、健康診断を終えた後、養護教諭を含む教職員は、健康診断票（一般、歯科・口腔）（表1-2-4、表1-2-6）を作成し記録を残すことが求められ

ている。記入上の注意事項は表1-2-5、表1-2-7、表1-2-8に記す。健康診断票は、児童生徒と直接かかわる学級担任等が記載することが望ましい。学級担任は、健康診断票を記載することにより児童生徒の発育発達の状況を把握できるようになる。また、個々の健康課題を抱える児童生徒に対しては継続的な健康観察につなげることができる。健康診断は児童生徒の12年間の成長の証を記録した貴重な公簿であるため、誰もがわかるように正確に記録する。学校においては、健康診断票の取り扱いと保管には細心の注意をし、施錠できる保管庫等で管理する。

児童生徒等の健康診断票は5年間保存することになっている。児童生徒が進学・転学する際は、当該学校の校長が進学・転学先の校長あてに送付しなければならない。

学校保健安全法施行規則
（健康診断票）
第8条　学校においては、法第13条第1項の健康診断を行ったときは、児童生徒等の健康診断票を作成しなければならない。
2　校長は、児童又は生徒が進学した場合においては、その作成に係る当該児童又は生徒の健康診断票を進学先の校長に送付しなければならない。
3　校長は、児童生徒等が転学した場合においては、その作成に係る当該児童生徒等の健康診断票を転学先の校長、保育所の長又は認定こども園の長に送付しなければならない。
4　児童生徒等の健康診断票は、5年間保存しなければならない。ただし、第2項の規定により送付を受けた児童又は生徒の健康診断票は、当該健康診断票に係る児童又は生徒が進学前の学校を卒業した日から5年間とする。

---

iv　児童生徒等に対する保健教育と保健指導

健康診断では、児童生徒一人一人の健康状態を評価することによって、発育や疾病などの健康課題を明らかにすることができる。これらの課題に対しては、健康相談とともに行う保健指導と、学級単位や学年・学校全体で行う集団に対する保健教育を行うことが求められる。

保健指導は個々の児童生徒に生ずる健康課題に応じて、心身の状況を確認しながら、改善につながる助言を行うものである。例えば、視力測定で前回の測定時よりも低下がみられた子供には、保健室で再度測定をするとともに、黒板の文字が見えるかどうか、頭痛の有無などを確認したうえで、眼科医への受診をすすめる。尿検査において、蛋白尿が陽性反応であった場合は、子供に二次検査をすすめるだけでなく、腎臓の働きや尿のしくみ、懸念される疾病の情報など身体に関する知識をわかりやすく伝えることが望ましい。

一方、健康診断によって児童生徒全体への健康課題が明らかになったときは、個々の保健指導だけでなく、学級や対象者を選抜した集団の保健教育を行う。身長・体重測定の結果から成長曲線や全国平均値などと比較することで、やせや肥満傾向が明らかになった際は、学級担任や体育・家庭科の教師等と連携して、改善に向けた具体的な生活指導につなげることもできる。

5）養護教諭の役割

（1）健康診断を円滑に実施する

毎学年定期に行われる健康診断は、新年度が始まった4月から6月30日までに実施しなくてはならない。健康診断を円滑に実施するためには、前年度のうちに教職員間で十分に検討し、

各論 第1章 保健管理

表1-2-4 健康診断票(一般)

別紙様式1(用紙 日本工業規格A4縦型)

児童生徒健康診断票(一般)

氏名		性別	男・女	生年月日	年 月 日

学校の名称　　　　学級　　　番号

	小学生						中学生		
年齢	1 歳	2 歳	3 歳	4 歳	5 歳	6 歳	1 歳	2 歳	3 歳
年度									
身長 (cm)									
体重 (kg)									
栄養状態									
脊柱・胸郭・四肢									
視力 右	( )	( )	( )	( )	( )	( )	( )	( )	( )
左	( )	( )	( )	( )	( )	( )	( )	( )	( )
眼の疾病及び異常									
聴力 右							( )	( )	( )
左							( )	( )	( )
耳鼻咽頭疾患									
皮膚疾患									
結核 疾病及び異常									
指導区分									
心臓 臨床医学的検査 (心電図等)									
疾病及び異常									
尿 蛋白 第1次									
糖　 第1次									
その他の検査									
その他の疾病及び異常									
学校医 所見									
月日	・	・	・	・	・	・	・	・	・
事後措置									
備考									

出典：文部科学省スポーツ・青少年局学校健康教育課監修：児童生徒等の健康診断マニュアル 平成27年度改訂, 日本学校保健会, 2016, 104

表1-2-5 健康診断票(一般)記入上の注意

健康診断票(一般)記入上の注意

	記入上の注意
様式	ゴム印等を用いて正確に記入する。
学校の名称	楷書で記入する。
氏名	
性別	該当する方を○で囲む。
生年月日	
年齢	定期の健康診断が行われる学年の始まる前日に達する年齢を記入する。
年度	
身長 (cm) 体重 (kg)	測定単位は、少数第1位までを記入する。
栄養状態	栄養不良又は肥満傾向で特に注意を要すると認めたものを「要注意」と記入する。
脊柱・胸郭・四肢	病名又は異常名を記入する。
視力 右 左	裸眼視力はかっこの左側に、矯正視力はかっこ内に記入する。この場合において、視力の検査結果が1.0以上であるときは「A」、1.0未満0.7以上であるときは「B」、0.7未満0.3以上であるときは「C」、0.3未満であるときは「D」と記入して差し支えない。
眼の疾病及び異常	病名又は異常名を記入する。
聴力 右 左	1,000Hzにおいて、30dB又は、4,000Hzにおいて、25dB(聴力レベル表示による)を聴取できない者については、○印を記入する。なお、上記の者について、さらに聴力レベルを検査したときは、併せてその聴カレベルデシベルdBを記入する。
耳鼻咽頭疾患	病名又は異常名を記入する。
皮膚疾患	病名又は異常名を記入する。
結核	規則第9条第2項の規定により決定した指導区分を記入する。
心臓の臨床医学的検査 (心電図等)	心電図等の臨床医学的検査の結果及び異常の所見を記入する。
疾病及び異常	(上記の結果を踏まえ、病名又は異常名を記入する)
尿	検査の結果を+等の記号で記入する。蛋白検査及び糖検査の結果を+等の記号で記入する。
	蛋白若しくは糖又は潜血検査等の第2次検査又は他の検査を行った場合のその検査項目名及び検査結果を記入する。
その他の疾病及び異常	病名又は異常名を記入する。
学校医 所見 月日	規則第9条の規定によって学校においてとるべき事後措置に関連して学校が必要と認める所見を記入し、押印した月日を記入する。
事後措置	規則第9条の規定によって学校においてとるべき事後措置を具体的に記入する。
備考	健康診断に関し必要のある事項を記入する。

※「学校保健安全法施行規則の一部改正について」(文部科学省初等中等教育局長通知、2文科初第1188号、令和2年11月13日)において、押印原則等に関する見直しが図られた。本改正の趣旨に鑑み、2021(令和3)年4月1日より、児童生徒等の健康診断票における学校医等による押印については、「学校医等の氏名を記入する」として取り扱うことが可能となった。

出典：文部科学省スポーツ・青少年局学校健康教育課監修：児童生徒等の健康診断マニュアル 平成27年度改訂, 2016, 105

表1−2−6 児童生徒健康診断票（歯・口腔）

出典）文部科学省スポーツ・青少年局学校健康教育課監修：児童生徒等の健康診断マニュアル 平成27年度改訂，日本学校保健会，2016．106

表1−2−7 児童生徒健康診断票（歯・口腔）記入上の注意

様　式	記　入　上　の　注　意
歯列・咬合・顎関節	歯列と咬合の状態及び顎関節の状態について、それぞれ異常なし、定期的観察が必要、専門医（歯科医師）による診断が必要、の3区分について、ほとんど付着なし、若干の付着あり、相当の付着あり、の3区分について、それぞれ0、1、2で記入する。
歯垢の状態	歯垢の付着状態について、ほとんど付着なし、若干の付着あり、相当の付着あり、の3区分について、それぞれ0、1、2で記入する。
歯肉の状態	歯肉炎の発症は歯垢の付着と関連深いものであるが、ここでは増殖や退縮などの歯肉症状からみて、異常なし、定期的観察が必要、専門医（歯科医師）による診断が必要、の3区分について、それぞれ0、1、2で記入する。
歯式	イ　現在歯は、乳歯、永久歯とも、むし歯、要観察歯、喪失歯、要注意乳歯または処置歯の有無にかかわらず該当記号を付与する。 ロ　現在歯は乳歯、永久歯とも該当歯を連続横線で消す。 ハ　要抜去乳歯・要注意乳歯とは保存の適否を慎重に考慮する必要がある乳歯とし、該当歯を×で記入する。 ニ　要注意乳歯は、保存の適否を慎重に考慮する必要があると診断された乳歯とし、該当歯を×で記入する。 ホ　むし歯は、乳歯、永久歯とも処置歯または未処置歯のいずれかに区分する。 　処置歯は、充塡、補綴により歯の機能を営むことができると認められる歯を該当歯に○を記入する。ただし処置歯であるが2次う蝕の再発等により処置を要する歯については、未処置歯とする。 ヘ　永久歯の未処置歯では、ただちに処置を必要とするものである。 ト　要観察歯はう蝕として明らかなう窩が確認できないが、むし歯の初期病変にCOと記入する。具体的には、 ・白濁、褐色変化が認められ、その経過を注意深く観察する必要がある歯でCOと記入する。 1　小窩裂溝では、エナメル質の実質欠損は認められないが、う蝕の初期病変を疑うような白濁、褐色などの着色や白斑が認められるもの。 2　平滑面では、エナメル質の実質欠損は認められないが、脱灰を疑うような白濁や褐色斑等所見が認められるもの。 3　その他、例えば隣接面や修復物下部の着色変化、1、2の状態が多数に認められる場合等、地域の歯科医療機関との連携形態により該当する場合が該当するが、この場合は学校歯科医師等と相談し、CO要相談と記入する。 　探針は、ブラーク・食物残渣の除去、充塡面との段差の確認を目的とする検査のみに用い、歯の表面方向に強く圧力を加えず、歯面に沿って水平方向に動かす。
歯の状態	歯式の欄に記入された当該事項について上下左右の歯数を集計した数を当該欄に記入する。
その他の疾病及び異常	病名及び異常名を記入する。
学校歯科医所見	学校保健安全法施行規則第9条の規定により学校において行うべき事後措置に関連して学校歯科医が必要と認める所見を記入押印し、押印した月日を記入する。 ※検査を行っている場合に記入する欄。 1　保健相談の結果と指導助言の結果から記入する事項。 2　CO・GO要相談 3　歯式の状態（1）、（2）の者について歯科医と歯肉の状態及び生活管理などのいずれかを記入して GO：歯周疾患要観察者、歯科医による診断と治療の必要がある場合にはいずれかを判断して、GO：歯周疾患要観察者、歯科医による診断と治療の必要が、歯肉に軽度の炎症症状が認められるが、歯石沈着が認められず、注意深いブラッシング等を行うことにより炎症症状が消退するような歯肉の保有者について。
事後措置	学校保健安全法第9条の規定に基づき学校において行うべき事後措置（実技指導等を含む）について、特段の事後措置を要しない者（0）、学校における保健指導（実技指導等）や健康診断等を受けるよう、指示する者（1）、地域の歯科医療機関において精密検査や、又は診断と治療を受けるよう、指示する者（2）の3区分について記入する。具体的な措置内容を明記する必要がある場合は空欄にに記入する。

※p.133参照。
出典）文部科学省スポーツ・青少年局学校健康教育課監修：児童生徒等の健康診断マニュアル 平成27年度改訂，日本学校保健会，2016．107

表1-2-8 永久歯及び乳歯の歯式に記入する記号

現在歯、要観察歯、むし歯、喪失歯、要注意乳歯は歯式の該当歯に該当記号を付す。
要注意乳歯用は歯式の該当歯に該当する「その他の疾患及び異常」の欄に記入。

	記号	説　明
永久歯		
現在歯	－, ／, ＼	現在萌出している歯は、斜線または連続横線で消す。過剰歯は数えず、「その他の疾患及び異常」の欄に記入。
要観察歯	CO	視診では明らかなう窩のあるむし歯と判定はできないが、むし歯の初期症状を疑わせる歯。健全歯として扱う。（保健指導等が基本。）必要に応じ地域の歯科医療機関での専門管理も並行して行う。
むし歯 (D)	C	視診にて歯質にう蝕病変と思われる実質欠損が認められる歯、2次う蝕も含む。治療管理中の歯もCとする。（治療等のため受診が必要。）
喪失歯 (M)	△	むし歯が原因で喪失した永久歯。乳歯には用いない。 ※ むし歯以外の原因で喪失した歯（矯正治療・先天欠如・外傷等）はDMFのMには含めない。
処置歯 (F)	○	充填・補綴によって歯の機能を営むことのできる歯。
シーラント処置歯		健全歯として扱う。 記号を使う場合は、◎を使用する。
歯周疾患要観察者	GO	歯肉炎があり、歯肉に軽度の炎症症状が認められているが、歯石沈着は認められず、生活習慣の改善と注意深いブラッシング等を行うことによって炎症症状が消退するような歯肉炎の保有者。（保健指導が必要。）
歯周疾患要精検者	G	精密検査や診断・治療が必要な歯周疾患が認められる者。 （治療等のため受診が必要。）
歯石沈着		歯石の沈着が認められるが炎症が認められない者。 記号を使用する場合は、ZSを使用する。
乳　歯		
現在歯	－, ／, ＼	永久歯に準ずる。
要観察歯	CO	永久歯に準ずる。 （う窩が存在しないサホライド塗布歯も含む。）
むし歯 (d)	c	永久歯に準ずる。
処置歯 (f)	○	永久歯に準ずる。
要注意乳歯	×	後継永久歯や歯列に障害を及ぼすおそれ等があり、保存の適否を慎重に考慮する必要があると認められる乳歯。
サホライド塗布歯		COに準ずるが治療の必要がある場合はcとする。 記号を使用する場合は、◆を使用する。
シーラント処置歯		永久歯に準ずる。

※ 一般社団法人日本学校歯科医会「学校歯科医の活動指針 平成27年改訂版（平成27年3月）」より一部改変

出典：文部科学省スポーツ・青少年局学校健康教育課監修：児童生徒等の健康診断マニュアル　平成27年度改訂, 日本学校保健会, 2016, 108

器具や備品の調達・点検等を済ませておくことが重要である。また、学校医や検査機関との日程調整も前年度のうちに済ませておく。

学校で行われる健康診断は、全ての教職員によって実施されるものである。養護教諭が一人で全てを背負うのではなく、保健主事や学級担任等、全ての教員に協力を求めることが円滑な実施に結びつく。教員一人一人に役割分担し、組織的に実施すべきである。そのためにも、健康診断の実施要項には、目的・日時・場所・検査の方法や注意事項などを記して、全ての教職員が協力できるよう周知しておくことが大切である。

(2) 健康診断を健康教育の機会とする

健康診断は個人および集団の発育発達や健康状態を把握するだけでなく、子供が自らの健康に関心を持ち健康生活を実践する態度を養うための教育の機会でもある。養護教諭は1年に一度の定期健康診断を最大限有効に活用して、子供が健康に関心を持ち、生活習慣を見直す機会とすべきである。検査の前後で、養護教諭や担任が検査の意義や目的、明らかになる疾病や予防法を子供に伝えることで貴重な健康教育の機会となる。

(3) 集団を比較することで教育活動の改善につなげる

健康診断によって、子供の正常な発育や疾病異常の有無を確認することができる。なかでも、過去の測定値や平均値などとの比較や、学校保健統計調査をもとに他の集団との比較によって、子供の健康課題を明らかにすることができる。例えば、肥満の子供が増えた場合は「運動不足」や「食生活の乱れ」が予想される。他校に比べて近視の子供が多い場合は、教室の照明環

境の改善が必要かもしれない。このように数値を比較することで、取り組むべき課題が明確になる。

これらの健康課題に対応するために、養護教諭は職員会議等において教職員に報告し、学校保健委員会で検討したうえで次年度の学校保健計画の重点目標に盛り込む。また、児童生徒保健委員会の活動でも、課題解決に向けた取り組みをする。このように組織的なかかわりを通して児童生徒の健康課題の解決に導く。

6）評価の観点

定期健康診断を実施する際は、計画（Plan）を立て、実践（Do）するだけではなく、終了後に評価（Check）することで改善点を見つけられる[4]。スムーズにいかなかった点や指導がうまく伝わらなかったことなどの課題を明らかにし、翌年の健康診断で改善（Action）していくことが重要である。そのためにも健康診断後や年度末には必ず評価を行わなければならない。評価の一例を以下にあげる[1]。

【検査終了直後】
・健康診断は実施計画に基づいて行うことができたか。
・実施計画（日時・場所・役割分担・検査順等）は適切であったか。
・学校医・学校歯科医および関係機関等との連携・調整は適切であったか。
・事前指導の内容は適切であったか。
・保健調査等の事前調査の内容・実施方法は適切であったか。

【年度末】
・教育活動の一環として計画的・組織的に行うことができたか。
・事後措置は適切であったか。
・事後措置後の受診結果は適切にまとめられているか。
・健康診断結果を活用（保健管理・保健教育・組織活動等）できたか。
・健康診断票等の記録・整理および管理は適切であったか。

まとめ

学校で行われる健康診断は、子供たちが健康を保持増進しながら、円滑に教育活動を行ううえで重要な役割を果たしている。正しく確実に測定・検査することで、子供たちが抱える健康課題をいち早く発見し、改善につなげることができる。養護教諭は結果を適切に管理するとともに、健康観察や健康相談などの保健管理、保健教育に生かしていくことが重要である。

引用・参考文献

1）文部科学省スポーツ・青少年局学校健康教育課監修：児童生徒等の健康診断マニュアル 平成27年度改訂、日本学校保健会、2016、9、12
2）文部科学省：小学校学習指導要領（平成29年度告示）、2018、186-189
3）文部科学省初等中等教育局健康教育・食育課：児童生徒等の月経随伴症状等の早期発見及び保健指導等の実施について（事務連絡令和3年12月13日）
https://www.mext.go.jp/content/20211223-mxt_kenshoku-100000618_1.pdf（2024年1月12日アクセス）
4）林典子、下村淳子、鎌塚優子他：スキルアップ養護教諭の実践力 レッツ・チェック「養護教諭の活動」、東山書房、2014、8-9

コラム　健康診断で児童虐待の早期発見

　学校で行う健康診断は、子供たちの健やかな成長を確認し、疾病の早期発見・早期治療につなげる重要な機会である。同時に、心身の成長を妨げる児童虐待の被害をいち早く見つけることのできる機会でもある。

　例えば、身長や体重が同じ学齢の平均値と比べて一定以上低い・少ない場合は、栄養不足が考えられる。成長に必要な食事が与えられていない原因として、育児放棄（ネグレクト）を疑う。歯科検診や眼科検診・耳鼻科検診などで、何らかの所見や異常がみつかり、保護者に治療や精密検査を勧めても、保護者が子供を受診させず放置し続ける場合もネグレクトの疑いがある。学校関係者は、仕方がないとあきらめてしまうのではなく、福祉関係の行政窓口や民間の支援団体など、専門機関と連携しながら、粘り強く受診を促すことが大切である。

　一方、身体的な暴力を受けている子供を発見するには、内科検診や心電図検査が重要である。心臓疾患や皮膚疾患の有無、脊柱・胸郭の状態を確認するために衣服を脱ぐ機会は、子供の身体の痣や傷などに気づきやすい。被害を受けている子供は、自ら被害を教職員に伝えることはないので、健康診断を通して子供のSOSをキャッチしなければならない。

　子供の異常を確実に発見するためには、正確な測定を行うとともに、成長曲線を用いて判定することが大切である。また、学校医や学級担任など、複数の教員らで観察することが大切である。虐待を受けている子供は、身体の傷を見られたくないために、検診を拒否したり、検診当日に欠席したりすることもある。子供が検査を欠席した場合は、別の日に検査を行うなどして、必ず検査を受けるようにする。学校では、さまざまな事情を抱えた子供も多くいるので、一人一人の子供の家庭環境など周囲の状況にも気を配りながら、慎重にすすめていくことが望ましい。

引用・参考文献
1）日本学校保健会：子供たちを児童虐待から守るために―養護教諭のための児童虐待対応マニュアル―、日本学校保健会、2014、19
2）文部科学省：養護教諭のための児童虐待対応の手引、2010、15

3 疾病管理

1）疾病管理

(1) 疾病管理の目的・意義

　慢性疾患とは症状や治療が長期にわたり生活の質を低下させる疾患である。かつてはぜん息などの呼吸器疾患や腎炎、ネフローゼなどの腎疾患を持つ児童生徒たちの多くは養護学校（現特別支援学校）に通っていた。しかし、医学等の進歩により長期入院が不要となり、また2002（平成14）年4月に学校教育法施行令の一部改正が行われ、それまで養護学校に就学していた慢性疾患の児童生徒は、通常の学級、通級による指導、特別支援学級、特別支援学校など連続性のある多様な学びの場から選択できるようになった。保護者や子供がどのような学びの場を選択しようとも、学校は児童生徒が安心して学校生活を送ることができるよう支援する必要がある。養護教諭は、子供が可能な範囲で授業、行事や課外活動などの教育活動に参加できるよう配慮し、保健指導、健康診断、健康観察、健康相談等により症状悪化の早期発見および適切

な処置や医療機関への搬送を行うことが求められている。

（2）疾病管理の法的根拠

慢性疾患を含むさまざまな障害を持つ者が積極的に参加・貢献できる社会である共生社会の実現は、さまざまな人が生き生きと活躍できる社会の実現である。教育分野における共生社会実現のための重要課題は、一人一人に応じた指導や支援（特別支援教育）に加え、障害のある者と障害のない者が可能な限り共に学ぶしくみ（インクルーシブ教育システム）を構築することである。そのため、障害者や医療的ケア児への教育に関する法的整備が近年行われている。

①日本国憲法

日本国憲法第26条では、国民の教育を受ける権利と国の教育義務を規定している。

日本国憲法
第26条　すべて国民は、法律の定めるところにより、その能力に応じて、ひとしく教育を受ける権利を有する。
②　すべて国民は、法律の定めるところにより、その保護する子女に普通教育を受けさせる義務を負ふ。義務教育は、これを無償とする。

---

②教育基本法

教育基本法第4条には教育の機会均等が定められ、障害の有無にかかわらず全ての国民が、十分な教育を受けられるよう学校において適切な支援を講ずる義務を規定している。

教育基本法
（教育の機会均等）
第4条　すべて国民は、ひとしく、その能力に応じた教育を受ける機会を与えられなければならず、人種、信条、性別、社会的身分、経済的地位又は門地によって、教育上差別されない。
2　国及び地方公共団体は、障害のある者が、その障害の状態に応じ、十分な教育を受けられるよう、教育上必要な支援を講じなければならない。
3　国及び地方公共団体は、能力があるにもかかわらず、経済的理由によって修学が困難な者に対して、奨学の措置を講じなければならない。

---

③障害者基本法

障害者基本法の一部を改正する法律（2011〈平成23〉年法律第90号）では、障害者権利条約の趣旨に沿った障害者施策の推進を図るため、同条約に定められる障害者の捉え方やわが国が目指すべき社会の姿を新たに明記するとともに、施策の目的を明確化する観点から改正を行った。

障害者基本法
（教育）
第16条　国及び地方公共団体は、障害者が、その年齢及び能力に応じ、かつ、その特性を踏まえた十分な教育が受けられるようにするため、可能な限り障害者である児童及び生徒が障害者でない児童及び生徒と共に教育を受けられるよう配慮しつつ、教育の内容及び方法の改善及び充実を図る等必要な施策を講じなければならない。

---

④学校教育法施行令

中央教育審議会初等中等教育分科会報告「共生社会の形成に向けたインクルーシブ教育システム構築のための特別支援教育の推進」（2012〈平成24〉年7月）をふまえ、学校教育法施行

令の一部が改正された。改正では、学校教育法施行令第22条の3に規定する病弱者を含む障害のある児童生徒の就学先決定のしくみについて、原則特別支援学校への就学という従前の規定が改められた。それとともに同法施行令第5条および第11条において、個々の児童生徒について、市町村の教育委員会がその障害の状態等をふまえた総合的な観点から就学先を決定するしくみとすることなどが規定された。

⑤障害を理由とする差別の解消の推進に関する法律（障害者差別解消法）

この法律は障害者基本法（1970〈昭和45〉年法律第84号）の差別の禁止の基本原則を具体化したものである。第2条に定義、第7条に行政機関等における障害を理由とする差別の禁止が定められている。この実施対象には学校も含まれ、慢性疾患を持つ児童生徒への合理的配慮が急速に進んだ。

障害を理由とする差別の解消の推進に関する法律（障害者差別解消法）
（定義）
第2条　この法律において、次の各号に掲げる用語の意義は、それぞれ該当各号に定めるところによる。
　一　障害者　身体障害、知的障害、精神障害（発達障害を含む。）その他の心身の機能の障害（以下「障害」と総称する。）がある者であって、障害及び社会的障壁により継続的に日常生活又は社会生活に相当な制限を受ける状態にあるものをいう。
　二　社会的障壁　障害がある者にとって日常生活又は社会生活を営む上で障壁となるような社会における事物、制度、慣行、観念その他一切のものをいう。
（行政機関等における障害を理由とする差別の禁止）
第7条　行政機関等は、その事務又は事業を行うに当たり、障害を理由として障害者でない者と不当な差別的取扱いをすることにより、障害者の権利利益を侵害してはならない。
2　行政機関等は、その事務又は事業を行うに当たり、障害者から現に社会的障壁の除去を必要としている旨の意思の表明があった場合において、その実施に伴う負担が過重でないときは、障害者の権利利益を侵害することとならないよう、当該障害者の性別、年齢及び障害の状態に応じて、社会的障壁の除去の実施について必要かつ合理的な配慮をしなければならない。

---

⑥医療的ケア児及びその家族に対する支援に関する法律

この法律は、日常生活および社会生活を営むために恒常的に医療的ケアを受けることが不可欠である児童の健やかな成長を図るとともに、その家族の離職の防止に資し、もって安心して子供を生み、育てることができる社会の実現に寄与することを目的として施行された。第2条には医療的ケアの定義、第3条には基本理念が定められている。

医療的ケア児及びその家族に対する支援に関する法律
（定義）
第2条　この法律において「医療的ケア」とは、人工呼吸器による呼吸管理、喀痰吸引その他の医療行為をいう。
（基本理念）
第3条　医療的ケア児及びその家族に対する支援は、医療的ケア児の日常生活及び社会生活を社会全体で支えることを旨として行われなければならない。
2　医療的ケア児及びその家族に対する支援は、医療的ケア児が医療的ケア児でない児童と共に教育を受けられるよう最大限に配慮しつつ適切に教育に係る支援が行われる等、個々の医療的ケア児の年齢、必要とする医療的ケアの種類及び生活の実態に応じて、かつ、医療、保健、福祉、教育、労働等に関する業務を行う関係機関及び民間団体相互の緊密な連携の下に、切れ目なく行われなければならない。

（3）疾病管理の対象

慢性疾患のために学校生活において制限が必要な全ての児童生徒が疾病管理の支援対象である。対象者数を小児慢性特定疾病[*1]の医療受給者証数からみると、2020（令和2）年では123,693人、国内の18歳未満人口の0.6％である。疾病別では内分泌疾患、糖尿病、悪性新生物、神経・筋疾患、慢性心疾患、慢性腎疾患などが多い。小児慢性特定疾病以外でも食物アレルギーなど学校生活上管理や配慮が必要な疾患も支援の対象となる。

（4）疾病管理の方法

①健康状況の把握

健康観察、健康診断、健康に関する調査、保健室利用状況（救急処置等）の把握、健康相談等を行い健康問題を早期発見し、当該児童生徒の個別の健康問題を捉え、日々の健康状態を把握する。

②学校生活管理指導表を活用した発症予防および緊急時対応方法の把握

保護者が学校での管理指導や配慮を希望する場合、学校は学校生活管理指導表によって管理指導の必要性と方法を把握し、保護者と協議し取り組みを実施する。学校生活管理指導表は保護者が主治医に記載を依頼し、学校に提出する。学校生活管理指導表（アレルギー疾患用）の作成は、2022（令和4）年より保険診療となり自己負担額が軽減された。

最新の学校生活管理指導表は2020（令和2）年度に改訂され、主に心臓疾患、腎臓疾患、糖尿病に用いられ、年齢に応じて幼稚園用、小学生用、中学・高校生用の3種類がある。表1-3-1、表1-3-2に示すとおり指導区分はA～Eの5段階であり、それぞれ具体的な運動領域および文化的活動の内容が示されている。運動会、体育祭、球技大会、新体力テストなどは運動強度に準じること、遠足、宿泊学習、修学旅行、林間学校、臨海学校などは、指導区分E以外の児童生徒は主治医や学校医と相談することが望ましい。

表1-3-1 学校生活管理指導表（小学生用）における指導区分と運動領域

指導区分	運動領域
A	在宅医療、入院治療が必要
B	登校はできるが運動は不可
C	軽い運動は参加可
D	中程度の運動まで参加可
E	強い運動も参加可

アレルギー疾患には2019（令和元）年度改訂の学校生活管理指導表（アレルギー疾患用）がある（表1-3-3（1）、（2））。対応疾患はアナフィラキシー／食物アレルギー、気管支ぜん息、アトピー性皮膚炎、アレルギー性結膜炎、アレルギー性鼻炎であり、それぞれ病型・治療、学校生活上の留意点について主治医が記載する。保護者には緊急時の連絡先として電話番号と連絡医療機関への記載が求められる。さらに「学校における日常の取組及び緊急時の対応に活用するため、本票に記載された内容を学校の全教職員及び関係機関等で共有すること」に保護者が同意することを求める署名欄がある。

③緊急時の対応

学校生活管理指導表に示された緊急時対応は当該児童生徒とかかわる教職員全てが実施できるよう、学校では事前に確認および準備をするとともに、必要時は訓練を行う必要がある。

[*1] 小児慢性特定疾病
慢性に経過する、生命を長期にわたって脅かす、症状や治療が長期にわたって生活の質を低下させる、長期にわたって高額な医療費の負担が続くという4要件を満たす疾病で、2021（令和3）年において16疾患群、788疾病が対象。

表1-3-2 〔令和2年度(2020年度)改訂〕学校生活管理指導表（小学生用）

学校生活管理指導表　（小学生用）

氏名	男・女	年　月　日生（　）才	小学校	年	組		
①診断名（所見名）		②指導区分 要管理：A・B・C・D・E 管理不要	③運動のクラブ活動 可（ただし、　　　　　　　）禁 E…強い運動も可	④次回受診 （　）ヶ月後 または異常があるとき	医療機関 　　　　　　　　印 医師		

【指導区分　A…在宅医療・入院が必要　B…登校はできるが運動は不可　C…軽い運動は可　D…中等度の運動まで可　E…強い運動も可】

運動強度			軽い運動（C・D・Eは"可"）	中等度の運動（D・Eは"可"）	強い運動（Eのみ"可"）
体育活動	運動領域等				
	*体つくり運動	体ほぐしの運動 多様な動きをつくる運動遊び	1・2年生	体のバランスをとる運動遊び （寝転ぶ、起き上る、座る、立つなどの動きで構成される遊びなど）	用具を操作する運動遊び （用具を持つ、降ろす、回す、転がす、くぐるなどの動きで構成される遊びなど）	体を移動する運動遊び（這う、走る、跳ぶ、跳ねるなどの動きで構成される遊び） 力試しの運動遊び及び用具を押す、引く、支える、力比べで構成される遊び
		多様な動きをつくる運動	3・4年生	体のバランスをとる運動 （寝転ぶ、起き上る、座る、立つ、ケンケンなどの動きで構成される運動）	用具を操作する運動 （用具を持つ、降ろす、回す、転がす、くぐるなどの動きで構成される運動）	体を移動する運動（這う、走る、跳ぶ、跳ねるなどの動きで構成される運動） 力試しの運動や、用具を押す、引く動きやかけ足を組み合わせる運動
		体力を高める運動	5・6年生	体の柔らかさを高める運動（ストレッチングを含む）、軽いウォーキング	巧みな動きを高めるための運動 （リズムに合わせての運動、ボール・輪・棒を使った運動）	動きを持続する能力を高める運動（短なわ、長なわ跳び、持久走） 力強い動きを高める運動
運動領域等	陸上運動系	走・跳の運動遊び	1・2年生	いろいろな歩き方、ゴム跳び遊び	ケンパー跳び遊び	全力でのかけっこ、折り返しリレー遊び 低い障害物を用いてのリレー遊び
		走・跳の運動	3・4年生	ウォーキング、軽い立ち幅跳び	ゆっくりとしたジョギング、軽いジャンピング動作（幅跳び・高跳び）	全力でのかけっこ、周回リレー、小型ハードル走 短い助走での幅跳び及び高跳び
		陸上運動	5・6年生		ゆっくりとした距離走、軽いジャンピング動作（幅跳び・高跳び）	全力での短距離走、リレー、ハードル走 助走をした走り幅跳び、助走をした走り高跳び
	ボール運動系	ゲーム、ボール・ゴール型・ネット型・ベースボール型ゲーム（中学年）	1・2年生	その場でボールを投げたり、ついたり、捕ったりしながら行う的当て遊び	ボールを蹴ったり止めたりして行う的当てや蹴り合い 簡単な的当てゲーム	マット、鉄棒、跳び箱を使った運動遊び
		ボール運動	3・4年生	基本的な操作 （パス、キャッチ、キック、ドリブル、シュート、バッティングなど）	簡易ゲーム （場の工夫、用具の工夫、ルールの工夫を加え、基本的操作を踏まえたゲーム）	ゲーム（試合）形式
			5・6年生			
	器械運動系	器械・器具を使っての運動遊び	1・2年生	ジャングルジムを使った運動遊び	雲梯、ろく木を使った運動遊び	マット、鉄棒、跳び箱を使った運動遊び
		器械運動 マット、鉄棒、跳び箱	3・4年生	基本的な動作 マット（前転、後転、開脚前転・後転、壁倒立、補助倒立など） 跳び箱（開脚跳び、抱え込み跳び、台上前転など） 鉄棒（補助逆上がり、転向前下り、前方支持回転、後方支持回転など）		連続技や組合せの技
			5・6年生			
	水泳系	水遊び	1・2年生	水に慣れる遊び （水かけっこ、水につかってのジャンケンあそびなど）	まねっこ遊び（舟、電車、動物など）	水につかっての鬼遊び、バブリング・ボビングなど
		浮く・泳ぐの運動	3・4年生	浮く動作（伏し浮き、背浮き、くらげ浮きなど）	浮く動作（け伸びなど）	補助具を使ったクロール、平泳ぎのストロークなど
		水泳運動	5・6年生	泳ぐ動作（ばた足、かえる足など）	泳ぐ動作（連続したボビングなど）	クロール、平泳ぎ
	表現運動系	表現リズム遊び	1・2年生	まねっこ遊び（鳥、昆虫、恐竜、動物など）	まねっこ遊び（飛行機、遊園地の乗り物など）	リズム遊び（弾む、回る、ねじる、スキップなど）
		表現運動	3・4年生	その場での即興表現	軽いリズムダンス、フォークダンス、日本の民踊の簡単なステップ	変化のある動きをつなげた表現や踊り 強い動きのある日本の民踊
		表現運動	5・6年生			
	雪遊び、氷上遊び、スキー、スケート、水辺活動			雪遊び、氷上遊び	スケート・スキーの歩行、水辺活動	スキー・スケートの滑走など
文化的活動				体力の必要な長時間の活動を除く文化活動	右の強い活動を除くほとんどの文化活動	体力を相当使って吹奏楽器（トランペット、トロンボーン、オーボエ、バスーン、ホルンなど）、リズムの速い曲の演奏や指揮、行進を伴うマーチングバンドなど
学校行事、その他の活動				▼運動会、体育祭、球技大会、新体力テストなどは上記の運動強度に準ずる。 ▼指導区分"E"以外の児童の遠足、修学旅行、林間学校、臨海学校、宿泊学習などの参加について不明な場合は主治医・学校医と相談する。 ▼陸上運動系・水泳系の距離や時間を絞る場合は強い運動に属することがある。			

その他注意すること

定義　《軽い運動》同年齢の平均的児童にとって、ほとんど息がはずまない程度の運動。
　　　《中等度の運動》同年齢の平均的児童にとって、少し息がはずむが息苦しくない程度の運動。パートナーがいれば楽に会話ができる程度の運動。
　　　《強い運動》同年齢の平均的児童にとって、息がはずみ息苦しさを感じるほどの運動。
　　　＊新体力テストで行われるシャトルラン・持久走は強い運動に属する。

出典　日本学校保健会Webサイト　https://www.hokenkai.or.jp/publication/guidance.html

表1-3-3（1）（令和元年度（2019年度）改訂）学校生活管理指導表（アレルギー疾患用）

出典）日本学校保健会Webサイト　https://www.gakkohoken.jp/book/ebook/ebook_R010100/R010100.pdf

表1-3-3（2）〔令和元年度（2019年度）改訂〕学校生活管理指導表（アレルギー疾患用）裏

【裏】学校生活管理指導表(アレルギー疾患用)

名前　　　　　　（男・女）　　　年　　月　　日生　　　年　　組　　　提出日　　　年　　月　　日

アトピー性皮膚炎（あり・なし）

病型・治療

A. 重症度のめやす（厚生労働科学研究班）
1. 軽症：面積に関わらず、軽度の皮疹のみ見られる。
2. 中等症：強い炎症を伴う皮疹が体表面積の10%未満に見られる。
3. 重症：強い炎症を伴う皮疹が体表面積の10%以上、30%未満に見られる。
4. 最重症：強い炎症を伴う皮疹が体表面積の30%以上に見られる。
※軽度の皮疹：軽度の紅斑、乾燥、落屑主体の病変
※強い炎症を伴う皮疹：紅斑、丘疹、びらん、浸潤、苔癬化などを伴う病変

B-1. 常用する外用薬
1. ステロイド軟膏
2. タクロリムス軟膏（「プロトピック®」）
3. 保湿剤
4. その他（　　　）

B-2. 常用する内服薬
1. 抗ヒスタミン薬
2. その他（　　　）

B-3. 常用する注射薬
1. 生物学的製剤

学校生活上の留意点

A. プール指導及び長時間の紫外線下での活動
1. 管理不要
2. 管理必要

B. 動物との接触
1. 管理不要
2. 管理必要

C. 発汗後
1. 管理不要
2. 管理必要

D. その他の配慮・管理事項（自由記述）

記載日　　　年　　月　　日
医師名　　　　　　　　　㊞
医療機関名

アレルギー性結膜炎（あり・なし）

病型・治療

A. 病型
1. 通年性アレルギー性結膜炎
2. 季節性アレルギー性結膜炎（花粉症）
3. 春季カタル
4. アトピー性角結膜炎
5. その他（　　　）

B. 治療
1. 抗アレルギー点眼薬
2. ステロイド点眼薬
3. 免疫抑制点眼薬
4. その他（　　　）

学校生活上の留意点

A. プール指導
1. 管理不要
2. 管理必要

B. 屋外活動
1. 管理不要
2. 管理必要

C. その他の配慮・管理事項（自由記載）

記載日　　　年　　月　　日
医師名　　　　　　　　　㊞
医療機関名

アレルギー性鼻炎（あり・なし）

病型・治療

A. 病型
1. 通年性アレルギー性鼻炎
2. 季節性アレルギー性鼻炎（花粉症）
　主な症状の時期：春、夏、秋、冬

B. 治療
1. 抗ヒスタミン薬・抗アレルギー薬（内服）
2. 鼻噴霧用ステロイド薬
3. 舌下免疫療法（ダニ・スギ）
4. その他（　　　）

学校生活上の留意点

A. 屋外活動
1. 管理不要
2. 管理必要

B. その他の配慮・管理事項（自由記載）

記載日　　　年　　月　　日
医師名　　　　　　　　　㊞
医療機関名

学校における日常の取組及び緊急時の対応に活用するため、本票に記載された内容を学校の全教職員及び関係機関等で共有することに同意します。

保護者氏名　　　　　　　　　

公益財団法人 日本学校保健会 作成

出典）日本学校保健会Webサイト　https://www.gakkohoken.jp/book/ebook/ebook_R010100/R010100.pdf

AEDを用いた一次救命処置、アナフィラキシーショック時のエピペン®投与は、救命のためにその場に居合わせた教職員が即実施することが求められるため、全ての教職員対象の研修やシミュレーション訓練を毎年行う必要がある。

(5) 養護教諭の役割

①適切かつ具体的な管理や指導、配慮事項の検討

養護教諭は学校生活管理指導表に記載された内容を把握し、当該児童生徒に適した、かつ学校で実施可能な具体的な管理指導や配慮事項を、担任や管理職等とともに検討する。養護教諭が判断に迷う場合は、保護者を通じて主治医に詳細な情報を尋ねることも必要となる。学校において管理指導や配慮事項を検討する場合、担任や養護教諭は必ず本人の意向を確認しながら検討することが重要である。学校生活の過度な制限は児童生徒の心身の成長発達に重大な影響をもたらす。そのため、学校生活管理指導表の主治医の意見に基づき、制限が必要な活動には当該児童生徒がどのようにしたら参加できるか、本人が希望する参加の方法は何か等、担任や養護教諭はさまざまな関係者と調整をしたり、創意工夫を行ったりする必要がある。

②対象児童生徒への教育および自立支援

慢性疾患がある児童生徒が自らの疾患を理解し健康管理を行い、必要時には他者に自分の疾患について適切に伝え支援を求めることは自立のためには欠かせない。特別支援教育においては自立活動[*2]によって自立支援が行われるが、一般の学校においては養護教諭や担任が意識的に自立支援を行う必要がある。養護教諭は保護者とともに本人の疾患の理解度や症状への対応力を確認したうえで、症状コントロールのための薬剤投与や緊急時対応について、本人ができる範囲と教職員が行う範囲を事前に検討する。

③クラスメイトへの対応

学校は集団生活の場であるため、病気に関して誰に何を知らせるかは、当該児童生徒の学校生活の質に直結する。病気をクラスメイトに知らせる場合には誤解や差別が生じないようにするにはどうしたらよいか、知らせない場合には当該児童生徒への特別な配慮についてどのように説明するかなど、養護教諭は担任と連絡を取り合いながら本人・保護者と話し合うことが重要である。また、病気について知らせる内容と範囲に関する希望が、当該児童生徒の発達や環境の変化によって変わる場合がある。本人の意向を確認しながら、本人およびクラスメイトの成長発達も考慮し随時検討する必要がある。

④学校内、学校外の関係者との連携

緊急時に備え、養護教諭は学校生活管理指導表への記載者である主治医のみならず、学校医などと病名や症状、使用している薬剤、学校生活上の注意事項、緊急時の対応などについて連携を図る。養護教諭が主治医と直接やり取りする場合には、個人情報保護の観点から必ず保護者の了解を得ておく必要がある。学校内においては、教職員間の共通理解も重要である。当該児童生徒を十分に把握していない教職員からの不適切な対応を防ぐためにも、どの範囲の教職員と情報共有するかを養護教諭は本人・保護者と話し合っておく必要がある。

[*2] 自立活動
個々の児童または生徒が自立を目指し、障害による学習上または生活上の困難を主体的に改善・克服するために必要な知識・技能・態度および習慣を養い、もって心身の調和的発達の基盤を培うこと（特別支援学校幼稚部教育要領小学部・中学部学習指導要領〈平成29年4月告示〉）。

また、養護教諭と保護者との連携は欠かせないが、保護者の希望と学校側の対応の齟齬により、トラブルに発展する場合も少なからずある。養護教諭は保護者を児童生徒のために協働する支援者としてではなく、わが子が重大な疾病に罹患し心身ともに苦痛を感じている要支援者と捉え、時には保護者への配慮や支援を行うことも必要である。

⑤緊急時の対応と体制整備

　子供は学校生活のなかで症状が急変したり、悪化したりする場合がある。その際、子供の一番近くにいる教職員が真っ先に対応する必要がある。心肺停止時やショックの場合は一刻一秒を争うため、全ての教職員が救命活動を実践できるよう、養護教諭は、救命処置の研修やシミュレーション訓練などを企画運営する。また、緊急時に誰もが適切に対応できるよう、養護教諭は、救命に用いる備品や物品の管理、緊急時対応マニュアルの作成や改訂などを随時行う。緊急対応時には、教員は胸骨圧迫などの救命処置を行い、養護教諭はその専門性を生かし、管理職や保護者、消防所や救急隊とのやり取りを行う必要がある。その際、養護教諭はバイタルサインを測定したり、当該児童生徒の状態を把握・記録したりすることも欠かせない。

⑥感染症への対応

　学校内で流行する感染症は、慢性疾患のある児童生徒の症状悪化の要因となることがある。学校内の全ての構成員（教職員および児童生徒）が、日常のなかで基本的な感染予防の3原則（感染源の排除、宿主の抵抗力向上、感染経路の遮断）を実施できるよう、養護教諭は学校内の環境整備および教職員や児童生徒への研修や教育を行い、流行時には保健所と協力し学校内の感染対策を実施する。また、学校内で感染症が発生した場合、当該児童生徒が感染予防のために欠席を選択することもある。そのため、養護教諭は事前に主治医および本人・保護者と感染症への対応についても話し合っておく。

(6) 評価の視点

　慢性疾患のある児童生徒の疾病管理の目的は、当該児童生徒に適した教育を提供することである。安心・安全を担保したうえで当該児童生徒の学校生活の制限を最小限にし、制限が必要な場合には質の高い代替教育を提供する必要がある。そのため、教育上の通常の評価に加え、当該児童生徒の学校生活への満足度も重要な視点となる。学校は本人の意に沿わない管理や指導、配慮はないか、いじめや友人間のトラブルなどが起きていないか、教職員の対応は適切かなど、本人への聞き取りや調査を行うことも重要である。

7）子供に多い疾病

(1) 食物アレルギー・アナフィラキシー

①疾患の概要

　食物アレルギーとは、摂取した食物が原因となり免疫学的機序を介して生体にとって不利益な症状（アレルギー症状）が生じる現象である。皮膚・呼吸器・消化器など複数の臓器にアレルギー反応が生じる状態をアナフィラキシーといい、血圧の低下や意識障害などを引き起こした場合には生命を脅かす危険な状態（アナフィラキシーショック）となる。アレルギーの原因食物は鶏卵、牛乳、小麦、木の実、果物、落花生、魚卵、甲殻類、魚類など多岐にわたる。またアナフィラキシーショックは薬物、ハチ毒、天然ゴムなどの食物以外でも生じる。

②学校生活上の配慮点

ⅰ　アレルギー発生の予防

学校での活動によって引き起こされるアレルギー疾患には表1-3-4にみられるような特徴がある。学校はアレルギー発生予防のために、当該児童生徒のアレルギー疾患に合わせて学校での活動を配慮する必要がある。

表1-3-4　各アレルギー疾患と関連の深い学校での活動

学校での活動	食物アレルギー・アナフィラキシー	気管支ぜん息	アトピー性皮膚炎	アレルギー性結膜炎	アレルギー性鼻炎
1．動物との接触を伴う活動		○	○	○	○
2．ダニ・ホコリの舞う環境での活動		○	○	○	○
3．花粉の舞う環境での活動		○	○	○	○
4．長時間の屋外活動		○	○	○	○
5．運動（体育・クラブ活動等）	△	○	○	△	△
6．プール	△	△	○	○	△
7．給食	○		△		
8．食物・食材を扱う授業・活動	○		△		
9．宿泊を伴う郊外活動	○	○	○	○	○

○：注意を要する活動　　△：時に注意を要する活動
出典）文部科学省初等中等教育局健康教育・食育課監修：学校のアレルギー疾患に対する取り組みガイドライン《令和元年度改訂》、日本学校保健会、2020、8[1]

ⅱ　アナフィラキシーショックへの対応

学校生活管理指導表（アレルギー用）に基づき栄養士、養護教諭、担任、管理職が本人・保護者と面談を行い、原因食物、除去食の提供方法、緊急時薬などを確認し合う。アナフィラキシーショックを発症した場合は、当該児童生徒用に処方されたアナフィラキシー補助治療剤（エピペン®）があれば本人が自ら注射を行う。本人自ら注射できないときは、現場に居合わせた教職員が救急車要請を行い、本人に代わってエピペン®を注射する。教職員によるエピペン®の注射は緊急やむを得ない措置として行われるため、医師法違反にはならない。全教職員は緊急時対応訓練を通してエピペン®の保管場所を確認し、投与方法を習得する必要がある。養護教諭はその専門性を生かし、下肢の挙上などショックへの対応、意識状態や呼吸、心拍、皮膚色の状態等のバイタルサインの確認を行い、救急隊や医療機関、保護者への情報提供を行う。また、児童生徒の心肺停止時には教職員は一刻も早く一次救命処置を実施する。

ⅲ　給食への対応

「学校給食における食物アレルギー対応の大原則」[2]では、食物アレルギーを有する児童生徒にも給食を提供すると明記されており、学校給食の提供にあたっては、安心・安全な給食の提供を最優先とする。また、学校給食の食物アレルギー対応は、個人の努力や良心に任せられるものではなく、組織的に対応するよう示されている。学校は本人・保護者と話し合い、児童生徒のアレルギーの重症度および学校や調理場の状況に応じて四つの対応レベル（詳細な献立表対応、弁当対応、除去食対応、代替食対応）から適切な対応を選択する[2]。

ⅳ 調理実習・運動（体育・部活動等）への対応

調理実習など食物を扱う授業では、当該児童生徒の原因食材は実習の材料として用いないことが望ましい。しかし、食材を使用せざるを得ない場合には、学校は事前に本人・保護者と話し合い、対応策を検討する。また、担任、養護教諭および管理職は、代替食材や児童生徒が持参する食材、共同作業の可否、調理器具の共用の可否、試食方法などを確認し、安全を優先しつつ当該児童生徒がクラスメイトと同様の体験をできるよう工夫を凝らす。

食物依存性運動誘発アナフィラキシーは原因食物の摂取と運動の組み合わせで発症するため、初めてのアナフィラキシーの発生が給食後の運動活動後であることも多い。教職員は、全ての児童生徒が食物アレルギー症状を起こす可能性があることを認識し、アナフィラキシーショックへの対応訓練をしておくことが重要である。食物依存性運動誘発アナフィラキシーの発症予防には運動2〜4時間前の原因食物の摂取を禁止することがあり、給食後2時間は体育の授業や昼休みの運動を避けることも発症予防には有効である。

ⅴ 宿泊を伴う校外活動

当該児童生徒が宿泊行事に参加する場合、学校は本人・保護者および宿泊先などを交えて対応食の提供方法について話し合う。また、学校はエピペン®などの救急治療薬を含めた持参薬の管理方法や、アナフィラキシーを発症した場合の対応、緊急時に受診できる移動先の医療機関について、本人・保護者、主治医や学校医と話し合い、準備する。

（2）気管支ぜん息

①疾患の概要

気管支ぜん息は、気道の慢性的な炎症により発作性に咳や喘鳴を伴う呼吸困難を繰り返す疾患である。症状は軽い咳から喘鳴、呼吸困難と多彩であり、重症な発作の場合は死に至ることもある。原因はダニ、ホコリ、動物の毛などのアレルゲンに加え、かぜやインフルエンザなどの呼吸器感染症や運動、受動喫煙、時に精神的な情動などでも発作を引き起こす場合がある。

②学校生活上の配慮点

学校は当該児童生徒の症状のコントロール状態を学校生活管理指導表（アレルギー疾患用）により把握する。コントロール不良時には慎重な管理、良好時は学校生活上の制限を最小限にするなどを行い、当該児童生徒がクラスメイトと同様の体験が可能となるように支援する。

ⅰ 急性増悪（発作）時の対応

急性増悪時の治療薬として主に使用されるのはベータ刺激薬の吸入である。薬剤の使用については原則として当該児童生徒本人が判断する。学校は薬剤を使用すべき症状と薬剤の種類、学校が行うべき配慮事項について、本人・保護者および主治医と話し合い、対応への準備を行う。また、短期間に重篤な状態に至ることもあるため、学校は救急要請すべき症状（表1-3-

表1-3-5 小児の強いぜん息発作のサイン

・唇や爪の色が白っぽい、もしくは青〜紫色	・苦しくて話せない
・脈がとても速い	・横になれない、眠れない
・息を吸うときに、小鼻が開く	・ボーッとしている（意識がはっきりしない）
・歩けない	・過度に興奮する、暴れる
・息を吸うときに、胸がベコベコへこむ	・息を吐くほうが吸うよりも明らかに時間がかかる

出典）文部科学省初等中等教育局健康教育・食育課監修：学校のアレルギー疾患に対する取り組みガイドライン《令和元年度改訂》、日本学校保健会、2020、55[1]

5) について主治医にも確認し把握しておく。

　ⅱ　運動（体育・部活動等）への対応

　運動誘発ぜん息は運動が発作の誘発原因となる。運動の種類によって誘発する程度が異なり、水泳は発作を誘発しにくく、長距離走は発作を誘発しやすい。学校は児童生徒の運動への参加を具体的に判断するため、学校生活管理指導表に加え、発作が起こりやすい運動や季節・天候の有無、見学の判断基準、発作予防薬の有無と運動中の発作時の対処法などを、主治医や本人・保護者に追加で確認し対応する。

（3）てんかん
①疾患の概要

　てんかんとは大脳の神経細胞が過剰に興奮するため、脳の発作性の症状が反復的に起こる疾患である。発作は突然起こり、普通とは異なる身体症状や意識、運動および感覚の変化などがある。てんかんの原因として外傷、脳炎、脳血管障害、先天性の脳奇形などがあるが、3分の2は原因不明である。

　てんかん発作は、脳の大部分あるいは全体が興奮し意識が消失する全般発作と脳の一部が興奮して起こる焦点発作（部分発作）に分類される。小児によくみられる全般発作には、意識が消失しけいれんが起こる発作（強直間代発作）、動作が急に止まり、ぼんやりする発作（欠神発作）、全身や手足を一瞬ビクッとさせる発作（ミオクローニ発作）、急に全身の力が抜ける発作（脱力発作）などがある。焦点発作には運動や視覚、聴覚、自律神経に異常がみられ、口をモグモグ動かす動作をする、嫌なにおいを感じるなど、発作がわかりにくく周囲が気づきにくい場合も多い。てんかん発作が長時間継続したり、意識が回復しないまま発作を繰り返したりする状態をてんかん重積発作といい、緊急対応が必要である。

②学校生活上の配慮点

　ⅰ　発作時の基本的対応

　当該児童生徒の発作時には、教職員は落ち着いて安全確保を中心に症状に応じた対応を行う。発作時はけいれんによって身体を打撲しないよう、周囲の危険物を取り除いたり保護したりする。発作時に舌を噛むことは滅多になく、舌を噛まないように口のなかに物を入れることは口腔内を傷つけたり窒息の原因になったりするため、絶対に行わない。教職員は発作の様子を観察し、発作が生じた日時や持続時間、発作の前中後の様子、処置や対応について記録する。養護教諭は、教職員用に作成されたてんかん発作と対応に関する簡易シート[4]などを活用し、全ての教職員が発作状況に合わせて適切な対応ができるように準備することが望ましい。

　ⅱ　緊急搬送の判断について

　てんかん重積発作、あるいは転倒し大けがをしたときなど、表1-3-6にみられる状況のときには、救急車を要請する必要がある。事前に学校は本人・保護者および主治医と話し合い、

表1-3-6　救急搬送が必要な状況

・今まで発作を起こしたことがない	・意識の回復がみられない
・発作が5分以上続く	・もうろう状態が長く続く
・意識の回復のないまま発作が続いて起こる	・病気の徴候がある
・呼吸困難がみられる	・けがをし出血がひどい

出典）UCB Cares®てんかん：てんかんinfo　日常生活と支援制度　園・学校の先生へーてんかん for school[3]

どのような症状で救急要請するか確認しておく。

ⅲ　発作時の薬剤投与について

児童生徒がてんかん発作により生命が危険な状態等であるとき、現場に居合わせた教職員が本人に代わり坐薬挿入や薬剤（ブコラム®）の口腔内投与を行うことは、当該児童生徒・保護者および主治医の書面上等での学校への依頼と指示などを含む4条件を満たす場合には可能であり[5)6)]、医師法違反とはならない。保護者から教職員による薬剤投与の希望があった場合、学校は本人・保護者および主治医と話し合い、希望を受け入れる場合には教職員の薬剤投与に関する研修を行う必要がある。

ⅳ　学校生活における管理

学校は学校生活管理指導表や「てんかん児の生活指導表」[7)8)]等を用い、体育や水泳など授業、部活動などの学校での運動、学校行事や宿泊・校外学習の制限の程度や発作時の対応方法などについて本人・保護者や主治医と話し合い、適切に対応できるよう準備する。

ⅴ　本人や周囲の児童生徒への配慮と理解

学校は、発作時のプライバシーへの配慮方法（当該児童生徒が周囲から見えないように覆いをする、クラスメイトは別室に移動させるなど）について、本人・保護者と事前に検討しておく。また学校は、てんかんに対する理解の不足や偏見などが生じないよう、本人・保護者と相談したうえで、てんかんに関する研修会や説明等を教職員およびクラスメイトやその保護者に行い、周囲が正しい知識を得ておくことも重要である。

（4）心臓疾患

①疾患の概要

ⅰ　先天性心疾患

先天性心疾患はチアノーゼの有無により非チアノーゼ性心疾患とチアノーゼ性心疾患に分類される。非チアノーゼ性心疾患は先天性心疾患の60～70％を占め、心房中隔欠損症、心室中隔欠損症、動脈管開存症がある。心室中隔欠損症と動脈管開存症は就学以前に発見され、手術などの治療あるいは経過観察されていることが多い。一方心房中隔欠損症は、成長に伴い症状が出現することがあるため、学校心臓検診で新規に発見されることもある。チアノーゼ性心疾患は乳幼児期までに診断され就学前までに手術が完了することが多い。チアノーゼ性心疾患のなかで最も多い疾患はファロー四徴症である。手術を行った先天性心疾患の児童生徒は、身体的活動により病態の悪化や突然死をきたす潜在的リスクがある。

ⅱ　川崎病

川崎病は1967（昭和42）年に小児科医の川崎富作氏が最初に報告した原因不明の疾患で、4歳以下の乳幼児に多い。全身の血管に炎症が生じ、発熱、発疹、結膜の充血、口唇および口の粘膜の発赤、四肢末端の変化、リンパ節の腫張などを認める。冠動脈に炎症が起きると冠動脈瘤を合併することがあり、後に心筋梗塞発症の危険因子となる。

ⅲ　不整脈

学校心臓検診で発見される不整脈はほとんどが治療介入の必要がない良性の不整脈であることが多いが、QT延長症候群、Brugada症候群などでは突然死を引き起こすこともある。

ⅳ　心筋症

心臓の筋肉の異常によるもので、肥大型心筋症、拡張型心筋症、拘束型心筋症、不整脈源性

右室心筋症などがある。心筋症は家族性（遺伝性）であることが多い。いずれも心不全、不整脈、運動中の突然死、血栓症などが問題となる。

②学校生活上の配慮点

　ⅰ　突然死予防への対応

　　心臓疾患は突然死を起こすリスクが高く、学校は当該児童生徒の心停止を想定したシミュレーション訓練を行う必要がある。また、児童生徒の突然死を予防するために、学校に向けて次のような注意喚起が行われている[9]。

①心疾患児の診断、指導区分、許容される身体活動の内容を学校生活管理指導表を参照して個々の学童毎にチェックし、学校関係者に周知させる。
②教科体育は学校生活管理指導表に沿ったものとする。
③教科体育以外の学校行事への参加は、指導区分と、運動強度の定義によって判断する。ただし、場合によっては参加の可否を学校医あるいは主治医に相談する。
④日常健康観察を十分に行い、学校と保護者との連絡を密にして体調の変化を把握する。疲労状態、顔色、発熱などの身体的異常、本人の気分の良し悪し、食欲、睡眠などの変化に注意する。
⑤原因の明らかでない失神に充分注意し、医療機関を受診するように勧める。

　ⅱ　学校心臓検診および学校生活管理指導表の活用

　　学校心臓検診には心臓検診調査票、学校医診察、心電図検査の3種類がある。児童生徒に異常が見つかれば精密検査の対象となる。学校は保護者に精密検査の受診結果を報告することを求め、診断結果によっては学校生活管理指導表を用い、当該児童生徒への指導管理や経過観察を行う。学校生活管理指導表では、運動強度を運動による息苦しさを目安として三つの区分（軽い・中等度・強い運動）に分け、その運動内容から指導区分を主治医が決定する。心疾患では動作時に歯を食いしばったり、大きなかけ声を伴ったり、動作中や動作後に顔面の紅潮、呼吸促迫を伴ったりする等尺運動は強い運動に分類される[10]。

　ⅲ　心不全症状への対応

　　激しい呼吸困難、咳込み、チアノーゼ、喘鳴、胸の痛み、圧迫感、頻脈、血圧低下、意識障害などがみられた場合には心不全を発症している可能性があり、救急搬送が必要である。学校は当該児童生徒に起こり得る症状を本人・保護者および主治医に確認し、緊急時の体制や対応方法について話し合っておく。

（5）糖尿病

①疾患の概要

　糖尿病とはインスリン不足や作用低下が原因で耐糖能が低下し、高血糖が慢性的に続く疾患である。糖尿病は、1～2か月の血糖値の変動を反映したHbA_1c（ヘモグロビンA_1c）値や空腹時や食後の血糖値などの検査値を組み合わせて診断し、①早朝空腹時血糖値126mg/dl以上、②75g経口ブドウ糖負荷試験2時間値200mg/dl以上、③随時血糖値200mg/dl以上、④HbA_1c 6.5%以上のうち、①から③のいずれかと④が確認されれば糖尿病と診断する[11]。糖尿病には2種類ある。1型糖尿病は膵臓のβ細胞の破壊によるインスリンの絶対的不足が原因で起こる疾患であり、インスリンによる治療を必要とする。2型糖尿病は生活習慣病の一つであり、遺伝的体質に加え、食べ過ぎや運動不足などの生活習慣が関連し発症する。2型糖尿病の治療は肥満管理のための食事および運動療法が中心であり、必要時薬物療法（血糖降下剤やイ

ンスリン投与）も行われる。

　インスリンは大腿や腹部等への皮下注射にて投与し、生活の場ではペン型注射器を用いた自己注射、あるいは持続皮下インスリン注射法（インスリンポンプ療法）によって投与する。自己血糖測定器（指先から少量の血液を採取して血糖値を測定する機器）によって血糖値を確認してからインスリン投与を行うこともある。インスリンは食事の前と就寝前に投与することが一般的である。そのため児童生徒のなかには、学校で給食の前に血糖測定とインスリン注射をする場合がある。

　高血糖の症状には口渇、多飲、多尿、体重減少、易疲労感などがあり、重度の高血糖状態（300mg/dl以上）になると糖尿病ケトアシドーシスを起こし、意識障害や昏睡状態に陥る。一方、食事摂取量や運動量に比べて血糖降下剤やインスリン量が過剰な場合には低血糖を起こす。低血糖は血糖値が70mg/dl以下になる、あるいは100mg/dl程度の急激な低下により生じ、発汗、神経過敏、ふるえ、失神、動悸、空腹感などの症状があらわれる。重度の低血糖（50mg/dl以下）の場合には錯乱、けいれん発作や昏睡状態に陥り、命にかかわることもある。低血糖が生じた場合には本人もしくは周囲の人によるブドウ糖（グルコース錠、ジュース、砂糖など）の補食が必要であり、意識がない場合には救急搬送が必要となり、医療機関においてグルカゴン注射、グルカゴン点鼻薬などが用いられる。なお、2024（令和6）年1月より事前に医師から書面で指示を受けている場合に限り、緊急時に教職員がグルカゴン点鼻粉末剤（バクスミー®）を本人に代わって投与することができるようになった。

②学校生活上の配慮点
　ⅰ　教育活動について
　児童生徒の日常の体育活動や運動部活動、学校行事への参加等については学校生活管理指導表を用い、さらに学校生活一般に関する注意事項については「糖尿病患児の治療・緊急連絡法等の連絡表」（表1-3-7）を用いて行うことが望ましい。インスリン投与により低血糖症状が生じる可能性が高い場合には、学校は事前に本人・保護者および主治医と話し合い、緊急時の対応方法について確認し合う。

　ⅱ　インスリン投与への支援
　トイレなどの不衛生な環境でインスリン注射を行っている児童生徒の存在が複数確認されている。学校は当該児童生徒がインスリン注射薬の管理、血糖測定やインスリン投与を安全に安心して行えるプライバシーに配慮した清潔な部屋の確保などの環境整備を行う必要がある。

　ⅲ　低血糖症状の理解と対応
　低血糖の対応の基本はブドウ糖の摂取である。低血糖症状は個人差があるため、学校は本人・保護者および主治医と低血糖症状と対応方法（ブドウ糖〈グルコース錠、ジュース、砂糖など〉の保管場所と摂取方法等）、および重度の低血糖で本人に意識がない場合の対応について話し合い、教職員による具体的な支援方法を確認する。

　ⅳ　周囲の糖尿病に対する正しい知識と理解
　糖尿病は成人が罹患する生活習慣病というイメージがあるため、2型糖尿病はもちろん1型糖尿病の児童生徒も、クラスメイトのみならず教職員からの誤解や偏見に悩むことが少なくない。補食することや補食を保持していることを周囲から「ずるい」と言われたり、注射行為をマイナスイメージに受け取られたりする。児童生徒のなかには、偏見や差別を恐れてクラスメ

表1-3-7　糖尿病患児の治療・緊急連絡法等の連絡表

糖尿病患児の治療・緊急連絡法等の連絡表

学校名　　　　　　　　　　　年　　組　　　　記載日　令和　　年　　月　　日

医療機関

氏名　　　　　　　　　　　　　男・女　　　　医師名　　　　　　　　　　　　　　印

生年月日　平成・令和　　年　　月　　日　　　電話番号

要管理者の現在の治療内容・緊急連絡法

診断名　　　① 1型（インスリン依存型）糖尿病　　② 2型（インスリン非依存型）糖尿病

現在の治療　1. インスリン注射：　1日　　回　　　　　　　昼食前の学校での注射（有・無）
　　　　　　　　学校での自己血糖値測定　（有・無）
　　　　　　2. 経口血糖降下薬：　薬品名（　　　　　　　）学校での服用　　（有・無）
　　　　　　3. 食事・運動療法のみ
　　　　　　4. 受診回数　　回／月

緊急連絡先　保護者　氏名　　　　　　　　　　　　　　　自宅TEL

　　　　　　　　　　勤務先（会社名　　　　　　　　TEL　　　　　　　　　　　　　　）

　　　　　　主治医　氏名　　　　　　　　　施設名　　　　　　　　TEL

学校生活一般：基本的には健常児と同じ学校生活が可能である

1. 食事に関する注意
   学校給食　　　①制限なし　②お代わりなし　③その他（　　　　　　　　　　　　　）
   宿泊学習の食事　①制限なし　②お代わりなし　③その他（　　　　　　　　　　　　　）
   補食　　　　　①定時に（　　　時　食品名　　　　　　　　　　　　　　　　　　　）
   　　　　　　　②必要なときのみ　（どういう時　　　　　　　　　　　　　　　　　）
   　　　　　　　　　　　　　　　　（食品名　　　　　　　　　　　　　　　　　　　）
   　　　　　　　③必要なし

2. 日常の体育活動・運動部活動について
   「日本学校保健会　学校生活管理指導表」を参照のこと

3. 学校行事（宿泊学習、修学旅行など）への参加及びその身体活動
   「日本学校保健会　学校生活管理指導表」を参照のこと

4. その他の注意事項

低血糖が起こったときの対応＊

程度	症状	対応
軽度	空腹感、いらいら、手がふるえる	グルコース錠2個 （40kcal=0.5単位分。入手できなければ、スティックシュガー10g）
中等度	黙り込む、冷汗・蒼白、異常行動	グルコース錠2個 （あるいは、スティックシュガー10g） さらに多糖類を40〜80kcal（0.5〜1単位分）食べる。 （ビスケットやクッキーなら2〜3枚、食パンなら1/2枚、小さいおにぎり1つなど） 上記補食を食べた後、保健室で休養させ経過観察する。
高度	意識障害、けいれんなど	保護者・主治医に緊急連絡し、救急車にて主治医または近くの病院に転送する。救急車を待つ間、砂糖などを口内の頬粘膜になすりつける

＊軽度であっても低血糖が起こったときには、保護者・主治医に連絡することが望ましい。

出典）日本学校保健会 Web サイト　https://www.hokenkai.or.jp/publication/pdf/kanri_03.pdf

イトのみならず学校側にも知らせていない場合もある[12]。当該児童生徒が安心して糖尿病であることを周囲に知らせ学校生活が送れるよう、学校は教職員やクラスメイトが正しく糖尿病を理解できるような支援を行う必要がある。

（6）腎臓疾患
①疾患の概要
ⅰ　慢性糸球体腎炎

慢性糸球体腎炎は腎糸球体障害による血尿や蛋白尿などの尿所見異常が1年以上持続する状態である。慢性糸球体腎炎のうちIgA腎症は小学校高学年以後に多く発症し、血尿と蛋白尿が続き学校検尿で無症状のうちに発見されることが多い。重度の場合にはステロイド剤や免疫抑制剤の投与が行われる。

ⅱ　ネフローゼ症候群

ネフローゼ症候群は大量の蛋白尿と低蛋白血症、あるいは低アルブミン血症を認め、多くの場合浮腫と高脂血症を認める症候群である。IgA腎症に次いで学校検尿で早期に発見されることが多い。主な症状に浮腫、体重増加、腹痛があり、多くが原因不明である。治療は浮腫への対症療法と、ステロイド治療が中心となる。

②学校生活上の配慮点
ⅰ　学校検尿の活用

学校検尿は早期発見・早期治療のために有益であるが、有所見者のその後の検査が行われていない事例も散見される[13]。尿蛋白、尿潜血、尿糖のいずれかの結果が（＋）以上の児童生徒は、確実に二次検尿、三次精密検査を実施しているか、最終診断まで至っているかを養護教諭が確認する。また、制限が必要な児童生徒には学校生活管理指導表によって学校生活を円滑に過ごせるようにする必要がある[13]。

ⅱ　学校生活管理指導表の活用

学校生活管理指導表は、急性腎炎、慢性糸球体腎炎、ネフローゼ症候群などの疾病に加え、学校検尿で発見された無症状の腎臓病にも用いる[14]。学校生活指導区分が中程度の場合は運動を行うことが有効である。特に有酸素運動は腎機能障害があっても1日に運動を30分以上は行うべきであるとガイドラインで示されている[13]。過度な運動制限を行わず本人にとって有益な運動になるよう、学校は体育や部活動などの種目や強度について本人・保護者や主治医と確認する。また重症度や症状によっては食事制限が必要になるが、学校給食や会食などの制限は児童生徒にとって心理的な悪影響をもたらすことがある。そのため、学校は本人・保護者および主治医と相談し、当該児童生徒に合った食事制限を検討する必要がある。

まとめ

医学の進歩により、病気とともに疾患を抱えながら学校生活を送ることができるようになった児童生徒は増加し、教職員は児童生徒を多様に支援することが求められている。近年、AEDやエピペン®などの医療機器や薬剤を、児童生徒の命を守るために教職員が適切に使用する必要性も生じている。インクルーシブ教育実現のために、養護教諭のみではなく全ての教職員が疾病管理の目的や意義、具体的方法を理解し、当該児童生徒への適切な疾病管理を行う必要がある。

引用・参考文献

1) 文部科学省初等中等教育局健康教育・食育課監修：学校のアレルギー疾患に対する取り組みガイドライン《令和元年度改訂》、日本学校保健会、2020、8、55
   https://www.gakkohoken.jp/book/ebook/ebook_R010060/R010060.pdf（2023年8月18日アクセス）
2) 文部科学省：学校給食における食物アレルギー対応指針、2015
   https://www.mext.go.jp/component/a_menu/education/detail/__icsFiles/afieldfile/2015/03/26/1355518_1.pdf
   （2023年8月18日アクセス）
3) UCB Cares®てんかん：てんかんinfo　日常生活と支援制度　園・学校の先生へ―てんかんfor school
   https://www.tenkan.info/support/toteacher-respond/（2023年8月18日アクセス）
4) UCB Cares®てんかん：てんかんinfo　子どもによくみられるてんかん発作
   https://www.tenkan.info/pdf/ucb_epi_info_dl_list_221111.pdf（2023年8月18日アクセス）
5) 文部科学省初等中等教育局健康教育・食育課：学校におけるてんかん発作時の坐薬挿入について（依頼）（事務連絡平成29年8月22日）
   https://www.mext.go.jp/content/20200525-mxt_tokubetu02-000007449_9.pdf（2023年8月18日アクセス）
6) 文部科学省：学校等におけるてんかん発作時の口腔用液（ブコラム®）の投与について（事務連絡令和4年7月19日）
   https://www.childneuro.jp/uploads/files/information/buccolam20220719.pdf（2023年8月18日アクセス）
7) 長尾秀夫、吉松誠、中村泰子他：てんかん児の生活指導表の作成―事故調査に基づく指導区分の導入―、日本小児科学会雑誌、100(4)、1996、766-773
8) 長尾秀夫：てんかん児の生活支援、小児保健研究、65(2)、2006、207-211
9) 日本学校保健会：学校心臓検診の実際　スクリーニングから管理まで　令和2年度改訂、日本学校保健会、2021、9
   https://www.gakkohoken.jp/book/ebook/ebook_R020090/index_h5.html#1（2023年8月18日アクセス）
10) 日本学校保健会：心疾患児　学校生活管理指導のしおり（令和2年度改訂）、日本学校保健会、2021
    https://www.gakkohoken.jp/book/ebook/ebook_R030010/index_h5.html（2023年8月18日アクセス）
11) 日本糖尿病学会編著：糖尿病治療ガイド2022-2023、文光堂、2022
12) 糖尿病ネットワーク：小児1型糖尿病患児の治療環境に関するアンケート調査、2015
    https://dm-net.co.jp/pumpfile/enquete/201509/summary.php（2023年8月18日アクセス）
13) 日本学校保健会：学校検尿のすべて　令和2年度改訂、日本学校保健会、2021
    https://www.gakkohoken.jp/book/ebook/ebook_R020070/index_h5.html（2023年8月18日アクセス）
14) 日本学校保健会：腎疾患児　学校生活管理指導のしおり　学校・学校医用（令和2年度改訂）、日本学校保健会、2021
    https://www.gakkohoken.jp/book/ebook/ebook_R030020/index_h5.html（2023年8月18日アクセス）

コラム　食物アレルギー事故の教訓

　2012（平成24）年に東京都調布市の小学校で小学5年生の女子児童が食物アレルギーのアナフィラキシーショックで亡くなった事故は、全国の学校にエピペン®投与の重要性を認識させることになった。事故発生の要因は担任と養護教諭がエピペン®を打たなかったことであり、最終的に校長がエピペン®を打ったが間に合わなかった。本事故の一番の教訓は、エピペン®の投与タイミングが遅すぎたこと（初期対応の誤り）である。教職員向けの食物アレルギー対応マニュアルでは、タイミングを逃さないように「アレルギー症状があったら5分以内に判断する」、「迷ったらエピペン®を打つ」、そして緊急性の高いアレルギー症状をあげ、「これらに一つでもあてはまればただちにエピペン®を打つ」と指示している。しかし、緊急性の高いアレルギー症状と同じ症状が現れる疾患等には、ぜん息発作やパニック発作、血管迷走神経反射などがあり、医療関係の資格を持たない教職員にとっては、一つの症状でエピペン®投与の判断を下すことは簡単ではなく、「もし間違って打ったらどうしよう」と躊躇する。ある指導的立場の養護教諭は、「蕁麻疹はほとんどのケースで現れるため、投与のタイミングを『蕁麻疹と緊急性の高いアレルギー症状一つ以上』と伝えると、多くの養護教諭が安心する」と語った。アナフィラキシーガイドライン2023では、「皮膚、粘膜への急速な発症」に加えて「重症度が高い症状が一つ以上」をアナフィラキシーの診断基準の一つとしており、皮膚・粘膜症状は80～90％に現れるとデータを示している。教職員向けの食物アレ

ルギー対応マニュアルをよく見ると、中程度の皮膚や粘膜の症状がある場合の欄に、「5分ごとに症状を観察し『重症度が高い症状が一つ以上』現れれば即エピペン®投与」と指示している。エピペン®の投与を教職員に躊躇させないためにも、重症度が高くない蕁麻疹の確認は有効であるという報告がある。

引用・参考文献
1) 調布私立学校児童死亡事故検証委員会:調布市立学校児童死亡事故検証結果報告書、平成25年3月
2) 日本アレルギー学会:アナフィラキシーガイドライン2023
https://www.jsaweb.jp/uploads/files/Web_AnaGL_2023_0301.pdf（2023年9月19日アクセス）
3) 日本学校保健会:学校のアレルギー疾患に対する取り組みガイドライン《令和元年度改訂》、日本学校保健会、2020
https://www.gakkohoken.jp/book/ebook/ebook_R010060/index_h5.html#1（2023年9月19日アクセス）
4) 東京都アレルギー疾患対策検討委員会:食物アレルギー緊急時対応マニュアル　平成30年3月改定版
https://www.hokeniryo.metro.tokyo.lg.jp/allergy/pdf/zenbun1.pdf（2023年9月19日アクセス）

4 感染症予防

1) 感染症予防の目的・意義

　学校における感染症予防の目的は、第一に感染症の校内発生を未然に防ぐことである。第二に発生した場合には、重症化を防ぐために早期発見、早期治療につなげることであり、第三に感染拡大を防ぐために適切な措置を講ずることである。学校は、児童生徒等が集団生活を営む場であるため、感染症が発生した場合は、感染が拡大しやすく、教育活動にも大きな影響をおよぼす[1]ことから、感染症対策は発生前、流行中、流行後のどの時期においても、万全を期する必要がある。また感染症に罹患している、またはその疑いや恐れがある児童生徒等に対して、差別や偏見が生じないように配慮することも求められる。

2) 感染症予防の法的根拠

　感染症予防の法的根拠は、感染症の予防及び感染症の患者に対する医療に関する法律（以下、感染症法）にある。ただし感染症法は一般社会を対象としたものであるため、学校における感染症予防は学校保健安全法のもと、同施行令、同施行規則によって、出席停止期間等の指針が表1-4-1のように細かく規定されている。

感染症の予防及び感染症の患者に対する医療に関する法律
（目的）
第1条　この法律は、感染症の予防及び感染症の患者に対する医療に関し必要な措置を定めることにより、感染症の発生を予防し、及びそのまん延の防止を図り、もって公衆衛生の向上及び増進を図ることを目的とする。

学校保健安全法
（出席停止）
第19条　校長は、感染症にかかっており、かかっている疑いがあり、又はかかるおそれのある児童生徒等があるときは、政令で定めるところにより、出席を停止させることができる。

（臨時休業）
第20条　学校の設置者は、感染症の予防上必要があるときは、臨時に、学校の全部又は一部の休業を行うことができる。

学校保健安全法施行令
（保健所と連絡すべき場合）
第5条　法第18条の政令で定める場合は、次に掲げる場合とする。
一　法第19条の規定による出席停止が行われた場合
二　法第20条の規定による学校の休業を行った場合
（出席停止の指示）
第6条　校長は、法第19条の規定により出席を停止させようとするときは、その理由及び期間を明らかにして、幼児、児童又は生徒（高等学校（中等教育学校の後期課程及び特別支援学校の高等部を含む。以下同じ。）の生徒を除く。）にあってはその保護者に、高等学校の生徒又は学生にあっては当該生徒又は学生にこれを指示しなければならない。
（出席停止の報告）
第7条　校長は、前条第一項の規定による指示をしたときは、文部科学省令で定めるところにより、その旨を学校の設置者に報告しなければならない。

学校保健安全法施行規則
（出席停止の期間の基準）
第19条　令第6条第2項の出席停止の期間の基準は、前条の感染症の種類に従い、次のとおりとする。
一　第一種の感染症にかかった者については、治癒するまで。
二　第二種の感染症（結核及び髄膜炎菌性髄膜炎を除く。）にかかった者については、次の期間。ただし、病状により学校医その他の医師において感染のおそれがないと認めたときは、この限りでない。
イ　インフルエンザ（特定鳥インフルエンザ及び新型インフルエンザ等感染症を除く。）にあっては、発症した後五日を経過し、かつ、解熱した後二日（幼児にあっては、三日）を経過するまで。
ロ　百日咳にあっては、特有の咳が消失するまで又は五日間の適正な抗菌性物質製剤による治療が終了するまで。
ハ　麻しんにあっては、解熱した後三日を経過するまで。
ニ　流行性耳下腺炎にあっては、耳下腺、顎下腺又は舌下腺の腫脹が発現した後五日を経過し、かつ、全身状態が良好になるまで。
ホ　風しんにあっては、発しんが消失するまで。
ヘ　水痘にあっては、すべての発しんが痂皮化するまで。
ト　咽頭結膜熱にあっては、主要症状が消退した後二日を経過するまで。
チ　新型コロナウイルス感染症にあっては、発症した後五日を経過し、かつ、症状が軽快した後一日を経過するまで。
三　結核、髄膜炎菌性髄膜炎及び第三種の感染症にかかった者については、病状により学校医その他の医師において感染のおそれがないと認めるまで。
四　第一種若しくは第二種の感染症患者のある家に居住する者又はこれらの感染症にかかっている疑いがある者については、予防処置の施行の状況その他の事情により学校医その他の医師において感染のおそれがないと認めるまで。
五　第一種又は第二種の感染症が発生した地域から通学する者については、その発生状況により必要と認めたとき、学校医の意見を聞いて適当と認める期間。
六　第一種又は第二種の感染症の流行地を旅行した者については、その状況により必要と認めたとき、学校医の意見を聞いて適当と認める期間。
（感染症の予防に関する細目）
第21条　校長は、学校内において、感染症にかかっており、又はかかっている疑いがある児童生徒等を発見した場合において、必要と認めるときは、学校医に診断させ、法第19条の規定による出席停止の指示をするほか、消毒その他適当な処置をするものとする。

2 校長は、学校内に、感染症の病毒に汚染し、又は汚染した疑いがある物件があるときは、消毒その他適当な処置をするものとする。
3 学校においては、その附近において、第一種又は第二種の感染症が発生したときは、その状況により適当な清潔方法を行うものとする。

表1-4-1 学校保健安全法等における感染症関連事項

	規定箇所		感染症に関連する部分
学校保健安全法	就学時の健康診断	第11条、第12条	教育委員会が行う、就学時の健康診断による疾病[a]の早期発見・早期対応
	児童生徒等の健康診断	第13条、第14条	健康診断による疾病[a]の早期発見・早期対応
	職員の健康診断	第15条、第16条	学校の設置者が行う、健康診断による疾病[a]の早期発見・早期対応
	保健所との連絡	第18条	学校の設置者が行う、健康診断の実施等についての保健所との連絡
	出席停止	第19条	校長が行う、感染症の罹患や疑い・罹患のおそれがある児童生徒への出席停止措置
	臨時休業	第20条	学校の設置者が行う、感染症の予防上必要な臨時休業の措置
	文部科学省令への委任	第21条	文部科学省令による、学校における感染症予防に必要な事項(法律に定めるもの以外)の規定
	地方公共団体の援助	第24条	地方公共団体が行う、感染症[b]に罹患した児童生徒の保護者のうち、生活保護法第6条2項に規定する者(及びこれに準ずる程の困窮者で政令で定めるもの)への医療費の援助
学校保健安全法施行令	保健所と連絡すべき場合	第5条	出席停止[c]、学校の休業[d]の場合
	出席停止の指示	第6条	校長は、幼・小・中学校の場合は児童生徒の保護者、高校の場合は生徒学生に理由、時期を明らかにして指示
	出席停止の報告	第7条	校長は出席停止の指示(同令第6条)を学校設置者へ報告
	感染性又は学習に支障を生ずるおそれのある疾病	第8条	感染性又は学習に支障を生じるおそれのある疾病で政令で定めるもの[e]の種類
学校保健安全法施行規則	事後措置	第9条	健康診断後の疾病の予防処置、受診・予防接種の指示、学習・運動・学校行事への配慮、保健指導など(対象:幼児、児童、生徒)
	臨時の健康診断	第10条	感染症又は食中毒が発生した時、風水害などにより感染症が発生するおそれがある時、結核・寄生虫病などの有無について検査する必要がある時などに実施
	事後措置	第16条	健康診断後の受診勧告、勤務への配慮、予防接種など(対象:教職員)
	感染症の種類	第18条	学校において予防すべき感染症の種類
	出席停止の期間の基準	第19条	出席停止期間[f]の基準(同規則第18条の感染症の種類に従う)
	出席停止の報告事項	第20条	出席停止報告[g]の内容
	感染症の予防に関する細目	第21条	出席停止の指示、学校内及び付近における消毒などの実施

a 感染症を含む、b 又は学習に支障を生ずるおそれのある疾病で政令で定めるもの、c 学校保健安全法第19条、d 同法第20条、e 同法第24条、f 学校保健安全法施行令第6条第2項、g 同令第7条
出典)三村由香里:学校保健安全法 感染症関連法令、竹鼻ゆかり、三村由香里、徳山美智子他編著、新版 学校保健 チームとしての学校で取り組むヘルスプロモーション、東山書房、2019、242をもとに筆者作成

(1) 学校において予防すべき感染症(第一種、第二種、第三種感染症)

感染症法はさまざまな感染症を、一〜五類および新型インフルエンザ等感染症、指定感染症、新感染症の八つに分類している(同法第6条)。一方、学校保健安全法は学校でまん延する可

表1-4-2　学校において予防すべき感染症と出席停止期間（令和5年5月8日施行）

学校保健安全法施行規則による分類	感染症法による分類	感染症	出席停止の期間の基準
第一種	一類感染症	エボラ出血熱、クリミア・コンゴ出血熱、痘そう、南米出血熱、ペスト、マールブルグ病、ラッサ熱	治癒するまで
	二類感染症	急性灰白髄炎（ポリオ）、ジフテリア、重症急性呼吸器症候群（SARSコロナウイルスによるもの）、中東呼吸器症候群（MERSコロナウイルスによるもの）、及び特定鳥インフルエンザ（血清亜型が新型インフルエンザ等感染症の病原体に変異するおそれが高い[※1]、インフルエンザAウイルスによるもの）	
		新型インフルエンザ等感染症[※2]	
		指定感染症[※3]	
		新感染症[※4]	
第二種[※5]	二類感染症	結核	病状により学校医その他の医師において感染のおそれがないと認めるまで
	五類感染症	インフルエンザ（特定鳥インフルエンザ及び新型インフルエンザ等感染症を除く）	発症した後5日を経過し、かつ、解熱した後2日（幼児にあっては、3日）を経過するまで
		百日咳	特有の咳が消失するまで又は5日間の適正な抗菌性物質製剤による治療が終了するまで
		麻しん	解熱した後3日を経過するまで
		流行性耳下腺炎（おたふくかぜ）	耳下腺、顎下腺又は舌下腺の腫脹が発現した後5日を経過し、かつ、全身状態が良好になるまで
		風しん	発しんが消失するまで
		水痘（みずぼうそう）	すべての発しんが痂皮化するまで
		咽頭結膜熱（プール熱）	主要症状が消退した後2日を経過するまで
		新型コロナウイルス感染症（新型コロナウイルスによるもの）	発症した後5日を経過し、かつ、症状が軽快した後1日を経過するまで
		髄膜炎菌性髄膜炎	病状により学校医その他の医師において感染のおそれがないと認めるまで
第三種	三類感染症	コレラ、細菌性赤痢、腸管出血性大腸菌感染症、腸チフス、パラチフス	病状により学校医その他の医師において感染のおそれがないと認めるまで
	五類感染症	流行性角結膜炎、急性出血性結膜炎	
		その他の感染症	

※1　新型インフルエンザ等感染症については、新型コロナウイルス感染症及び再興型コロナウイルス感染症を除く。なお具体的な血清亜型は政令で定める。
※2　「新型インフルエンザ等感染症」とは、次に掲げる感染性の疾病をいう。
　　一　新型インフルエンザ（新たに人から人に伝染する能力を有することとなったウイルスを病原体とするインフルエンザであって、一般に国民が当該感染症に対する免疫を獲得していないことから、当該感染症の全国的かつ急速なまん延により国民の生命及び健康に重大な影響を与えるおそれがあると認められるものをいう。）
　　二　再興型インフルエンザ（かつて世界的規模で流行したインフルエンザであってその後流行することなく長期間が経過しているものとして厚生労働大臣が定めるものが再興したものであって、一般に現在の国民の大部分が当該感染症に対する免疫を獲得していないことから、当該感染症の全国的かつ急速なまん延により国民の生命及び健康に重大な影響を与えるおそれがあると認められるものをいう。）
　　三　新型コロナウイルス感染症（新たに人から人に伝染する能力を有することとなったコロナウイルスを病原体とする感染症であって、一般に国民が当該感染症に対する免疫を獲得していないことから、当該感染症の全国的かつ急速なまん延により国民の生命及び健康に重大な影響を与えるおそれがあると認められるものをいう。）
　　四　再興型コロナウイルス感染症（かつて世界的規模で流行したコロナウイルスを病原体とする感染症であってその後流行することなく長期間が経過しているものとして厚生労働大臣が定めるものが再興したものであって、一般に現在の国民の大部分が当該感染症に対する免疫を獲得していないことから、当該感染症の全国的かつ急速なまん延により国民の生命及び健康に重大な影響を与えるおそれがあると認められるものをいう。）
※3　「指定感染症」とは、既に知られている感染性の疾病（一類感染症、二類感染症、三類感染症及び新型インフルエンザ等感染症を除く。）であって、感染症法第3章から第7章までの規定の全部又は一部を準用しなければ、当該疾病のまん延により国民の生命及び健康に重大な影響を与えるおそれがあるものとして政令で定めるものをいう。
※4　「新感染症」とは、人から人に伝染すると認められる疾病であって、既に知られている感染性の疾病とその病状又は治療の結果が明らかに異なるもので、当該疾病にかかった場合の病状の程度が重篤であり、かつ、当該疾病のまん延により国民の生命及び健康に重大な影響を与えるおそれがあると認められるものをいう。
※5　記載の出席停止期間（第二種）は、病状により学校医その他の医師において感染のおそれがないと認めたときは、この限りでない。
●出席停止の期間の基準
・第一種若しくは第二種の感染症患者のある家に居住する者又はこれらの感染症にかかっている疑いがある者については、予防処置の施行の状況その他の事情により学校医その他の医師において感染のおそれがないと認めるまで。
・第一種又は第二種の感染症が発生した地域から通学する者については、その発生状況により必要と認めたとき、学校医の意見を聞いて適当と認める期間。
・第一種又は第二種の感染症の流行地を旅行した者については、その状況により必要と認めたとき、学校医の意見を聞いて適当と認める期間。

能性が高い学校感染症に焦点を絞って、疾患の特性や感染力（児童生徒等の罹患率や流行を広げる可能性の高さ等）、出席停止期間の基準等により、3種類に分類している（同法施行規則第18条）（表1-4-2）。

（2）出席停止と臨時休業

学校保健安全法には、学校感染症の予防に関する規定があり、その主となるものは、出席停止（学校保健安全法第19条）と臨時休業（学校保健安全法第20条）である。その目的は、感染症の拡大防止にある。

出席停止を行うにあたっては、校長は理由や期間を明らかにして、保護者（高等学校では本人）に指示すること（同法施行令第6条第1項）、学校の設置者に書面をもって報告（その理由、期間等）をすること（同法施行令第7条）、消毒その他適当な処置をすること（同法施行規則第21条）と規定されている。なお出席停止および臨時休業が行われた場合は、保健所に連絡する必要がある（同法施行令第5条）。

（3）健康診断と感染症

学校で行われる定期健康診断は、感染症の早期発見において重要な役割を持つ。健康診断の項目には結核等の感染症にかかわる項目が含まれているため、結果に基づき、疾病の予防処置を行い、または治療を指示する等、適切な事後措置をとらなければいけない[2]。また、必要があるときは臨時の健康診断を行う（学校保健安全法第13条第2項）（各論第1章2．健康診断参照）。

感染症の予防には予防接種の果たす役割が大きいため、教育委員会が就学時の健康診断を行い、予防接種の状況を確認している。学校は入学予定の子供の予防接種歴を把握し、感染症対策や予防接種の勧奨等に利用する。さらに進学・転学時には、学校は進学・転学先へ健康診断票を送付する必要があり（同法施行規則第8条）、送付を受けた側は、定期接種[*1]（表1-4-3）の対象となっている疾患について、罹患歴や予防接種歴を確認することが望ましい[2]。

表1-4-3　定期接種（予防接種法におけるA類疾病）の対象疾患

インフルエンザ菌b型（Hib）感染症、小児の肺炎球菌感染症、急性灰白髄炎（ポリオ）、結核、百日咳、ジフテリア、破傷風、麻しん、風しん、水痘、日本脳炎、B型肝炎、ヒトパピローマウイルス（HPV）感染症、ロタウイルス感染症　　　　　　　　　　　　　　　　　　　　　　　　　　　　　（2023〈令和5〉年11月現在）[3]

3）感染症予防の対象

学校における感染症予防の対象者は、児童生徒および教職員である。

なお感染症の拡大予防として、症状を呈している児童生徒や教職員だけに対策を講じる（出席停止等）だけでは不十分である。なぜなら明確な症状を呈していない人のなかには、病原体

[*1] 定期接種
予防接種には、予防接種法に基づいて接種が推奨され、市区町村が実施する「定期接種」と、希望者が自己裁量で受ける「任意接種」がある。さらに定期接種には、「A類疾病」（表1-4-3参照）を対象としたものと、「B類疾病」（季節性インフルエンザ、高齢者の肺炎球菌感染症）を対象としたものがある。前者は本人（保護者）に努力義務があり、居住の市町村で受ける場合は公費で受けられる。一方、後者には努力義務はなく、費用も自己負担であるが、一部公費負担の場合もある[4]。

が体に侵入しても、症状が出現しない場合（不顕性感染）や軽症、潜伏期間中の人がおり、何も対策を講じなければ、他者に感染させ得るからである。そのため、感染症の流行中は症状を呈している人だけではなく、全ての人に対して予防策を講じる必要がある。

4）感染症予防の方法

感染症予防の方法について、本稿では四つに分けて概説する。まずは（1）感染症予防のための三つの対策を述べ、次に（2）標準予防策（スタンダードプリコーション）・感染経路別予防策について述べる。標準予防策は感染の有無にかかわらず全ての人に行う基本的な感染予防策である。感染経路別予防策は特定の病原体の感染経路（飛沫感染、空気感染、接触感染）に沿って行う予防策であり、標準予防策だけでは感染を予防することが難しい病原体による感染者に対して、標準予防策に追加して行う感染予防対策である。そして、（3）学校生活における日常的な感染症予防対策、（4）集団発生（アウトブレイク）時の対応について述べる。

（1）感染症予防のための三つの対策

感染症を引き起こす微生物を病原体（病原微生物）といい、ウイルスや細菌の他に真菌、寄生虫（原虫、蠕虫）等がある。病原体が空気や水、物、生体等に付着することを汚染、微生物が生体内に侵入し、定着、増殖または寄生することを感染という。そして病原体が侵襲し、生体がそれを排除しようとする過程で発熱や咳、鼻汁、嘔吐、下痢等の臨床症状が現れることを発症という。

ただし病原体が体に侵入しても、病原体の感染力と生体の抵抗力とのバランスによって、症状が出現する場合（顕性感染）としない場合（不顕性感染）がある。一般に感染しても発症するケースは少なく、大部分が不顕性感染となる[5]。不顕性感染者は保菌者（キャリア）であるが、検査しないとわからないので、しばしば無自覚に行動して多くの人々に感染させてしまい、疫学上問題となる[5]。

感染症予防には、感染源対策、感染経路対策、宿主対策の三つが有効である。

①感染源対策（感染源の排除）

病原体に感染した動物や、病原体で汚染された物を感染源という。具体的には、感染者や感染動物およびその排泄物や嘔吐物、体液（血液等）、分泌物、病原体で汚染された食品や環境（学校では人が頻繁に触れるドアノブ、机、椅子、蛇口等）である。

感染源は感染者の隔離、排泄物の排除、消毒やこまめな清掃などの対策を講じ、速やかに除去する必要がある。ただし不顕性感染者もいるため、症状を呈している感染者だけに対処するのでは不十分である。よって、後述の標準予防策が求められる。

②感染経路対策（感染経路の遮断）

感染経路とは、病原体が生体内に侵入し、感受性宿主に伝播する経路をいう。感染には垂直感染（妊娠・分娩・授乳を通して母親から胎児・新生児へ伝播する感染）と水平感染（垂直感染を除くヒトからヒト、動物からヒトへの感染）[6]があるが、学校で注意すべき感染は後者である。水平感染には接触感染、飛沫感染、空気感染（飛沫核感染）、媒介感染がある[7]。各感染の感染経路や予防策、主な疾患を表1-4-4に示す。

③宿主対策（宿主の抵抗力の向上）

宿主とは、病原体が寄生し、感染を受ける人のことである。感染症は、誰もが罹患する可能

表1-4-4 感染経路による予防策

種類	感染経路	予防策	主な疾患
接触感染	感染源に直接接触して感染(直接接触感染)。汚染された物や環境表面を介して感染(間接接触感染)	手指衛生、タオルの共用はしない、手袋・プラスチックエプロン(ガウン)の着用、汚染された物の消毒(便器、トイレのドアノブなど)	●経皮感染／皮膚感染症、咬傷感染(狂犬病、破傷風など) ●粘膜感染／性行為感染(淋菌感染症、梅毒など) ●経口感染／糞口感染(ノロウイルス感染症など)
飛沫感染	咳、くしゃみ、会話などの際に飛沫に含まれた微生物が飛び出し、比較的近く(2〜3m以内)にいる人の目や鼻、気道の粘膜と接触することにより感染	手指衛生、不織布製マスクの着用、咳エチケット※、教室内の換気、別室隔離(発熱や体調不良があるものは居室内に隔離する)	●経気道感染／インフルエンザ、風疹、流行性耳下腺炎、マイコプラズマ肺炎など
空気感染 (飛沫核感染)	咳、くしゃみ、会話などの際に飛沫に含まれた微生物が飛び出し、乾燥した後、約5μm以下の粒子(飛沫核)に付着して空気中を漂い、近くの人に限らず遠くにいる人が吸入することで感染	手指衛生、N95マスクの着用、咳エチケット※、教室内の換気、別室隔離(発熱や体調不良があるものは居室内に隔離する)	●経気道感染／結核、麻疹、水痘など
一般媒介感染	汚染された食物、器具、輸液などを介して感染	血液、浸出液、その他の体液との接触時は手袋を着用。器具は消毒・滅菌したものを使用。調理作業時は衛生的に食材を取り扱う。食品の衛生管理	●経口感染／食中毒(病原体が原因となるもの) ●経皮感染／針刺し事故などによるHBV、HCV、HIV感染症など
ベクター (媒介生物) 媒介感染	蚊、ダニ、ノミなど、感染性因子を保有する生物であるベクターを介して感染	草むらなどに入る場合は虫よけを使用、長袖・長ズボンを着用	●節足動物媒介感染／デング熱、ジカウイルス感染症、日本脳炎など

※咳エチケット:咳やくしゃみをする場合は、ハンカチ、タオル、ティッシュ等で口を覆い、飛沫を周りの人に浴びせないようにする。ハンカチやティッシュがない場合は、手のひらではなく、肘の内側で口を覆う。

出典)坂本史衣:5感染経路.B感染の成立を疫学的な視点でとらえる、I感染の成立と予防に関する考え方、電子版 基礎から学ぶ医療関連感染対策(改訂第3版)標準予防策からサーベイランスまで、南江堂、2019、3[8)]、医療情報科学研究所編:水平感染.感染症総論、病気がみえる vol.6 免疫・膠原病・感染症 第2版、メディックメディア、2019、149[7)]を参考に筆者作成

性があるが、罹患しやすさには個人差がある。抵抗力の弱い人や基礎疾患のある人、体調不良者に対応することが多い養護教諭等は罹患しやすい人(感受性宿主)であり、手指衛生や人混みを避ける等により感染しないよう注意を払うことが重要である。また、極度に抵抗力が弱くなると、通常は病気を起こさないような病原体に感染することがある(日和見感染症)。

宿主対策としては、宿主の抵抗力を高めることが有効である。抵抗力を高める手段としては、バランスのよい食事や適度な運動・睡眠、規則正しい生活リズム、ストレスのコントロール等がある。さらに、予防接種を受けて免疫力を高めることも大切である。教職員は、日頃から、保健教育や健康観察を通して自分の健康状態の異変を早期発見するよう、児童生徒に指導することで、健康管理能力の育成につなげることも重要である。児童生徒の予防接種歴を把握して、必要な接種を保護者に推奨することも重要な予防対策である。また、教職員も自分の予防接種歴や感染症の罹患状況を知り、必要に応じて予防接種を受けることも大切である。

（2）標準予防策（スタンダードプリコーション）・感染経路別予防策

　標準予防策とは、感染症の有無にかかわらず、全ての人に対して、血液、体液、汗を除く分泌物（鼻汁、眼脂、喀痰、膿等）、排泄物（便、嘔吐物、尿）、創傷のある皮膚、粘膜（口腔・鼻腔内、肛門、陰部）は、感染の可能性があるとみなして対応し、子供と養護教諭や教職員の感染の危険性を最小化するための標準的な感染予防策である。

　養護教諭は児童生徒の出血や嘔吐物を処理することが多い。医療機関に限らず、学校においても感染の可能性があるものを取り扱う場合には、感染予防を徹底することが大切である。具体的な予防策は表1-4-5のとおりである。

　感染経路別予防策とは、標準予防策だけでは予防が難しい病原体に対して、標準予防策に追加して行う感染対策[9]である。具体的には、感染経路に応じて飛沫感染予防策、空気感染予防策、接触感染予防策の三つがある[10]（表1-4-5）。

　感染経路別予防策は、病原体を確定させてから実施するのが前提ではあるが、学校では難しいため、子供が呈する症状から病原体を推測して行うことが推奨される（経験的感染予防策）[10]。例えば、発熱や咳がある場合はインフルエンザを疑い、児童生徒および養護教諭や教職員はサージカルマスクを着用し、教室内の換気などの飛沫感染予防策を行う。また下痢・嘔吐がある場合はノロウイルスを疑い、汚染されたものの消毒（便器、トイレのドアノブなど）、嘔吐物処理などの接触感染予防策を行う。なお、ノロウイルス感染症の場合は、吐物にもウイルスは多量に含まれており、ウイルスを含む粒子が乾燥して、埃とともに周辺に散らばるような塵埃（じんあい）感染もある[11]。そのため、十分に換気したうえで汚染が残らないように適切に処理する必要がある。

　嘔吐物を処理する際には養護教諭や教職員はマスク、エプロン、手袋を着用し、周囲にいる児童生徒たちを離れた場所へ移動させて、窓を開けて換気をする。嘔吐物の飛散を防ぐために新聞紙やペーパータオルなどで覆い、中心から半径2ｍの範囲を外側から内側へ向かって、周囲に拡げないよう、拭き残しのないように拭き取る。嘔吐物は密閉できるビニール袋に入れて処理する。嘔吐物を拭き取った場所は、塩素系消毒薬で湿らせたペーパータオルなどでしばらく覆っておく。

　発熱、皮疹があり、麻疹ウイルス、水痘帯状疱疹ウイルスの疑いがあれば、児童生徒・養護教諭や教職員はサージカルマスクを着用し、教室内の換気を行うなどの空気感染予防策をとる。

表1-4-5　学校における標準予防策と感染経路別予防策

感染経路別予防策		
飛沫感染予防策	空気感染予防策	接触感染予防策
標準予防策		
血液や体液・分泌物（汗は除く）、排泄物、傷のある皮膚は、感染性をもつものとして扱う。 ●手指衛生（手洗い、消毒） ●手袋や、必要に応じてプラスチックエプロン（ガウン）、マスク、ゴーグルの着用 ●注射針に触れない（エピペン®、インシュリン注射） ●器材・器具・リネンの適切な使用・処理 ●感染性廃棄物の適切な分別・処理		

出典）医療情報科学研究所編：感染経路別予防策．感染症総論、病気がみえる vol.6 免疫・膠原病・感染症 第2版、メディックメディア、2019、160[10] を参考に筆者作成

(3) 学校生活における日常的な感染症予防対策

　学校で集団生活を送る子供たちのなかには、病気の症状が出ていない不顕性感染者や、症状が出ていても軽い感染者がおり、子供自身が感染を知らずに病原体を広めてしまう場合も考えられる。そのため、学校では日頃から集団感染が発生する危険性があることを考慮し、感染症予防の対策を考えておく必要がある。感染症の流行時は特に注意が必要であり、全ての子供、教職員が予防対策を講ずることが求められる（表1-4-6）。

表1-4-6　学校における日常的な感染症予防対策

早期発見	日々の健康観察、欠席状況、保健室利用状況から、感染症の発生や流行の兆候を早期に把握する。
早期治療へつなげる	感染症の疑いがある症状がみられた場合は、速やかに医療機関を受診させる。また学校医の助言を受け、適切な措置を講ずる。
啓発活動、情報提供	かかりやすい感染症や新興感染症等について、児童生徒や保護者を啓発する。保健だよりや掲示物等を通して情報提供する。
学校環境衛生管理	日常検査・定期検査・臨時検査を適切に行う。 特に保健室においては、ゾーニング（清潔ゾーン、不潔ゾーン、けが対応ゾーン、体調不良者対応ゾーン、相談者対応ゾーンなどの区分）を行い、衛生用品・消毒薬（必要数、期限切れの確認）の管理や保健室環境（換気、清掃、保湿）にも留意する。
健康教育（保健教育）	日頃から手洗い、換気、バランスのよい食事、運動、規則正しい生活リズム等を指導する。感染症について正しく理解でき、感染者への偏見や差別が起きないよう指導する。
予防接種歴の確認と予防接種の勧奨	予防接種を勧奨する。

(4) 集団発生（アウトブレイク）時の対応

①感染症の集団発生（アウトブレイク）とは

　感染症の集団発生（アウトブレイク）とは、ある特定の感染症が特定の期間、地域、集団において、通常の症例数を大きく超える数の症例で起きること[12]をいう。ただし、その地域・集団において、今までに報告されていない、あるいは発生してはならないような感染症が発生した場合は、1例や2例でもアウトブレイクという認識での対応が求められる[13]。つまり症例数が少なくても集団発生でないとは言い切れず、学校は最悪の事態を想定して適切な対応を行うことが求められる。

②集団発生時における危機管理の基本的心得

　集団発生時における危機管理の基本的心得としては、次の3点があげられる。
- 集団発生は、個人のみならず社会にも深刻な影響をおよぼすことを理解する。
- 日頃から発生状況についてアンテナを巡らすと同時に、事前準備を怠らず、発生した場合は、拡大を抑えるため迅速にしかるべき対応を取る。
- リスク認識の共有やリスク管理のために、児童生徒や保護者、教職員、学外関係者等とリスクコミュニケーション*2を行う。

---

*2　リスクコミュニケーション
　リスクコミュニケーションとは、リスク分析（集団発生を防止したり、そのリスクを最小化したりするための枠組み）の全過程において、リスク評価者、リスク管理者、消費者、事業者、研究者、その他の関係者の間で、情報および意見を相互に交換することであり、リスク評価の結果およびリスク管理の決定事項の説明を含む[14]。

③学校における集団発生時の対応

　学校は、一つの狭い場所に多くの児童生徒が集まって活動しているため、集団発生が起こりやすい。集団発生時の対応として一番重要なのは、集団発生をいち早く察知することである。そのために、児童生徒および教職員は日々の健康観察を怠らないこと、教職員はさまざまな情報源（児童生徒、保護者、学校医、関係機関〈保健所、医療施設等〉、地域ニュース等）をもとに地域の流行状況をリアルタイムで把握することが重要である。また関係諸機関との連携体制を構築しておき、集団発生時に各機関とどのような連携を取るのかを明確にしておくとよい。さらに、学校の設置者は感染症の早期探知システムである「学校等欠席者・感染症情報システム」[15]を活用して、感染症情報を関係機関とリアルタイムに共有し、早期探知・早期対応、集団発生予防につなげるのも効果的である。

　集団発生が確認された場合、校長は保健主事・養護教諭・学級担任等と連携協働し、迅速に学校医や保健所、学校の設置者等と連絡を取り、拡大防止に努める。学校医は、感染症の種類や感染状況、地域性、保健所や医師会等の情報を勘案して、学校に臨時休業の是非を助言する。それを受けて、他の情報も加味しながら、必要に応じて校長は出席停止、学校設置者は臨時休業を実施し（学校保健安全法第19条、第20条）、保健所に連絡する（同法施行令第5条）。なお出席停止の場合は、校長は学校の設置者にも連絡が必要である（同法施行令第7条）。さらに、教職員は児童生徒と保護者に対し、感染症情報（症状、治療法、予防法等）、集団感染情報（感染状況、調査・対策等）等を説明し、理解と協力を求める。その際、感染拡大や再燃、感染者への差別や偏見が起こらないよう配慮が大切である。なお、学級閉鎖や臨時休業をする場合、管理職および学級担任は保護者への通知や児童生徒への指導を行う。また、集団発生時における各教職員の役割を再確認し、校内外の取り組み体制を強化する。

　飛沫や接触を感染経路とする感染症（新型コロナウイルス感染症など）の流行時には、教科や学校行事の特徴をふまえた活動場面ごとの対策（近距離・対面・大声や会話を控える、ICTの活用など）、児童生徒の健康・安全を考慮した部活動（活動時間・休養日の配慮、大会会場への移動時や会食・宿泊時の感染対策など）[16]が求められる。マスクは感染拡大防止に有効ではあるが、義務づけられている場合以外は、強制しないようにする[16]。なお、医療的ケアを必要としたり、重症化リスクを高める基礎疾患等があったり、保護者から感染の不安により授業参加を控えたい旨相談があったりした場合は、児童生徒等や保護者の意向を尊重し、参加を強制しないようにする[16]。

5）養護教諭の役割

　養護教諭は、学校における感染症対策の中心的役割を担う存在である。保健管理と保健教育の両面から管理職や他の教職員、外部機関等との連携協働をコーディネートしつつ、率先して対策を実施することが求められる。また、自分自身が感染源とならないよう、前述した標準予防策と経路別予防策を講じるなど、自らの健康管理も欠かしてはならない。

　まず保健管理においては、日頃の健康観察（欠席状況等）や保健室の利用状況、地域の流行状況等に注意し、感染症の早期発見に努める。感染者が発生した場合は、学級別の罹患者数、症状、発症から現在までの経過、感染源、感染経路を調査することで、発生状況の経過を正確に把握する。また、保健調査、健康診断、健康観察等により、感染症に罹患している児童生徒

等を早期発見し、早期受診につなげる。保健調査や健康診断時には予防接種歴と罹患歴を把握し、感染症発生時の感染拡大の予測や防止に役立てる[17]。必要な予防接種を受けていないことが判明した場合は、その接種を勧める。

また保健室は、感染症の予防と管理を行う場でもあり、保健情報や保健組織活動のセンター[18]としての機能も持つ。そのため、養護教諭は日頃から感染症の発生や拡大状況を把握し、正確な情報を教職員や保護者、児童生徒へ発信し、適切な予防策へとつなげていくことも求められる。さらに、保健室は児童生徒が集まる場でもあるため、定期的に換気し、多くの人が触れるもの（ドアノブ、スイッチ等）は、必要に応じて消毒し、寝具類（シーツ、枕カバー、布団カバー等）は清潔に保つ。また保健室内は、病原体によって汚染されている区域と、清潔な区域に明確にゾーニングし、感染症が疑われる者は汚染区域のみを利用させる。救急処置や健康診断に用いる医療器具や衛生用品は、適切な方法で洗浄、消毒、滅菌し、救急処置時は上述した標準予防策も遵守したい。

感染した児童生徒やその周囲の児童生徒等への健康相談・保健指導も重要である。感染した児童生徒は自分の症状や病原体を恐れたり、自分が他の児童生徒に感染させたという自責にとらわれたり、周囲から病原体扱いされたり、PTSDになったりする場合もある。また、感染者の周囲には、自分も感染するのではないか、感染者にどう対応すれば差別にならないのか等と悩んでいる児童生徒もいるため、彼らに対する健康相談が求められる。

保健組織活動においては、養護教諭は保健主事と協働して、必要に応じて臨時の健康診断、対策委員会、臨時の学校保健委員会を計画する等、組織的な感染症予防を行う。

保健教育における役割としては、教科等の指導や学級活動、児童生徒保健委員会活動、保健室における個別指導、保健だよりや掲示物等を通しての啓発活動等がある。感染症予防に必要な知識（感染症成立の3要因、うがいと手洗いの必要性とタイミング、バランスのとれた食事、運動、規則正しい生活、予防接種の有効性等）を指導する際は、児童生徒に蔓延しやすい感染症をとりあげながら、計画的に実施すると効果的である。なお、感染症による偏見や差別を防ぐ教育を行う際には子供だけでなく、保護者への啓発活動も同時に行うことが重要である。

6）評価の観点

学期末・年度末や感染症流行の終息後には、感染症対策の評価を行い、今後に生かしていくことが大切である。評価の際には、学校医や教職員等の意見もふまえながら、保健主事と養護教諭が中心となり、表1-4-7（p.166）の視点から評価する。

まとめ

大勢の児童生徒等が生活している学校では、感染症が発生しやすい。児童生徒や教職員等は、関係機関と連携協働しつつ、日常的に予防対策を実施し、発生時には早期発見・早期対応により、重症化や拡大の防止に努めることが重要である。さらに養護教諭は、日常的に感染症情報を収集して管理職や他の教職員と共有し、迅速かつ正確に感染予防を行うことも求められる。

表1-4-7　評価の視点

項目	評価の視点
情報収集・分析	感染症発生（流行）状況等の情報収集・分析が適切にできたか 流行の予測に感染サーベイランス（学校欠席情報システム等）を充分活用できたか 健康診断結果や予防接種状況の把握が感染症発生時の対応に生かせたか 感染症発生時にその状況を速やかに把握できたか（危機管理を含む）
早期発見	欠席調査等で流行を予測し、早期に感染児童生徒を発見、把握できたか 感染症発生前後で適切な健康観察ができたか 体調不良者以外の児童生徒に対する健康観察は適切であったか
環境整備・衛生管理	教室の換気や加湿などの環境整備は徹底できたか 感染症に対する環境整備、衛生管理は徹底できたか 感染源となる箇所を消毒するなどの適切な処置ができたか（感染拡大防止のために必要な物品〈消毒薬など〉に不足はなかったか）
保健室経営	保健室での感染児童生徒に対する隔離体制が速やかに取れたか 罹患者の取り扱い、器具やリネン、汚染物質の処置等、感染防御の処置が取れたか
連携・協働	学校医や学校薬剤師との適切な連携が取れたか 教職員や養護教諭、管理職との連携は適切だったか 保護者、主治医など関係者との連携は取れたか 感染症発生時に校内での役割分担に基づく対応が速やかに取れたか 保健所との連携が拡大防止に生かせたか 家庭との連携が感染予防につながったか 校内の感染予防対策が共通理解のもとで進んだか
健康教育（保健教育）	感染症予防の健康教育が予防行動に生かされたか 体調不良者以外の児童生徒に対する保健指導は適切であったか 罹患者への偏見・差別を防ぐ教育指導は適切であったか 教育活動への配慮が感染予防につながったか
罹患者へのケア	罹患者に対するケアは適切にできたか
出席停止・臨時休業	出席停止・臨時休業などの措置が速やかに取れたか（児童生徒の指導を含む）
記録管理	関係事項の記録・保管は適切だったか

出典）三村由香里：感染症後の評価項目、竹鼻ゆかり、三村由香里、徳山美智子他編著、新版　学校保健　チームとしての学校で取り組むヘルスプロモーション、東山書房、2019、250を参考に筆者作成

引用・参考文献

1）日本学校保健会：Ⅰ関係法令の改正等について、学校において予防すべき感染症の解説〈平成30（2018）年3月発行〉、日本学校保健会、2018、6-7
2）日本学校保健会：2.学校における感染症への対応、Ⅱ学校における感染症への対応、学校において予防すべき感染症の解説〈平成30（2018）年3月発行〉、日本学校保健会、2018、16-23
3）厚生労働省：予防接種情報
　　https://www.mhlw.go.jp/stf/seisakunitsuite/bunya/kenkou_iryou/kenkou/kekkaku-kansenshou/yobou-sesshu/index.html（2024年1月7日アクセス）
4）東京都医師会：5.定期接種と任意接種
　　https://www.tokyo.med.or.jp/doctor/inoculation（2024年1月7日アクセス）
5）日本救急医学会：不顕性感染
　　https://www.jaam.jp/dictionary/dictionary/word/0623.html（2023年9月24日アクセス）
6）医療情報科学研究所編：感染源による分類、感染症総論、病気がみえる vol.6 免疫・膠原病・感染症 第2版、メディックメディア、2019、148
7）医療情報科学研究所編：水平感染、感染症総論、病気がみえる vol.6 免疫・膠原病・感染症 第2版、メディックメディア、2019、149
8）坂本史衣：5 感染経路、B 感染の成立を疫学的な視点でとらえる、Ⅰ感染の成立と予防に関する考え方、電子版 基礎から学ぶ医療関連感染対策（改訂第3版）　標準予防策からサーベイランスまで、南江堂、2019、3

9) 坂本史衣：4 感染経路別予防策、Ⅱ基本的な感染予防策、電子版 基礎から学ぶ医療関連感染対策（改訂第3版）標準予防策からサーベイランスまで、南江堂、2019、27-38
10) 医療情報科学研究所編：感染経路別予防策、感染症総論、病気がみえる vol.6 免疫・膠原病・感染症 第2版、メディックメディア、2019、160
11) NIID 国立感染症研究所：ノロウイルス感染症とは
https://www.niid.go.jp/niid/ja/kansennohanashi/452-norovirus-intro.html（2024年3月20日アクセス）
12) 黒須一見：医療機関におけるアウトブレイクの発生時に必要な支援
https://www.mhlw.go.jp/content/10800000/001005479.pdf（2023年9月24日アクセス）
13) 大木幸子：1 感染症調査、B 感染症集団発生時の保健活動、第12章 健康危機管理、標準保健師講座3 対象別公衆衛生看護活動、医学書院、2020、335-338
14) 厚生労働省：リスクコミュニケーションとは
https://www.mhlw.go.jp/stf/seisakunitsuite/bunya/kenkou_iryou/shokuhin/syokuchu/01_00001.html（2024年1月7日アクセス）
15) 日本学校保健会：学校等欠席者・感染症情報システム
https://www.gakkohoken.jp/system_information/（2023年9月24日アクセス）
16) 文部科学省：学校における新型コロナウイルス感染症に関する衛生管理マニュアル（2023.5.8～）
https://www.mext.go.jp/a_menu/coronavirus/mext_00029.html（2024年1月7日アクセス）
17) 日本学校保健会：1．感染症に関する基本的理解、Ⅱ学校における感染症への対応、学校における感染症への対応 学校において予防すべき感染症の解説〈平成30（2018）年3月発行〉、日本学校保健会、2018、8-15
18) 日本学校保健会：(3) 養護教諭の職務（役割）と保健室の機能、2 保健室経営計画、保健室経営計画作成の手引 平成26年度改訂、日本学校保健会、2015、8-10

コラム 健康観察の ICT 化の効果と課題

　感染症対策における健康観察は、感染者の早期発見に有効であり、感染者の重症化や感染拡大を防ぐために欠かせない。しかし、新型コロナウイルス感染症流行時は調査項目（体温、家族の体調等）が増え、個人情報の保護の観点から、各児童生徒がクラスメイトの前で申告することが困難であり、紙面を活用して各児童生徒が自己申告で記入していた。そのため、回収後用紙1枚1枚を確認する必要がある等、負担感が大きいという課題があった。それを解決する有力な手段が ICT である。本コラムでは、ICT を活用した健康観察を導入し、効果と課題を明らかにした研究報告[1]を紹介する。

　2022（令和4）年11月、A 市の養護教諭（小中高等学校および特別支援学校計92名）を対象に、ICT を活用した健康観察を導入してもらい、その効果等について質問紙調査を実施した（回収率52％、有効回答率100％）。その結果、導入の効果として、「負担が軽くなった」と答えた割合は71％に上った。その背景としては、ICT 化により上記課題が軽減され、データの集計も一括でできたことで負担感が軽減したと考えられる。一方、ICT による健康観察は、対面での健康観察で得られる表情や音声等が得られないといった課題も明らかとなった。

　学校現場における ICT 化は、授業への導入や業務の効率化を目指して、コロナ禍を皮切りに急速に進んでいる。本研究報告のように、養護活動の一つである感染症対策においても、ICT の活用は今後ますます進むと予測される。ICT は養護教諭の負担感を軽減させる利点もあるが、見えてきた課題への対策（必要に応じてビデオ通話を利用して表情や音声を得る等）も考えていく必要がある。

引用・参考文献
1) 本間史祥、珍田洋子、小林央美：ICT を活用した健康観察の成果と課題〜新型コロナウイルスの感染予防への対応を見据えて〜、弘前大学教育学部研究紀要クロスロード、27、2023、63-72

5 学校救急処置

1）学校救急処置の目的・意義

学校における救急処置は、「児童生徒等の命を守り健康問題の解決をはかるための活動」[1]であり、医療機関へ送るまでの緊急・応急的な処置と医療の対象とはならない軽微な疾病に対する処置がある[1]。また、救急処置活動は「児童生徒等、保護者、教職員に対して、傷病が発生しないような環境づくり・発生予防・発生時の対処のための教育・体制づくりを行う養護教諭固有の活動」[1]とされており、養護教諭は救急処置を適切に行うとともに、他の教職員と連携して救急体制を整備し、児童生徒等に対して必要な知識や技術の指導・助言を行い、自己解決能力を育成することが必要である。また、養護教諭の行う救急処置は、学校における教育の場で行われることから、教育活動としての側面も求められる[2]。

適切に救急処置を行うことは、養護教諭に求められる資質能力のなかでも重要なものの一つであり、学校内外から期待されることである。また、救急処置は採用当初から適切に実践できる能力が求められており、経験年数にかかわらず、必要な知識や技術を身につけておく必要がある。

2）学校救急処置の法的根拠

学校保健安全法第7条には、保健室の機能として救急処置があげられており、また、第10条には地域の医療機関等との連携の必要性が示されている。さらに、第29条には危険等発生時に教職員が適切に対応するための対処要領の作成について定められており、そのなかで「事故等により児童生徒等に危害が生じた場合において、当該児童生徒等及び当該事故等により心理的外傷その他の心身の健康に対する影響を受けた児童生徒等その他の関係者の心身の健康を回復させるため、これらの者に対して必要な支援を行うものとする」と示されている。

3）学校救急処置の対象

救急処置の目的・意義や法的根拠をふまえ、学校救急処置は児童生徒等に発生した疾病やけがなど、学校管理下で生じた全ての傷病が対象となる。

4）学校救急処置の方法

救急処置においては、児童生徒等の訴えやけがなどに対し、最終的にどのような処置・対応を行うかを決める必要がある。そのためには、傷病のある子供が現在、どのような状態であるのかを養護教諭が専門的に判断すること（養護診断）が重要である。養護診断のためには、身体的、心理的、社会的など、さまざまな角度から情報を収集し、それらを適切にアセスメントし、その結果をもとに処置・対応を決定する（図1-5-1）。

養護教諭が救急処置での対応を決めるうえで重要なのは、緊急度と重症度を判断することであり、これは専門職としての養護教諭に求められる役割である[3]。養護教諭が対応を決める際に判断すべきことは、その症状（状態）が起こる原因となった病名ではなく、どれくらい重症であるか、どれくらい緊急性があるかである。養護教諭は内科的な訴えや事故等によるけがの

ある子供に対して、何らかの対応を決める必要があり、保健室で経過観察をするのか、医療機関受診が必要なのか、医療機関受診が必要であればどのような方法で搬送するのか、救急車要請は必要なのかなどは、重症度を判断することで決まる（図1-5-2[4]）。養護教諭が適切な処置・対応を行うためには迅速に、的確に緊急度・重症度を判断することが重要である。

また、救急処置においては、養護教諭が行う専門的な判断・処置・対応に加え、特に事故等の発生時には、医療機関につなぐまでの応急手当や通報とともに、傷病児童生徒等の保護者への連絡や他の児童生徒等への対応等、同時に多くの対応を行うことが求められる。そのため、

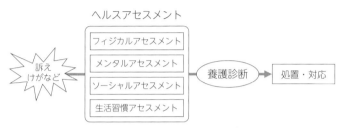

図1-5-1　処置・対応決定のプロセス

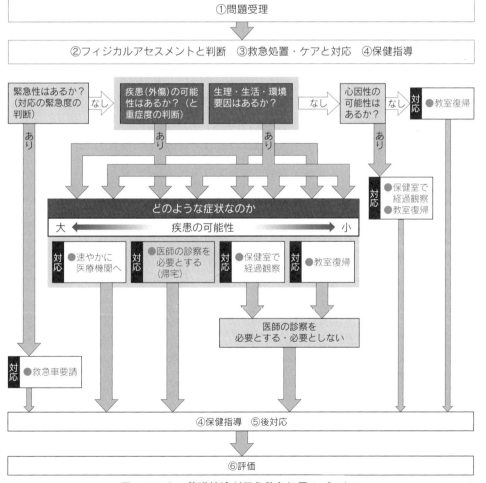

図1-5-2　養護教諭が行う救急処置のプロセス

出典）山内豊明監修：保健室で役立つステップアップフィジカルアセスメント、東山書房、2021、25[4]

危機管理マニュアル等に基づき学校全体での連携が不可欠であり、図1-5-3[5)6)]にその一例を示した。校内で事故等が発生した場合には、傷病者を発見した教職員は、状況を確認し、近くにいる教職員や児童生徒等に応援を要請するとともに、被害児童生徒等の状況に応じて、速やかに止血、心肺蘇生などの応急手当を行い、必要に応じて救急車等を手配する。養護教諭は現場に急行し、専門的な判断や校長等と協力して役割分担を指示し、速やかに適切な対応を行う。被害児童生徒等への処置・対応と並行し、保護者等への状況報告を行うことも重要である。最優先されるべきことは児童生徒等の安全確保と生命維持・悪化防止であり、そのために教職員が組織的な対応が行えるよう、日頃から全教職員が共通に理解し、実施できるための研

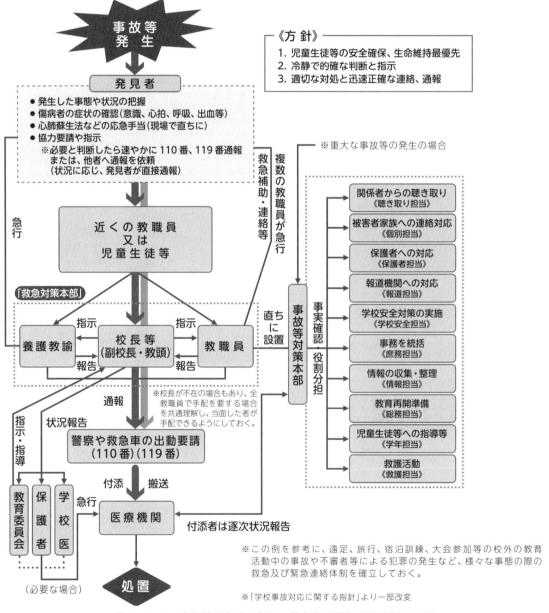

図1-5-3 事故等発生時の対処、救急及び緊急連絡体制の一例

出典）文部科学省：学校安全資料 「生きる力」をはぐくむ学校での安全教育、2019[5)]、文部科学省：学校の危機管理マニュアル作成の手引き、2018[6)]

修などを通した体制づくりが必要である。

5）養護教諭の役割

（1）養護教諭が行う救急処置

　養護教諭が行う救急処置に明確な基準はなく、健康課題に対するその時代のニーズに影響を受けるものの、何をどこまで行うことが求められるのかは明らかではない。学校事故が裁判になった事例の判例文から、養護教諭の役割を分析した研究によると[3]、救急蘇生、緊急度・重症度の判断、連携と支援体制の整備、学校救急処置の記録が養護教諭には求められるとされており（p.174-175、コラム参照）、救急処置を行う際には、まず、専門的な立場から緊急度・重症度を判断することが重要である。救急処置のプロセスを図1-5-4[4]に示す。どのような症状、外傷であっても、生命にかかわるような対応の緊急性がある状態であるかどうかを判断することが必要である。これはどれくらい対応を急ぐ必要があるか、対応の緊急度の判断である。生命にかかわるような状態は、症状や外傷にかかわらず、おおむね共通であり、その特徴は一目見てわかることが多いことから、緊急視診とも言われ、十分理解しておくことが必要である。

　また、救急処置には、生命・心身の健康の維持としての医療的側面と同時に、生涯を通して健康で安全な生活を行うための教育的側面もある。したがって、救急処置と並行して保健指導や保健教育を実施していくことも必要であり、児童生徒等の発達段階に応じた適切な内容で行うことが重要である。また、事故や救急処置の状況を保護者等へ速やかに報告することも必要であり、その際には、養護教諭の専門性に基づいた客観的な判断を適切に伝えることが重要である。医療機関を受診した場合には、日本スポーツ振興センターによる災害共済給付制度の対象になる場合もあることから、保護者と連携して必要な手続きを行う（図1-5-5）。

（2）学校における医療行為

　学校にはさまざまな疾患を持ちながら通学している児童生徒等がいることから、生命にかかわるような緊急の際には医薬品を使用しての処置が必要な場合が少なくない。医師以外が医療行為を行うことはできない（医師法第17条）が、緊急時のやむを得ない措置として、アナフィラキシーショックに対するエピペン®の注射[8]、てんかんに対する坐薬の挿入[9]、同じくてんかんに対するブコラム®の投与[10]、重症の低血糖発作時のグルカゴン点鼻粉末剤（バクスミー®）の投与[11]については、教職員等が実施することが医師法違反とならないと通知されている。これらの場合には、以下の条件を厳重に満たすことが必要である。

①当該児童等およびその保護者が、事前に医師から、次の点に関して書面で指示を受けていること。
　・学校等においてやむを得ず当該医薬品を使用する必要性が認められる児童であること。
　・当該医薬品使用の際の留意事項
②当該児童等およびその保護者が、学校に対して、やむを得ない場合には当該児童等に当該医薬品を使用することについて具体的に依頼していること。
③当該児童等を担当する教職員等が、次の点に留意して当該医薬品を使用すること。
　・当該児童等がやむを得ず当該医薬品を使用することが認められる児童等本人であることを改めて確認すること。
　・当該医薬品の使用の際の留意事項に関する書面の記載事項を遵守すること。
④当該児童等の保護者又は教職員等は、当該医薬品を使用した後、当該児童等を必ず医療機関で受診させること。

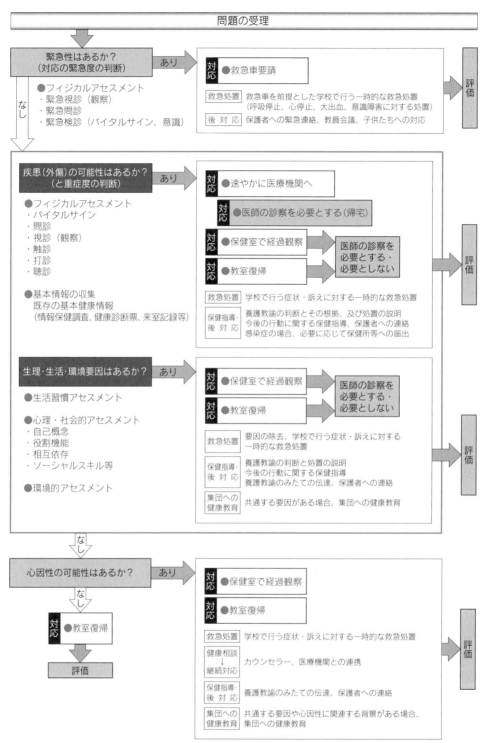

図1-5-4 養護教諭が行う救急処置の具体的なプロセス
出典）山内豊明監修：保健室で役立つステップアップフィジカルアセスメント、東山書房、2021、26[4]

　医薬品の間違った使用は重大な結果を引き起こす可能性がある。そのため、これらの条件は学校内で全教職員が理解し、実施できる体制を整備することが不可欠であり、そのことが、児童生徒等の命を守ることにつながることを十分認識しておく必要がある。

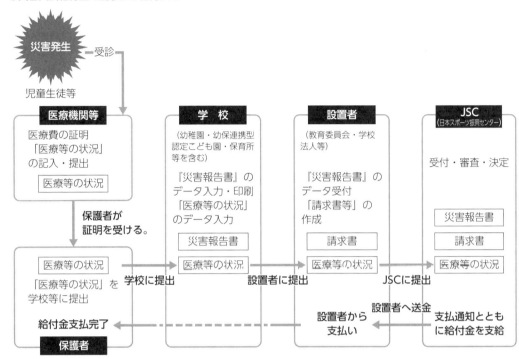

図1-5-5　日本スポーツ振興センターによる災害共済給付制度
出典）日本スポーツ振興センター：災害共済給付web：災害共済給付[7]をもとに筆者作成

6）評価の観点

　救急処置において最も重要な評価は、傷病児童生徒への的確な処置ができたかどうかであり、そのために必要な判断ができたか、校内の救急体制に基づき適切な連携（教職員の役割、校内の連絡体制など）が取れたかなどを振り返る必要がある。また、的確な処置のためには、日頃からの準備が重要であり、養護教諭はフィジカルアセスメントなどの知識・技術の修得、校内

の救急体制（担架やAEDなどの配備、研修などによる全教職員の共通理解など）の整備についても評価が必要である。さらに、救急処置においては、保護者や教育委員会、学校医など、校外機関との連携も重要であり、適切な実施ができたかどうかの評価も必要である。これらの評価によりPDCAサイクルを回すことで、より適切な救急処置へとつなげることができるため、実践に対しての評価を常に意識することが必要である。

まとめ

学校で発生する傷病は軽症から重症まで幅広いが、そのいずれに対しても的確に対応することが求められる。そのためには子供の対応における緊急度・重症度を適切に判断し、状況に応じて医療機関受診を含む処置が必要である。これらを適切に行うためには、養護教諭のみならず学校全体での組織的な対応が必要であり、傷病を未然に防ぐための取り組みおよび発生した際に迅速に対応できる体制整備が重要である。

引用・参考文献

1) 日本養護教諭教育学会：養護教諭の専門領域に関する用語の解説集〈第三版〉、2019
2) 杉浦守邦監修：養護教諭の実際活動、東山書房、1997
3) 河本妙子、松枝睦美、三村由香里他：学校救急処置における養護教諭の役割―判例にみる職務の分析から―、学校保健研究、50(4)、2008、221-233
4) 岡田加奈子、三村由香里編著、山内豊明監修：保健室で役立つステップアップフィジカルアセスメント、東山書房、2013
5) 文部科学省：学校安全資料 「生きる力」をはぐくむ学校での安全教育、2019
6) 文部科学省：学校の危機管理マニュアル作成の手引き、2018
7) 日本スポーツ振興センター：災害共済給付web：災害共済給付
https://www.jpnsport.go.jp/anzen/tabid/102/Default.aspx（2023年9月24日アクセス）
8) 厚生労働省医政局医事課長：医師法第17条の解釈について（回答）、医政医発1127第1号：2013（平成25）年11月27日
9) 厚生労働省医政局医事課長：医師法第17条の解釈について（回答）、医政医発0224第2号：2016（平成28）年2月24日
10) 厚生労働省医政局医事課長：医師法第17条の解釈について（回答）、医政医発0715第2号：2022（令和4）年7月15日
11) 厚生労働省医政局医事課長：医師法第17条の解釈について（回答）、医政医発0122第3号：2024（令和6）年1月22日

コラム　判例に基づく養護教諭の救急処置に求められる役割

学校救急処置に専門的な役割を担う養護教諭には、傷病に対する適切な対応が求められているが、その職務の範囲は明確にされていない。以下の表は学校事故の判例を通して、養護教諭に求められる内容を分析し、救急処置における養護教諭の役割を明らかにしたものである。

対象98例の裁判事例のうち最も多かった傷病は顔面外傷（27.6％）、次いで頭部外傷、頸椎・頸髄損傷（それぞれ17.3％）、その他、熱中症、心停止、四肢の骨折・外傷、アレルギーなどであった。養護教諭が過失人とされたものは8.2％であった。

養護教諭に職務として求められる役割を判例から分析したところ、表のようになった。

【救急蘇生】は、ただちに処置を施さないと生命そのものが危険な状態に陥ることを理解して、一次救命処置・応急処置が実施できることである。【緊急度・重症度の判断】は、傷病者の身体のなかで起こる病的な変化がどのように進行するのか、その生命予後と機能予後について推測し、救急搬送もしくは専門医受診の判断をすることであり、84.7％の裁判事例で記述があった。【連携と支援体制の整備】は、教育と人と環境における学校事故を予防する体制づくりと事故発生時の救急体制の整備である。【学校救急処置の記録】は、事故の発生状況と傷病者の状態や経過、養護教諭

の観察結果と処置に関する情報を提供し共有するための記録であり、適正な救急処置を行ったことを証明する根拠となるもので、全ての裁判事例で記述があった。

カテゴリー	サブカテゴリー
救急蘇生	急性期状態の観察、正確な一次救命処置、緊急性の高い応急処置
緊急度・重症度の判断	受傷機転による判断、傷病に応じた専門的な観察による判断、専門医受診の判断
連携と支援体制の整備	学校内連携、支援が必要な子供への体制、安全教育、コンディション理解、医師との連携、保護者との連携
学校救急処置の記録	救急隊に引き継ぐ記録、受傷機転の記録、傷病に応じた専門的な観察の記録、経過観察の記録

引用・参考文献
河本妙子、松枝睦美、三村由香里他：学校救急処置における養護教諭の役割―判例にみる職務の分析から―、学校保健研究、50(4)、2008

6 学校環境衛生活動

1）学校環境衛生活動の目的・意義

　学校は、児童生徒等が1日の多くの時間を集団で過ごす場所である。児童生徒等は発達段階の途上にあり、環境から受ける影響も非常に大きい[1]。そのため学校環境衛生活動を適切に実施し、その結果に基づき学校環境を整えることは、学校経営上非常に重要である。また学校環境を整えることは、健康的で快適な学習環境をつくりあげることにもなり、児童生徒等の学習能率にも大きな影響をおよぼす。これらのことをふまえると学校環境衛生活動の目的は以下のようになる[1]。

・児童生徒等の健康を保護し、心身の発育発達を促し、健康の保持増進を図ること。
・児童生徒等の学習能率の向上を図ること。
・児童生徒等の豊かな情操の陶冶を図ること。

2）学校環境衛生活動の法的根拠

　学校環境衛生活動は、学校保健安全法および学校保健安全法施行規則において次のように定められ、実施されている。学校保健安全法第5条によると、「学校においては、（略）環境衛生検査（略）について、計画を策定し、これを実施しなければならない。」とあり、学校保健計画に環境衛生検査を位置づける必要がある。また、学校環境衛生基準は、学校保健安全法第6条第1項において、「文部科学大臣は、学校における換気、採光、照明、保温、清潔保持その他環境衛生に係る事項について、児童生徒等及び職員の健康を保護する上で維持されることが望ましい基準（学校環境衛生基準）を定めるもの」と規定されたことにより、法的位置づけが

明確にされた[2]。さらに同法施行規則第1条、第2条において、学校環境衛生活動の種類として、毎学年定期に行うもの（定期検査）、必要があるときに臨時に実施するもの（臨時検査）、日常的な点検を行うもの（日常点検）が示された。

> **学校保健安全法**
> （学校保健計画の策定等）
> 第5条　学校においては、児童生徒等及び職員の心身の健康の保持増進を図るため、児童生徒等及び職員の健康診断、環境衛生検査、児童生徒等に対する指導その他保健に関する事項について計画を策定し、これを実施しなければならない。
> （学校環境衛生基準）
> 第6条　文部科学大臣は、学校における換気、採光、照明、保温、清潔保持その他環境衛生に係る事項（学校給食法（昭和29年法律第160号）第9条第1項（夜間課程を置く高等学校における学校給食に関する法律（昭和31年法律第157号）第7条及び特別支援学校の幼稚部及び高等部における学校給食に関する法律（昭和32年法律第118号）第6条において準用する場合を含む。）に規定する事項を除く。）について、児童生徒等及び職員の健康を保護する上で維持されることが望ましい基準（以下この条において「学校環境衛生基準」という。）を定めるものとする。
> 2　学校の設置者は、学校環境衛生基準に照らしてその設置する学校の適切な環境の維持に努めなければならない。
> 3　校長は、学校環境衛生基準に照らし、学校の環境衛生に関し適正を欠く事項があると認めた場合には、遅滞なく、その改善のために必要な措置を講じ、又は当該措置を講ずることができないときは、当該学校の設置者に対し、その旨を申し出るものとする。
> **学校保健安全法施行規則**
> （環境衛生検査）
> 第1条　学校保健安全法（昭和33年法律第56号。以下「法」という。）第5条の環境衛生検査は、他の法令に基づくもののほか、毎学年定期に、法第6条に規定する学校環境衛生基準に基づき行わなければならない。
> 2　学校においては、必要があるときは、臨時に、環境衛生検査を行うものとする。
> （日常における環境衛生）
> 第2条　学校においては、前条の環境衛生検査のほか、日常的な点検を行い、環境衛生の維持又は改善を図らなければならない。

3）学校環境衛生活動の対象

学校環境衛生活動の対象は学校保健安全法における「学校」を対象としている。これは学校教育法で規定された幼稚園（幼稚園型認定こども園を含む）、小学校、中学校、義務教育学校、高等学校、中等教育学校、特別支援学校、大学および高等専門学校を指す。そのほか、専修学校や幼保連携型認定こども園もそれぞれ「学校保健安全法」、「就学前の子どもに関する教育、保育等の総合的な提供の推進に関する法律（以下、認定こども園法）」のなかで学校環境衛生基準を準用することが規定されている[2]。

4）学校環境衛生活動の方法

学校環境衛生活動は、計画、検査の実施、検査結果（の整理）、評価の順で進める（図1-6-1）。

（1）定期検査

定期検査項目ならびに基準は表1-6-1から表1-6-4のとおりである。なお基準は関連法

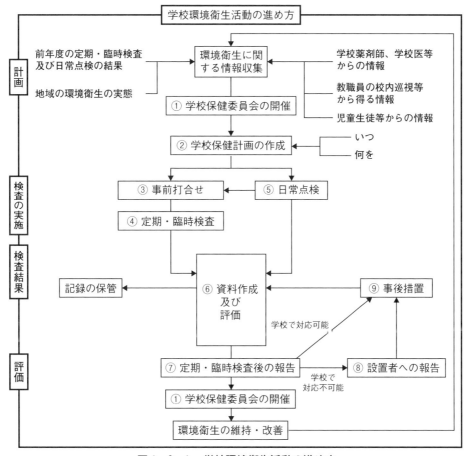

図 1-6-1　学校環境衛生活動の進め方

出典）文部科学省：学校環境衛生管理マニュアル「学校環境衛生基準」の理論と実践（平成30年度改訂版）、2018[2]

表 1-6-1　教室等の環境における検査項目ならびに基準[2]

	検査項目	基　準
換気及び保温等	（1）換気	換気の基準として、二酸化炭素は、1500ppm以下であることが望ましい。
	（2）温度	18℃以上、28℃以下[3] であることが望ましい。
	（3）相対湿度	30％以上、80％以下であることが望ましい。
	（4）浮遊粉じん	0.10mg/m^{3}以下であることが望ましい。
	（5）気流	0.5m/秒以下であることが望ましい。
	（6）一酸化炭素	6ppm以下[3] であることが望ましい。
	（7）二酸化窒素	0.06ppm以下であることが望ましい。
	（8）揮発性有機化合物	
	ア．ホルムアルデヒド	100μg/m^{3}以下であること。
	イ．トルエン	260μg/m^{3}以下であること。
	ウ．キシレン	200μg/m^{3}以下[4] であること。
	エ．パラジクロロベンゼン	240μg/m^{3}以下であること。
	オ．エチルベンゼン	3800μg/m^{3}以下であること。
	カ．スチレン	220μg/m^{3}以下であること。
	（9）ダニ又はダニアレルゲン	100匹/m^{3}以下又はこれと同等のアレルゲン量以下であること。

	検査項目	基準
採光及び照明	(10) 照度	(ア) 及びそれに準ずる場所の照度の下限値は、300 lx（ルクス）とする。また、教室及び黒板の照度は、500 lx 以上であることが望ましい。 (イ) 教室及び黒板のそれぞれの最大照度と最小照度の比は、20：1を超えないこと。また、10：1を超えないことが望ましい。 (ウ) コンピュータを使用する教室等の机上の照度は、500〜1000 lx 程度が望ましい。 (エ) テレビやコンピュータ等の画面の垂直面照度は、100〜500 lx 程度が望ましい。 (オ) その他の場所における照度は、工業標準化法（昭和24年法律第185号）に基づく日本工業規格（以下「日本工業規格」という。）Z9110に規定する学校施設の人工照明の照度基準に適合すること。
	(11) まぶしさ	(ア) 児童生徒等から見て、黒板の外側15°以内の範囲に輝きの強い光源（昼光の場合は窓）がないこと。 (イ) 見え方を妨害するような光沢が、黒板面及び机上面にないこと。 (ウ) 見え方を妨害するような電灯や明るい窓等が、テレビ及びコンピュータ等の画面に映じていないこと。
騒音	(12) 騒音レベル	教室内の等価騒音レベルは、窓を閉じているときは LAeq50dB（デシベル）以下、窓を開けているときは LAeq55dB 以下であることが望ましい。

※検査項目(1)〜(7)及び(10)〜(12)については、毎学年2回、検査項目(8)及び(9)については、毎学年1回定期に検査を行う。

表1-6-2　飲料水等の水質及び施設・設備における検査項目ならびに基準[2]

	検査項目	基準
水道水を水源とする飲料水（専用水道水を除く）の水質※	ア．一般細菌	1mlの検水で形成される集落数が100以下であること。
	イ．大腸菌	検出されないこと。
	ウ．塩化物イオン	200mg/ℓ 以下であること。
	エ．有機物（全有機炭素（TOC）の量）	3 mg/ℓ 以下であること。
	オ．pH値	5.8以上8.6以下であること。
	カ．味	異常でないこと。
	キ．臭気	異常でないこと。
	ク．色度	5度以下であること。
	ケ．濁度	2度以下であること。
	コ．遊離残留塩素	給水における水が、遊離残留塩素を0.1mg/ℓ 以上保持するように塩素消毒すること。ただし、供給する水が病原生物に著しく汚染されるおそれがある場合又は病原生物に汚染されたことを疑わせるような生物若しくは物質を多量に含むおそれがある場合の給水栓における水の遊離残留塩素は、0.2mg/ℓ 以上とする。
雑用水の水質	ア．pH値	5.8以上8.6以下であること。
	イ．臭気	異常でないこと。
	ウ．外観	ほとんど無色透明であること。
	エ．大腸菌	検出されないこと。
	オ．遊離残留塩素	0.1mg/ℓ（結合残留塩素の場合は0.4mg/ℓ）以上であること。

※飲料水の種類のなかで、井戸水等を水源とする飲料水、専用水道（水道水を水源とする場合を除く。）及び専用水道に該当しない井戸水等を水源とする飲料水の原水の検査項目並びに基準については、『学校環境衛生管理マニュアル「学校環境衛生基準」の理論と実践（平成30年度改訂版）』を参照。

※水道水を水源とする飲料水（専用水道水を除く）の水質については、毎学年1回、雑用水の水質については、毎学年2回定期に検査を行う。

表1-6-3　学校の清潔、ネズミ、衛生害虫等及び教室等の備品の管理における検査項目ならびに基準[2]

	検査項目	基準
学校の清潔	（1）大掃除の実施	大掃除は、定期に行われていること。（毎年年3回定期。記録等により実施状況を確認。）
	（2）雨水の排水溝等	屋上等の雨水排水溝に、泥や砂等が堆積していないこと。また、雨水配水管の末端は、砂や泥等により管径が縮小していないこと。 (毎年年1回定期。目視により実施)
	（3）排水の施設・設備	汚水槽、雑排水槽等の施設・設備は、故障等がなく適切に機能していること。（毎年年1回定期。目視により実施）
ネズミ、衛生害虫等	（4）ネズミ、衛生害虫等	校舎、校地内にネズミ、衛生害虫等の生息が認められないこと。 生態に応じてその生息、活動の有無及びその程度等を調べる。 (毎年年1回定期。対象生物の、習性をよく知った上で検査時期、検査事項を決めて行う必要がある。)
教室等の備品の管理	（5）黒板面の色彩	(ｱ)無彩色の黒板面の色彩は、明度が3を超えないこと。 (ｲ)有彩色の黒板面の色彩は、明度及び彩度が4を超えないこと。（毎年年1回定期。黒板検査用色票を用いて行う。）

※検査項目(1)については、毎学年3回、検査項目(2)～(5)については、毎学年1回定期に検査を行う。

表1-6-4　水泳プールにおける検査項目ならびに基準[2]

	検査項目	基準
水質	（1）遊離残留塩素	0.4mg/ℓ以上であること。また、1.0mg/ℓ以下であることが望ましい。
	（2）pH値	5.8以上8.6以下であること。
	（3）大腸菌	検出されないこと。
	（4）一般細菌	1mℓ中200コロニー以下であること。
	（5）有機物等（過マンガン酸カリウム消費量）	12mg/ℓ以下であること。
	（6）濁度	2度以下であること。
	（7）総トリハロメタン	0.2mg/ℓ以下であることが望ましい。
	（8）循環ろ過装置の処理水	循環ろ過装置の出口における濁度は、0.5度以下であること。また、0.1度以下であることが望ましい。

※検査項目(1)～(6)については、使用日の積算が30日以内ごとに1回、検査項目(7)については、使用期間中の適切な時期に1回以上、検査項目(8)については、毎学年1回定期に検査を行う。

令の見直しなどに伴い一部改正されることがあるので、文部科学省のHP等により最新の状況を確認しておく必要がある。

　定期検査はその内容により、学校薬剤師が自ら行う、学校薬剤師の指示助言のもとに教職員が行う、学校薬剤師と相談のうえ外部の検査機関に依頼するといった方法で実施する[2]。いずれにしても各学校における検査の実施については、校長の責任のもと、確実かつ適切に実施する必要がある。そのため、養護教諭を中心とする学校職員は、定期検査に使用する測定機器を適正に管理するように努める。

　学校薬剤師を必要としていない大学および専修学校においては、保健所に相談して検査機関に依頼するなどして適切に実施する必要がある[2]。

（2）日常点検

　学校環境衛生の維持を図るため、定期検査に加えて、授業ごとに必要に応じて点検を行うこ

とが求められている。点検は、官能法（人間の五感〈視覚・聴覚・味覚・嗅覚・触覚〉を用いて判定する検査方法）によるもののほか、定期検査の検査方法に準じた方法で行う[2]。

検査の実施者は、養護教諭だけでなく、学校分掌に基づき各施設管理者を中心として、全職員が分担して実施するとよい。

検査項目とその基準は表1-6-5のとおりである。

表1-6-5　日常点検の検査項目ならびに基準[2]

検査項目		基準
教室等の環境	（1）換気	（ア）外部から教室に入ったとき、不快な刺激や臭気がないこと。 （イ）換気が適切に行われていること。
	（2）温度	18℃以上、28℃以下[3]であることが望ましい。
	（3）明るさとまぶしさ	（ア）黒板面や机上等の文字、図形等がよく見える明るさがあること。 （イ）黒板面、机上面及びその周辺に見え方を邪魔するまぶしさがないこと。 （ウ）黒板面に光るような箇所がないこと。
	（4）騒音	学習指導のための教師の声等が聞き取りにくいことがないこと。
飲料水等の水質及び施設・設備	（5）飲料水の水質	（ア）給水栓水については、遊離残留塩素が0.1mg/ℓ以上保持されていること。ただし、水源が病原生物によって著しく汚染されるおそれのある場合には、遊離残留塩素が0.2mg/ℓ以上保持されていること。 （イ）給水栓水については、外観、臭気、味等に異常がないこと。 （ウ）冷水器等飲料水を貯留する給水器具から供給されている水についても、給水栓水と同様に管理されていること。
	（6）雑用水の水質	（ア）給水栓水については、遊離残留塩素が0.1mg/ℓ以上保持されていること。ただし、水源が病原生物によって著しく汚染されるおそれのある場合には、遊離残留塩素が0.2mg/ℓ以上保持されていること。 （イ）給水栓水については、外観、臭気に異常がないこと。
	（7）飲料水等の施設・設備	（ア）水飲み、洗口、手洗い場及び足洗い場並びにその周辺は、排水の状況がよく、清潔であり、その設備は破損や故障がないこと。 （イ）配管、給水栓、給水ポンプ、貯水槽及び浄化設備等の給水施設・設備並びにその周辺は、清潔であること。
学校の清潔及びネズミ、衛生害虫等	（8）学校の清潔	（ア）教室、廊下等の施設及び机、いす、黒板等教室の備品等は、清潔であり、破損がないこと。 （イ）運動場、砂場等は、清潔であり、ごみや動物の排泄物等がないこと。 （ウ）便所の施設・設備は、清潔であり、破損や故障がないこと。 （エ）排水溝及びその周辺は、泥や砂が堆積しておらず、悪臭がないこと。 （オ）飼育動物の施設・設備は、清潔であり、破損がないこと。 （カ）ごみ集積場及びごみ容器等並びにその周辺は、清潔であること。
	（9）ネズミ、衛生害虫等	校舎、校地内にネズミ、衛生害虫等の生息が見られないこと。
水泳プールの管理	（10）プール水等	（ア）水中に危険物や異常なものがないこと。 （イ）遊離残留塩素は、プールの使用前及び使用中1時間ごとに1回以上測定し、その濃度は、どの部分でも0.4mg/ℓ以上保持されていること。また、遊離残留塩素は1.0mg/ℓ以下が望ましい。 （ウ）pH値は、プールの使用前に1回測定し、pH値が基準値程度に保たれていることを確認すること。 （エ）透明度に常に留意し、プール水は、水中で3m離れた位置からプールの壁面が明確に見える程度に保たれていること。
	（11）附属施設・設備等	プールの附属施設・設備、浄化設備及び消毒設備等は、清潔であり、破損や故障がないこと。

(3) 臨時検査

臨時検査は、検査の必要な状況が発生した場合は、必要な検査項目を迅速に設定して検査および事後措置を行う必要がある。臨時検査の実施方法は、定期検査に準じた方法で行うようにする。

以下の状況になったときには臨時検査を実施する[2]。

①感染症又は食中毒の発生のおそれがあり、また、発生したとき。
②風水害等により環境が不潔になり又は汚染され、感染症の発生のおそれがあるとき。
③新築、改築、改修等及び机、いす、コンピュータ等新たな学校用備品の搬入等により揮発性有機化合物の発生のおそれがあるとき。
④その他必要なとき。

(4) その他

定期検査や臨時検査の結果に関する記録は、検査の日から5年間保存しておく。また、日常点検の結果についても記録するよう努め、日常点検の結果の記録は点検日から3年間保存する[2]。

さらに検査に必要な施設・設備等の図面等の書類は、必要に応じて閲覧できるように保存しておくとよい[2]。

5）養護教諭の役割

養護教諭は、学校環境衛生活動の円滑な実施のために保健管理、保健教育の両面から積極的にかかわっていく必要がある。

保健管理においては、実施の中心となる学校薬剤師と連携を取りながら、実施のための測定機器の管理や手配、検査当日の検査箇所の調整、学校職員への周知など組織的にかかわるようにする。それとともに、学校保健計画作成者の保健主事とともに学校環境衛生検査を学校保健計画に明確に位置づけるように努める。また、検査結果やその改善の手立てを教職員や児童生徒等に周知し、教職員や児童生徒が学校環境衛生に関心を持ち、自ら進んで改善のための手立てを取ることができるように支援する。

保健教育においては、学校環境衛生活動を教育活動の一環として位置づけ、児童生徒保健委員会の活動に日常点検項目などを取り入れたり、実施した検査結果を保健教育の教材や掲示物、保健だよりなどの配付物に活用したりすることで、子供たちに学校環境衛生について考えさせる機会とする。また、学級担任と養護教諭によるティーム・ティーチングなどの方法で保健教育にも学校環境衛生活動を積極的に取り入れるとよい。

6）評価の観点

定期・臨時検査を実施した際は、学校薬剤師がその結果について資料を作成し、評価を行う。この資料には検査機関が行った結果も含まれる。さらに学校薬剤師は、定期・臨時検査の結果を校長等に報告し、学校環境衛生の維持、改善に関して必要に応じて学校医と協力して指導助言を行う。

校長は、学校薬剤師からの報告を受け、適性を欠く事項があった場合は、改善のために必要

な措置を講じ、学校では対処できない場合は、学校の設置者にその旨を申し出て、適切に対応してもらうように努める[2]。

学校環境衛生活動が円滑に実施されたかどうかは、次の観点から評価し、必要に応じて改善していく必要がある。

表1-6-6 学校環境衛生活動の評価の観点

・環境衛生に関する情報収集は十分にできたか。
・環境衛生に関する情報を学校保健計画の策定に生かすことができたか。
・学校環境衛生活動が児童生徒等及び職員の心身の健康の保持増進を図るために必要な活動であることを、学校の教職員(学校医及び学校薬剤師を含む)が共通理解できたか。
・それぞれの職務の特性を生かした役割について、学校保健計画や校務分掌等により明確にできたか。
・定期検査と必要に応じて臨時検査を計画し実施できたか。
・日常点検は学校分掌に基づいた役割分担のもとで実施できたか。
・検査結果を適切に記録し、評価できたか。
・学校環境衛生の維持、改善に関して、必要に応じて、改善のための措置を講じることができたか。
・学校環境衛生活動を保健教育に活用できたか。

まとめ

学校環境衛生活動を適切に実施することは、学校経営上も非常に重要である。学校環境衛生検査には、定期検査、臨時検査、日常点検があり、それぞれ学校保健安全法にその実施方法や基準、事後措置等について定められているので、学校薬剤師や養護教諭を中心に学校職員が協力しながら推進していくことが重要である。

引用・参考文献

1) 日本学校保健会：学校環境衛生活動を生かした保健教育～小・中・高等学校における実践事例集～、日本学校保健会、2014
2) 文部科学省：学校環境衛生管理マニュアル「学校環境衛生基準」の理論と実践(平成30年度改訂版)、2018
3) 文部科学省初等中等教育局長事務代理：学校環境衛生基準の一部改正について(通知)、2022
4) 文部科学省初等中等教育局長：学校環境衛生基準の一部改正について(通知)、2021

コラム　SDGsの取り組みと学校環境衛生

昨今さまざまな環境問題が注目されている。とくにSustainable Development Goals(SDGs)といった言葉が至るところで取り上げられている。SDGsとは、2015(平成27)年9月の国連サミットで加盟国の全会一致で採択された「持続可能な開発のための2030アジェンダ」に記載された、2030年までに持続可能でよりよい世界を目指す国際目標であり、17のゴール・169のターゲットから構成されている[1]。17のゴールのなかには、地球環境や気候変動など地球規模で取り組むべき環境アジェンダ等、世界が直面する課題が網羅的に示されている。日本国内でも2016(平成28)年よりSDGs推進本部が設置され、SDGsへの取り組みが進められてきている[3]。

また、文部科学省は農林水産省・国土交通省・環境省と連携協力して「エコスクール・プラス」の事業を進めている[4]。エコスクールとは、環境を考慮した学校施設のことで、環境負荷の低減や自然との共生を考慮した学校施設を整備するだけでなく、これらの施設を、環境教育の教材としても活用することを目指している。エコスクールはSDGsのゴール13「気候変動に具体的な対策を」

をはじめとする環境保全にも寄与し、SDGsの達成に貢献するものと言える[5]。今後エコスクールとして認定される施設が増えることで、学校が児童生徒だけでなく地域にとっての環境・エネルギー教育の発信拠点になるとともに、地域における地球温暖化対策の推進・啓発の先導的な役割を果たすことが期待されている[4]。このように学校環境衛生活動は、単に学校の環境を整えるだけでなく、子供たちやそれを取り巻く地域の人々を含めた学校にかかわる全ての人にとって、これからの地球規模の環境問題への取り組みのきっかけにもなり得ることを念頭に置き、推進していく必要がある。

引用・参考文献

1) 外務省：SDGsとは？
   https://www.mofa.go.jp/mofaj/gaiko/oda/sdgs/about/index.html（2023年9月25日アクセス）
2) 外務省：持続可能な開発目標（SDGs）と日本の取組
   https://www.mofa.go.jp/mofaj/gaiko/oda/sdgs/pdf/SDGs_pamphlet.pdf（2023年9月25日アクセス）
3) 外務省：持続可能な開発目標（SDGs）達成に向けて日本が果たす役割
   https://www.mofa.go.jp/mofaj/gaiko/oda/sdgs/pdf/sdgs_gaiyou_202305.pdf（2023年9月25日アクセス）
4) 文部科学省：エコスクール・プラス
   https://www.mext.go.jp/a_menu/shisetu/ecoschool/detail/1289498.htm（2023年9月25日アクセス）
5) 文部科学省：環境を考慮した学校施設づくり事例集―継続的に活用するためのヒント―、2020
   https://www.mext.go.jp/content/20200306-mxt_sisetuki-000005425-04.pdf

第2章
保健教育

1 保健教育の目的・意義

1）保健教育とは

　学校において実施される健康に関する教育を「保健教育」と呼ぶ。保健教育という言葉は文部科学省設置法第4条において、「文部科学省は次の事務を掌る」とされたうえで、同条第12号で「学校保健（学校における保健教育及び保健管理をいう。）（以下略）」と示されている。学校保健の2領域のうちの一つが保健教育であり、もう一つが保健管理である。さらにこれらを円滑に進めるための保健組織活動がある。保健教育は学校において児童生徒の健康を保持増進し、生涯を通じた健康の基礎を培う役割を担っている。社会の変化が激しく、子供の健康課題が複雑化、多様化している現代において、保健教育の果たす役割は重要である。

2）保健教育の体系

　図2-1-1は保健教育の体系図である。以前は保健教育を「保健学習」と「保健指導」に分類していたが、現在は資質・能力の育成や教科の役割等をふまえて「保健教育」としてひとくくりで示され、「体育科、保健体育科」「特別活動」「総合的な学習の時間」「その他関連する教科等」「日常生活における指導及び子供の実態に応じた個別指導」の五つに分かれている。学習指導要領総則にあるとおり、学校における体育・健康に関する指導は学校の教育活動全体で行うが、その中核となるのが体育科、保健体育科であり、さらに図2-1-1に示されているようなさまざまな機会を通じて実施する。

3）保健教育の法的根拠

　教育基本法第1条で示すとおり、健康な国民を育成することは教育の目的の一部である。この目的を実現するために教育基本法第2条には健やかな身体を養うことが教育の目標の一つとして掲げられ、保健教育はこの中心を担っていると言える（総論第1章養護の解釈と養護教諭参照）。さらに義務教育の目標として学校教育法第21条第8号に健康や心身の調和的発達が示されており、これは「体育科」「保健体育科」の法的根拠である。学習指導要領は文部科学省が示した教育課程の基準であり、どこにいても一定水準の教育が受けられるよう小学校、中学校、高等学校、特別支援学校の各学校が各教科等で教えるべき内容や目標を示している。なお、学習指導要領は社会背景などに合わせて約10年ごとに改訂されている。

図2-1-1　保健教育の体系図

文献[1-3]を参考に、筆者が学校段階を統合して作成

4) 保健教育の意義

これまで、日本の教育では変化の激しい社会を生きるために必要な力である「生きる力」や、知・徳・体のバランスのよい育成が重視されており、一定の成果を上げてきている。その一方で2016（平成28）年12月に出された中央教育審議会答申「幼稚園、小学校、中学校、高等学校及び特別支援学校の学習指導要領の改善及び必要な方策等について」（以下、中央教育審議会答申）は、これまでの学習指導要領は教員が「何を教えるか」ということに重点を置いていたことを指摘し、「何ができるようになるか」という視点から、育成を目指す資質・能力の三つの柱として整理した。育成を目指す資質・能力とは、①何を理解しているか、何ができるか（生きて働く「知識・技能」の習得）と②理解していること・できることをどう使うか（未知の状況にも対応できる「思考力・判断力・表現力等」の育成）、③どのように社会・世界とかかわり、よりよい人生を送るか（学びを人生や社会に生かそうとする「学びに向かう力・人間性等」の涵養）であり[4]、これらを目標として、学習指導要領が再編成された。

5) どのように学ぶか

前項で述べた資質・能力の三つの柱を育成するためには、どのように学ぶかということにも留意する必要がある。中央教育審議会答申や学習指導要領では「主体的・対話的で深い学び」を実現すること、そしてこれに向けて授業改善を行うことが求められている。主体的・対話的で深い学びの実現のためには、学校教育における質の高い学びを実現し、学習内容を深く理解し、資質・能力を身につけ、生涯にわたって能動的（アクティブ）に学び続けるようにする必要がある。

6) 養護教諭の役割

深刻化する児童生徒の現代的な健康課題の解決のために、養護教諭も保健教育にかかわるこ

とが求められている。

　1998（平成10）年に教育職員免許法が一部改正され、兼職発令という形で養護教諭が体育科、保健体育科の授業を担当できるようになった。しかし、現実には養護教諭が行う保健教育は学校行事で行われることが最も多く、学級（ホームルーム）活動、体育科・保健体育科での実施と続き、兼職発令のもとに行っている保健教育はどの学校段階でも10％を切っている[4]。

　養護教諭は健康に関する専門的な知識や技術を有しているため、保健教育に参加することにより児童生徒にとってわかりやすい効果的な教育になることが期待される。また、ティーム・ティーチング等学級担任や教科担任とともに授業を行うことで、より専門性を生かした、児童生徒一人一人に配慮した授業を行うことも可能となる。養護教諭と学級担任、教科担任という異なる立場から意見を出すことで新たなアイディアが生まれることもある。

　加えて、養護教諭が授業へ参加する意義として、3点があげられる[4]。1点目は児童生徒の健康実態や生活実態を授業へ反映させることができることである。保健室には健康診断や保健調査、健康観察などから健康に関するさまざまなデータが蓄積されていく。こういったデータから健康や生活の実態を反映した授業を展開することが可能になる。2点目として、養護教諭が授業によって学級の児童生徒の姿を知ることができることである。さまざまな面から児童生徒の姿を知ることは児童生徒理解のうえで重要なことである。3点目は養護教諭がガイダンスからカウンセリングへの架け橋となることができることである。ガイダンスとは主に集団場面で必要な支援や援助を行うことであり、カウンセリングとは個別の児童生徒が抱える課題を受け止め、その解決に向けて個別に会話、面談、言葉がけを通して指導や援助を行うことである。この双方の機能を充実していくことが求められているが、養護教諭が集団を対象とした授業に参加することにより、保健室を利用したことのない児童生徒に対しても直接語りかけ、カウンセリングにつなげることができる。こういった保健管理を生かした保健教育を行うことも養護教諭の役割である。

　養護教諭が授業を実施するかどうかは各学校の状況や保健室の実態などさまざまな要素によって決まる。そしてどのような形で保健教育とかかわるかもそれぞれで異なるが、いずれにしても管理職や教職員と共通理解を図り、校内の協力体制を整えたうえで取り組む必要がある。

2 体育科、保健体育科における保健教育

　前述したとおり、体育科、保健体育科における保健教育は学校における保健教育の中核をなすものである。健康に関する内容は、小学校では体育科保健領域で、中学校では保健体育科保健分野で、高等学校では保健体育科科目保健で扱われる。小学校学習指導要領[5]の概要を表2−2−1に、中学校学習指導要の概要[6]を表2−2−2に、高等学校学習指導要領[7]の概要を表2−2−3に示した。

1）目　標

　各学校段階に共通する点として、2017（平成29）年、2018（平成30）年、2019（平成31）年の改定で「知識及び技能」「思考力・判断力・表現力等」「学びに向かう力、人間力」の3観点

表2-2-1　小学校体育科保健領域の概要[5]

目標	体育科	体育や保健の見方・考え方を働かせ、課題を見つけ、その解決に向けた学習過程を通して、心と体を一体として捉え、生涯にわたって心身の健康を保持増進し豊かなスポーツライフを実現するための資質・能力を次のとおり育成することを目指す。 （1）その特性に応じた各種の運動の行い方および身近な生活における健康・安全について理解するとともに、基本的な動きや技能を身につけるようにする。 （2）運動や健康についての自己の課題を見つけ、その解決に向けて思考し判断するとともに、他者に伝える力を養う。 （3）運動に親しむとともに健康の保持増進と体力の向上を目指し、楽しく明るい生活を営む態度を養う。				
内容	単元名	（1）健康な生活	（2）体の発育・発達	（3）心の健康	（4）けがの防止	（5）病気の予防
	学年	3年	4年	5年	5年	6年
	時数	8単位時間程度		16単位時間程度		
	ア 知識及び技能	(ア) 健康な生活 (イ) 1日の生活の仕方 (ウ) 身の回りの環境	(ア) 体の発育・発達 (イ) 思春期の体の変化 (ウ) 体をよりよく発育・発達させるための生活	(ア) 心の発達 (イ) 心と体との密接な関係 (ウ) 不安や悩みへの対処	(ア) 交通事故や身の回りの生活の危険が原因となって起こるけがとその防止 (イ) けがの手当	(ア) 病気の起こり方 (イ) 病原体が主な要因となって起こる病気の予防 (ウ) 生活行動が主な原因となって起こる病気の予防 (エ) 喫煙、飲酒、薬物乱用と健康 (オ) 地域の様々な保健活動の取り組み
	イ 思考力、判断力、表現力	・健康な生活について課題を見付け、その解決に向けて考え、それを表現すること	・体がよりよく発育・発達するために、課題を見付け、その解決に向けて考え、それを表現すること	・心の健康について、課題を見付け、その解決に向けて試行し判断するとともに、それらを表現すること	・けがを防止するために、危険の予測や回避の方法を考え、それらを表現すること	・病気を予防するために、課題を見付け、その解決に向けて思考し判断するとともに、それらを表現すること

※1単位時間程度は45分
出典）小学校学習指導要領および小学校学習指導要領解説体育編をもとに筆者作成

に対応する目標が設定されたことがあげられる。さらに、共通する内容として「保健の見方・考え方を働かせ」という言葉がある。これは言語能力のような教科を横断する力の育成が重視されるなかで、改めて教科を学ぶ意義を明確にするために示されたものである。教科の「見方・考え方」について中央教育審議会答申では「"どのような視点で物事を捉え、どのような考え方で思考していくのか"という、物事を捉える視点や考え方も鍛えられていく。こうした視点や考え方には、教科等それぞれの学習の特質が表れる」「こうした各教科等の特質に応じた物事を捉える視点や考え方が『見方・考え方』であり、各教科等の学習の中で働くだけではなく、大人になって生活していくに当たっても重要な働きをするものとなる。」[8]と述べられている。つまり、具体的な事象から事実的知識を学び、それらからある程度抽象化された概念、さらに原理として理解することで、この概念や原理が実生活や将来の個々の事象に応用して「使える」ものとなる[9]。今回の学習指導要領のなかでも「見方・考え方」を習得することが、

表2-2-2 中学校保健体育科保健分野の概要[6]

目標	保健体育科	体育や保健の見方・考え方を働かせ、課題を発見し、合理的な解決に向けた学習過程を通して、心と体を一体として捉え、生涯にわたって心身の健康を保持増進し豊かなスポーツライフを実現するための資質・能力を次のとおり育成することを目指す。 (1) 各種の運動の特性に応じた技能等および個人生活における健康・安全について理解するとともに、基本的な技能を身につけるようにする。 (2) 運動や健康についての自他の課題を発見し、合理的な解決に向けて思考し判断するとともに、他者に伝える力を養う。 (3) 生涯にわたって運動に親しむとともに健康の保持増進と体力の向上を目指し、明るく豊かな生活を営む態度を養う。			
	保健分野	(1) 個人生活における健康・安全について理解するとともに、基本的な技能を身につけるようにする。 (2) 健康についての自他の課題を発見し、よりよい解決に向けて思考し判断するとともに、他者に伝える力を養う。 (3) 生涯を通じて心身の健康の保持増進を目指し、明るく豊かな生活を営む態度を養う。			
内容	単元名	(1) 健康な生活と疾病の予防	(2) 心身の機能の発達と心の健康	(3) 障害の防止	(4) 健康と環境
	学年	1年から3年	1年	2年	3年
	時数	48単位時間程度			
	ア 知識及び技能	(ア) 健康の成り立ちと疾病の発生要因 (イ) 生活習慣と健康 (ウ) 生活習慣病などの予防 (エ) 喫煙、飲酒、薬物乱用と健康 (オ) 感染症の予防 (カ) 健康を守る社会の取り組み	(ア) 身体機能の発達 (イ) 生殖にかかわる機能の成熟 (ウ) 精神機能の発達と自己形成 (エ) 欲求やストレスへの対処と心の健康	(ア) 交通事故や自然災害などによる障害の発生要因 (イ) 交通事故などによる障害の防止 (ウ) 自然災害による障害の防止 (エ) 応急手当の意義と実際	(ア) 身体の環境に対する適応能力・至適範囲 (イ) 飲料水や空気の衛生的管理 (ウ) 生活に伴う廃棄物の衛生的管理
	イ 思考力、判断力、表現力	・健康な生活と疾病の予防について、課題を発見しその解決に向けて試行し判断するとともに、それらを表現すること	・心身の機能の発達と心の健康について、課題を発見し、その解決に向けて思考し判断するとともに、それらを表現すること	・障害の防止について危険の予測や回避方法を考え、それらを表現すること	・健康と環境に関する情報から課題を発見し、その解決に向けて試行し判断するとともに、それらを表現すること

※1単位時間程度は50分
出典) 中学校学習指導要領および中学校学習指導要領解説保健体育編をもとに筆者作成

各教科等を学ぶ本質的な意義の中核をなすものであり、教科等の学習と社会をつなぐものであると述べられている[5-7]。保健の見方とは「個人及び社会生活における課題や情報を、健康や安全に関する原則や概念に着目して捉え、疾病等のリスクの軽減や生活の質の向上、健康を支える環境づくりと関連付けること」であり、これを意識して授業を実施する必要がある。

2) 内 容

目標と同様に各学校段階の内容についても表2-2-1から表2-2-3に示した。各学校段階の内容を見ると心の健康やけがの手当てに関する内容など重複しているように見えるものもある。これは、図2-2-1に示すような内容の系統性や、さらに生活の広がりや扱い方の変化によるものである。小学校段階では、「身近な生活における健康・安全に関する基礎的な内容」

表2-2-3 高等学校保健体育科科目保健の概要[7]

目標	保健体育科	心と体を一体として捉え、健康・安全や運動についての理解と運動の合理的、計画的な実践を通して、生涯にわたって豊かなスポーツライフを継続する資質や能力を育てるとともに健康の保持増進のための実践力の育成と体力の向上を図り、明るくて豊かな活力のある生活を営む態度を育てる。			
	科目保健	保健の見方・考え方を働かせ、合理的、計画的な解決に向けた学習過程を通して、生涯を通じて人々が自らの健康や環境を適切に管理し、改善していくための資質・能力を次のとおり育成する。 (1) 個人および社会生活における健康・安全について理解を深めるとともに、技能を身につけるようにする。 (2) 健康についての自他や社会の課題を発見し、合理的、計画的な解決に向けて思考し判断するとともに、目的や状況に応じて他者に伝える力を養う。 (3) 生涯を通じて自他の健康の保持増進やそれを支える環境づくりを目指し、明るく豊かで活力ある生活を営む態度を養う。			
内容		(1) 現代社会と健康	(2) 安全な社会生活	(3) 生涯を通じる健康	(4) 健康を支える環境づくり
	学年	原則として入学年次およびその次の年次の2か年			
	時数	2単位			
	ア 知識及び技能	(ア) 健康の考え方 (イ) 現代の感染症とその予防 (ウ) 生活習慣病などの予防と回復 (エ) 喫煙、飲酒、薬物乱用と健康 (オ) 精神疾患の予防と回復	(ア) 安全な社会づくり (イ) 応急手当	(ア) 生涯の各段階における健康 (イ) 労働と健康	(ア) 環境と健康 (イ) 食品と健康 (ウ) 保健・医療制度及び地域の保健・医療機関 (エ) 様々な保健活動や社会的活動 (オ) 健康に関する環境づくりと社会参加
	イ 思考力、判断力、表現力	・現代社会と健康について、課題を発見し健康や安全に関する原則や概念に着目して解決の方法を思考し、判断するとともに、それらを表現すること	・安全な社会生活について、安全に関する原則や概念に着目して危険の予測やその回避の方法を考え、それらを表現すること	・生涯を通じる健康に関する情報から課題を発見し、健康に関する原則や概念に着目して解決の方法を思考し判断するとともに、それらを表現すること	・健康を支える環境づくりに関する情報から課題を発見し、健康に関する原則や概念に着目して解決の方法を思考し判断するとともに、それらを表現すること

※1単位は35単位時間分、1単位時間は50分である
出典) 高等学校学習指導要領および高等学校学習指導要領解説保健体育編体育編をもとに筆者作成

をより実践的に取り扱う。中学校段階では、小学校段階の身近な生活から「個人生活」に内容を広げて、より科学的に取り扱う。そして、高等学校段階になると、「個人及び社会生活」とさらに広げてより総合的に展開していく。

図2-2-2は保健における内容の系統性を示す図である。各学校段階におけるそれぞれの内容が独立して存在するのではなく、各内容がつながっており、系統的、発展的に進めていく必要がある。

3）授業方法

学習指導要領では内容の取り扱いという項目で、指導方法の工夫についても言及されている。例えば中学校学習指導要領では「保健分野の指導に際しては、自他の健康に関心をもてるようにし、健康に関する課題を解決する学習活動を取り入れるなどの指導方法の工夫を行うものと

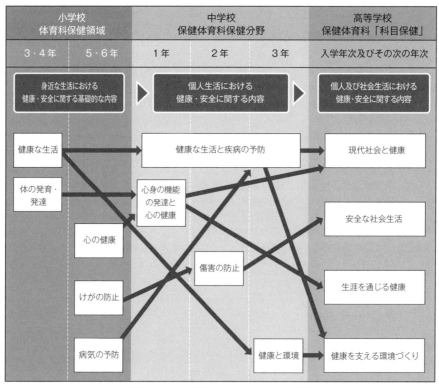

図2-2-1 保健における体系イメージ

出典）文部科学省：改訂「生きる力」を育む小学校保健教育の手引、2020[1]、文部科学省：改訂「生きる力」を育む中学校保健教育の手引、2020[2]、文部科学省：改訂「生きる力」を育む高等学校保健教育の手引、2021[3]

図2-2-2 保健における内容の系統

出典）文部科学省：改訂「生きる力」を育む小学校保健教育の手引、2020[1]、文部科学省：改訂「生きる力」を育む中学校保健教育の手引、2020[2]、文部科学省：改訂「生きる力」を育む高等学校保健教育の手引、2021[3]

する。」と示されている。以前から指導方法の工夫は推奨されていたものの、今改訂でより強調されている。表2-2-4は保健教育で取り扱うことが多い指導方法である。指導方法と、育成が期待される資質・能力が対応して示されていることも注目すべき点である。育成を目指す資質・能力や内容、児童生徒の実態から指導方法を適切に工夫していくことが求められている。

また、指導の工夫の一つとしてティーム・ティーチング（以下、TT）がある。TTとは教

表 2-2-4　指導方法の例

指導方法	健康課題やその解決方法に関する具体的な活動	期待される資質・能力等の育成	活用例
ブレインストーミング	さまざまなアイデアや意見を出していく	・思考力、判断力、表現力等の育成 ・知識の習得	・健康的な生活や病気の予防の要因 ・不安や悩みへの対処方法
事例などを用いた活動	日常生活で起こりやすい場面を設定し、そのときの心理状態や対処の仕方などを考える	・思考力、判断力、表現力等の育成 ・知識の習得	・交通事故や身の回りの危険 ・緊張したときの体の変化
実験	仮説を設定し、これを検証したり、解決したりする	・思考力、判断力、表現力等の育成 ・学びに向かう力、人間性等の育成	・ブラックライトによる手洗いチェック ・歯垢の染め出し ・血液モデルの波動実験
実習	実物等を用いて体を動かす	・思考力、判断力、表現力等の育成 ・知識・技能の育成	・けがの手当て ・不安や悩みへの対処
ロールプレイング	健康課題に直面する場面を設定し、当事者の心理状態や対処の仕方などを疑似体験する	・思考力、判断力、表現力等の育成	・けがをしたときの大人への知らせ方 ・喫煙、飲酒の防止
フィールドワーク	実物を見に行ったり、人々に質問したりする	・思考力、判断力、表現力等の育成 ・学びに向かう力、人間性等の育成	・保健室の役割 ・地域の保健機関の調査
インターネット、図書、視聴覚教材	コンピュータや図書等を利用して、情報を収集する	・知識の習得 ・健康に関する情報処理能力等の育成	・たばこの害 ・体のしくみ

出典）文部科学省：改訂「生きる力」を育む小学校保健教育の手引、2020[1]

師がチームを組んで協力して子供の指導にあたる指導方式のことである[10]。養護教諭は学校における児童生徒の健康の専門家として、TTの役割を担うことが期待されている。

4）指　導

(1) 年間指導計画

　年間指導計画とは、各学校が編成する教育課程において、各教科の目標や地域および学校、児童生徒の実態をふまえ、1年間の各教科等における単元配置や学習活動、配当時間などの学習計画を立てたものである。保健教育が十分に行われていなかった時代には、雨が降ったときに保健を行う場合があり、それを揶揄して雨降り保健と呼ばれたこともある。その反省をふまえ、あらかじめ効果的な学習が行われるように計画して指導を行う必要がある。養護教諭が1年間の指導計画を立てることはほぼないが、年間指導計画を確認しておくことが重要である。

(2) 単元の指導計画

　単元とは各教科等において、一定の目標や主題を中心として組織された学習内容のひとまとまりのことである。教育を実施するときはこの単元を一つのまとまりとして計画を立てる必要がある。そして、これに類似した言葉に「内容のまとまり」がある。保健分野において内容のまとまりとは、例えば中学校では指導要領に示されている大項目である「（1）健康な生活と

疾病の予防」「（2）心身の機能の発達と心の健康」「（3）障害の防止」「（4）環境と健康」を指す。そのため、この内容のまとまりをそのまま単元とする場合と、この内容のまとまりをいくつかに分けて単元を設定する場合がある。どちらにしても、育成を目指す三つの資質・能力を1単位時間の授業ではなく単元を通してバランスよく育むことが重要である。そのためには、教科担当者と協力し、単元の指導計画を立てる、あるいはこれをふまえて授業を行う必要がある。

（3）1単位時間の指導計画

1単位時間の授業について、いつどこで行うか、どのような目標および内容、方法で実施するのかについての指導計画を立てる。多くの場合これを学習指導案と呼ぶ。しかし、学習指導案は単元の見通しを持つために、1時間の授業展開のみではなく、単元についても記載することが多い。学習指導案は授業者自身のためと他者のために作成する。学習指導案を書くことで、授業者自身のために計画的、効果的な授業を実施することができ、学習者のためにもなる。また、研究授業や教育実習での授業など、他者に授業を参観してもらう場合に、授業の意図や展開などを参観者に伝えることにも役立つ。

（4）学習指導案の作成

次頁から示す図2－2－3に学習指導案の例を示す。この例は学習指導案においておおよそ共通する内容を示している。吹き出しは、学習指導案を作成する際に気をつける点である。学習指導案の形式や内容はさまざまであるため、他者に見てもらうために作成する場合は、その学校や地域の学習指導案を確認し、それに倣って作成するとよい。またその際は、他者に見せるためのものであることをふまえ、誤字や脱字がないか、指導と評価の計画や展開はわかりやすく書けているかということに留意する。

5）授業をつくる

（1）教育内容と教材

教育内容とは、各教科において教授―学習の目標とされ、児童生徒が身につけるべき知識（概念・原理・法則など）や技能を指す。教材とは教科内容の習得のために授業において使用され、教授―学習活動の直接の対象となるものである[11]。また、教材を効果的に教えるための道具を一般的に教具という。例えば、感染症予防の3原則である病原体の排除、感染経路の遮断、宿主の抵抗力の向上について、原則そのものを直接伝えても知識が身についたとは言い難い。それよりもこれらを理解し知識を身につけるためにはインフルエンザのような具体的な感染症から考えていく方がわかりやすい。そしてこの原則を理解するためにインフルエンザを扱うと決めただけでは授業としては不十分である。例えばこの「インフルエンザ」をテーマとして、問題を出すのか、事例をつくるのか、表にして説明するのか等、児童生徒にどのようにして学習させるのかを教師がよく吟味する必要がある。

（2）教材研究

教育内容や教材について知り、授業を実施するために吟味していくような作業を教材研究と呼ぶ。教材研究は定義や方法が定まっているとは言い難い。教材研究の方法の一つである課題分析では教材研究を「授業の出口にたどり着くまでの学習内容にはどんな事項が含まれているのかを明らかにすること」としている[15]。寺嶋（2019）によるとここで重要視されているのは、入口と出口を明確にすることである。入り口とは児童生徒がこれまでの学習をどの程度理解し

第〇学年〇組　保健体育科学習指導案（例）

日　時：令和〇年〇月〇日（　）第　校時
授業者：〇〇　〇〇
場　所：〇学年〇組教室

> :（コロン）の位置を合わせる

1. 単元名　欲求やストレスへの対処と心の健康
2. 単元の目標

> 単元の目標を三つの観点から漏らさず示す

(1) 精神と身体の相互影響、欲求やストレスの心身への影響と適切な対処について理解するとともに、ストレスへの対処の方法を身に付けることができるようにする。
(2) 心の健康について課題を発見し解決方法を考え適切な方法を選択し、それらを伝え合うことができるようにする。
(3) 心の健康について自他の健康の保持増進や回復についての学習に自主的に取り組もうとすることができるようにする。

3. 単元について

> 単元観では何を学ぶのか（内容）、何ができるようになるのか（資質・能力）、生徒観では生徒の実態、学習履歴等、指導観ではどのように学ばせるか（指導方法）について記載する

(1) 単元観
　思春期は体の発達だけでなく、心も大きく発達する時期である。最近では、子供たちの抱える心の健康問題が多様化していて、心身の急激な成長に伴って、学校生活や日常生活、友人や家族との人間関係などに対してさまざまな欲求不満やストレスを感じてしまうことが多くなる。既に精神と体には密接な関係があることを学んでおり、本単元では、心と体が互いに影響を与え合っていること、心の健康を保つためには、欲求不満やストレスに適切に対処することが必要であることを理解させたい。

(2) 生徒観
　生徒間の関係が良好で協調性が高く、グループワークをスムーズに進めることができる。また、自分の考えをしっかり持っている生徒がほとんどで、自分の考えを他者に伝えることもできる。自分から発言しようとする生徒は少ないが、指名をしたりすると自分の意見をすらすら言うことができる。そのため、挙手制の発表ではなく指名制の発表を多くし、グループでの話し合いを発表するときにも、発表者を事前に決めておく。

(3) 指導観
　本単元では、心の健康についての課題を発見し、疾病等のリスクを軽減したり、生活の質を高めたりすることなどと関連付けて、その解決を目指した学習活動を通して、精神と身体は相互に影響を与え関わっていること、心の健康を保つには、欲求やストレスに適切に対処する必要があることを理解できるようにする。また、ストレスへの対処にはいろいろな方法があることを理解し、その中からストレスの原因、自分や周囲の状況に応じた対処の仕方を選ぶことが大切であることを理解できるようにする。さらに、リラクセーションの方法等を取り上げ、実際に行うことによってストレスによる心身の負担を軽くするような対処の方法ができることを目指している。

> 単元の評価基準や指導と評価の指導計画などを省略した1単位時間のみの指導案を略案という。今回は細案である

> 評価規準を作成する際は、「内容のまとまりごとの評価規準」を作成する際の手順や例[12-14]と学習指導要領、学習指導要領解説をふまえる

4. 単元の評価規準

知識・技能	思考・判断・表現	主体的に学習に取り組む態度
①精神と身体には、密接な関係があり、互いに影響を与えていること、心の状態が体に、体の状態が心にあらわれるのは、神経などの働きによるものであるということについて理解したことを言ったり、書いたりしている。 ②略 ③ストレスへの対処にはストレスの原因となる事柄に対処すること、コミュニケーションの方法を身に付けることなどいろいろな方法があり、それらの中からストレスの原因、自分や周囲の状況に応じた対処の仕方を選ぶことが大切であることについて言ったり、書いたりしている。 ④リラクセーションの方法等がストレスによる心身の負担を軽くすることについて理解したことを言ったり、書いたりしているとともに、それらの対処の方法ができる。	①略 ②心の健康について、課題の解決方法とそれを選択した理由などを他者と話し合ったり、ノートに記述したりして、筋道を立てて伝え合っている。	①心の健康について、課題の解決に向けた学習に自主的に取り組もうとしている。

5．指導と評価の計画（4時間）

> 1単位時間あたりに設定する目標は一つか二つまでとし、単元を通して、三つの資質能力がバランスよく育成されるよう配慮する

時間	ねらい・学習活動	重点	評価方法
1 精神と身体の関わり	精神と身体には、密接な関係があり、互いにさまざまな影響を与えていること、心の状態が体にあらわれたり、体の状態が心にあらわれたりするのは、神経などの働きによることについて理解することができるようにする。 1．心と体が結びついていると実感した体験を振り返る。 2．良い（プラス）影響と悪い（マイナス）影響についてあげる。 3．これらの影響は、無意識のうちに引き起こされることを知る。 4．心と体は、神経などの働きを通じて密接に影響し合っていることを知る。	知①	（学習活動4） 　精神と身体には、密接な関係があり、互いに影響を与えていること、心の状態が体に、体の状態が心にあらわれるのは、神経などの働きによるものであるということについて理解したことを言ったり、書いたりしている内容等を【観察・学習カード】で捉える。〈知－①〉
2	略	略	略
3 ストレスへの対処①	ストレスとは、外界からのさまざまな刺激により心と体に負担のかかった状態であり、適度なストレスは精神発達上、必要なものであること、過度なストレスは、心身の健康や生命に深刻な影響を与える場合があること、ストレスへの対処には、いろいろな方法があり、その中からストレスの原因、自分や周囲の状況に応じた対処の仕方を選ぶことが大切であることについて理解できるようにする。 1．ストレスについて知り、適度なストレスは精神発達上、必要なものであることを知る。また、思春期は、ストレスを感じやすいことについて知る。 2．強いストレスは、心や体の不調や病気の原因となる場合もあることについて知る。 3．事例に対応したストレス対処の仕方について考え、意見を交流する。	知③	（学習活動1・2） 　ストレスへの対処には、ストレスの原因となる事柄に対処すること、コミュニケーションの方法を身に付けるなど、いろいろな方法があり、それらの中からストレスの原因、自分や周囲の状況に応じた対処の仕方を選ぶことが大切であることについて理解したことを言ったり、書いたりしている内容等を【観察・学習カード】で捉える。〈知－③〉 （学習活動3） 　欲求やストレスとその対処について、習得した知識や技能を自他の生活と比較したり、活用したりして、ストレスへの適切な対処の方法を選択している状況等を【観察・学習カード】で捉える。〈思－②〉
		思②	
4 ストレスへの対処②（本時）	ストレスへの対処には、いろいろな方法があり、その中からストレスの原因、自分や周囲の状況に応じた対処の仕方を選ぶことが大切であることを理解するとともに、リラクセーションの方法を採り上げ、ストレスによる心身の負担を軽くするような技能ができるようにする。 1．前時の振り返りとともに、適切な対処法について交流を通して考える。 2．ストレスの適切な対処方法について知る。 3．ストレスによる心身の負担を軽くする上でリラクセーションを行う意味を知り、その技能を身に付ける。 4．本時の学習の振り返りとまとめをする。	知④	（学習活動3・4） 　リラクセーションの方法等がストレスによる心身の負担を軽くすることについて理解したことを言ったり、書いたりしているとともにそれらの対処の方法ができる内容等を【観察・学習カード】で捉える。〈知－④〉 （学習活動3） 　心の健康について、課題の解決に向けた学習に自主的に取り組もうとしている状況等を【観察・ワークシート】で捉える。〈態－①〉
		態①	

> 学習活動に対応して評価を設定する

> ねらいと学習活動を要約して記載する

> 評価方法の最後にある〈　〉内は、前ページ「4．単元の評価基準」の各内容と対応していることを示している

6．本時の指導（4/4）

> 単元の評価規準および指導と評価の計画で設定した評価規準と合わせて目標を記載する

（1）目　標
- ストレスの原因、自分や周囲の状況に応じた対処の仕方を選ぶことが大切であることを理解するとともに、ストレスによる心身の負担を軽くするようなリラクセーションの方法を身に付けることができるようにする（知識・技術）。
- 心の健康について、課題の解決に向けた学習活動に自主的に取り組もうとすることができるようにする（主体的に学習に向かう態度）。

（2）展　開

> 展開は指導過程を時系列で示す。生徒の学習内容・学習活動ではなく教師の働きかけが中央にある場合や、評価だけが別の列にある場合もある

時	○学習内容・学習活動	指導上の留意点　◆評価規準と方法
導入 5分	1．前時の振り返りを行うとともに、好ましくない対処法を提示し、適切な対処法について考えるように促す。 ○下記のようなストレスの対処法は適切と言えますか。 【事例①】「勉強をしてもはかどらずにイライラするから家族に物を投げつけたりして、イライラを発散する。」 ・人や物を傷つけても何も解決しないから適切とは言えない。 【事例②】「週末に友達と遊ぶ予定と家族旅行が重なる。予定が重なったことを面倒に思い一人でゲームをして過ごす。」 ・約束を全部断ってしまったら、さらにストレスがたまるから適切ではない。	○教師が好ましくない対処を示し、適切な対処法の必要性について考えるきっかけとする。
展開 35分	学習課題　ストレスにはどのように対処すればよいか考えよう。 2．ストレスへの適切な対処法について知る。 ○ストレスの原因、自分や周囲の状況に応じた対処という視点で、もう一度、グループで考えてみよう。 【事例①】について。 ・高い目標や詰めすぎの計画にするとさらにストレスを感じるから気を付けたい。 【事例②】について。 ・友達なら説明すればわかってもらえるから、家族を優先したい。 3．ストレスによる心身の負担を軽くするようなリラクセーションの技能を身に付ける。 ○ストレスによる体の変化について考える。 発問　①先日の合唱コンクールでは、ステージに立つ直前や立った直後、どんな気持ちになりましたか。②そのとき、体には、何か変化はありましたか。 ・すごく緊張した。　・心臓がどきどきした。 ・逃げ出したくなった。　・うまく歌えるか不安になった。 ・呼吸や脈拍が早くなった。　・冷や汗をかいた。 ・頭や腹が痛くなった。 ○リラックス法にはどんなものがあるかを考える。 発問　心も体もリラックスできる方法には、どんな方法があるでしょうか。 ・呼吸法　　・体ほぐし（ストレッチ） ・その他：ものを食べる。音楽を聴く。睡眠をとる。 ○簡単なリラクセーションの方法（筋弛緩法）を身に付ける。 ・体のさまざまな部位に「わざと力をいれて、抜く」ことを繰り返し、力が抜ける感覚をつかむ。 ・ストレッチは筋肉を伸ばすことが目標であることに対して、今回は、筋肉を緩めることが目標であることを理解する。	○グループは、3～4人程度とする。 ○事例①、②の対処の仕方について生徒から出されたものを「ストレスの原因に対処すること」などの視点で整理しながら、板書に示す。 ○どの生徒も体験したことのある状況（場面）を振り返るように伝えることでストレスを感じたときの様子についてイメージしやすくする。 ○1時間目に学習した「心と体の関わり」の学習内容を思い出させるなど、関連を図る。 ○ストレスを感じたときのセルフケアとして、リラクセーションの方法を身に付け、心身の負担を軽くするような対処の方法を身に付けることの大切さについて説明する。 ○体育の授業で学習した内容を日常生活に生かしている子供を称揚し、子供が学校での学びと実生活のつながりを再認識できる機会を設定する。 ○資料や教師の示範により、筋肉を緩める方法や手順について確認する。

	〈手順〉 ・2人1組で行う。 ・1人は実践、もう1人は行い方を説明しながら、同時に正しく行えているかを確認し、チェック表にレ点をつける。 ・以下の①～⑤を2セット行い、交代する。	◆【知識・技能④】 リラクセーションの方法等がストレスによる心身の負担を軽くすることについて理解したことを言ったり書いたりしているとともに、それらの対処の方法ができる内容等を【観察・学習カード】で捉える。
	①両手を握り、ひじを曲げる。 ②身体を丸めて、脇をしめる。 ③一気に力を入れて目を閉じそのままペアが15秒数える。 ④一気に力を抜き力が抜けるじわーとした感じを体験する。 ⑤ペアが15秒数える間背もたれに寄りかかりながら休む。	◆【主体的に学習に取り組む態度①】 心の健康について、課題の解決に向けた学習活動に自主的に取り組もうとしている状況等を【観察・ワークシート】で捉える。
	○ペアで筋肉を緩める方法（筋弛緩法）を行う。 ・正しく行えているかペアで確認し、学習カードに印をつける。	単元の評価基準や指導と評価の計画に合わせて記載する。評価は評価だとわかるように◆や枠に囲んで示す
まとめ 10分	4．本時の学習の振り返りとまとめをする。 ○学習カードに、ストレスに対して、どのように対処していくか、理由とともに記入する。 ・ストレスに対処するときは、ストレスの原因にあった方法を選びたい。 ・自分や周りの状況を判断して、ストレスに対応したい。 ・ストレスを感じたら、まずは落ち着くために、筋肉を緩める方法を試してみたい。	○自らの心身の健康を保つために、欲求やストレスに対処することやリラクセーションの方法を身に付けることの大切さについて確認する。
(3) 板書計画		
略		

図2-2-3　学習指導案の例

出典）文部科学省：改訂「生きる力」を育む中学校保健教育の手引、2020[2]をもとに筆者が加筆修正して作成

ているのか、活発に発言するクラスなのか等、授業を受ける前の児童生徒の実態を把握することである。出口とは児童生徒が授業を通してどうなってほしいのか、目指す姿や学習目標の具体化のことである。この授業の入り口と出口を明確にし、どうすれば目標に近づくのかを明らかにする。さらに学習内容の構造はどうか、面白さや難しい点は何かを明らかにしていく[15]。

ここで紹介したのは教材研究の一例であるが、教育内容や目標、児童生徒について知り、考える必要があるという点は教材研究において共通する点である。教材研究を進め、児童生徒が目標を達成できるような授業を目指す必要がある。養護教諭は健康観察や健康診断等の結果や保健室での個別指導などから、児童生徒の健康の課題や実態をもっともよく知る一人である。そのため、ある健康の内容について、児童生徒の現在の状況や課題はこうであり、こういう児童生徒が多いという入り口や、だからこういう力を身につけてほしい、こうなってほしいという出口を明確にできる存在である。教材研究を行う際に、このような情報は重要である。養護教諭は自身が授業を行うときに活用するだけでなく、学級担任や教科担任が保健授業を行う際の心強い相談相手となることができる。

6）評 価

（1）評価の意義

　授業を行う際は、児童生徒がその学習によってどのような力を身につけられるのかという目標を設定し、その目標を達成するために授業展開を考え、実施する。この過程において教師は授業前に児童生徒の実態を捉えるような評価（診断的評価）や、授業の実施過程において児童生徒の実態から授業を修正するために行う評価（形成的評価）、最終的に授業の目的が達成されたのかを知るために行う評価（総括的評価）を行う。これらを行うことで、教師にとっては指導の改善を行ったり、児童生徒が目標達成の段階まで来ているかどうかを知ることができ、児童生徒は自身の学習状況を把握したうえでそれに合わせて学習方法を改善し、次の学習に向かうことができる。学習指導要領総則でも、1回1回の授業だけでなく、単元や内容のまとまりを見通しながら、評価の場面や方法を工夫して、成果だけでなく過程も評価することが示してある。適切な評価によって児童生徒の学習状況を把握し、授業改善をすることによって、児童生徒の学習意欲の向上を図り、教科の目標の実現を目指すことが重要である。養護教諭であっても授業者であるかぎり、評価の意義や観点を確実に学び、適切に評価することが求められる。

（2）評価の観点

　各教科の評価では、学習状況について分析的に把握する「観点別学習状況の評価」と観点別学習状況の評価から総合的に捉える「評定」の二つを目標に準拠した評価として実施する。

　観点別学習状況の評価では、学習指導要領に示す各教科の目標（3観点）に照らして、その実現状況を観点ごとにABCの3段階に評価する。そしてその三つの観点別学習状況の評価を総括して評定を行う。評定は、小学1、2年生は行わず、3年生以上の小学生は3段階で、中高生は5段階で行う。また、学習指導要領に示す目標のうち「学びに向かう力・人間性」は評価の観点では「感性・思いやりなど」と「主体的に学習に取り組む態度」に分けられる。このうち、「主体的に学習に取り組む態度」は観点別学習状況評価の対象としABCの3段階で評価を行い、さらに評定の根拠となる。一方で「感性・思いやりなど」の観点は数値による段階評価になじまないものであるため、個人内評価とし、児童生徒一人一人のよい点や可能性、進歩の状況などを積極的に評価し児童生徒に伝えることとしている[12-14]。

（3）学習評価の進め方

　授業を実施して、評価を進めていくにあたり、実施前に、学習指導要領の教科の目標や内容、年間の指導計画を確認する。そして学習指導要領の目標や内容、学習指導要領解説などをふまえて、内容のまとまりごとに目標を作成し、それに対応した評価基準を作成する。次に単元の目標を作成し、単元の評価基準を作成する。さらに1回の授業においてどの学習活動で何を、どうやって評価するのかを示す指導と評価の計画を作成する。授業準備を行い、授業を実施したら、三つの観点に沿って学習状況の評価を行う。評価をふまえ、生徒の学習改善、教師の指導改善を検討する。最後に観点ごとの総括的評価を行う。目標を立て、評価規準を作成し、指導を実施し、評価基準に沿って評価を行うという一連の流れがある。こうした指導と評価の一体化によって、目標に対して児童生徒にどのような力が身についたのかを教師が知ることができ、改善を図ることができるようになる。評価基準や指導と評価の計画の作成方法については

文献[1-3]や文献[12-14]等を参照されたい。

3 特別活動

　特別活動は集団や社会の形成者としての見方・考え方を働かせ、さまざまな集団活動に自主的、実践的に取り組み、生活上の課題を解決することを通して、資質・能力を育成することを目指すものである。特別活動は表2-3-1のような内容から構成されている。特別活動のなかでも保健教育を行う機会となるのは、主に学級活動・ホームルーム活動、学校行事である。このうち学級活動・ホームルーム活動の授業時数は1年間で35単位時間（小学1年生は34単位時間）であり、その他については内容に応じて適切な授業時数を充てることとされている。特別活動は教科でないため、教育の内容が決められておらず教科書もない。そのため、児童生徒の実態を把握してそれに合った指導を行うことができる。養護教諭が指導を行う際には、学校の指導計画や、学年学級の年間の指導計画を確認し、学級担任等と協力して実施することが求められる。

表2-3-1　特別活動の内容

	特別活動			
小学校	学級活動	児童会活動（5年生以上）	クラブ活動（4年生以上）	学校行事
中学校	学級活動	生徒会活動	―	学校行事
高等学校	ホームルーム活動	生徒会活動	―	学校行事

1）学級活動、ホームルーム活動

　各学校段階の学習指導要領における学級活動、ホームルーム活動の内容を表2-3-2に示す。健康にかかわる内容は表中の（2）で示されている。（1）は教師の指導のもと、児童生徒の共通の問題として取り上げ、協力して実践する内容であるのに対して、（2）は児童生徒一人一人がそれぞれの理解や自覚のうえで自己決定し実践することを重視する活動であることに留意が必要である。（2）の内容には健康や生活習慣に関する内容が含まれているため、養護教諭はこの（2）の内容でかかわることが多い。養護教諭の半数ほどは、この学級活動、ホームルーム活動において保健の教育を実施していると答えており、内容については小学校では「体の清潔を含む基本的な生活習慣の形成」が、中学校では「男女相互の理解を含む思春期の心と体の発達」が、高等学校では「エイズや性感染症などの予防に関すること」が多くなっている[7]。また、学級活動、ホームルーム活動は教科ではないが、この時間を用いた保健教育においても、1単位時間の指導計画（学習指導案）を作成する必要がある。この指導計画で示す内容は例えば①題材、②児童の実態と題材設定の理由、③育成を目指す資質・能力、④事前指導、⑤本時のねらい、⑥指導過程（導入・展開・終末）、⑦使用する教材・資料、⑧事後指導、⑨評価の観点などのものである[12-14]。

表2-3-2　小学校、中学校、高等学校の学習指導要領における特別活動の内容項目

小学校	中学校	高等学校
（1）学級や学校における生活づくりへの参画　以下略	（1）学級や学校における生活づくりへの参画　以下略	（1）ホームルームや学校における生活づくりへの参画　以下略
（2）日常の生活や学習への適応と自己の成長及び健康安全 ア　基本的な生活習慣の形成 イ　よりよい人間関係の形成 ウ　心身ともに健康で安全な生活態度の形成 　　現在及び生涯にわたって心身の健康を保持増進することや、事件や事故、災害等から身を守り安全に行動すること。 エ　食育の観点を踏まえた学校給食と望ましい食習慣の形成	（2）日常の生活や学習への適応と自己の成長及び健康安全 ア　自他の個性の理解と尊重、よりよい人間関係の形成 イ　男女相互の理解と協力 ウ　思春期の不安や悩みの解決、性的な発達への対応 　　心や体に関する正しい理解を基に、適切な行動をとり、悩みや不安に向き合い乗り越えようとすること。 エ　心身ともに健康で安全な生活態度や習慣の形成 　　節度ある生活を送るなど現在及び生涯にわたって心身の健康を保持増進することや、事件や事故、災害等から身を守り安全に行動すること。 オ　食育の観点を踏まえた学校給食と望ましい食習慣の形成	（2）日常の生活や学習への適応と自己の成長及び健康安全 ア　自他の個性の理解と尊重、よりよい人間関係の形成 イ　男女相互の理解と協力 ウ　国際理解と国際交流の推進 エ　青年期の悩みや課題とその解決 　　心や体に関する正しい理解を基に、適切な行動をとり、悩みや不安に向き合い乗り越えようとすること。 オ　生命の尊重と心身ともに健康で安全な生活態度や規律ある習慣の確立 　　節度ある健全な生活を送るなど現在及び生涯にわたって心身の健康を保持増進することや、事件や事故、災害等から身を守り安全に行動すること。
（3）一人一人のキャリア形成と自己実現　以下略	（3）一人一人のキャリア形成と自己実現　以下略	（3）一人一人のキャリア形成と自己実現　以下略

※特に健康安全にかかわるのは指導要領にある内容を枠内に示した
出典）文部科学省：小学校学習指導要領（平成29年告示）、2018[5]、文部科学省：中学校学習指導要領（平成29年告示）、2018[6]、文部科学省：高等学校学習指導要領（平成30年告示）、2019[7] をもとに筆者作成

2）児童会活動・生徒会活動

　児童会活動・生徒会活動は、異年齢の児童・生徒同士で協力して学校生活の充実と向上と諸問題の解決に向けて役割を分担し、協力して運営することに自主的、実践的に取り組み、資質・能力を育成することを目的としている。活動としては、児童生徒会役員会や各種の委員会（保健、給食、美化、安全等）として実施される。養護教諭としてかかわることが多いのは児童保健委員会や生徒保健委員会等である。特に中学生以上では、学校の全生徒が何らかの生徒会活動を行っている。そのなかで、学校生活での課題解決のために、自らの役割を受け持ち、計画を立て、話し合い、合意形成を図り実践していく。この過程においては教師主導になりすぎず、できるだけ生徒の自主的実践的な活動が促されるよう適切な指導が必要である。

3）学校行事

　学校行事は全校または学年の児童生徒で協力し、よりよい学校生活を築くための体験的な活

動を通して、集団への所属感や連帯感を深め、公共の精神を養いながら資質・能力を育成することを目指すものである。学校行事は学校生活に秩序と変化を与え、学校生活の充実と発展に寄与する体験的な活動を通してさまざまなことを学ぶ。学校行事において保健教育を実施していると答えた養護教諭は74.3%であり[4]、保健授業や学級活動、ホームルーム活動に比べて実施率が高くなっている。学校行事はその内容から儀式的行事（例：入学式）、文化的行事（例：合唱大会）、健康安全・体育的行事（例：健康診断）、遠足（旅行）・集団宿泊的行事（例：修学旅行）、勤労生産・奉仕的行事（例：ボランティア活動）の五つに分けられる。このなかでも特に健康安全・体育的行事が保健教育に含まれる。健康安全・体育的行事のねらいと内容例は表2-3-3のとおりである。表2-3-3の例にある健康診断や避難訓練などは、学校保健安全法や消防法の規定にしたがって実施される。しかしどちらも学校教育の一環であるため、それぞれのねらいを明らかにし、教育的な価値を十分に生かすように配慮する。また、指導にあたっては、学級活動やホームルーム活動、体育科・保健体育科、道徳などの学習内容との関連を図るようにする。

表2-3-3　学校行事の健康安全・体育的行事におけるねらいと内容例

	学校段階	学習指導要領および学習指導要領解説特別活動編の記述
ねらい	小、中、高	心身の健全な発達や健康の保持増進、事件や事故、災害等から身を守る安全な行動や規律ある集団行動の体得、運動に親しむ態度の育成、責任感や連帯感の涵養、体力の向上などに資するようにすること。
内容例	小学校	健康診断や給食に関する意識を高めるなどの健康に関する行事、避難訓練や交通安全、防犯等の安全に関する行事、運動会や球技大会等の体育的な行事など
	中学校	健康診断、薬物乱用防止指導、防犯指導、交通安全指導、避難訓練や防災訓練、健康・安全や学校給食に関する意識や実践意欲を高める行事、運動会（体育祭）、競技会、球技会など
	高等学校	健康診断、疾病予防、薬物乱用防止指導、防犯指導、交通安全指導、避難訓練や防災訓練、健康・安全に関する意識や実践意欲を高める行事、体育祭（運動会）、各種の球技大会や競技会など

出典）文部科学省：小学校学習指導要領（平成29年告示）、2018[5]、文部科学省：中学校学習指導要領（平成29年告示）、2018[6]、文部科学省：高等学校学習指導要領（平成30年告示）、2019[7] をもとに筆者作成

4 総合的な学習の時間・総合的な探究の時間

1）総合的な学習の時間・総合的な探究の時間とは

　1998（平成10）年の学習指導要領改訂で創設された総合的な学習の時間は、教科横断的・総合的な学習や探求的な学習を通して、自ら課題を見つけ、自ら学び、主体的に判断しよりよく問題を解決する資質や能力を育成することを目指すものである。児童生徒は、教師からある内容について教わるのではなく、自ら課題を見つけ、問題解決の仕方を学んでいく過程で資質・能力を身につけていく。さらに中央教育審議会答申（2016）で「高等学校においては、小・中学校における総合的な学習の時間の取組の成果を生かしつつ、より探究的な活動を重視する視点から、位置付けを明確化し直すことが必要と考えられる。」と指摘されたことを受けて、

2018（平成30）年の学習指導要領の改訂で高等学校では名称が「総合的な探究の時間」と変更された。

2）内　容

総合的な学習（探究）の時間の目標を実現するにふさわしい探究課題として、国際理解、情報、環境、福祉・健康などの現代的な諸課題に対応する横断的・総合的な課題、地域や学校の特色に応じた課題、児童・生徒の興味関心に基づく課題、職業や自己の将来（進路）に関する課題などがある。児童生徒が健康・福祉に関連する内容を課題として探究する際に、養護教諭は活動内容に関する教員への助言をする、資料提供などを行う、実際に児童生徒の活動に対して指導や助言を行うことなどでかかわることができる。その際養護教諭は、担当教員と協力しながら専門性を生かすことが重要である。

3）特別活動、教科保健、総合的な学習（探究）の時間の比較

特別活動、教科保健、総合的な学習（探究）の時間を比較したものを表2-4-1に示す。異なる点はあるが、いずれも生涯を通じて健康に生きていくための資質・能力を育むという大きなねらいがある。これを達成するために、養護教諭はさまざま教育活動に積極的にかかわり、保健教育を行う必要がある。

表2-4-1　特別活動、教科保健、総合的な学習（探究）の時間の比較

	特別活動	教科保健	総合的な学習（探究）の時間
目標・性格	日常生活における健康問題について意思決定し、対処できる能力や態度の育成、習慣化を図る	健康を保持増進するための基礎的・基本的事項の理解を通して、思考力、判断力を高め、適切な意思決定や行動選択等ができるように心身の健康の保持増進のための実践力の育成を図る	探究的な見方・考え方を働かせ、横断的・総合的な学習を行うことを通して、よりよく課題を解決し、自己の生き方を考えていくための資質・能力を育成することを目指す
内容	各学校の児童生徒が当面している、または近い将来に当面するであろう健康に関する内容	学習指導要領に示された教科としての一般的で基本的な心身の健康に関する内容	国際理解、情報、環境、健康・福祉等の横断的総合的な課題、児童生徒の興味・関心に基づく課題など
教育の機会	特別活動の学級活動、ホームルーム活動を中心に教育活動全体	体育科、保健体育科及び関連する教科	学校で定めた総合的な学習（探究）の時間
進め方	実態に応じた時間数を定め計画的、継続的に実践意欲を誘発しながら行う	年間指導計画に基づき、実践的な理解が図られるよう問題解決的、体験的な学習を展開する	自然体験や社会体験、課題解決的な学習などを積極的に取り入れ、人やものとの主体的なかかわりを通して課題解決に取り組む
対象	集団（学級、学年、全校）または個人	集団（学級・ホームルーム等、学年）	集団（課題別グループなど）、または個人
指導者	学級担任等、養護教諭、栄養教諭・学校栄養職員、学校医など	学級担任、教科担任、養護教諭（教諭兼職等）など	学級担任、教科担任、養護教諭、栄養教諭、学校栄養職員、地域の専門家（各学校の計画による）など

出典）日本学校保健会：保健主事の手引（三訂版）[16]を参考に筆者作成（一部改変）

まとめ

　保健教育は健康・安全・食に関する三つの資質能力を育成し、児童生徒が生涯を通じて健康である基礎を培うものである。保健教育は体系化されており、いくつかの法的根拠を持つ。主体的・対話的で深い学びを実現すること、これに向けた授業改善を行うことが求められている。主な保健教育の実施場面として、体育科、保健体育科におけるものと、特別活動におけるもの、総合的な学習の時間・総合的な探究の時間におけるものがあり、それぞれに内容や特質などがある。教科である体育科、保健体育科の指導においては、その目的と指導と評価を一体化させることが期待されている。養護教諭が保健教育において果たす役割は大きく、その特性を生かして、共通理解と協力体制の整備を図り積極的に実施していくことが重要である。

引用・参考文献
1) 文部科学省：改訂「生きる力」を育む小学校保健教育の手引、2020
2) 文部科学省：改訂「生きる力」を育む中学校保健教育の手引、2020
3) 文部科学省：改訂「生きる力」を育む高等学校保健教育の手引、2021
4) 日本学校保健会：学校保健の課題とその対応―養護教諭の職務等に関する調査結果から―令和2年度改訂、日本学校保健会、2021
5) 文部科学省：小学校学習指導要領（平成29年告示）、2018
6) 文部科学省：中学校学習指導要領（平成29年告示）、2018
7) 文部科学省：高等学校学習指導要領（平成30年告示）、2019
8) 中央教育審議会：幼稚園、小学校、中学校、高等学校及び特別支援学校の学習指導要領等の改善及び必要な方策等について（答申）、2016
9) 中央教育審議会：幼稚園、小学校、中学校、高等学校及び特別支援学校の学習指導要領等の改善及び必要な方策等について（答申）補足資料（4／8）、2016、121　https://www.mext.go.jp/component/b_menu/shingi/toushin/__icsFiles/afieldfile/2017/01/10/1380902_4_4.pdf　（2023年9月27日アクセス）
10) 新井郁夫、天笠茂編：学習の総合化をめざすティーム・ティーチング事典、教育出版、1999
11) 柴田義松、滝沢武久編著：発達と学習の心理、学文社、2002、143
12) 国立教育政策研究所教育課程研究センター：「指導と評価の一体化」のための学習評価に関する参考資料　小学校体育、2020
13) 国立教育政策研究所教育課程研究センター：「指導と評価の一体化」のための学習評価に関する参考資料　中学校保健体育、2020
14) 国立教育政策研究所教育課程研究センター：「指導と評価の一体化」のための学習評価に関する参考資料　高等学校保健体育、2021
15) 寺嶋浩介著、稲垣忠編著：教育の方法と技術　主体的・対話的で深い学びを作るインストラクショナルデザイン、北大路書房、2019、29
16) 日本学校保健会：保健主事の手引（三訂版）、2004

コラム　「自分で考えて自分で決める」ことの大切さ

　スマートフォンは私たちの日常生活を便利にする一方で、依存的な使用や過剰使用は主観的幸福感や不安症状などの精神的健康や、疲労や視力などの身体的健康に悪影響をおよぼすことが指摘されている。学校においてもデジタル機器の使用方法などの指導が行われている。

　では、スマートフォンの利用時間を減らしたい、スマートフォン利用をコントロールできるようになってほしいという目的をもって保健教育を行う場合はどのような方法が効果的なのであろうか。これについてBrailovskaiaら（2023）はドイツにて成人619名を対象に実験を行った。実験期間は

7日間で、参加者のうち、200名は①緊急時の連絡等以外は7日間スマートフォンを全く使用しないグループ（使用なし群）、他の226名は②1日の使用時間をこれまでより1時間短くするグループ（1時間減少群）、最後に193名が③対照群として以前と同じ生活を7日間過ごすグループ（対照群）に割り当てられた。この実験前と実験後（1日後、1か月後、4か月後）に、スマートフォンの使用時間、抑うつ、精神的幸福度、喫煙量などを測定した。その結果、測定尺度全てにおいて、①使用なし群と②1時間減少群の両方で、実験前よりも実験後の方がポジティブな変化（使用時間や抑うつ、喫煙量は下がり主観的幸福度は高まる）があり、4か月後も続いているという結果が見られた。実験前から4か月後のスマートフォン使用時間を見ると、①使用なし群は37分、②1時間減少群は45分短くなっていた。②1時間減少群は「暇つぶし」の使用を減らすことを自分でコントロールできるようになったのではないかと考察されている。スマートフォンを7日間全く使用しないのは現実的ではないが、児童生徒自身で考えて1時間使用を減らすことは実現可能であろう。大人を対象にした実験であるための限界はあるが、さまざまな保健教育を行う際に児童生徒自身が自分で考える活動を取り入れてみてはいかがだろうか。

引用・参考文献
1）Brailovskaia, J., Delveaux, J., John, J., et.al.：Finding the "sweet spot" of smartphone use: Reduction or abstinence to increase well-being and healthy lifestyle?! An experimental intervention study. *Journal of Experimental Psychology: Applied*, *29*(1), 2023, 149-161

第3章
健康相談・保健指導

1 健康相談・保健指導の目的・意義

　児童生徒の心身の健康課題が複雑化、多様化していることに伴い、養護教諭が行う健康相談と保健指導は、その課題解決にあたって一層重要な役割を担っている。そのため養護教諭は、児童生徒の訴えや健康観察、担任や保護者からの情報をもとに児童生徒のニーズを見極めながら、児童生徒の心身の状態を十分にアセスメントしたうえで、適時、適切な健康相談と保健指導を行わねばならない。

　健康相談と保健指導は、学校保健の領域において保健管理に位置づき（総論第6章養護教諭と学校保健活動 参照）、その目的は、次に示すとおりである[1]。

・健康相談の目的：児童生徒の心身の健康に関する課題について、児童生徒や保護者等に対して、関係者が連携し相談等を通して課題の解決を図り、学校生活によりよく適応していけるように支援していくこと。
・保健指導の目的：個々の児童生徒の心身の健康課題の解決に向けて、自分の健康課題に気づき、理解と関心を深め、自ら積極的に解決していこうとする自主的・実践的な態度の育成を図るために行われる。

　健康相談と保健指導は、児童生徒の心身の健康課題の解決を行うことはもとより、児童生徒自身が自らの健康課題に気づき、自分の健康を自己管理できるようになることや、自分のからだや健康を大切にするという価値観を高めることにつながる。そのため、健康相談と保健指導は、保健管理の側面に加え教育的に大きな意義を持つ。なおこの両者は、明確に区別できるものではなく、関連し合いながら行われる[1]。いずれも1回で終わることは少なく、その後の児童生徒の心身の状態を観察したり、関係者で情報交換したりしながら継続的に行われることが多い。そのため養護教諭をはじめとした教職員は協力しながら、子供のニーズを見極め、組織的に健康相談と保健指導を行う必要がある。

2 健康相談・保健指導の法的根拠

　健康相談・保健指導についての法的根拠は、次のとおりである。

学校保健安全法
（健康相談）
第8条　学校においては、児童生徒等の心身の健康に関し、健康相談を行うものとする。

（保健指導）
第9条　養護教諭その他の職員は、相互に連携して、健康相談又は児童生徒等の健康状態の日常的な観察により、児童生徒等の心身の状況を把握し、健康上の課題があると認めるときは、遅滞なく、当該児童生徒等に対して必要な指導を行うとともに、必要に応じ、その保護者に対して必要な助言を行うものとする。
（地域の医療機関等の連携）
第10条　学校においては、救急処置、健康相談又は保健指導を行うに当たっては、必要に応じ、当該学校の所在する地域の医療機関その他の関係機関との連携を図るように努めるものとする。

　学校保健安全法で示されているとおり、健康相談と保健指導は、学校における全ての教職員が協力しながら行うものと位置づけられている。学校保健安全法が改訂される以前の学校保健法では、健康相談は、従来、学校医・学校歯科医が行うものを健康相談とされていた。また1997（平成9）年の保健体育審議会答申において、養護教諭の新たな役割として健康相談活動[*1]が位置づけられた。しかし現在では学校保健安全法で規定されるとおり、養護教諭、学校医・学校歯科医・学校薬剤師、学級担任等が行う健康相談として整理されている。

3 健康相談と保健指導の進め方

1）健康相談の基本的な進め方

　健康相談は学校保健計画に位置づけ計画的に行うものと、必要な場合に随時行うものとがあり、さまざまな方法や形態で行われる。計画的に行う健康相談は、修学旅行や運動会のような行事の前に行うものであり、必要に応じて行うものは、養護教諭や担任等による健康観察の結果や本人および保護者の希望に応じて行う場合や、養護教諭が救急処置を行いながら実施する場合などである。なかには、担任が児童生徒と話している間に健康相談につながる場合もある。

　健康相談の基本的な進め方は、健康相談が必要となる対象者を把握することから始まる。まず、対象となる児童生徒の心身の健康状態や課題の背景を分析し、健康相談の必要性を判断する。そして、支援目標を設定し、具体的な方法を検討したうえで支援計画を立案し、教職員と共通理解のもとで健康相談を実施する。PDCA（Plan〈計画〉、Do〈実行〉、Check〈評価〉、Action〈改善〉）サイクルに則り、必要に応じ支援方針や支援方法を修正しながら継続的にかかわる。

（1）対象者の把握

　健康相談を必要とする児童生徒の心身の健康課題やその背景を把握するためには、全ての教職員が、健康観察をはじめ児童生徒の日頃の様子を気にかけ意図的に情報収集することが重要

＊1　健康相談活動
　教育職員免許法施行規則第9条では養護に関する科目として「健康相談活動」の名称が残されている。健康相談活動は、「養護教諭の職務の特質や保健室の機能を十分に生かし、児童生徒の様々な訴えに対して常に心的な要因を念頭において、心身の健康観察、問題の背景の分析、解決のための支援、関係者との連携など、心と体の両面への対応を行うと提言され、教育職員免許法施行規則「養護に関する科目」に規定されている養護教諭固有の活動」[2]と定義されている。

である。養護教諭は健康相談を行う専門家として、児童生徒自らの訴えはもとより、日頃の健康観察、欠席や遅刻・早退等の状況、保健室来室状況や来室時の様子、健康診断などの各種記録から、児童生徒の健康課題やその背景を把握することが求められる。養護教諭が、いつもと違う、何か気になるという気づきも重要である。そのため養護教諭は、常日頃から児童生徒をよく観察し、子供の些細な変化に気づけるように感性を高めておくことが重要となる。また養護教諭は、保護者や友人、学級担任や教科担任、部活動担当者等の関係者から、日常生活における様子、学級での児童生徒の行動や集団とのかかわりに関する情報など、児童生徒の多様な情報を把握することも必要である。

心身の健康課題やその背景の分析は、疾患による医学的な要因、本人の精神面や対人関係による心理社会的要因、学級や学校生活、家庭などの環境的要因、生活習慣、発達的側面など多様な面から捉える。また養護教諭が、その児童生徒の様子がいつもと違う、何か気になるということに気づき、当事者である児童生徒や他の教職員、保護者に、課題の見立てを理論的に説明することにより、組織的な健康相談に早期につなげることが可能となる。そのため養護教諭が自分の実践や観察事項を言語化し、他者に伝える力を養う必要がある。

健康相談の対象者の例は、表3-3-1と表3-3-2に示すとおり多様である。

表3-3-1　健康相談の対象者

①健康診断の結果、継続的な観察指導を必要とする者
②保健室等での児童生徒の対応を通して健康相談の必要性があると判断された者
③日常の健康観察の結果、継続的な観察指導を必要とする者（欠席・遅刻・早退の多い者、体調不良が続く者、心身の健康観察から健康相談が必要と判断された者等）
④健康相談を希望する者
⑤保護者等の依頼による者
⑥修学旅行、遠足、運動会、対外運動競技会等の学校行事に参加させる場合に必要と認めた者
⑦その他

出典）日本学校保健会：教職員のための子供の健康相談及び保健指導の手引き—令和3年度改訂—、日本学校保健会、2022[1]

表3-3-2　計画的に行う健康相談と必要に応じて行う健康相談の対象者の例

〈計画的に行う健康相談（例）〉
・心臓検診の経過観察者として運動制限を受けている児童生徒
・食物アレルギーのためエピペン®を処方されている児童生徒
・修学旅行前の健康調査で夜尿症が心配だと記載されている児童生徒
・1型糖尿病によるインスリン自己注射をしている児童生徒
〈必要に応じて行う健康相談（例）〉
・体調不良で保健室に頻回来室している児童生徒
・過呼吸発作をおこし保健室に来室した児童生徒
・自傷行為が疑われる負傷で保健室に来室した児童生徒

（2）支援計画の立案

支援計画の内容の例を表3-3-3に示す。健康相談を組織的に行うためには、支援会議を持ち健康相談と保健指導を関連させながら、支援目標と支援方法を関係者で検討し、立案した支援計画を組織で共有しておく必要がある。児童生徒に対して一貫した支援を行うことは本人や保護者の安心感につながる。また支援にあたっては、学校保健安全法で示されているとおり地域の医療機関等の連携が必要となる場合がある。養護教諭1人で解決したり、学校組織だけで

対応したりしようとせず、養護教諭は、課題の重大性を見極めたうえで、外部機関と連携する必要があるかを考えたり提案したりしなくてはならない。また連携を行う際に、養護教諭はコーディネーターの役割を担うことが必要である。

表3-3-3　支援計画の内容の例

①何を目標に（長期目標と短期目標）
②だれが（支援担当者や支援機関）
③どこで（支援場所）
④どのような支援を（支援方法や支援内容）
⑤いつまで行うか（支援期間）について、支援計画を作成する

出典）日本学校保健会：教職員のための子供の健康相談及び保健指導の手引き―令和3年度改訂―、日本学校保健会、2022[1]

（3）実施と評価

養護教諭は関係者と協力しながら健康相談を行い、対象の児童生徒の生活や行動が変化したり、状況が改善したりしたかどうかを見極める必要がある。そのためには、関係する教職員がそれぞれの立場や専門性を生かし、役割分担しながら支援にあたり、情報を共有し必要に応じて支援目標や方法を見直し、支援計画を適宜修正する必要がある。また、課題が解決した時点や学期末、学年末等、定期的に一連の支援計画を見直し、次年度の支援に生かすことも重要である。養護教諭は、他の教職員と連携しながら、支援の中心的存在として実施と評価を行わなくてはならない。

健康相談における評価の観点（例）を表3-3-4に示す。

表3-3-4　評価の観点（例）

①支援目標の達成状況はできたか
②児童生徒・保護者のニーズに沿った支援はできたか
③校内組織との連携はできたか
④関係機関との連携はできたか
⑤関係者との連携・協力はできたか
⑥保護者との連携・協力はできたか
⑦支援検討会議・事例検討会の実施はできたか
⑧記録の作成と保管はできたか
⑨情報の共有と個人情報の保護はできたか
⑩課題解決はできたか

出典）日本学校保健会：学校保健の課題とその対応―令和2年度改訂―、日本学校保健会、2021[3]をもとに筆者作成

（4）実施上の留意点

健康相談は、学校保健計画に位置づけて計画的に実施するものと、必要に応じて行うものとがあるが[1]、いずれも教職員等と連携しながら実施することが重要である。学校医・学校歯科医・学校薬剤師等の医療的見地から行う健康相談は、養護教諭、学級担任等と事前の打合せを十分に行い、相談の結果について共通理解を図り、連携して支援を進めていくことが必要である[1]。

相談環境は、児童生徒、保護者が相談しやすいように、時間設定を考慮しプライバシーが守

られる静かな場所を設定し、落ち着いて話ができるようにする。また、教員や医師は子供や保護者に対して受容的な姿勢で臨み、信頼関係の構築に努める。

健康相談の結果、継続支援が必要な者については、保護者や校内組織、必要に応じて関係機関と連携して支援を実施する（総論第5章学校における連携・協働　参照）。健康相談のみで解決できるものと、受診を促し、医療等との連携による支援や医療的な対応が必要なものとがあることを念頭に置き、対応する。

養護教諭は教職員に対して健康相談の必要性や方法を助言し、児童生徒にとってよりよい健康相談が行われるよう努めなくてはならない。

（5）記録と引継ぎ

健康相談の支援の経過を記録しておくことは、児童生徒の状況を共通理解し、これまでの支援方法が適切であったかなどについて検討し、継続的に支援していくため重要である。児童生徒の状況をアセスメントし、支援目標や方法を分析したり検討したりすることによって、より効果的な支援ができる。そのため、養護教諭が行う健康相談の記録は、いつ、だれが、どこで、どのように、なぜ、というように状況を正確かつ丁寧に記載しなければならない。また第三者が読んでもわかるような用語を使用することを心がける。また記録は、個人情報であるため保管には十分留意し、他の児童生徒の目に決して触れないようにする。記録内容の例は、表3-3-5のとおりである。

表3-3-5　記録の内容（例）

①課題理解のための情報
②課題解決するための計画
③支援方針・支援方法
④児童生徒の変容と成長の要因
⑤学級担任等及び校内組織との連携
⑥保護者との連携
⑦学校医等との連携
⑧関係機関等との連携

出典）日本学校保健会：学校保健の課題とその対応―令和2年度改訂―、日本学校保健会、2021[3]をもとに筆者作成

なお、学年の移行期や入学や転校、養護教諭の転勤等の際に行う引継ぎは、児童生徒の成長をふまえながら継続的に支援するために重要である。そのため、養護教諭は正確に記録するとともに、個人情報保護の観点から本人と保護者に引継ぎ内容を確認し、同意を得る必要がある[4]。

2）保健指導の基本的な進め方

保健指導は健康相談とほぼ同様な進め方となる。保健指導は、対象となる児童生徒が健康に興味関心を持ち、生涯にわたり健康な生活を送るための礎ともなる重要な教育活動である。保健指導は多様な健康課題に対し、さまざまな機会を生かして実施する。いずれの場合も、養護教諭は保健指導の必要性を判断し、適時、適切な指導を行う必要がある。

さらに学校保健安全法に定められているとおり、学校で行う保健指導には、養護教諭や教職員が必要に応じ保護者に、児童生徒の生活習慣や生活環境、衛生状態、疾病管理などの助言を行うことも求められる。養護教諭は、保健指導に慣れていない担任や教諭に対して、助言したり、資料を提供し、指導内容を一緒に考えたり、提案したりすることも必要である。

（1）対象者の把握

保健指導の対象者を把握するためには、健康相談と同様に、子供の観察、保健情報、他の教員からの情報などをアセスメントし必要性を判断する。養護教諭の行う保健指導は、救急処置や健康相談を行う際や、保健室での児童生徒との会話がきっかけとなって始まることが多い。

保健指導の対象者（表3-3-6）と課題に応じた保健指導の内容例（表3-3-7）は次のとおりである。

表3-3-6　保健指導の対象者

①健康診断の結果、保健指導を必要とする者
②保健室等での児童生徒の対応を通して、保健指導の必要性がある者
③日常の健康観察の結果、保健指導を必要とする者
④心身の健康に課題を抱えている者
⑤健康生活の実践に関して課題を抱えている者
⑥その他

出典）日本学校保健会：教職員のための子供の健康相談及び保健指導の手引き
―令和3年度改訂―、日本学校保健会、2022[1]

表3-3-7　課題に応じた保健指導の内容例

〈健康診断の結果からの課題に応じた保健指導の例〉
・歯周疾患要観察者（GO）へのブラッシング指導
・視力低下が著しい児童生徒への指導
・肥満・やせが気になる児童生徒への指導
〈健康観察・救急処置の結果からの課題に応じた保健指導の例〉
・インフルエンザ等の感染症の疑いがある児童生徒への指導
・月経前症候群（PMS）、月経困難症がある児童生徒への指導
・起立性調節障害が疑われる児童生徒への指導
〈健康に関する調査からの課題に応じた保健指導の例〉
・朝食欠食の続いている児童生徒への指導
・睡眠不足の続いている児童生徒への指導
・デジタル機器依存が疑われる児童生徒への指導

（2）指導計画の立案

　健康診断の結果や健康に関する調査から課題を把握した児童生徒は、保健指導の対象者として、実態に応じた適切な保健指導の目標を設定したうえで、具体的な指導計画を作成し、役割分担をして組織的に保健指導を行う。目標は、児童生徒が実践できるよう個々に即して設定する。症状や原因、予防方法や対処方法、医療機関への受診、生活習慣の改善、学校生活を送るうえでの留意事項等について指導することが重要となる。指導計画を作成するにあたっては、児童生徒の健康課題について、児童生徒の理解度、発達段階、家庭環境等に配慮する。この際、養護教諭は児童生徒の発達段階や理解度をふまえ、ニーズに応じた目標設定になっているか、適切な方法かどうかを判断し、必要に応じ教職員に助言する必要がある。さらに、保健室で得た情報を生かしたり、保健教育と関連を図ったり、教職員と情報共有したりしながら指導を行うことも必要である。

　なお、養護教諭が行う救急処置や保健室来室時の保健指導のように、必要に応じ実施するものに対しては計画的には進められない。そのため、適時、適切な指導に努めねばならない。

（3）実施と評価

　保健指導は、児童生徒が自分の健康課題に気づき、積極的に解決していこうとする力を育てるとともに、自主的、実践的な態度の育成が図れるように行われる。そのためには、全教職員が保健指導の目的や目標等について理解するとともに、役割分担をしながら組織的に進めていく必要がある。

また、健康課題への対応には、家庭での実践も重要となる。そのため、養護教諭や教職員は、保護者の要望を聞いたうえで、学校の方針を保護者と確認し、共有しながら指導にあたる。保護者の協力を促し、児童生徒の健康課題の解決に向け、家庭での実践につなげていくよう努める。

　なお、指導と評価を一貫させるために、指導計画と同時に評価計画を立てておくとよい。評価の方法には、自己評価と他者評価がある。そのほかに、児童生徒の発達段階や理解度を考慮しながら本人に指導内容の達成度や課題を評価させることは、本人の健康に関する自己管理を促すために有効な方法である。

（4）実施上の留意点

　保健指導は、児童生徒の実態や発達段階に合わせた指導目標、指導内容となるように計画する。指導内容等について、養護教諭と学級担任等とが共通理解し、教科等および特別活動の保健の指導との関連を図るとともに、保護者等と連携しながら実施する[1]。さらに実施した保健指導を評価し、児童生徒の健康課題の解決に向け、養護教諭の専門性を生かして継続的な指導につなげていくことが求められる。

（5）記　録

　保健指導は、PDCAサイクルとしてその指導がどうであったかを評価する必要があるため、記録は重要である。記録により、子供への効果的な支援ができるとともに、養護教諭の保健指導の力量が向上することが期待できる。また、学校内・学校外の関係者との連携に生かすことができ、他者から適切な指導・助言を受け、これからの対応や他の事例へ生かすことができる。なお記録にあたっては、誰にもわかりやすく書くこと、客観的な表現を用いることが大事である。

4 健康相談・保健指導における連携

　児童生徒の課題解決のため、チームとしての学校が重要視されるなか、健康相談と保健指導を行うにあたっても、組織として対応する必要がある。そのため、関係者間や外部機関との連携は必須である。心身の健康課題が複雑化・多様化するなか、医療や福祉、行政の支援を必要とする児童生徒も増えているため、全て学校において解決することは難しい。そのため学校保健安全法第10条に基づき、医療機関をはじめとする地域の関係機関等との連携が必要となる。

　地域の関係機関等と連携するにあたって養護教諭はコーディネーターの役割を果たす。そのため養護教諭は、教職員が各機関の役割や専門性などの正しい知識を理解するよう助言するとともに、連携にあたっての方法や担当窓口などについて、日頃から正しく把握しておく必要がある。なお、外部の連携機関や関係者と学校の教職員との意見が食い違ったり、子供への見方が違ったりする場合もある。そのため、互いの立場を理解し合い、意見交換をする姿勢が必要となる。この点においても養護教諭はコーディネーターとして、両者の立場を理解したり協働を促すよう働きかけたりすることが大事になる。

　校内体制をつくるにあたっては、校長等の管理職の管理・監督のもと、構成員には学級担任等や養護教諭、学校医、学校歯科医、学校薬剤師のほか、スクールカウンセラー、スクールソ

ーシャルワーカー、医療的ケア看護職員、特別支援教育支援員といった心理や福祉、医療に関する専門スタッフを必要に応じて含める。また、教育相談委員会や生徒指導委員会などの既存の組織を活用して対応できるようにする（総論第5章学校における連携・協働 参照）。連携にあたっては養護教諭が中心となり、教職員等で共通理解を図り役割分担を明確に決めておく必要がある。

5 健康相談・保健指導における養護教諭の役割

　養護教諭は、児童生徒の心身の健康課題の解決に向けて中心的な役割を担っている。なかでも養護教諭の行う健康相談・保健指導は、児童生徒が保健室に来室した際の様子や健康観察などから、養護教諭がその必要性を判断し、適切な支援を行うことにより、児童生徒の心身の健康問題の早期発見・早期対応を図り、健やかな成長を育むために重要な意味を持つ。また、養護教諭の行う健康相談と保健指導の特徴は、養護教諭が保健室において、児童生徒に声かけする、何気ない会話から始まる、からだに触れる、ベッドやいすで休養させる、図書を見ながら説明する、身体計測や問診など身体情報をもとに話をするなど、養護教諭の職務の特質や保健室の機能を生かすことにある。そのため、養護教諭が行う健康相談と保健指導には、カウンセリング能力はもとより、不調を訴えたり、様子が気になったりする児童生徒に対して、根拠に基づいたアセスメントと対応を行うことが必要であることは言うまでもない。さらにその前提として、日頃から児童生徒との信頼関係を築いておくことや、児童生徒にとって安全であり、安心できる保健室を経営することが大切である。

　養護教諭は児童生徒の心身の健康課題を解決するための専門職として、健康相談と保健指導において、学校医や学校歯科医・学校薬剤師、スクールカウンセラー・スクールソーシャルワーカー等の専門職と教職員との連携協働を促しながら、中心的な役割を担うことが期待される。

まとめ

　養護教諭の行う健康相談・保健指導は、学校教育の場において、養護教諭の職務の特質や保健室の機能を生かして進める教育活動であり、他の教職員とは異なる専門性がある。単に児童生徒の保健管理にとどまらず、児童生徒の自己解決能力を育むなど、児童生徒の健全な発育・発達に大きく寄与しており、養護教諭の重要な役割の一つである。

引用・参考文献
1 ）日本学校保健会：教職員のための子供の健康相談及び保健指導の手引き―令和3年度改訂―、日本学校保健会、2022
2 ）日本養護教諭教育学会：養護教諭の専門領域に関する用語の解説集〈第三版〉、2019、23
3 ）日本学校保健会：学校保健の課題とその対応―養護教諭の職務内容に関する調査結果から―令和2年度改訂、日本学校保健会、2021
4 ）文部科学省：現代的健康課題を抱える子供たちへの支援～養護教諭の役割を中心として～、2017

コラム　ICTを活用した健康相談・保健指導（関連論文／先行研究の紹介）

　コロナ禍で急速に進んだICT活用は健康相談にも影響をおよぼした。例えば、健康相談にタブレット等を活用してオンラインで実施したり、保護者対応でメールやアプリ、オンライン、チャットやビデオ通話を活用したり、メールやSNSによる健康相談を実施している学校も増えてきた。今後、児童生徒のストレス対処や自殺予防など命にかかわるような課題に対しても、ICTを活用した健康相談に期待が高まる。

　例えば、文部科学省「養護教諭及び栄養教諭の資質能力の向上に関する調査研究協力者会議の議論の取りまとめ（令和5年）」[1][2]では、養護教諭による健康相談の実施方法として、保健室等において対面で実施するほか、ICTを活用して、オンラインやSNSの活用等により実施する方法があり、児童生徒等が相談しやすいように、さまざまなチャンネルにより相談できる体制を整えることが重要であると示されている。

　これからの養護教諭には、対面以外（Web、メール、電話等）の健康相談方法の構築やICTを活用した健康相談体制の確立が求められる。

引用・参考文献
1）文部科学省：養護教諭及び栄養教諭の資質能力の向上に関する調査研究協力者会議の議論の取りまとめ（令和5年）　別添1　養護教諭及び栄養教諭に求められる役割（職務の範囲）の明確化に向けて、2023
2）文部科学省：養護教諭及び栄養教諭の資質能力の向上に関する調査研究協力者会議の議論の取りまとめ（令和5年）　別添2　ICT活用に関する事例について、2023

第4章
保健組織活動

1 保健組織活動の目的・意義

　保健組織活動は、保健教育、保健管理を有機的に関連づけ、円滑に推進する目的で行われる。保健組織活動には、教職員の組織、協力体制の確立、家庭との連携、地域の関係機関・団体との連携および学校間の連携などがある。現在の児童生徒には、肥満・痩身、生活習慣の乱れ、メンタルヘルスの問題、アレルギー疾患の増加、性に関する問題など、多様な課題が生じている。また、身体的な不調の背景には、いじめ、児童虐待、不登校、貧困などの問題がかかわっている。このような課題に対応するためには、学校内でできることを明確化し、全ての教職員間で共通理解を図るとともに、家庭、関係行政機関、医療機関などと連携し、計画的、組織的に活動することが必要である。保健組織活動は、学校における健康に関する課題を、関係する全てのもので協議し、児童生徒の健康づくりを推進していくという意義がある。

2 保健組織活動の法的根拠

　学校保健活動を組織的に行うことについては、2008（平成20）年1月中央教育審議会「子どもの心身の健康を守り、安全・安心を確保するために学校全体としての取組を進めるための方策について」（答申）[1] で次のように示されている。「子どもたちが抱え、直面する様々な心身の健康課題に適切に対処し、解決していくためには、単に個人の課題としてとらえるだけでなく、学校、家庭、地域の連携の下に組織的に支援することが大きな意味を持つことに留意する必要がある。そのためには、学校においても、子どもと教職員の健康の保持増進のために組織的な取組が容易となるよう、校長のリーダーシップの下、日ごろから運営上の方針や原則について検討し、教職員の役割分担を明確にしつつ、体制を整えておくことが大切である。」とされ、そのなかで子供たちの健康課題の解決のために学校保健委員会の設置の推進に努めることが提言された。
　学校保健活動を組織的に行う必要性は、次のとおり学校保健安全法に示されている。

学校保健安全法
（地域の医療機関等との連携）
　第10条　学校においては、救急処置、健康相談又は保健指導を行うに当たっては、必要に応じ、当該学校の所在する地域の医療機関その他の関係機関との連携を図るよう努めるものとする。
（保健所との連絡）

> 第18条　学校の設置者は、この法律の規定による健康診断を行おうとする場合その他政令で定める場合においては、保健所と連絡するものとする。
> （地域の関係機関等との連携）
> 第30条　学校においては、児童生徒等の安全の確保を図るため、児童生徒等の保護者との連携を図るとともに、当該学校が所在する地域の実情に応じて、当該地域を管轄する警察署その他の関係機関、地域の安全を確保するための活動を行う団体その他の関係団体、当該地域の住民その他の関係者との連携を図るよう努めるものとする。

さらに、いじめや不登校、貧困問題、医療的ケアの問題など、課題が多様化・複雑化し、教員のみで対応することが困難となったことから、心理や福祉・看護の専門家を学校の一員とする必要性が高まった。2015（平成27）年12月中央教育審議会「チームとしての学校の在り方と今後の改善方策について」（答申）[2]で教員と多様な専門性を有する職員がそれぞれの専門性を生かし連携することの重要性が示され、学校の教職員だけではなく専門職も入れた「チームとしての学校」として問題を解決する方策が示された。その後、2017（平成29）年には学校教育法施行規則の一部改正によりスクールカウンセラーおよびスクールソーシャルワーカーの職務規定が設けられ、さらに2021（令和3）年には学校教育法施行規則の一部改正により学校に在籍する医療的ケア児が保護者の付き添いがなくても適切な支援を受けられるよう医療的ケア看護職員が職員に新たに位置づけられた[3]。

このように児童生徒の健康課題を解決するために、保護者や教員、学校医、学校歯科医、学校薬剤師、スクールカウンセラー、スクールソーシャルワーカー、医療的ケア看護職員などの学校内の教職員や、教育や福祉の行政機関、保健、医療等の専門機関、警察関係などの学校外の地域社会の関係機関[4]との、より一層の連携・協働が求められている（総論第5章学校における連携・協働　参照）。

3　学校における保健組織活動

学校における保健組織には、保健に関する職員の校務分掌として、各学校で名称が異なるが保健部、厚生部などがある。そこでは、学校長より委任（充て職）された保健主事が中心となり、学校保健活動の企画、調整、推進、評価を行っている。この保健主事の制度は、1995（平成7）年に学校教育法施行規則の一部改正により、教諭だけではなく養護教諭も任命できることとなった。また、学校保健に関連する校内委員会として学校保健委員会があり児童生徒が活動する児童・生徒保健委員会、保護者が活動するPTA保健委員会などが構成員として入っている。さらに、地域の幼稚園、小学校、中学校、高等学校の学校保健委員会が連携し地域の子供たちの健康課題に取り組む地域学校保健委員会などがある。

1）学校保健委員会

学校保健における組織活動の中核を担うものとして学校保健委員会がある。学校保健委員会は、学校における健康課題を研究協議し、健康づくりを推進する組織であり、学校、家庭、地域の関係機関等の連携による効果的な保健活動につながるよう活性化を図ることが求められて

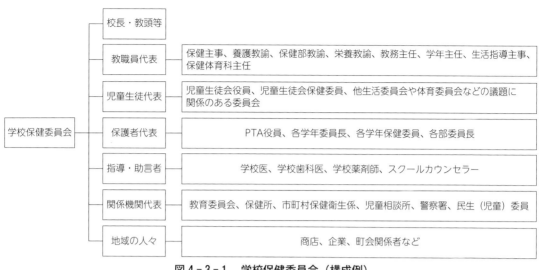

図 4-3-1　学校保健委員会（構成例）

出典）中央教育審議会：子どもの心身の健康を守り、安全・安心を確保するために学校全体としての取組を進めるための方策について（答申）、2008[1]

いる。学校保健委員会は、保健主事が中心となり学校長、教頭、養護教諭・栄養教諭（学校栄養職員）等の教職員、学校医、学校歯科医、学校薬剤師、保護者代表、児童生徒の代表、地域の関係機関の代表である保健師など、学校や地域の実情に応じて行うとされている[1]。そのため学校保健委員会の構成員は、固定的・画一的に捉えずに学校が当面している健康課題の解決を目指して弾力的なものにすることが大切である（図4-3-1）。

（1）学校保健委員会開催までのプロセス

学校保健委員会は、児童生徒の健康課題解決のための協議を行うものである。そのため運営を効果的に進めるためには、議題は児童生徒の健康課題に関する具体的な内容に絞ることや、議題が決まった後には運営案を作成し、計画的に委員会が開催されるように準備をする必要がある[5]（表4-3-1）。

（2）学校保健委員会の運営上の注意点

学校保健委員会での養護教諭の役割は、保健主事とともに計画、準備、実施、事後措置を行うことである。会の運営にあたっては児童生徒の現状を理解するうえで参考となるデータや、協議内容に関連のある資料を用意する。具体的には、健康診断の結果や保健室来室者の統計、児童生徒の実態を調査したアンケートの集計結果、議事の内容に沿った新聞記事や雑誌、書籍などからの資料などを用意する。また、学校保健委員会で協議した内容を、全ての教職員に伝えることや、保健だより等で全家庭に伝えることは重要なことである。

（3）学校保健委員会での研究協議の内容

学校保健委員会の研究協議の内容の具体例について、表4-3-2に示す。

2）地域学校保健委員会

学校と地域の連携については、1997（平成9）年の保健体育審議会答申において地域にある幼稚園や小・中・高等学校の学校保健委員会が連携して、地域の子供たちの健康課題の協議などを行うため、地域学校保健委員会の設置の促進に努めることが必要であると提言されてい

表4-3-1　学校保健委員会開催の手順と保健主事の活動内容の例

実践項目・順序	保健主事としての働きかけ
情報収集と開催方針の決定	○開催されていない理由や開催するための手順などを管理職に相談する。 ○集めた情報などから、保健部会において開催に向けての手順や役割の分担などを確認する。
実施計画や運営案の作成	○学校保健目標を達成するためにどのような学校保健委員会を開催すべきか、年間の開催予定を決定する。 ○どのようなテーマで、どのような話し合いをするかなどについて、その後の活動もイメージしながら準備や運営の仕方を計画する。
開催に向けての準備	○学校医等やPTA代表との日程調整をする。 ＊管理職に依頼することでスムーズに調整が進む。 ○充実した話し合いとするため、事前にテーマや運営案を委員へ送付する。 ○欠席する予定の委員の意見や助言を事前にまとめておき協議に生かす。 ○資料の内容や分量を最小限にし、資料の準備は保健部で分担する。 ○運営案に基づき、話し合いの流れ、資料の活用方法、話し合いからどのような活動につなげることができるか、などについて保健部で事前に確認する。
開催	○建設的な意見が出されるよう導き、その後の活動や次回の開催までに具体的に実践する内容を確認する。＊各委員の参画意識や活動意欲を高めることにもつながる。 ○学校保健委員会の協議内容を受けて、その後の活動につなげるよう働きかける。
評価	○学校保健委員会のメンバーや運営内容、協議やその後の活動などについて保健部で評価・検証を行う。 ○改善に向けての進め方を示す。

出典）日本学校保健会：保健主事のための実務ハンドブック―令和2年度改訂―、日本学校保健会、2022、49[5]（一部改変）

表4-3-2　学校保健委員会における研究協議の具体例

①学校保健計画に関する事項
・計画・実施・評価に関する反省やまとめ
・今年度の重点についての反省と評価
・次年度の重点の決定
②定期健康診断の実施および結果の事後措置に関する事項
・特に重点に関連する項目の分析、考察や対策（むし歯予防など）
③保護者の啓発と養育態度等の変容を促す事項
・かぜの予防と薄着　　・生活リズムの改善（食事、運動、休養および睡眠）
・健康と食生活（朝食の摂取、おやつの工夫、肥満への対策など）
・家庭や地域での体力づくりの日の設定　　・睡眠、排便、姿勢、テレビゲームと目
・心の健康（いじめ、不登校、ストレスや慢性疲労）　　・遊び場の清潔や安全、食中毒の防止
・ゴミ問題、室内環境の衛生や空中化学物質、自然環境保護など
・けがの発生、通学路の安全など
・人間の生き方を考える性教育、エイズ教育の家庭での進め方など

出典）学校保健・安全実務研究会編著：新訂版 学校保健実務必携（第5次改訂版）、第一法規、2020[9]

る[1]。そのため中学校区などの地域を想定した地域学校保健委員会（図4-3-2[1]）や市町村教育委員会が中心となり、教育や福祉の行政機関と地域の医療機関が連携協力する学校地域保健連携推進協議会（図4-3-3[1]）を設置し、子供の健康課題の解決に組織的・計画的に取り組む必要がある。

図4-3-2　地域学校保健委員会例

出典）中央教育審議会：子どもの心身の健康を守り、安全・安心を確保するために学校全体としての取組を進めるための方策について（答申）、2008[1]

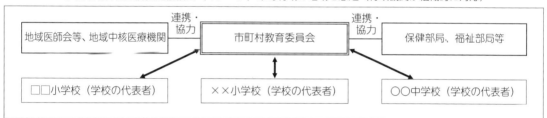

図4-3-3　学校地域保健連携推進協議会例

出典）中央教育審議会：子どもの心身の健康を守り、安全・安心を確保するために学校全体としての取組を進めるための方策について（答申）、2008[1]

3）児童・生徒保健委員会

　小学生が行う保健に関する組織活動として児童保健委員会、中学生、高校生が行う保健に関する組織活動として生徒保健委員会があり、これらは教育課程の「特別活動」のなかの「児童会活動」「生徒会活動」に位置づけられている。小学校学習指導要領解説特別活動編[6]、中学校学習指導要領解説特別活動編[7] によると、学校生活全般に関する自発的、自治的な集団活動で、卒業後においては地域社会における自治的な活動につながる活動とされている。そのため児童・生徒保健委員会は、学年や学級の枠を超え、高学年の児童・生徒がリーダーシップを発揮しながら、児童・生徒の健康の保持増進を図るための自主的、実践的な活動となるよう計画される必要がある。

4　養護教諭の役割

　保健組織活動において、養護教諭に求められる役割として「養護教諭は、他の教諭等とは異なる専門性を有しており、その専門性に基づいて、学校保健活動の推進に中心的な役割を果たすことが求められている。（中略）校長等の管理職の管理・監督のもとで、当該学校における

学校保健活動の全体像を描き、各々の教職員が果たすべき役割を明確化するとともに、その具体的な実施に係る助言に当たることに力点を置くことが適切である。（中略）学校保健活動を、個々の教職員としてではなく、組織的に推進するため、保健主事等とともに、各学校で組織されている学校保健委員会や保健部等における検討を主導し、学校保健計画の策定に中心的な役割を果たすことが必要である[8]。」とされている。このことから、養護教諭には、専門性を生かして児童生徒の健康課題を見極め、課題解決のために専門的立場から教職員への助言や学校内外の関係者、関係機関等との連携を推進するコーディネーターの役割を果たすこと、学校保健計画の策定や評価などに参画し学校保健の推進に中心的な役割を担うこと、などが求められている。

5 評価の観点

　保健に関する組織活動等についての評価は、具体的な評価の観点や内容を設定し、問題点を明らかにしていくことを目的に行われる。評価には、全教職員による自己評価、保護者などの学校関係者による学校関係者評価、外部の専門家等による第三者評価があり、評価の結果は、公表し設置者に報告する義務がある（学校教育法施行規則第66条、第67条、第68条）。
　学校保健に関する組織活動についての評価の観点は以下のとおりである[9]。

（1）教職員の協力体制が確立され、活動が円滑に行われているか。
①保健主事と養護教諭が密接な連携を保って、円滑な学校保健の推進に努めているか。
②養護教諭、学級担任、教科担任等との役割分担と協力が円滑に行われているか。
③学校医、学校歯科医、学校薬剤師との円滑な連携が図られているか。
④学校保健に関する現職研修が計画的に行われているか。
（2）家庭やPTA等との連携が密接に図られているか。
①広報等により、学校保健に関する情報が、家庭に適切に提供されているか。
②家庭からの相談や情報が得られやすく、学校と連携した活動ができるよう工夫されているか。
③PTA等との連携による活動が推進されているか。
（3）学校保健委員会が設置され、健康に関する課題が解決されているか。
①学校保健委員会が設置され、課題解決のための活動を行っているか。
②課題解決に適した構成であり、効果的な開催や運営に努めているか。
③実際に課題解決が図られているか。
（4）関係機関・団体など地域社会との連携が密接に図られているか。
①保健所、市町村の保健担当部局、病院等との連携が図られているか。
②市区町村教育委員会および学校保健関連団体等の連携が図られているか。
③地域の保健関係行事等に、積極的に参加しているか。

まとめ
　2015（平成27）年「チームとしての学校の在り方と今後の改善方策について」（答申）[2]では、学校が複雑化・多様化した課題を解決し、子供に必要な資質や能力を育んでいくためには、「学校のマネジメントを強化し、組織として教育活動に取り組む体制を創り上げると

ともに、必要な指導体制を整備することが必要である。(中略)「チームとしての学校」の体制を整備することによって、教職員一人一人が自らの専門性を発揮するとともに、専門スタッフ等の参画を得て、課題の解決に求められる専門性や経験を補い、子供たちの教育活動を充実していくことが期待できる」[2]とされている。このことから学校におけるヘルスプロモーション活動の担い手である養護教諭には、チームとしての学校の一員として人と人とを結びつけ、児童生徒の健康課題を解決し得る保健組織活動を推進できる資質や能力が求められている。

引用・参考文献

1) 中央教育審議会:子どもの心身の健康を守り、安全・安心を確保するために学校全体としての取組を進めるための方策について(答申)、2008
 https://www.mext.go.jp/b_menu/shingi/chukyo/chukyo0/toushin/__icsFiles/afieldfile/2009/01/14/001_4.pdf (2023年9月1日アクセス)
2) 中央教育審議会:チームとしての学校の在り方と今後の改善方策について(答申)、2015
 https://www.mext.go.jp/b_menu/shingi/chukyo/chukyo0/toushin/__icsFiles/afieldfile/2016/02/05/1365657_00.pdf (2023年9月1日アクセス)
3) 文部科学省:学校教育法施行規則の一部を改正する省令の施行について(通知)、2021
4) 日本学校保健会:教職員のための子供の健康相談及び保健指導の手引─令和3年度改訂─、日本学校保健会、2022、17-18
5) 日本学校保健会:保健主事のための実務ハンドブック─令和2年度改訂─、日本学校保健会、2022、5-55
6) 文部科学省:小学校学習指導要領解説 特別活動編、2017
7) 文部科学省:中学校学習指導要領解説 特別活動編、2017
8) 文部科学省:養護教諭及び栄養教諭の資質能力の向上に関する調査研究協力者会議、2023
 https://www.mext.go.jp/content/20230118-mxt_kenshoku-000026992_1.pdf (2023年9月1日アクセス)
9) 学校保健・安全実務研究会編著:新訂版 学校保健実務必携(第5次改訂版)、第一法規、2020、1055、1062-1068

コラム 生徒保健委員会と学校保健委員会との活動をリンクさせた実践研究

　学校保健委員会は、学校における健康課題を関係者、関係機関で研究協議する組織である。しかし、2005(平成17)年度において学校保健委員会の設置率は、小中学校・高等学校ともに約8割であること[1]、2020(令和2)年度においても、委員会は設置しているものの開催していない学校は、小中学校で約1割、高等学校で約2割、年1回のみの開催は、小学校で約6割、中学校で約7割、高等学校では約8割であることが報告されている[2]。つまり、組織活動が活性化されているとは言い難い。

　中学校の生徒保健委員会と学校保健委員会との活動をリンクさせた実践研究[2]から、保健組織活動を推進するための示唆が得られているので紹介する。この実践は、養護教諭が勤務した中学校で、メンタルヘルスにより不調を訴える生徒が以前より増えていることに気づき、生徒保健委員会にメンタルヘルスに関する活動を提案したことから始まる。保健委員会の生徒が主体となり、全校生徒を対象にストレスに関する質問紙調査を実施し、調査結果を学校保健委員会で発表した。その後、養護教諭は調査結果と生徒保健委員会が考えたメンタルヘルスに関する提案、スクールカウンセラーから得た助言等を全校生徒や家庭に発信した。そしてこの取り組みを養護教諭が行う保健教育につなげていった。

　この実践のすばらしい点は、①養護教諭が学校における健康課題がメンタルヘルスであることに気づき生徒に働きかけたこと、②生徒保健委員会が中心となり生徒のメンタルヘルスの実態を明らかにしたこと、③学校保健委員会の協議後に、養護教諭は参加者の感想記述を分析し得られた成果

を評価したこと、④学校保健委員会の協議内容をすぐに全校生徒、保護者に伝え、学校全体のメンタルヘルスに関する意識を高め、その後の学校保健活動につなげていったこと、である。

　保健組織活動における養護教諭の専門性を明らかにした実践であり、参考にしていただきたい。

引用・参考文献
1）中央教育審議会：子どもの心身の健康を守り、安全・安心を確保するために学校全体としての取組を推進するための方策について（答申）、2008
https://www.mext.go.jp/b_menu/shingi/chukyo/chukyo0/toushin/__icsFiles/afieldfile/2009/01/14/001_4.pdf（2023年9月1日アクセス）
2）日本学校保健会：学校保健の課題とその対応―養護教諭の職務等に関する調査結果から―令和2年度改訂、日本学校保健会、2021、85-86
3）中村千景、佐光恵子、福島きよの：中学校における生徒保健委員会が推進するメンタルヘルスの実践活動―学校保健委員会と生徒保健委員会との協働―、学校保健研究、52、2010、227-235

新版　養護学概論
養護教諭の専門性と根拠に基づく養護実践

2024年11月2日　第1版1刷発行

編著
竹鼻ゆかり・齋藤千景・籠谷恵

著（50音順）
荒川雅子・大川尚子・加納亜紀・鎌塚優子・上村弘子・小林央美
齊藤理砂子・佐久間浩美・下村淳子・関由起子・丹佳子
西岡かおり・原郁水・三森寧子・三村由香里・山内愛

発行者　山本敬一
発行所　株式会社　東山書房
　　　　〒604-8454　京都市中京区西ノ京小堀池町8-2
　　　　TEL：075-841-9278　050-3486-0489（IP）
　　　　FAX：075-822-0826
　　　　URL：https://www.higashiyama.co.jp
印刷所　創栄図書印刷株式会社

©2024　東山書房　Printed in Japan　ISBN978-4-8278-1600-6

本書のコピー、スキャン、デジタル化等の無断複製は著作権法上での例外を除き禁じられています。本書を代行業者等の第三者に依頼してスキャンやデジタル化することはたとえ個人や家庭内の利用でも著作権法違反です。

関連法規

学校教育法
学校教育法施行規則
学校教育法施行令
学校保健安全法
学校保健安全法施行規則
学校保健安全法施行令
学校環境衛生基準
教育職員免許法施行規則
アレルギー疾患対策基本法
食育基本法
学校給食法
学校給食衛生管理基準
学校給食実施基準
発達障害者支援法
障害者の権利に関する条約
子どもの権利条約
その他

2025年1月22日現在

東 山 書 房

学 校 教 育 法（抄）

（昭和22年3月31日法律第26号）

最終改正：令和4年6月22日法律第76号

第12条　学校においては，別に法律で定めるところにより，幼児，児童，生徒及び学生並びに職員の健康の保持増進を図るため，健康診断を行い，その他その保健に必要な措置を講じなければならない。

第21条　義務教育として行われる普通教育は，教育基本法（平成18年法律第120号）第5条第2項に規定する目的を実現するため，次に掲げる目標を達成するよう行われるものとする。

1　学校内外における社会的活動を促進し，自主，自律及び協同の精神，規範意識，公正な判断力並びに公共の精神に基づき主体的に社会の形成に参画し，その発展に寄与する態度を養うこと。
2　学校内外における自然体験活動を促進し，生命及び自然を尊重する精神並びに環境の保全に寄与する態度を養うこと。
3　我が国と郷土の現状と歴史について，正しい理解に導き，伝統と文化を尊重し，それらをはぐくんできた我が国と郷土を愛する態度を養うとともに，進んで外国の文化の理解を通じて，他国を尊重し，国際社会の平和と発展に寄与する態度を養うこと。
4　家族と家庭の役割，生活に必要な衣，食，住，情報，産業その他の事項について基礎的な理解と技能を養うこと。
5　読書に親しませ，生活に必要な国語を正しく理解し，使用する基礎的な能力を養うこと。
6　生活に必要な数量的な関係を正しく理解し，処理する基礎的な能力を養うこと。
7　生活にかかわる自然現象について，観察及び実験を通じて，科学的に理解し，処理する基礎的な能力を養うこと。
8　健康，安全で幸福な生活のために必要な習慣を養うとともに，運動を通じて体力を養い，心身の調和的発達を図ること。
9　生活を明るく豊かにする音楽，美術，文芸その他の芸術について基礎的な理解と技能を養うこと。
10　職業についての基礎的な知識と技能，勤労を重んずる態度及び個性に応じて将来の進路を選択する能力を養うこと。

第30条　小学校における教育は，前条に規定する目的を実現するために必要な程度において第21条各号に掲げる目標を達成するよう行われるものとする。

② 前項の場合においては，生涯にわたり学習する基盤が培われるよう，基礎的な知識及び技能を習得させるとともに，これらを活用して課題を解決するために必要な思考力，判断

力，表現力その他の能力をはぐくみ，主体的に学習に取り組む態度を養うことに，特に意を用いなければならない。

第37条　小学校には，校長，教頭，教諭，養護教諭及び事務職員を置かなければならない。
② 　小学校には，前項に規定するもののほか，副校長，主幹教諭，指導教諭，栄養教諭その他必要な職員を置くことができる。
③ 　第１項の規定にかかわらず，副校長を置くときその他特別の事情のあるときは教頭を，養護をつかさどる主幹教諭を置くときは養護教諭を，特別の事情のあるときは事務職員を，それぞれ置かないことができる。
④ 　校長は，校務をつかさどり，所属職員を監督する。
⑤ 　副校長は，校長を助け，命を受けて校務をつかさどる。
⑥ 　副校長は，校長に事故があるときはその職務を代理し，校長が欠けたときはその職務を行う。この場合において，副校長が二人以上あるときは，あらかじめ校長が定めた順序で，その職務を代理し，又は行う。
⑦ 　教頭は，校長（副校長を置く小学校にあつては，校長及び副校長）を助け，校務を整理し，及び必要に応じ児童の教育をつかさどる。
⑧ 　教頭は，校長（副校長を置く小学校にあつては，校長及び副校長）に事故があるときは校長の職務を代理し，校長（副校長を置く小学校にあつては，校長及び副校長）が欠けたときは校長の職務を行う。この場合において，教頭が二人以上あるときは，あらかじめ校長が定めた順序で，校長の職務を代理し，又は行う。
⑨ 　主幹教諭は，校長（副校長を置く小学校にあつては，校長及び副校長）及び教頭を助け，命を受けて校務の一部を整理し，並びに児童の教育をつかさどる。
⑩ 　指導教諭は，児童の教育をつかさどり，並びに教諭その他の職員に対して，教育指導の改善及び充実のために必要な指導及び助言を行う。
⑪ 　教諭は，児童の教育をつかさどる。
⑫ 　養護教諭は，児童の養護をつかさどる。
⑬ 　栄養教諭は，児童の栄養の指導及び管理をつかさどる。
⑭ 　事務職員は，事務をつかさどる。
⑮ 　助教諭は，教諭の職務を助ける。
⑯ 　講師は，教諭又は助教諭に準ずる職務に従事する。
⑰ 　養護助教諭は，養護教諭の職務を助ける。
⑱ 　特別の事情のあるときは，第１項の規定にかかわらず，教諭に代えて助教諭又は講師を，養護教諭に代えて養護助教諭を置くことができる。
⑲ 　学校の実情に照らし必要があると認めるときは，第９項の規定にかかわらず，校長

（副校長を置く小学校にあつては，校長及び副校長）及び教頭を助け，命を受けて校務の一部を整理し，並びに児童の養護又は栄養の指導及び管理をつかさどる主幹教諭を置くことができる。

第46条　中学校における教育は，前条に規定する目的を実現するため，第21条各号に掲げる目標を達成するよう行われるものとする。

第51条　高等学校における教育は，前条に規定する目的を実現するため，次に掲げる目標を達成するよう行われるものとする。
1　義務教育として行われる普通教育の成果を更に発展拡充させて，豊かな人間性，創造性及び健やかな身体を養い，国家及び社会の形成者として必要な資質を養うこと。
2　社会において果たさなければならない使命の自覚に基づき，個性に応じて将来の進路を決定させ，一般的な教養を高め，専門的な知識，技術及び技能を習得させること。
3　個性の確立に努めるとともに，社会について，広く深い理解と健全な批判力を養い，社会の発展に寄与する態度を養うこと。

学校教育法施行規則（抄）

（昭和22年5月23日文部省令第11号）

最終改正：令和6年8月29日文部科学省令第24号

第30条　学校教育法施行令第1条第1項の学齢簿に記載（同条第3項の規定により磁気ディスクをもつて調製する学齢簿にあつては，記録。以下同じ。）をすべき事項は，次の各号に掲げる区分に応じ，当該各号に掲げる事項とする。
1　学齢児童又は学齢生徒に関する事項　氏名，現住所，生年月日及び性別
2　保護者に関する事項　氏名，現住所及び保護者と学齢児童又は学齢生徒との関係
3　就学する学校に関する事項
　イ　当該市町村の設置する小学校，中学校（併設型中学校を除く。）又は義務教育学校に就学する者について，当該学校の名称並びに当該学校に係る入学，転学及び卒業の年月日
　ロ　学校教育法施行令第9条に定める手続により当該市町村の設置する小学校，中学校（併設型中学校を除く。）又は義務教育学校以外の小学校，中学校，義務教育学校又は中等教育学校に就学する者について，当該学校及びその設置者の名称並びに当該学校に係る入学，転学，退学及び卒業の年月日
　ハ　特別支援学校の小学部又は中学部に就学する者について，当該学校及び部並びに当該学校の設置者の名称並びに当該部に係る入学，転学，退学及び卒業の年月日
4　就学の督促等に関する事項　学校教育法施行令第20条又は第21条の規定に基づき就学状況が良好でない者等について，校長から通知を受けたとき，又は就学義務の履行を督促

したときは，その旨及び通知を受け，又は督促した年月日
5 就学義務の猶予又は免除に関する事項 学校教育法第18条の規定により保護者が就学させる義務を猶予又は免除された者について，猶予の年月日，事由及び期間又は免除の年月日及び事由並びに猶予又は免除された者のうち復学した者については，その年月日
6 その他必要な事項 市町村の教育委員会が学齢児童又は学齢生徒の就学に関し必要と認める事項

2 学校教育法施行令第2条に規定する者について作成する学齢簿に記載をすべき事項については，前項第1号，第2号及び第6号の規定を準用する。

第31条 学校教育法施行令第2条の規定による学齢簿の作成は，10月1日現在において行うものとする。

第45条 小学校においては，保健主事を置くものとする。

2 前項の規定にかかわらず，第4項に規定する保健主事の担当する校務を整理する主幹教諭を置くときその他特別の事情のあるときは，保健主事を置かないことができる。

3 保健主事は，指導教諭，教諭又は養護教諭をもつて，これに充てる。

4 保健主事は，校長の監督を受け，小学校における保健に関する事項の管理に当たる。

学校教育法施行令（抄）

（昭和28年10月31日政令第340号）

最終改正：令和5年3月31日文部科学省令第19号

第1章 就学義務

第1節 学齢簿

（学齢簿の編製）

第1条 市（特別区を含む。以下同じ。）町村の教育委員会は，当該市町村の区域内に住所を有する学齢児童及び学齢生徒（それぞれ学校教育法（以下「法」という。）第18条に規定する学齢児童及び学齢生徒をいう。以下同じ。）について，学齢簿を編製しなければならない。

2 前項の規定による学齢簿の編製は，当該市町村の住民基本台帳に基づいて行なうものとする。

3 市町村の教育委員会は，文部科学省令で定めるところにより，第1項の学齢簿を磁気ディスク（これに準ずる方法により一定の事項を確実に記録しておくことができる物を含む。以下同じ。）をもつて調製することができる。

4 第1項の学齢簿に記載（前項の規定により磁気ディスクをもつて調製する学齢簿にあつては，記録。以下同じ。）をすべき事項は，文部科学省令で定める。

第2条 市町村の教育委員会は，毎学年の初めから5月前までに，文部科学省令で定める日現

在において，当該市町村に住所を有する者で前学年の初めから終わりまでの間に満6歳に達する者について，あらかじめ，前条第1項の学齢簿を作成しなければならない。この場合においては，同条第2項から第4項までの規定を準用する。
第3条　市町村の教育委員会は，新たに学齢簿に記載をすべき事項を生じたとき，学齢簿に記載をした事項に変更を生じたとき，又は学齢簿の記載に錯誤若しくは遺漏があるときは，必要な加除訂正を行わなければならない。

学校保健安全法（抄）

（昭和33年4月10日法律第56号）

最終改正：平成27年6月24日法律第46号

第1章　総則

（目的）
第1条　この法律は，学校における児童生徒等及び職員の健康の保持増進を図るため，学校における保健管理に関し必要な事項を定めるとともに，学校における教育活動が安全な環境において実施され，児童生徒等の安全の確保が図られるよう，学校における安全管理に関し必要な事項を定め，もつて学校教育の円滑な実施とその成果の確保に資することを目的とする。

（定義）
第2条　この法律において「学校」とは，学校教育法（昭和22年法律第26号）第1条に規定する学校をいう。
2　この法律において「児童生徒等」とは，学校に在学する幼児，児童，生徒又は学生をいう。

（国及び地方公共団体の責務）
第3条　国及び地方公共団体は，相互に連携を図り，各学校において保健及び安全に係る取組が確実かつ効果的に実施されるようにするため，学校における保健及び安全に関する最新の知見及び事例を踏まえつつ，財政上の措置その他の必要な施策を講ずるものとする。
2　国は，各学校における安全に係る取組を総合的かつ効果的に推進するため，学校安全の推進に関する計画の策定その他所要の措置を講ずるものとする。
3　地方公共団体は，国が講ずる前項の措置に準じた措置を講ずるように努めなければならない。

第2章　学校保健

第1節　学校の管理運営等

（学校保健に関する学校の設置者の責務）
第4条　学校の設置者は，その設置する学校の児童生徒等及び職員の心身の健康の保持増進を図るため，当該学校の施設及び設備並びに管理運営体制の整備充実その他の必要な措置を講ずるよう努めるものとする。

（学校保健計画の策定等）

第5条　学校においては，児童生徒等及び職員の心身の健康の保持増進を図るため，児童生徒等及び職員の健康診断，環境衛生検査，児童生徒等に対する指導その他保健に関する事項について計画を策定し，これを実施しなければならない。

（学校環境衛生基準）

第6条　文部科学大臣は，学校における換気，採光，照明，保温，清潔保持その他環境衛生に係る事項（学校給食法（昭和29年法律第160号）第9条第1項（夜間課程を置く高等学校における学校給食に関する法律（昭和31年法律第157号）第7条及び特別支援学校の幼稚部及び高等部における学校給食に関する法律（昭和32年法律第118号）第6条において準用する場合を含む。）に規定する事項を除く。）について，児童生徒等及び職員の健康を保護する上で維持されることが望ましい基準（以下この条において「学校環境衛生基準」という。）を定めるものとする。

2　学校の設置者は，学校環境衛生基準に照らしてその設置する学校の適切な環境の維持に努めなければならない。

3　校長は，学校環境衛生基準に照らし，学校の環境衛生に関し適正を欠く事項があると認めた場合には，遅滞なく，その改善のために必要な措置を講じ，又は当該措置を講ずることができないときは，当該学校の設置者に対し，その旨を申し出るものとする。

（保健室）

第7条　学校には，健康診断，健康相談，保健指導，救急処置その他の保健に関する措置を行うため，保健室を設けるものとする。

　　　　第2節　健康相談等

（健康相談）

第8条　学校においては，児童生徒等の心身の健康に関し，健康相談を行うものとする。

（保健指導）

第9条　養護教諭その他の職員は，相互に連携して，健康相談又は児童生徒等の健康状態の日常的な観察により，児童生徒等の心身の状況を把握し，健康上の問題があると認めるときは，遅滞なく，当該児童生徒等に対して必要な指導を行うとともに，必要に応じ，その保護者（学校教育法第16条に規定する保護者をいう。第24条及び第30条において同じ。）に対して必要な助言を行うものとする。

（地域の医療機関等との連携）

第10条　学校においては，救急処置，健康相談又は保健指導を行うに当たつては，必要に応じ，当該学校の所在する地域の医療機関その他の関係機関との連携を図るよう努めるものとする。

第3節　健康診断

（就学時の健康診断）

第11条　市（特別区を含む。以下同じ。）町村の教育委員会は、学校教育法第17条第1項の規定により翌学年の初めから同項に規定する学校に就学させるべき者で、当該市町村の区域内に住所を有するものの就学に当たつて、その健康診断を行わなければならない。

第12条　市町村の教育委員会は、前条の健康診断の結果に基づき、治療を勧告し、保健上必要な助言を行い、及び学校教育法第17条第1項に規定する義務の猶予若しくは免除又は特別支援学校への就学に関し指導を行う等適切な措置をとらなければならない。

（児童生徒等の健康診断）

第13条　学校においては、毎学年定期に、児童生徒等（通信による教育を受ける学生を除く。）の健康診断を行わなければならない。

2　学校においては、必要があるときは、臨時に、児童生徒等の健康診断を行うものとする。

第14条　学校においては、前条の健康診断の結果に基づき、疾病の予防処置を行い、又は治療を指示し、並びに運動及び作業を軽減する等適切な措置をとらなければならない。

（職員の健康診断）

第15条　学校の設置者は、毎学年定期に、学校の職員の健康診断を行わなければならない。

2　学校の設置者は、必要があるときは、臨時に、学校の職員の健康診断を行うものとする。

第16条　学校の設置者は、前条の健康診断の結果に基づき、治療を指示し、及び勤務を軽減する等適切な措置をとらなければならない。

（健康診断の方法及び技術的基準等）

第17条　健康診断の方法及び技術的基準については、文部科学省令で定める。

2　第11条から前条までに定めるもののほか、健康診断の時期及び検査の項目その他健康診断に関し必要な事項は、前項に規定するものを除き、第11条の健康診断に関するものについては政令で、第13条及び第15条の健康診断に関するものについては文部科学省令で定める。

3　前2項の文部科学省令は、健康増進法（平成14年法律第103号）第9条第1項に規定する健康診査等指針と調和が保たれたものでなければならない。

（保健所との連絡）

第18条　学校の設置者は、この法律の規定による健康診断を行おうとする場合その他政令で定める場合においては、保健所と連絡するものとする。

第4節　感染症の予防

（出席停止）

第19条　校長は、感染症にかかつており、かかつている疑いがあり、又はかかるおそれのあ

る児童生徒等があるときは，政令で定めるところにより，出席を停止させることができる。
（臨時休業）
第20条　学校の設置者は，感染症の予防上必要があるときは，臨時に，学校の全部又は一部の休業を行うことができる。
（文部科学省令への委任）
第21条　前2条（第19条の規定に基づく政令を含む。）及び感染症の予防及び感染症の患者に対する医療に関する法律（平成10年法律第114号）その他感染症の予防に関して規定する法律（これらの法律に基づく命令を含む。）に定めるもののほか，学校における感染症の予防に関し必要な事項は，文部科学省令で定める。

第5節　学校保健技師並びに学校医，学校歯科医及び学校薬剤師

（学校保健技師）
第22条　都道府県の教育委員会の事務局に，学校保健技師を置くことができる。
2　学校保健技師は，学校における保健管理に関する専門的事項について学識経験がある者でなければならない。
3　学校保健技師は，上司の命を受け，学校における保健管理に関し，専門的技術的指導及び技術に従事する。
（学校医，学校歯科医及び学校薬剤師）
第23条　学校には，学校医を置くものとする。
2　大学以外の学校には，学校歯科医及び学校薬剤師を置くものとする。
3　学校医，学校歯科医及び学校薬剤師は，それぞれ医師，歯科医師又は薬剤師のうちから，任命し，又は委嘱する。
4　学校医，学校歯科医及び学校薬剤師は，学校における保健管理に関する専門的事項に関し，技術及び指導に従事する。
5　学校医，学校歯科医及び学校薬剤師の職務執行の準則は，文部科学省令で定める。

第6節　地方公共団体の援助及び国の補助

（地方公共団体の援助）
第24条　地方公共団体は，その設置する小学校，中学校，義務教育学校，中等教育学校の前期課程又は特別支援学校の小学部若しくは中学部の児童又は生徒が，感染症又は学習に支障を生ずるおそれのある疾病で政令で定めるものにかかり，学校において治療の指示を受けたときは，当該児童又は生徒の保護者で次の各号のいずれかに該当するものに対して，その疾病の治療のための医療に要する費用について必要な援助を行うものとする。
1　生活保護法（昭和25年法律第144号）第6条第2項に規定する要保護者
2　生活保護法第6条第2項に規定する要保護者に準ずる程度に困窮している者で政令で定

めるもの
(国の補助)
第25条　国は，地方公共団体が前条の規定により同条第1号に掲げる者に対して援助を行う場合には，予算の範囲内において，その援助に要する経費の一部を補助することができる。
2　前項の規定により国が補助を行う場合の補助の基準については，政令で定める。

第3章　学校安全

(学校安全に関する学校の設置者の責務)
第26条　学校の設置者は，児童生徒等の安全の確保を図るため，その設置する学校において，事故，加害行為，災害等(以下この条及び第29条第3項において「事故等」という。)により児童生徒等に生ずる危険を防止し，及び事故等により児童生徒等に危険又は危害が現に生じた場合(同条第1項及び第2項において「危険等発生時」という。)において適切に対処することができるよう，当該学校の施設及び設備並びに管理運営体制の整備充実その他の必要な措置を講ずるよう努めるものとする。

(学校安全計画の策定等)
第27条　学校においては，児童生徒等の安全の確保を図るため，当該学校の施設及び設備の安全点検，児童生徒等に対する通学を含めた学校生活その他の日常生活における安全に関する指導，職員の研修その他学校における安全に関する事項について計画を策定し，これを実施しなければならない。

(学校環境の安全の確保)
第28条　校長は，当該学校の施設又は設備について，児童生徒等の安全の確保を図る上で支障となる事項があると認めた場合には，遅滞なく，その改善を図るために必要な措置を講じ，又は当該措置を講ずることができないときは，当該学校の設置者に対し，その旨を申し出るものとする。

(危険等発生時対処要領の作成等)
第29条　学校においては，児童生徒等の安全の確保を図るため，当該学校の実情に応じて，危険等発生時において当該学校の職員がとるべき措置の具体的内容及び手順を定めた対処要領(次項において「危険等発生時対処要領」という。)を作成するものとする。
2　校長は，危険等発生時対処要領の職員に対する周知，訓練の実施その他の危険等発生時において職員が適切に対処するために必要な措置を講ずるものとする。
3　学校においては，事故等により児童生徒等に危害が生じた場合において，当該児童生徒等及び当該事故等により心理的外傷その他の心身の健康に対する影響を受けた児童生徒等その他の関係者の心身の健康を回復させるため，これらの者に対して必要な支援を行うものとする。この場合においては，第10条の規定を準用する。

（地域の関係機関等との連携）
第30条　学校においては，児童生徒等の安全の確保を図るため，児童生徒等の保護者との連携を図るとともに，当該学校が所在する地域の実情に応じて，当該地域を管轄する警察署その他の関係機関，地域の安全を確保するための活動を行う団体その他の関係団体，当該地域の住民その他の関係者との連携を図るよう努めるものとする。

第4章　雑則

（学校の設置者の事務の委任）
第31条　学校の設置者は，他の法律に特別の定めがある場合のほか，この法律に基づき処理すべき事務を校長に委任することができる。

（専修学校の保健管理等）
第32条　専修学校には，保健管理に関する専門的事項に関し，技術及び指導を行う医師を置くように努めなければならない。
2　専修学校には，健康診断，健康相談，保健指導，救急処置等を行うため，保健室を設けるように努めなければならない。
3　第3条から第6条まで，第8条から第10条まで，第13条から第21条まで及び第26条から前条までの規定は，専修学校に準用する。

学校保健安全法施行規則（抄）

（昭和33年6月13日文部省令第18号）

最終改正：令和5年4月28日文部科学省令第22号

第1章　環境衛生検査等

（環境衛生検査）
第1条　学校保健安全法（昭和33年法律第56号。以下「法」という。）第5条の環境衛生検査は，他の法令に基づくもののほか，毎学年定期に，法第6条に規定する学校環境衛生基準に基づき行わなければならない。
2　学校においては，必要があるときは，臨時に，環境衛生検査を行うものとする。

（日常における環境衛生）
第2条　学校においては，前条の環境衛生検査のほか，日常的な点検を行い，環境衛生の維持又は改善を図らなければならない。

第2章　健康診断

第1節　就学時の健康診断

（方法及び技術的基準）
第3条　法第11条の健康診断の方法及び技術的基準は，次の各号に掲げる検査の項目につき，

当該各号に定めるとおりとする。
1 栄養状態は、皮膚の色沢、皮下脂肪の充実、筋骨の発達、貧血の有無等について検査し、栄養不良又は肥満傾向で特に注意を要する者の発見につとめる。
2 脊柱の疾病及び異常の有無は、形態等について検査し、側わん症等に注意する。
3 胸郭の異常の有無は、形態及び発育について検査する。
4 視力は、国際標準に準拠した視力表を用いて左右各別に裸眼視力を検査し、眼鏡を使用している者については、当該眼鏡を使用している場合の矯正視力についても検査する。
5 聴力は、オージオメータを用いて検査し、左右各別に聴力障害の有無を明らかにする。
6 眼の疾病及び異常の有無は、感染性眼疾患その他の外眼部疾患及び眼位の異常等に注意する。
7 耳鼻咽頭疾患の有無は、耳疾患、鼻・副鼻腔疾患、口腔咽喉頭疾患及び音声言語異常等に注意する。
8 皮膚疾患の有無は、感染性皮膚疾患、アレルギー疾患等による皮膚の状態に注意する。
9 歯及び口腔の疾病及び異常の有無は、齲歯、歯周疾患、不正咬合その他の疾病及び異常について検査する。
10 その他の疾病及び異常の有無は、知能及び呼吸器、循環器、消化器、神経系等について検査するものとし、知能については適切な検査によつて知的障害の発見につとめ、呼吸器、循環器、消化器、神経系等については臨床医学的検査その他の検査によつて結核疾患、心臓疾患、腎臓疾患、ヘルニア、言語障害、精神神経症その他の精神障害、骨、関節の異常及び四肢運動障害等の発見につとめる。

（就学時健康診断票）
第4条 学校保健安全法施行令（昭和33年政令第174号。以下「令」という。）第4条第1項に規定する就学時健康診断票の様式は、第一号様式とする。

　　　第2節 児童生徒等の健康診断

（時期）
第5条 法第13条第1項の健康診断は、毎学年、6月30日までに行うものとする。ただし、疾病その他やむを得ない事由によつて当該期日に健康診断を受けることのできなかつた者に対しては、その事由のなくなつた後すみやかに健康診断を行うものとする。
2 第1項の健康診断における結核の有無の検査において結核発病のおそれがあると診断された者（第6条第3項第4号に該当する者に限る。）については、おおむね6か月の後に再度結核の有無の検査を行うものとする。

（検査の項目）
第6条 法第13条第1項の健康診断における検査の項目は、次のとおりとする。

1　身長及び体重
　2　栄養状態
　3　脊柱及び胸郭の疾病及び異常の有無並びに四肢の状態
　4　視力及び聴力
　5　眼の疾病及び異常の有無
　6　耳鼻咽頭疾患及び皮膚疾患の有無
　7　歯及び口腔の疾病及び異常の有無
　8　結核の有無
　9　心臓の疾病及び異常の有無
　10　尿
　11　その他の疾病及び異常の有無
2　前項各号に掲げるもののほか，胸囲及び肺活量，背筋力，握力等の機能を，検査の項目に加えることができる。
3　第1項第8号に掲げるものの検査は，次の各号に掲げる学年において行うものとする。
　1　小学校（義務教育学校の前期課程及び特別支援学校の小学部を含む。以下この条，第7条第6項及び第11条において同じ。）の全学年
　2　中学校（義務教育学校の後期課程，中等教育学校の前期課程及び特別支援学校の中学部を含む。以下この条，第7条第6項及び第11条において同じ。）の全学年
　3　高等学校（中等教育学校の後期課程及び特別支援学校の高等部を含む。以下この条，第7条第6項及び第11条において同じ。）及び高等専門学校の第1学年
　4　大学の第1学年
4　第1項各号に掲げる検査の項目のうち，小学校の第4学年及び第6学年，中学校及び高等学校の第2学年並びに高等専門学校の第2学年及び第4学年においては第4号に掲げるもののうち聴力を，大学においては第3号，第4号，第7号及び第10号に掲げるものを，それぞれ検査の項目から除くことができる。
（方法及び技術的基準）
第7条　法第13条第1項の健康診断の方法及び技術的基準については，次項から第9項までに定めるもののほか，第3条の規定（同条第10号中知能に関する部分を除く。）を準用する。この場合において，同条第4号中「検査する。」とあるのは「検査する。ただし，眼鏡を使用している者の裸眼視力の検査はこれを除くことができる。」と読み替えるものとする。
2　前条第1項第1号の身長は，靴下等を脱ぎ，両かかとを密接し，背，臀部及びかかとを身長計の尺柱に接して直立し，両上肢を体側に垂れ，頭部を正位に保たせて測定する。
3　前条第1項第1号の体重は，衣服を脱ぎ，体重計のはかり台の中央に静止させて測定する。

ただし，衣服を着たまま測定したときは，その衣服の重量を控除する。
4　前条第1項第3号の四肢の状態は，四肢の形態及び発育並びに運動器の機能の状態に注意する。
5　前条第1項第8号の結核の有無は，問診，胸部エックス線検査，喀痰検査，聴診，打診その他必要な検査によつて検査するものとし，その技術的基準は，次の各号に定めるとおりとする。
　1　前条第3項第1号又は第2号に該当する者に対しては，問診を行うものとする。
　2　前条第3項第3号又は第4号に該当する者（結核患者及び結核発病のおそれがあると診断されている者を除く。）に対しては，胸部エックス線検査を行うものとする。
　3　第1号の問診を踏まえて学校医その他の担当の医師において必要と認める者であつて，当該者の在学する学校の設置者において必要と認めるものに対しては，胸部エックス線検査，喀痰検査その他の必要な検査を行うものとする。
　4　第2号の胸部エックス線検査によつて病変の発見された者及びその疑いのある者，結核患者並びに結核発病のおそれがあると診断されている者に対しては，胸部エックス線検査及び喀痰検査を行い，更に必要に応じ聴診，打診その他必要な検査を行う。
6　前条第1項第9号の心臓の疾病及び異常の有無は，心電図検査その他の臨床医学的検査によつて検査するものとする。ただし，幼稚園（特別支援学校の幼稚部を含む。以下この条及び第11条において同じ。）の全幼児，小学校の第2学年以上の児童，中学校及び高等学校の第2学年以上の生徒，高等専門学校の第2学年以上の学生並びに大学の全学生については，心電図検査を除くことができる。
7　前条第1項第10号の尿は，尿中の蛋白，糖等について試験紙法により検査する。ただし，幼稚園においては，糖の検査を除くことができる。
8　身体計測，視力及び聴力の検査，問診，胸部エックス線検査，尿の検査その他の予診的事項に属する検査は，学校医又は学校歯科医による診断の前に実施するものとし，学校医又は学校歯科医は，それらの検査の結果及び第11条の保健調査を活用して診断に当たるものとする。

（健康診断票）
第8条　学校においては，法第13条第1項の健康診断を行つたときは，児童生徒等の健康診断票を作成しなければならない。
　2　校長は，児童又は生徒が進学した場合においては，その作成に係る当該児童又は生徒の健康診断票を進学先の校長に送付しなければならない。
　3　校長は，児童生徒等が転学した場合においては，その作成に係る当該児童生徒等の健康診断票を転学先の校長，保育所の長又は認定こども園の長に送付しなければならない。

4　児童生徒等の健康診断票は，5年間保存しなければならない。ただし，第2項の規定により送付を受けた児童又は生徒の健康診断票は，当該健康診断票に係る児童又は生徒が進学前の学校を卒業した日から5年間とする。
（事後措置）
第9条　学校においては，法第13条第1項の健康診断を行つたときは，21日以内にその結果を幼児，児童又は生徒にあつては当該幼児，児童又は生徒及びその保護者（学校教育法（昭和22年法律第26号）第16条に規定する保護者をいう。）に，学生にあつては当該学生に通知するとともに，次の各号に定める基準により，法第14条の措置をとらなければならない。
1　疾病の予防処置を行うこと。
2　必要な医療を受けるよう指示すること。
3　必要な検査，予防接種等を受けるよう指示すること。
4　療養のため必要な期間学校において学習しないよう指導すること。
5　特別支援学級への編入について指導及び助言を行うこと。
6　学習又は運動・作業の軽減，停止，変更等を行うこと。
7　修学旅行，対外運動競技等への参加を制限すること。
8　机又は腰掛の調整，座席の変更及び学級の編制の適正を図ること。
9　その他発育，健康状態等に応じて適当な保健指導を行うこと。
2　前項の場合において，結核の有無の検査の結果に基づく措置については，当該健康診断に当たつた学校医その他の医師が別表第1に定める生活規正の面及び医療の面の区分を組み合わせて決定する指導区分に基づいて，とるものとする。
（臨時の健康診断）
第10条　法第13条第2項の健康診断は，次に掲げるような場合で必要があるときに，必要な検査の項目について行うものとする。
1　感染症又は食中毒の発生したとき。
2　風水害等により感染症の発生のおそれのあるとき。
3　夏季における休業日の直前又は直後。
4　結核，寄生虫病その他の疾病の有無について検査を行う必要のあるとき。
5　卒業のとき。
（保健調査）
第11条　法第13条の健康診断を的確かつ円滑に実施するため，当該健康診断を行うに当たつては，小学校，中学校，高等学校及び高等専門学校においては全学年において，幼稚園及び大学においては必要と認めるときに，あらかじめ児童生徒等の発育，健康状態等に関する調査を行うものとする。

第3節　職員の健康診断

（時期）

第12条　法第15条第1項の健康診断の時期については，第5条の規定を準用する。この場合において，同条第1項中「6月30日までに」とあるのは，「学校の設置者が定める適切な時期に」と読み替えるものとする。

（検査の項目）

第13条　法第15条第1項の健康診断における検査の項目は，次のとおりとする。

1　身長，体重及び腹囲
2　視力及び聴力
3　結核の有無
4　血圧
5　尿
6　胃の疾病及び異常の有無
7　貧血検査
8　肝機能検査
9　血中脂質検査
10　血糖検査
11　心電図検査
12　その他の疾病及び異常の有無

2　妊娠中の女性職員においては，前項第6号に掲げる検査の項目を除くものとする。

3　第1項各号に掲げる検査の項目のうち，20歳以上の職員においては第1号の身長を，35歳未満の職員及び36歳以上40歳未満の職員，妊娠中の女性職員その他の職員であつて腹囲が内臓脂肪の蓄積を反映していないと診断されたもの，BMI（次の算式により算出した値をいう。以下同じ。）が20未満である職員並びに自ら腹囲を測定し，その値を申告した職員（BMIが22未満である職員に限る。）においては第1号の腹囲を，20歳未満の職員，21歳以上25歳未満の職員，26歳以上30歳未満の職員，31歳以上35歳未満の職員又は36歳以上40歳未満の職員であつて感染症の予防及び感染症の患者に対する医療に関する法律施行令（平成10年政令第420号）第12条第1項第1号又はじん肺法（昭和35年法律第30号）第8条第1項第1号若しくは第3号に掲げる者に該当しないものにおいては第3号に掲げるものを，40歳未満の職員においては第6号に掲げるものを，35歳未満の職員及び36歳以上40歳未満の職員においては第7号から第11号に掲げるものを，それぞれ検査の項目から除くことができる。

$$BMI = 体重（kg）／身長（m）^2$$

（方法及び技術的基準）
第14条　法第15条第1項の健康診断の方法及び技術的基準については、次項から第9項までに定めるもののほか、第3条（同条第10号中知能に関する部分を除く。）の規定を準用する。
2　前条第1項第2号の聴力は、1000ヘルツ及び4000ヘルツの音に係る検査を行う。ただし、45歳未満の職員（35歳及び40歳の職員を除く。）においては、医師が適当と認める方法によって行うことができる。
3　前条第1項第3号の結核の有無は、胸部エックス線検査により検査するものとし、胸部エックス線検査によって病変の発見された者及びその疑いのある者、結核患者並びに結核発病のおそれがあると診断されている者に対しては、胸部エックス線検査及び喀痰検査を行い、更に必要に応じ聴診、打診その他必要な検査を行う。
4　前条第1項第4号の血圧は、血圧計を用いて測定するものとする。
5　前条第1項第5号の尿は、尿中の蛋白及び糖について試験紙法により検査する。
6　前条第1項第6号の胃の疾病及び異常の有無は、胃部エックス線検査その他の医師が適当と認める方法により検査するものとし、癌その他の疾病及び異常の発見に努める。
7　前条第1項第7号の貧血検査は、血色素量及び赤血球数の検査を行う。
8　前条第1項第8号の肝機能検査は、血清グルタミックオキサロアセチックトランスアミナーゼ（GOT）、血清グルタミックピルビックトランスアミナーゼ（GPT）及びガンマーグルタミルトランスペプチダーゼ（γ-GTP）の検査を行う。
9　前条第1項第9号の血中脂質検査は、低比重リポ蛋白コレステロール（LDLコレステロール）、高比重リポ蛋白コレステロール（HDLコレステロール）及び血清トリグリセライドの量の検査を行う。

（健康診断票）
第15条　学校の設置者は、法第15条第1項の健康診断を行つたときは、第2号様式によつて、職員健康診断票を作成しなければならない。
2　学校の設置者は、当該学校の職員がその管理する学校から他の学校又は幼保連携型認定こども園へ移つた場合においては、その作成に係る当該職員の健康診断票を異動後の学校又は幼保連携型認定こども園の設置者へ送付しなければならない。
3　職員健康診断票は、5年間保存しなければならない。

（事後措置）
第16条　法第15条第1項の健康診断に当たつた医師は、健康に異常があると認めた職員については、検査の結果を総合し、かつ、その職員の職務内容及び勤務の強度を考慮して、別表第2に定める生活規正の面及び医療の面の区分を組み合わせて指導区分を決定するものとする。

2　学校の設置者は、前項の規定により医師が行つた指導区分に基づき、次の基準により、法第16条の措置をとらなければならない。

「A」休暇又は休職等の方法で療養のため必要な期間勤務させないこと。

「B」勤務場所又は職務の変更、休暇による勤務時間の短縮等の方法で勤務を軽減し、かつ、深夜勤務、超過勤務、休日勤務及び宿日直勤務をさせないこと。

「C」超過勤務、休日勤務及び宿日直勤務をさせないか又はこれらの勤務を制限すること。

「D」勤務に制限を加えないこと。

「1」必要な医療を受けるよう指示すること。

「2」必要な検査、予防接種等を受けるよう指示すること。

「3」医療又は検査等の措置を必要としないこと。

（臨時の健康診断）

第17条　法第15条第2項の健康診断については、第10条の規定を準用する。

第3章　感染症の予防

（感染症の種類）

第18条　学校において予防すべき感染症の種類は、次のとおりとする。

1　第1種　エボラ出血熱、クリミア・コンゴ出血熱、痘そう、南米出血熱、ペスト、マールブルグ病、ラッサ熱、急性灰白髄炎、ジフテリア、重症急性呼吸器症候群（病原体がベータコロナウイルス属SARSコロナウイルスであるものに限る。）、中東呼吸器症候群（病原体がベータコロナウイルス属MERSコロナウイルスであるものに限る。）及び特定鳥インフルエンザ（感染症の予防及び感染症の患者に対する医療に関する法律（平成10年法律第114号）第6条第3項第6号に規定する特定鳥インフルエンザをいう。次号及び第19条第2号イにおいて同じ。）

2　第2種　インフルエンザ（特定鳥インフルエンザを除く。）、百日咳、麻しん、流行性耳下腺炎、風しん、水痘、咽頭結膜熱、新型コロナウイルス感染症（病原体がベータコロナウイルス属のコロナウイルス（令和2年1月に、中華人民共和国から世界保健機関に対して、人に伝染する能力を有することが新たに報告されたものに限る。）であるものに限る。次条第2号チにおいて同じ。）、結核及び髄膜炎菌性髄膜炎

3　第3種　コレラ、細菌性赤痢、腸管出血性大腸菌感染症、腸チフス、パラチフス、流行性角結膜炎、急性出血性結膜炎その他の感染症

2　感染症の予防及び感染症の患者に対する医療に関する法律第6条第7項から第9項までに規定する新型インフルエンザ等感染症、指定感染症及び新感染症は、前項の規定にかかわらず、第1種の感染症とみなす。

（出席停止の期間の基準）

第19条　令第6条第2項の出席停止の期間の基準は，前条の感染症の種類に従い，次のとおりとする。
1　第1種の感染症にかかつた者については，治癒するまで。
2　第2種の感染症（結核及び髄膜炎菌性髄膜炎を除く。）にかかつた者については，次の期間。ただし，病状により学校医その他の医師において感染のおそれがないと認めたときは，この限りでない。
　イ　インフルエンザ（特定鳥インフルエンザ及び新型インフルエンザ等感染症を除く。）にあつては，発症した後5日を経過し，かつ，解熱した後2日（幼児にあつては，3日）を経過するまで。
　ロ　百日咳にあつては，特有の咳が消失するまで又は5日間の適正な抗菌性物質製剤による治療が終了するまで。
　ハ　麻しんにあつては，解熱した後3日を経過するまで。
　ニ　流行性耳下腺炎にあつては，耳下腺，顎下腺又は舌下腺の腫脹が発現した後5日を経過し，かつ，全身状態が良好になるまで。
　ホ　風しんにあつては，発しんが消失するまで。
　ヘ　水痘にあつては，すべての発しんが痂皮化するまで。
　ト　咽頭結膜熱にあつては，主要症状が消退した後2日を経過するまで。
　チ　新型コロナウイルス感染症にあつては，発症した後5日を経過し，かつ，症状が軽快した後1日を経過するまで。
3　結核，髄膜炎菌性髄膜炎及び第3種の感染症にかかつた者については，病状により学校医その他の医師において感染のおそれがないと認めるまで。
4　第1種若しくは第2種の感染症患者のある家に居住する者又はこれらの感染症にかかつている疑いがある者については，予防処置の施行の状況その他の事情により学校医その他の医師において感染のおそれがないと認めるまで。
5　第1種又は第2種の感染症が発生した地域から通学する者については，その発生状況により必要と認めたとき，学校医の意見を聞いて適当と認める期間。
6　第1種又は第2種の感染症の流行地を旅行した者については，その状況により必要と認めたとき，学校医の意見を聞いて適当と認める期間。

（出席停止の報告事項）
第20条　令第7条の規定による報告は，次の事項を記載した書面をもつてするものとする。
1　学校の名称
2　出席を停止させた理由及び期間
3　出席停止を指示した年月日

4　出席を停止させた児童生徒等の学年別人員数
　5　その他参考となる事項
（感染症の予防に関する細目）
第21条　校長は，学校内において，感染症にかかつており，又はかかつている疑いがある児童生徒等を発見した場合において，必要と認めるときは，学校医に診断させ，法第19条の規定による出席停止の指示をするほか，消毒その他適当な処置をするものとする。
2　校長は，学校内に，感染症の病毒に汚染し，又は汚染した疑いがある物件があるときは，消毒その他適当な処置をするものとする。
3　学校においては，その附近において，第1種又は第2種の感染症が発生したときは，その状況により適当な清潔方法を行うものとする。

　　　　第4章　学校医，学校歯科医及び学校薬剤師の職務執行の準則
（学校医の職務執行の準則）
第22条　学校医の職務執行の準則は，次の各号に掲げるとおりとする。
　1　学校保健計画及び学校安全計画の立案に参与すること。
　2　学校の環境衛生の維持及び改善に関し，学校薬剤師と協力して，必要な指導及び助言を行うこと。
　3　法第8条の健康相談に従事すること。
　4　法第9条の保健指導に従事すること。
　5　法第13条の健康診断に従事すること。
　6　法第14条の疾病の予防処置に従事すること。
　7　法第2章第4節の感染症の予防に関し必要な指導及び助言を行い，並びに学校における感染症及び食中毒の予防処置に従事すること。
　8　校長の求めにより，救急処置に従事すること。
　9　市町村の教育委員会又は学校の設置者の求めにより，法第11条の健康診断又は法第15条第1項の健康診断に従事すること。
　10　前各号に掲げるもののほか，必要に応じ，学校における保健管理に関する専門的事項に関する指導に従事すること。
2　学校医は，前項の職務に従事したときは，その状況の概要を学校医執務記録簿に記入して校長に提出するものとする。

（学校歯科医の職務執行の準則）
第23条　学校歯科医の職務執行の準則は，次の各号に掲げるとおりとする。
　1　学校保健計画及び学校安全計画の立案に参与すること。
　2　法第8条の健康相談に従事すること。

3 法第9条の保健指導に従事すること。
4 法第13条の健康診断のうち歯の検査に従事すること。
5 法第14条の疾病の予防処置のうち齲歯その他の歯疾の予防処置に従事すること。
6 市町村の教育委員会の求めにより，法第11条の健康診断のうち歯の検査に従事すること。
7 前各号に掲げるもののほか，必要に応じ，学校における保健管理に関する専門的事項に関する指導に従事すること。
2 学校歯科医は，前項の職務に従事したときは，その状況の概要を学校歯科医執務記録簿に記入して校長に提出するものとする。

（学校薬剤師の職務執行の準則）
第24条 学校薬剤師の職務執行の準則は，次の各号に掲げるとおりとする。
1 学校保健計画及び学校安全計画の立案に参与すること。
2 第1条の環境衛生検査に従事すること。
3 学校の環境衛生の維持及び改善に関し，必要な指導及び助言を行うこと。
4 法第8条の健康相談に従事すること。
5 法第9条の保健指導に従事すること。
6 学校において使用する医薬品，毒物，劇物並びに保健管理に必要な用具及び材料の管理に関し必要な指導及び助言を行い，及びこれらのものについて必要に応じ試験，検査又は鑑定を行うこと。
7 前各号に掲げるもののほか，必要に応じ，学校における保健管理に関する専門的事項に関する技術及び指導に従事すること。
2 学校薬剤師は，前項の職務に従事したときは，その状況の概要を学校薬剤師執務記録簿に記入して校長に提出するものとする。

第6章 安全点検等

（安全点検）
第28条 法第27条の安全点検は，他の法令に基づくもののほか，毎学期1回以上，児童生徒等が通常使用する施設及び設備の異常の有無について系統的に行わなければならない。
2 学校においては，必要があるときは，臨時に，安全点検を行うものとする。

（日常における環境の安全）
第29条 学校においては，前条の安全点検のほか，設備等について日常的な点検を行い，環境の安全の確保を図らなければならない。

別表第1

区	分	内 容
生活規正の面	A（要休業）	授業を休む必要のあるもの
	B（要軽業）	授業に制限を加える必要のあるもの
	C（要注意）	授業をほぼ平常に行つてよいもの
	D（健 康）	全く平常の生活でよいもの
医療の面	1（要医療）	医師による直接の医療行為を必要とするもの
	2（要観察）	医師による直接の医療行為を必要としないが，定期的に医師の観察指導を必要とするもの
	3（健 康）	医師による直接，間接の医療行為を全く必要としないもの

別表第2

区	分	内 容
生活規正の面	A（要休業）	勤務を休む必要のあるもの
	B（要軽業）	勤務に制限を加える必要のあるもの
	C（要注意）	勤務をほぼ平常に行つてよいもの
	D（健 康）	全く平常の生活でよいもの
医療の面	1（要医療）	医師による直接の医療行為を必要とするもの
	2（要観察）	医師による直接の医療行為を必要としないが，定期的に医師の観察指導を必要とするもの
	3（健 康）	医師による直接，間接の医療行為を全く必要としないもの

学校保健安全法施行令（抄）

（昭和33年6月10日政令第174号）

最終改正：平成27年12月16日政令第421号

（就学時の健康診断の時期）

第1条　学校保健安全法（昭和33年法律第56号。以下「法」という。）第11条の健康診断（以下「就学時の健康診断」という。）は，学校教育法施行令（昭和28年政令第340号）第2条の規定により学齢簿が作成された後翌学年の初めから4月前（同令第5条，第7条，第11条，第14条，第15条及び第18条の2に規定する就学に関する手続の実施に支障がない場合にあつては，3月前）までの間に行うものとする。

2　前項の規定にかかわらず，市町村の教育委員会は，同項の規定により定めた就学時の健康診断の実施日の翌日以後に当該市町村の教育委員会が作成した学齢簿に新たに就学予定者（学校教育法施行令第5条第1項に規定する就学予定者をいう。以下この項において同じ。）が記載された場合において，当該就学予定者が他の市町村の教育委員会が行う就学時の健康

診断を受けていないときは、当該就学予定者について、速やかに就学時の健康診断を行うものとする。

（検査の項目）

第2条　就学時の健康診断における検査の項目は、次のとおりとする。

1　栄養状態
2　脊柱及び胸郭の疾病及び異常の有無
3　視力及び聴力
4　眼の疾病及び異常の有無
5　耳鼻咽頭疾患及び皮膚疾患の有無
6　歯及び口腔の疾病及び異常の有無
7　その他の疾病及び異常の有無

（保護者への通知）

第3条　市（特別区を含む。以下同じ。）町村の教育委員会は、就学時の健康診断を行うに当たつて、あらかじめ、その日時、場所及び実施の要領等を法第11条に規定する者の学校教育法（昭和22年法律第26号）第16条に規定する保護者（以下「保護者」という。）に通知しなければならない。

（就学時健康診断票）

第4条　市町村の教育委員会は、就学時の健康診断を行つたときは、文部科学省令で定める様式により、就学時健康診断票を作成しなければならない。

2　市町村の教育委員会は、翌学年の初めから15日前までに、就学時健康診断票を就学時の健康診断を受けた者の入学する学校の校長に送付しなければならない。

（保健所と連絡すべき場合）

第5条　法第18条の政令で定める場合は、次に掲げる場合とする。

1　法第19条の規定による出席停止が行われた場合
2　法第20条の規定による学校の休業を行つた場合

（出席停止の指示）

第6条　校長は、法第19条の規定により出席を停止させようとするときは、その理由及び期間を明らかにして、幼児、児童又は生徒（高等学校（中等教育学校の後期課程及び特別支援学校の高等部を含む。以下同じ。）の生徒を除く。）にあつてはその保護者に、高等学校の生徒又は学生にあつては当該生徒又は学生にこれを指示しなければならない。

2　出席停止の期間は、感染症の種類等に応じて、文部科学省令で定める基準による。

（出席停止の報告）

第7条　校長は、前条第1項の規定による指示をしたときは、文部科学省令で定めるところに

より，その旨を学校の設置者に報告しなければならない。

（感染性又は学習に支障を生ずるおそれのある疾病）

第8条　法第24条の政令で定める疾病は，次に掲げるものとする。
  1　トラコーマ及び結膜炎
  2　白癬，疥癬及び膿痂疹
  3　中耳炎
  4　慢性副鼻腔炎及びアデノイド
  5　齲歯
  6　寄生虫病（虫卵保有を含む。）

（要保護者に準ずる程度に困窮している者）

第9条　法第24条第2号の政令で定める者は，当該義務教育諸学校（小学校，中学校，義務教育学校，中等教育学校の前期課程又は特別支援学校の小学部若しくは中学部をいう。）を設置する地方公共団体の教育委員会が，生活保護法（昭和25年法律第144号）第6条第2項に規定する要保護者（以下「要保護者」という。）に準ずる程度に困窮していると認める者とする。

2　教育委員会は，前項に規定する認定を行うため必要があるときは，社会福祉法（昭和26年法律第45号）に定める福祉に関する事務所の長及び民生委員法（昭和23年法律第198号）に定める民生委員に対して，助言を求めることができる。

学校環境衛生基準（抄）

文部科学省告示第54号
令和6年3月29日

第1　教室等の環境に係る学校環境衛生基準

1　教室等の環境（換気，保温，採光，照明，騒音等の環境をいう。以下同じ。）に係る学校環境衛生基準は，次表の左欄に掲げる検査項目ごとに，同表の右欄のとおりとする。

検査項目	基準
(1)換気	換気の基準として，二酸化炭素は，1500 ppm以下であることが望ましい。
(2)温度	18℃以上，28℃以下であることが望ましい。
(3)相対湿度	30％以上，80％以下であることが望ましい。
(4)浮遊粉じん	$0.10 \text{ mg}/\text{m}^3$以下であること。

換気及び保温等	(5)気流	0.5 m／秒以下であることが望ましい。
	(6)一酸化炭素	6 ppm 以下であること。
	(7)二酸化窒素	0.06 ppm 以下であることが望ましい。
	(8)揮発性有機化合物	
	ア.ホルムアルデヒド	100 μg／m³以下であること。
	イ.トルエン	260 μg／m³以下であること。
	ウ.キシレン	200 μg／m³以下であること。
	エ.パラジクロロベンゼン	240 μg／m³以下であること。
	オ.エチルベンゼン	3800 μg／m³以下であること。
	カ.スチレン	220 μg／m³以下であること。
	(9)ダニ又はダニアレルゲン	100匹／m²以下又はこれと同等のアレルゲン量以下であること。
採光及び照明	(10)照度	㋐教室及びそれに準ずる場所の照度の下限値は，300 lx(ルクス)とする。また，教室及び黒板の照度は，500 lx 以上であることが望ましい。 ㋑教室及び黒板のそれぞれの最大照度と最小照度の比は，20：1を超えないこと。また，10：1を超えないことが望ましい。 ㋒コンピュータを使用する教室等の机上の照度は，500～1000 lx 程度が望ましい。 ㋓テレビやコンピュータ等の画面の垂直面照度は，100～500 lx 程度が望ましい。 ㋔その他の場所における照度は，産業標準化法（昭和24年法律第185号）に基づく日本産業規格（以下「日本産業規格」という。）Z9110に規定する学校施設の人工照明の照度基準に適合すること。
	(11)まぶしさ	㋐児童生徒等から見て，黒板の外側15°以内の範囲に輝きの強い光源（昼光の場合は窓）がないこと。 ㋑見え方を妨害するような光沢が，黒板面及び机上面にないこと。 ㋒見え方を妨害するような電灯や明るい窓等が，テレビ及びコンピュータ等の画面に映じていないこと。
騒音	(12)騒音レベル	教室内の等価騒音レベルは，窓を閉じているときはLAeq50dB(デシベル)以下，窓を開けているときはLAeq55dB以下であることが望ましい。

2　1の学校環境衛生基準の達成状況を調査するため，次表の左欄に掲げる検査項目ごとに，同表の右欄に掲げる方法又はこれと同等以上の方法により，検査項目(1)～(7)及び(10)～(12)については，毎学年2回，検査項目(8)及び(9)については，毎学年1回定期に検査を行うものとする。

検査項目		方法
(1)換気		二酸化炭素は，検知管法により測定する。
(2)温度		0.5度目盛の温度計を用いて測定する。
(3)相対湿度		0.5度目盛の乾湿球湿度計を用いて測定する。
(4)浮遊粉じん		相対沈降径10μm以下の浮遊粉じんをろ紙に捕集し，その質量による方法（Low-Volume Air Sampler法）又は質量濃度変換係数（K）を求めて質量濃度を算出する相対濃度計を用いて測定する。
(5)気流		0.2m/秒以上の気流を測定することができる風速計を用いて測定する。
(6)一酸化炭素		検知管法により測定する。
(7)二酸化窒素		ザルツマン法により測定する。
(8)揮発性有機化合物		揮発性有機化合物の採取は，教室等内の温度が高い時期に行い，吸引方式では30分間で2回以上，拡散方式では8時間以上行う。
	ア．ホルムアルデヒド	ジニトロフェニルヒドラジン誘導体固相吸着／溶媒抽出法により採取し，高速液体クロマトグラフ法により測定する。
	イ．トルエン	固相吸着／溶媒抽出法，固相吸着／加熱脱着法，容器採取法のいずれかの方法により採取し，ガスクロマトグラフ－質量分析法により測定する。
	ウ．キシレン	
	エ．パラジクロロベンゼン	
	オ．エチルベンゼン	
	カ．スチレン	

換気及び保温等

(9)ダニ又はダニアレルゲン		温度及び湿度が高い時期に、ダニの発生しやすい場所において1m²を電気掃除機で1分間吸引し、ダニを捕集する。捕集したダニは、顕微鏡で計数するか、アレルゲンを抽出し、酵素免疫測定法によりアレルゲン量を測定する。

備考
1 検査項目(1)～(7)については、学校の授業中等に、各階1以上の教室等を選び、適当な場所1か所以上の机上の高さにおいて検査を行う。
　検査項目(4)及び(5)については、空気の温度、湿度又は流量を調節する設備を使用している教室等以外の教室等においては、必要と認める場合に検査を行う。
　検査項目(4)については、検査の結果が著しく基準値を下回る場合には、以後教室等の環境に変化が認められない限り、次回から検査を省略することができる。
　検査項目(6)及び(7)については、教室等において燃焼器具を使用していない場合に限り、検査を省略することができる。
2 検査項目(8)については、普通教室、音楽室、図工室、コンピュータ教室、体育館等必要と認める教室において検査を行う。
　検査項目(8)ウ～カについては、必要と認める場合に検査を行う。
　検査項目(8)については、児童生徒等がいない教室等において、30分以上換気の後5時間以上密閉してから採取し、ホルムアルデヒドにあっては高速液体クロマトグラフ法により、トルエン、キシレン、パラジクロロベンゼン、エチルベンゼン、スチレンにあってはガスクロマトグラフ―質量分析法により測定した場合に限り、その結果が著しく基準値を下回る場合には、以後教室等の環境に変化が認められない限り、次回からの検査を省略することができる。
3 検査項目(9)については、保健室の寝具、カーペット敷の教室等において検査を行う。

(10)照度	日本産業規格C1609-1に規定する照度計の規格に適合する照度計を用いて測定する。 　教室の照度は、図に示す9か所に最も近い児童生徒等の机上で測定し、それらの最大照度、最小照度で示す。 　黒板の照度は、図に示す9か所の垂直面照度を測定し、それらの最大照度、最小照度で示す。 　教室以外の照度は、床上75cmの水平照度を測定する。なお、体育施設及び幼稚園等の照度は、それぞれの実態に即して測定する。
(11)まぶしさ	見え方を妨害する光源、光沢の有無を調べる。

採光及び照明	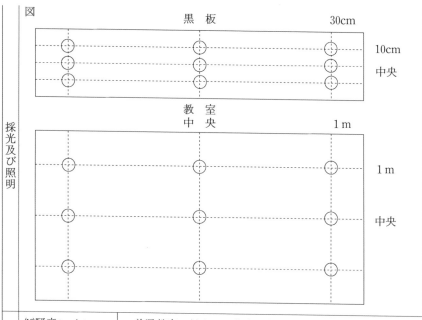
(12)騒音レベル	普通教室に対する工作室，音楽室，廊下，給食施設及び運動場等の校内騒音の影響並びに道路その他の外部騒音の影響があるかどうかを調べ騒音の影響の大きな教室を選び，児童生徒等がいない状態で，教室の窓側と廊下側で，窓を閉じたときと開けたときの等価騒音レベルを測定する。 　等価騒音レベルの測定は，日本産業規格 C1509-1 に規定する積分・平均機能を備える普通騒音計を用い，A特性で5分間，等価騒音レベルを測定する。 　なお，従来の普通騒音計を用いる場合は，普通騒音から等価騒音を換算するための計算式により等価騒音レベルを算出する。 　特殊な騒音源がある場合は，日本産業規格 Z8731に規定する騒音レベル測定法に準じて行う。
備考 1　検査項目(12)において，測定結果が著しく基準値を下回る場合には，以後教室等の内外の環境に変化が認められない限り，次回からの検査を省略することができる。	

第2 飲料水等の水質及び施設・設備に係る学校環境衛生基準
1 飲料水等の水質及び施設・設備に係る学校環境衛生基準は,次表の左欄に掲げる検査項目ごとに,同表の右欄のとおりとする。

検査項目		基準
(1)水道水を水源とする飲料水(専用水道を除く。)の水質		
	ア.一般細菌	水質基準に関する省令(平成15年厚生労働省令第101号)の表の下欄に掲げる基準による。
	イ.大腸菌	
	ウ.塩化物イオン	
	エ.有機物(全有機炭素(TOC)の量)	
	オ.pH値	
	カ.味	
	キ.臭気	
	ク.色度	
	ケ.濁度	
	コ.遊離残留塩素	水道法施行規則(昭和32年厚生省令第45号)第17条第1項第3号に規定する遊離残留塩素の基準による。
(2)専用水道に該当しない井戸水等を水源とする飲料水の水質		

水質		ア．専用水道（水道法（昭和32年法律第177号）第3条第6項に規定する「専用水道」をいう。以下同じ。）が実施すべき水質検査の項目	水質基準に関する省令の表の下欄に掲げる基準による。
		イ．遊離残留塩素	水道法施行規則第17条第1項第3号に規定する遊離残留塩素の基準による。
	(3)専用水道（水道水を水源とする場合を除く。）及び専用水道に該当しない井戸水等を水源とする飲料水の原水の水質		
		ア．一般細菌	水質基準に関する省令の表の下欄に掲げる基準による。
		イ．大腸菌	
		ウ．塩化物イオン	
		エ．有機物（全有機炭素（TOC）の量）	
		オ．pH値	
		カ．味	
		キ．臭気	
		ク．色度	
		ケ．濁度	
	(4)雑用水の水質		
		ア．pH値	5.8以上8.6以下であること。

		イ.臭気	異常でないこと。
		ウ.外観	ほとんど無色透明であること。
		エ.大腸菌	検出されないこと。
		オ.遊離残留塩素	0.1 mg/L(結合残留塩素の場合は0.4 mg/L)以上であること。
施設・設備	(5)飲料水に関する施設・設備		
		ア.給水源の種類	上水道,簡易水道,専用水道,簡易専用水道及び井戸その他の別を調べる。
		イ.維持管理状況等	(ｱ)配管,給水栓,給水ポンプ,貯水槽及び浄化設備等の給水施設・設備は,外部からの汚染を受けないように管理されていること。また,機能は適切に維持されていること。 (ｲ)給水栓は吐水口空間が確保されていること。 (ｳ)井戸その他を給水源とする場合は,汚水等が浸透,流入せず,雨水又は異物等が入らないように適切に管理されていること。 (ｴ)故障,破損,老朽又は漏水等の箇所がないこと。 (ｵ)塩素消毒設備又は浄化設備を設置している場合は,その機能が適切に維持されていること。
		ウ.貯水槽の清潔状態	貯水槽の清掃は,定期的に行われていること。
	(6)雑用水に関する施設・設備		(ｱ)水管には,雨水等雑用水であることを表示していること。 (ｲ)水栓を設ける場合は,誤飲防止の構造が維持され,飲用不可である旨表示していること。 (ｳ)飲料水による補給を行う場合は,逆流防止の構造が維持されていること。 (ｴ)貯水槽は,破損等により外部からの汚染を受けず,その内部は清潔であること。 (ｵ)水管は,漏水等の異常が認められないこと。

2　1の学校環境衛生基準の達成状況を調査するため,次表の左欄に掲げる検査項目ごとに,同表の右欄に掲げる方法又はこれと同等以上の方法により,検査項目(1)については,毎学年1回,検査項目(2)については,水道法施行規則第54条において準用する水道法施行規則第15条に規定する専用水道が実施すべき水質検査の回数,検査項目(3)については,毎学年1回,検査項目(4)については,毎学年2回,検査項目(5)については,水道水を水源とする飲料水に

あっては、毎学年1回、井戸水等を水源とする飲料水にあっては、毎学年2回、検査項目(6)については、毎学年2回定期に検査を行うものとする。

検査項目		方法
(1)水道水を水源とする飲料水(専用水道を除く。)の水質		
	ア. 一般細菌	水質基準に関する省令の規定に基づき環境大臣が定める方法(平成15年厚生労働省告示第261号)により測定する。
	イ. 大腸菌	
	ウ. 塩化物イオン	
	エ. 有機物(全有機炭素(TOC)の量)	
	オ. pH値	
	カ. 味	
	キ. 臭気	
	ク. 色度	
	ケ. 濁度	
	コ. 遊離残留塩素	水道法施行規則第17条第2項の規定に基づき環境大臣が定める遊離残留塩素及び結合残留塩素の検査方法(平成15年厚生労働省告示第318号)により測定する。
備考 1 検査項目(1)については、貯水槽がある場合には、その系統ごとに検査を行う。		
(2)専用水道に該当しない井戸水等を水源とする飲料水の水質		
	ア. 専用水道が実施すべき水質検査の項目	水質基準に関する省令の規定に基づき環境大臣が定める方法により測定する。
	イ. 遊離残留塩素	水道法施行規則第17条第2項の規定に基づき環境大臣が定める遊離残留塩素及び結合残留塩素の検査方法により測定する。

(左端縦書き: 水質)

	(3)専用水道（水道水を水源とする場合を除く。）及び専用水道に該当しない井戸水等を水源とする飲料水の原水の水質	
	ア．一般細菌	水質基準に関する省令の規定に基づき環境大臣が定める方法により測定する。
	イ．大腸菌	
	ウ．塩化物イオン	
	エ．有機物（全有機炭素（TOC）の量）	
	オ．pH値	
	カ．味	
	キ．臭気	
	ク．色度	
	ケ．濁度	
	(4)雑用水の水質	
	ア．pH値	水質基準に関する省令の規定に基づき環境大臣が定める方法により測定する。
	イ．臭気	
	ウ．外観	目視によって，色，濁り，泡立ち等の程度を調べる。
	エ．大腸菌	水質基準に関する省令の規定に基づき環境大臣が定める方法により測定する。
	オ．遊離残留塩素	水道法施行規則第17条第2項の規定に基づき環境大臣が定める遊離残留塩素及び結合残留塩素の検査方法により測定する。
施設・設備	(5)飲料水に関する施設・設備	
	ア．給水源の種類	給水施設の外観や貯水槽内部を点検するほか，設備の図面，貯水槽清掃作業報告書等の書類について調べる。
	イ．維持管理状況等	
	ウ．貯水槽の清潔状態	
	(6)雑用水に関する施設・設備	施設の外観や貯水槽等の内部を点検するほか，設備の図面等の書類について調べる。

第3 学校の清潔，ネズミ，衛生害虫等及び教室等の備品の管理に係る学校環境衛生基準

1 学校の清潔，ネズミ，衛生害虫等及び教室等の備品の管理に係る学校環境衛生基準は，次表の左欄に掲げる検査項目ごとに，同表の右欄のとおりとする。

検査項目		基準
学校の清潔	(1)大掃除の実施	大掃除は，定期に行われていること。
	(2)雨水の排水溝等	屋上等の雨水排水溝に，泥や砂等が堆積していないこと。また，雨水配水管の末端は，砂や泥等により管径が縮小していないこと。
	(3)排水の施設・設備	汚水槽，雑排水槽等の施設・設備は，故障等がなく適切に機能していること。
ネズミ、衛生害虫等	(4)ネズミ，衛生害虫等	校舎，校地内にネズミ，衛生害虫等の生息が認められないこと。
教室等の備品の管理	(5)黒板面の色彩	(ア)無彩色の黒板面の色彩は，明度が3を超えないこと。 (イ)有彩色の黒板面の色彩は，明度及び彩度が4を超えないこと。

2 1の学校環境衛生基準の達成状況を調査するため，次表の左欄に掲げる検査項目ごとに，同表の右欄に掲げる方法又はこれと同等以上の方法により，検査項目(1)については，毎学年3回，検査項目(2)～(5)については，毎学年1回定期に検査を行うものとする。

検査項目		方法
学校の清潔	(1)大掃除の実施	清掃方法及び結果を記録等により調べる。
	(2)雨水の排水溝等	雨水の排水溝等からの排水状況を調べる。
	(3)排水の施設・設備	汚水槽，雑排水槽等の施設・設備からの排水状況を調べる。

	検査項目	基準
ネズミ、衛生害虫等	(4)ネズミ,衛生害虫等	ネズミ,衛生害虫等の生態に応じて,その生息,活動の有無及びその程度等を調べる。
教室等の備品の管理	(5)黒板面の色彩	明度,彩度の検査は,黒板検査用色票を用いて行う。

第4 水泳プールに係る学校環境衛生基準

1 水泳プールに係る学校環境衛生基準は,次表の左欄に掲げる検査項目ごとに,同表の右欄のとおりとする。

	検査項目	基準
水質	(1)遊離残留塩素	0.4 mg/L以上であること。また,1.0 mg/L以下であることが望ましい。
	(2) pH値	5.8以上8.6以下であること。
	(3)大腸菌	検出されないこと。
	(4)一般細菌	1 mL中200コロニー以下であること。
	(5)有機物等(過マンガン酸カリウム消費量)	12 mg/L以下であること。
	(6)濁度	2度以下であること。
	(7)総トリハロメタン	0.2 mg/L以下であることが望ましい。
	(8)循環ろ過装置の処理水	循環ろ過装置の出口における濁度は,0.5度以下であること。また,0.1度以下であることが望ましい。

施設・設備の衛生状態	(9)プール本体の衛生状況等	(ア)プール水は，定期的に全換水するとともに，清掃が行われていること。 (イ)水位調整槽又は還水槽を設ける場合は，点検及び清掃を定期的に行うこと。
	(10)浄化設備及びその管理状況	(ア)循環浄化式の場合は，ろ材の種類，ろ過装置の容量及びその運転時間が，プール容積及び利用者数に比して十分であり，その管理が確実に行われていること。 (イ)オゾン処理設備又は紫外線処理設備を設ける場合は，その管理が確実に行われていること。
	(11)消毒設備及びその管理状況	(ア)塩素剤の種類は，次亜塩素酸ナトリウム液，次亜塩素酸カルシウム又は塩素化イソシアヌル酸のいずれかであること。 (イ)塩素剤の注入が連続注入式である場合は，その管理が確実に行われていること。
	(12)屋内プール	
	ア．空気中の二酸化炭素	1500 ppm 以下が望ましい。
	イ．空気中の塩素ガス	0.5 ppm 以下が望ましい。
	ウ．水平面照度	200 lx 以上が望ましい。
備考 1　検査項目(9)については，浄化設備がない場合には，汚染を防止するため，1週間に1回以上換水し，換水時に清掃が行われていること。この場合，腰洗い槽を設置することが望ましい。 　また，プール水等を排水する際には，事前に残留塩素を低濃度にし，その確認を行う等，適切な処理が行われていること。		

2　1の学校環境衛生基準の達成状況を調査するため，次表の左欄に掲げる検査項目ごとに，同表の右欄に掲げる方法又はこれと同等以上の方法により，検査項目(1)～(6)については，使用日の積算が30日以内ごとに1回，検査項目(7)については，使用期間中の適切な時期に1回以上，検査項目(8)～(12)については，毎学年1回定期に検査を行うものとする。

	検査項目	方法
水質	(1)遊離残留塩素	水道法施行規則第17条第2項の規定に基づき環境大臣が定める遊離残留塩素及び結合残留塩素の検査方法により測定する。
	(2) pH 値	水質基準に関する省令の規定に基づき環境大臣が定める方法により測定する。
	(3)大腸菌	
	(4)一般細菌	
	(5)有機物等(過マンガン酸カリウム消費量)	過マンガン酸カリウム消費量として,滴定法による。
	(6)濁度	水質基準に関する省令の規定に基づき環境大臣が定める方法により測定する。
	(7)総トリハロメタン	
	(8)循環ろ過装置の処理水	
	備考 1　検査項目(7)については,プール水を1週間に1回以上全換水する場合は,検査を省略することができる。	
施設・設備の衛生状態	(9)プール本体の衛生状況等	プール本体の構造を点検するほか,水位調整槽又は還水槽の管理状況を調べる。
	(10)浄化設備及びその管理状況	プールの循環ろ過器等の浄化設備及びその管理状況を調べる。
	(11)消毒設備及びその管理状況	消毒設備及びその管理状況について調べる。
	(12)屋内プール	
	ア.空気中の二酸化炭素	検知管法により測定する。
	イ.空気中の塩素ガス	検知管法により測定する。
	ウ.水平面照度	日本産業規格C1609-1に規定する照度計の規格に適合する照度計を用いて測定する。

第5 日常における環境衛生に係る学校環境衛生基準

1 学校環境衛生の維持を図るため,第1から第4に掲げる検査項目の定期的な環境衛生検査等のほか,次表の左欄に掲げる検査項目について,同表の右欄の基準のとおり,毎授業日に点検を行うものとする。

検査項目		基準
教室等の環境	(1)換気	(ア)外部から教室に入ったとき,不快な刺激や臭気がないこと。 (イ)換気が適切に行われていること。
	(2)温度	18℃以上,28℃以下であることが望ましい。
	(3)明るさとまぶしさ	(ア)黒板面や机上等の文字,図形等がよく見える明るさがあること。 (イ)黒板面,机上面及びその周辺に見え方を邪魔するまぶしさがないこと。 (ウ)黒板面に光るような箇所がないこと。
	(4)騒音	学習指導のための教師の声等が聞き取りにくいことがないこと。
飲料水等の水質及び施設・設備	(5)飲料水の水質	(ア)給水栓水については,遊離残留塩素が0.1mg/L以上保持されていること。ただし,水源が病原生物によって著しく汚染されるおそれのある場合には,遊離残留塩素が0.2mg/L以上保持されていること。 (イ)給水栓水については,外観,臭気,味等に異常がないこと。 (ウ)冷水器等飲料水を貯留する給水器具から供給されている水についても,給水栓水と同様に管理されていること。
	(6)雑用水の水質	(ア)給水栓水については,遊離残留塩素が0.1mg/L以上保持されていること。ただし,水源が病原生物によって著しく汚染されるおそれのある場合には,遊離残留塩素が0.2mg/L以上保持されていること。 (イ)給水栓水については,外観,臭気に異常がないこと。
	(7)飲料水等の施設・設備	(ア)水飲み,洗口,手洗い場及び足洗い場並びにその周辺は,排水の状況がよく,清潔であり,その設備は破損や故障がないこと。 (イ)配管,給水栓,給水ポンプ,貯水槽及び浄化設備等の給水施設・設備並びにその周辺は,清潔であること。

学校の清潔及びネズミ、衛生害虫等	(8)学校の清潔	(ｱ)教室，廊下等の施設及び机，いす，黒板等教室の備品等は，清潔であり，破損がないこと。
		(ｲ)運動場，砂場等は，清潔であり，ごみや動物の排泄物等がないこと。
		(ｳ)便所の施設・設備は，清潔であり，破損や故障がないこと。
		(ｴ)排水溝及びその周辺は，泥や砂が堆積しておらず，悪臭がないこと。
		(ｵ)飼育動物の施設・設備は，清潔であり，破損がないこと。
		(ｶ)ごみ集積場及びごみ容器等並びにその周辺は，清潔であること。
	(9)ネズミ，衛生害虫等	校舎，校地内にネズミ，衛生害虫等の生息が見られないこと。
水泳プールの管理	(10)プール水等	(ｱ)水中に危険物や異常なものがないこと。
		(ｲ)遊離残留塩素は，プールの使用前及び使用中1時間ごとに1回以上測定し，その濃度は，どの部分でも0.4mg/L以上保持されていること。また，遊離残留塩素は1.0mg/L以下が望ましい。
		(ｳ)pH値は，プールの使用前に1回測定し，pH値が基準値程度に保たれていることを確認すること。
		(ｴ)透明度に常に留意し，プール水は，水中で3m離れた位置からプールの壁面が明確に見える程度に保たれていること。
	(11)附属施設・設備等	プールの附属施設・設備，浄化設備及び消毒設備等は，清潔であり，破損や故障がないこと。

2　点検は，官能法によるもののほか，第1から第4に掲げる検査方法に準じた方法で行うものとする。

第6　雑則

1　学校においては，次のような場合，必要があるときは，臨時に必要な検査を行うものとする。
　(1)　感染症又は食中毒の発生のおそれがあり，また，発生したとき。
　(2)　風水害等により環境が不潔になり又は汚染され，感染症の発生のおそれがあるとき。
　(3)　新築，改築，改修等及び机，いす，コンピュータ等新たな学校用備品の搬入等により揮発性有機化合物の発生のおそれがあるとき。

(4) その他必要なとき。
2 臨時に行う検査は，定期に行う検査に準じた方法で行うものとする。
3 定期及び臨時に行う検査の結果に関する記録は，検査の日から5年間保存するものとする。また，毎授業日に行う点検の結果は記録するよう努めるとともに，その記録を点検日から3年間保存するよう努めるものとする。
4 検査に必要な施設・設備等の図面等の書類は，必要に応じて閲覧できるように保存するものとする。

教育職員免許法施行規則（抄）

(昭和29年10月27日文部省令第26号)

最終改正：令和5年9月27日文部科学省令第31号

第9条　免許法別表第2に規定する養護教諭の普通免許状の授与を受ける場合の養護及び教職に関する科目の単位の修得方法は、次の表の定めるところによる。

第1欄	第2欄	第3欄	第4欄	第5欄	第6欄
		最低修得単位数			
養護及び教職に関する科目	養護に関する科目	教育の基礎的理解に関する科目	道徳、総合的な学習の時間等の内容及び生徒指導、教育相談等に関する科目	教育実践に関する科目	大学が独自に設定する科目
右項の各科目に含めることが必要な事項		教育の理念並びに教育に関する歴史及び思想／教職の意義及び教員の役割・職務内容（チーム学校運営への対応を含む。）／教育に関する社会的、制度的又は経営的事項（学校と地域との連携及び学校安全への対応を含む。）／幼児、児童及び生徒の心身の発達及び学習の過程／特別の支援を必要とする幼児、児童及び生徒に対する理解／教育課程の意義及び編成の方法（カリキュラム・マネジメントを含む。）	道徳、総合的な学習の時間及び特別活動に関する内容／教育の方法及び技術（情報機器及び教材の活用を含む。）／生徒指導の理論及び方法／教育相談（カウンセリングに関する基礎的な知識を含む。）の理論及び方法	養護実習／教職実践演習	
養護教諭 専修免許状	28	8	6	5	2	31
養護教諭 1種免許状	28	8	6	5	2	7
養護教諭 2種免許状	24	5	3	4	2	4

備考
1　養護に関する科目の単位の修得方法は，次に掲げる免許状の授与を受ける場合に応じ，それぞれ定める単位数を修得するものとする。
　　イ　専修免許状又は１種免許状　衛生学・公衆衛生学（予防医学を含む。）４単位以上，学校保健２単位以上，養護概説２単位以上，健康相談活動の理論・健康相談活動の方法２単位以上，栄養学（食品学を含む。）２単位以上，解剖学・生理学２単位以上，「微生物学，免疫学，薬理概論」２単位以上，精神保健２単位以上，看護学（臨床実習及び救急処置を含む。）10単位以上
　　ロ　２種免許状　衛生学・公衆衛生学（予防医学を含む。）２単位以上，学校保健１単位以上，養護概説１単位以上，健康相談活動の理論・健康相談活動の方法２単位以上，栄養学（食品学を含む。）２単位以上，解剖学・生理学２単位以上，「微生物学，免疫学，薬理概論」２単位以上，精神保健２単位以上，看護学（臨床実習及び救急処置を含む。）10単位以上
2　道徳，総合的な学習の時間等の内容及び生徒指導，教育相談等に関する科目に教育課程の意義及び編成の方法（カリキュラム・マネジメントを含む。）の内容を含む場合にあつては，教育の基礎的理解に関する科目に教育課程の意義及び編成の方法（カリキュラム・マネジメントを含む。）の内容を含むことを要しない（次条の表の場合においても同様とする。）。
3　養護実習の単位は，養護教諭，養護助教諭又は第69条の２に規定する職員として１年以上良好な成績で勤務した旨の実務証明責任者の証明を有する者については，経験年数１年について１単位の割合で，教育の基礎的理解に関する科目，道徳，総合的な学習の時間等の内容及び生徒指導，教育相談等に関する科目又は教育実践に関する科目（以下「養護教諭・栄養教諭の教育の基礎的理解に関する科目等」という。）（養護実習を除く。）の単位をもつて，これに替えることができる。
4　教育の基礎的理解に関する科目又は道徳，総合的な学習の時間等の内容及び生徒指導，教育相談等に関する科目の単位は，教育の基礎的理解に関する科目にあつては６単位（２種免許状の授与を受ける場合にあつては４単位）まで，道徳，総合的な学習の時間等の内容及び生徒指導，教育相談等に関する科目にあつては２単位まで，幼稚園，小学校，中学校又は高等学校の教諭の普通免許状の授与を受ける場合のそれぞれの教育の基礎的理解に関する科目又は道徳，総合的な学習の時間等の内容及び生徒指導，教育相談等に関する科目の単位をもつてあてることができる（次条の表の場合においても同様とする。）。
5　教育の基礎的理解に関する科目又は道徳，総合的な学習の時間等の内容及び生徒指導，教育相談等に関する科目の単位は，教育の基礎的理解に関する科目にあつては６単位（２種免許状の授与を受ける場合にあつては４単位）まで，道徳，総合的な学習の時間等の内容及び生徒指導，教育相談等に関する科目にあつては八単位（２種免許状の授与を受ける場合にあつては４単位）まで，栄養教諭の普通免許状の授与を受ける場合のそれぞれの科目の単位をもつてあてることができる（次条の表の場合においても同様とする。）。
6　大学が独自に設定する科目の単位の修得方法は，次に掲げる免許状の授与を受ける場合に応じ，それぞれ定める科目について修得するものとする。
　　イ　専修免許状　養護に関する科目又は養護教諭・栄養教諭の教育の基礎的理解に関する科目等
　　ロ　１種免許状又は２種免許状　養護に関する科目若しくは養護教諭・栄養教諭の教育の基礎的理解に関する科目等又は大学が加えるこれらに準ずる科目
7　免許法別表第２の養護教諭の１種免許状のロの項に規定する養護及び教職に関する科目の単位の修得方法は，養護に関する科目のうち衛生学・公衆衛生学（予防医学を含む。），学校保健，養護概説及び栄養学（食品学を含む。）に含まれる内容について，合わせて３単位以上を，教育の基礎的理解に関する科目（教育の理念並びに教育に関する歴史及び思想に係る部分に限る。次号において「教育の理念並びに教育に関する歴史及び思想に関する科目」という。），教育の基礎的理解に関する科目（幼児，児童及び生徒の心身の発達及び学習の過程に係る部分に限る。次号において「幼児，児童及び生徒の心身の発達及び学習の過程に関する科目」という。）並びに特別の支援を必要とする幼児，

児童及び生徒に対する理解に関する科目のうち1以上の科目並びに養護実習について，それぞれ2単位以上を修得するものとする。
8 免許法別表第2の養護教諭の1種免許状のハの項に規定する養護及び教職に関する科目の単位の修得方法は，養護に関する科目のうち衛生学・公衆衛生学（予防医学を含む。）並びに栄養学（食品学を含む。）についてそれぞれ2単位以上を，学校保健及び養護概説について合わせて2単位以上を，教育の理念並びに教育に関する歴史及び思想に関する科目，幼児，児童及び生徒の心身の発達及び学習の過程に関する科目並びに特別の支援を必要とする幼児，児童及び生徒に対する理解に関する科目のうち1以上の科目並びに養護実習について，それぞれ2単位以上を修得するものとする。

アレルギー疾患対策基本法（抄）

（平成26年6月27日法律第98号）

第1章 総則

（目的）

第1条 この法律は，アレルギー疾患を有する者が多数存在すること，アレルギー疾患には急激な症状の悪化を繰り返し生じさせるものがあること，アレルギー疾患を有する者の生活の質が著しく損なわれる場合が多いこと等アレルギー疾患が国民生活に多大な影響を及ぼしている現状及びアレルギー疾患が生活環境に係る多様かつ複合的な要因によって発生し，かつ，重症化することに鑑み，アレルギー疾患対策の一層の充実を図るため，アレルギー疾患対策に関し，基本理念を定め，国，地方公共団体，医療保険者，国民，医師その他の医療関係者及び学校等の設置者又は管理者の責務を明らかにし，並びにアレルギー疾患対策の推進に関する指針の策定等について定めるとともに，アレルギー疾患対策の基本となる事項を定めることにより，アレルギー疾患対策を総合的に推進することを目的とする。

（定義）

第2条 この法律において「アレルギー疾患」とは，気管支ぜん息，アトピー性皮膚炎，アレルギー性鼻炎，アレルギー性結膜炎，花粉症，食物アレルギーその他アレルゲンに起因する免疫反応による人の生体に有害な局所的又は全身的反応に係る疾患であって政令で定めるものをいう。

（基本理念）

第3条 アレルギー疾患対策は，次に掲げる事項を基本理念として行われなければならない。

1 アレルギー疾患が生活環境に係る多様かつ複合的な要因によって発生し，かつ，重症化することに鑑み，アレルギー疾患の重症化の予防及び症状の軽減に資するため，第3章に定める基本的施策その他のアレルギー疾患対策に関する施策の総合的な実施により生活環境の改善を図ること。

2　アレルギー疾患を有する者が，その居住する地域にかかわらず等しく科学的知見に基づく適切なアレルギー疾患に係る医療（以下「アレルギー疾患医療」という。）を受けることができるようにすること。
3　国民が，アレルギー疾患に関し，適切な情報を入手することができるとともに，アレルギー疾患にかかった場合には，その状態及び置かれている環境に応じ，生活の質の維持向上のための支援を受けることができるよう体制の整備がなされること。
4　アレルギー疾患に関する専門的，学際的又は総合的な研究を推進するとともに，アレルギー疾患の重症化の予防，診断，治療等に係る技術の向上その他の研究等の成果を普及し，活用し，及び発展させること。

食 育 基 本 法（抄）

（平成17年6月17日法律第63号）

最終改正：平成27年9月11日法律第66号

前文

　21世紀における我が国の発展のためには，子どもたちが健全な心と身体を培い，未来や国際社会に向かって羽ばたくことができるようにするとともに，すべての国民が心身の健康を確保し，生涯にわたって生き生きと暮らすことができるようにすることが大切である。

　子どもたちが豊かな人間性をはぐくみ，生きる力を身に付けていくためには，何よりも「食」が重要である。今，改めて，食育を，生きる上での基本であって，知育，徳育及び体育の基礎となるべきものと位置付けるとともに，様々な経験を通じて「食」に関する知識と「食」を選択する力を習得し，健全な食生活を実践することができる人間を育てる食育を推進することが求められている。もとより，食育はあらゆる世代の国民に必要なものであるが，子どもたちに対する食育は，心身の成長及び人格の形成に大きな影響を及ぼし，生涯にわたって健全な心と身体を培い豊かな人間性をはぐくんでいく基礎となるものである。

　一方，社会経済情勢がめまぐるしく変化し，日々忙しい生活を送る中で，人々は，毎日の「食」の大切さを忘れがちである。国民の食生活においては，栄養の偏り，不規則な食事，肥満や生活習慣病の増加，過度の痩身志向などの問題に加え，新たな「食」の安全上の問題や，「食」の海外への依存の問題が生じており，「食」に関する情報が社会に氾濫する中で，人々は，食生活の改善の面からも，「食」の安全の確保の面からも，自ら「食」のあり方を学ぶことが求められている。また，豊かな緑と水に恵まれた自然の下で先人からはぐくまれてきた，地域の多様性と豊かな味覚や文化の香りあふれる日本の「食」が失われる危機にある。

　こうした「食」をめぐる環境の変化の中で，国民の「食」に関する考え方を育て，健全な食生活を実現することが求められるとともに，都市と農山漁村の共生・対流を進め，「食」に関

する消費者と生産者との信頼関係を構築して，地域社会の活性化，豊かな食文化の継承及び発展，環境と調和のとれた食料の生産及び消費の推進並びに食料自給率の向上に寄与することが期待されている。

国民一人一人が「食」について改めて意識を高め，自然の恩恵や「食」に関わる人々の様々な活動への感謝の念や理解を深めつつ，「食」に関して信頼できる情報に基づく適切な判断を行う能力を身に付けることによって，心身の健康を増進する健全な食生活を実践するために，今こそ，家庭，学校，保育所，地域等を中心に，国民運動として，食育の推進に取り組んでいくことが，我々に課せられている課題である。さらに，食育の推進に関する我が国の取組が，海外との交流等を通じて食育に関して国際的に貢献することにつながることも期待される。

ここに，食育について，基本理念を明らかにしてその方向性を示し，国，地方公共団体及び国民の食育の推進に関する取組を総合的かつ計画的に推進するため，この法律を制定する。

（国民の心身の健康の増進と豊かな人間形成）
第2条　食育は，食に関する適切な判断力を養い，生涯にわたって健全な食生活を実現することにより，国民の心身の健康の増進と豊かな人間形成に資することを旨として，行われなければならない。

（食に関する感謝の念と理解）
第3条　食育の推進に当たっては，国民の食生活が，自然の恩恵の上に成り立っており，また，食に関わる人々の様々な活動に支えられていることについて，感謝の念や理解が深まるよう配慮されなければならない。

（食育推進運動の展開）
第4条　食育を推進するための活動は，国民，民間団体等の自発的意思を尊重し，地域の特性に配慮し，地域住民その他の社会を構成する多様な主体の参加と協力を得るものとするとともに，その連携を図りつつ，あまねく全国において展開されなければならない。

（子どもの食育における保護者，教育関係者等の役割）
第5条　食育は，父母その他の保護者にあっては，家庭が食育において重要な役割を有していることを認識するとともに，子どもの教育，保育等を行う者にあっては，教育，保育等における食育の重要性を十分自覚し，積極的に子どもの食育の推進に関する活動に取り組むこととなるよう，行われなければならない。

（食に関する体験活動と食育推進活動の実践）
第6条　食育は，広く国民が家庭，学校，保育所，地域その他のあらゆる機会とあらゆる場所を利用して，食料の生産から消費等に至るまでの食に関する様々な体験活動を行うとともに，自ら食育の推進のための活動を実践することにより，食に関する理解を深めることを旨として，行われなければならない。

（伝統的な食文化，環境と調和した生産等への配意及び農山漁村の活性化と食料自給率の向上への貢献）
第7条　食育は，我が国の伝統のある優れた食文化，地域の特性を生かした食生活，環境と調和のとれた食料の生産とその消費等に配意し，我が国の食料の需要及び供給の状況についての国民の理解を深めるとともに，食料の生産者と消費者との交流等を図ることにより，農山漁村の活性化と我が国の食料自給率の向上に資するよう，推進されなければならない。
（食品の安全性の確保等における食育の役割）
第8条　食育は，食品の安全性が確保され安心して消費できることが健全な食生活の基礎であることにかんがみ，食品の安全性をはじめとする食に関する幅広い情報の提供及びこれについての意見交換が，食に関する知識と理解を深め，国民の適切な食生活の実践に資することを旨として，国際的な連携を図りつつ積極的に行われなければならない。

学 校 給 食 法（抄）

（昭和29年6月3日法律第160号）
最終改正：平成27年6月24日法律第46号

（この法律の目的）
第1条　この法律は，学校給食が児童及び生徒の心身の健全な発達に資するものであり，かつ，児童及び生徒の食に関する正しい理解と適切な判断力を養う上で重要な役割を果たすものであることにかんがみ，学校給食及び学校給食を活用した食に関する指導の実施に関し必要な事項を定め，もって学校給食の普及充実及び学校における食育の推進を図ることを目的とする。

（学校給食の目標）
第2条　学校給食を実施するに当たつては，義務教育諸学校における教育の目的を実現するために，次に掲げる目標が達成されるよう努めなければならない。
1　適切な栄養の摂取による健康の保持増進を図ること。
2　日常生活における食事について，正しい理解を深め，健全な食生活を営むことができる判断力を培い，及び望ましい食習慣を養うこと。
3　学校生活を豊かにし，明るい社交性及び協同の精神を養うこと。
4　食生活が自然の恩恵の上に成り立つものであることについての理解を深め，生命及び自然を尊重する精神並びに環境の保全に寄与する態度を養うこと。
5　食生活が食にかかわる人々の様々な活動に支えられていることについての理解を深め，勤労を重んずる態度を養うこと。
6　我が国や各地域の優れた伝統的な食文化についての理解を深めること。

7　食料の生産，流通及び消費について，正しい理解に導くこと。

（定義）

第3条　この法律で「学校給食」とは，前条各号に掲げる目標を達成するために，義務教育諸学校において，その児童又は生徒に対し実施される給食をいう。

2　この法律で「義務教育諸学校」とは，学校教育法（昭和22年法律第26号）に規定する小学校，中学校，義務教育学校，中等教育学校の前期課程又は特別支援学校の小学部若しくは中学部をいう。

（義務教育諸学校の設置者の任務）

第4条　義務教育諸学校の設置者は，当該義務教育諸学校において学校給食が実施されるように努めなければならない。

（国及び地方公共団体の任務）

第5条　国及び地方公共団体は，学校給食の普及と健全な発達を図るように努めなければならない。

　　　第2章　学校給食の実施に関する基本的な事項

（2以上の義務教育諸学校の学校給食の実施に必要な施設）

第6条　義務教育諸学校の設置者は，その設置する義務教育諸学校の学校給食を実施するための施設として，2以上の義務教育諸学校の学校給食の実施に必要な施設（以下「共同調理場」という。）を設けることができる。

（学校給食栄養管理者）

第7条　義務教育諸学校又は共同調理場において学校給食の栄養に関する専門的事項をつかさどる職員（第10条第3項において「学校給食栄養管理者」という。）は，教育職員免許法（昭和24年法律第147号）第4条第2項に規定する栄養教諭の免許状を有する者又は栄養士法（昭和22年法律第245号）第2条第1項の規定による栄養士の免許を有する者で学校給食の実施に必要な知識若しくは経験を有するものでなければならない。

（学校給食実施基準）

第8条　文部科学大臣は，児童又は生徒に必要な栄養量その他の学校給食の内容及び学校給食を適切に実施するために必要な事項（次条第1項に規定する事項を除く。）について維持されることが望ましい基準（次項において「学校給食実施基準」という。）を定めるものとする。

2　学校給食を実施する義務教育諸学校の設置者は，学校給食実施基準に照らして適切な学校給食の実施に努めるものとする。

（学校給食衛生管理基準）

第9条　文部科学大臣は，学校給食の実施に必要な施設及び設備の整備及び管理，調理の過程

における衛生管理その他の学校給食の適切な衛生管理を図る上で必要な事項について維持されることが望ましい基準（以下この条において「学校給食衛生管理基準」という。）を定めるものとする。
2　学校給食を実施する義務教育諸学校の設置者は、学校給食衛生管理基準に照らして適切な衛生管理に努めるものとする。
3　義務教育諸学校の校長又は共同調理場の長は、学校給食衛生管理基準に照らし、衛生管理上適正を欠く事項があると認めた場合には、遅滞なく、その改善のために必要な措置を講じ、又は当該措置を講ずることができないときは、当該義務教育諸学校若しくは共同調理場の設置者に対し、その旨を申し出るものとする。

　　　第3章　学校給食を活用した食に関する指導

第10条　栄養教諭は、児童又は生徒が健全な食生活を自ら営むことができる知識及び態度を養うため、学校給食において摂取する食品と健康の保持増進との関連性についての指導、食に関して特別の配慮を必要とする児童又は生徒に対する個別的な指導その他の学校給食を活用した食に関する実践的な指導を行うものとする。この場合において、校長は、当該指導が効果的に行われるよう、学校給食と関連付けつつ当該義務教育諸学校における食に関する指導の全体的な計画を作成することその他の必要な措置を講ずるものとする。
2　栄養教諭が前項前段の指導を行うに当たつては、当該義務教育諸学校が所在する地域の産物を学校給食に活用することその他の創意工夫を地域の実情に応じて行い、当該地域の食文化、食に係る産業又は自然環境の恵沢に対する児童又は生徒の理解の増進を図るよう努めるものとする。
3　栄養教諭以外の学校給食栄養管理者は、栄養教諭に準じて、第一項前段の指導を行うよう努めるものとする。この場合においては、同項後段及び前項の規定を準用する。

　　　第4章　雑則

（経費の負担）
第11条　学校給食の実施に必要な施設及び設備に要する経費並びに学校給食の運営に要する経費のうち政令で定めるものは、義務教育諸学校の設置者の負担とする。
2　前項に規定する経費以外の学校給食に要する経費（以下「学校給食費」という。）は、学校給食を受ける児童又は生徒の学校教育法第16条に規定する保護者の負担とする。

（国の補助）
第12条　国は、私立の義務教育諸学校の設置者に対し、政令で定めるところにより、予算の範囲内において、学校給食の開設に必要な施設又は設備に要する経費の一部を補助することができる。
2　国は、公立の小学校、中学校、義務教育学校又は中等教育学校の設置者が、学校給食を受

ける児童又は生徒の学校教育法第16条に規定する保護者（以下この項において「保護者」という。）で生活保護法（昭和25年法律第144号）第6条第2項に規定する要保護者（その児童又は生徒について，同法第13条の規定による教育扶助で学校給食費に関するものが行われている場合の保護者である者を除く。）であるものに対して，学校給食費の全部又は一部を補助する場合には，当該設置者に対し，当分の間，政令で定めるところにより，予算の範囲内において，これに要する経費の一部を補助することができる。

（補助金の返還等）

第13条　文部科学大臣は，前条の規定による補助金の交付の決定を受けた者が次の各号のいずれかに該当するときは，補助金の交付をやめ，又は既に交付した補助金を返還させるものとする。

1　補助金を補助の目的以外の目的に使用したとき。
2　正当な理由がなくて補助金の交付の決定を受けた年度内に補助に係る施設又は設備を設けないこととなつたとき。
3　補助に係る施設又は設備を，正当な理由がなくて補助の目的以外の目的に使用し，又は文部科学大臣の許可を受けないで処分したとき。
4　補助金の交付の条件に違反したとき。
5　虚偽の方法によって補助金の交付を受け，又は受けようとしたとき。

（政令への委任）

第14条　この法律に規定するもののほか，この法律の実施のため必要な手続その他の事項は，政令で定める。

附　則（略）

学校給食衛生管理基準（抄）

文部科学省告示第64号
平成21年3月31日

第1　総則

1　学校給食を実施する都道府県教育委員会及び市区町村教育委員会（以下「教育委員会」という。），附属学校を設置する国立大学法人及び私立学校の設置者（以下「教育委員会等」という。）は，自らの責任において，必要に応じて，保健所の協力，助言及び援助（食品衛生法（昭和22年法律第233号）に定める食品衛生監視員による監視指導を含む。）を受けつつ，HACCP（コーデックス委員会（国連食糧農業機関／世界保健機関合同食品規格委員会）総会において採択された「危害分析・重要管理点方式とその適用に関するガイドライン」に規定されたHACCP（Hazard Analysis and Critical Control Point：危害分析・重要管理

点）をいう。）の考え方に基づき単独調理場，共同調理場（調理等の委託を行う場合を含む。以下「学校給食調理場」という。）並びに共同調理場の受配校の施設及び設備，食品の取扱い，調理作業，衛生管理体制等について実態把握に努め，衛生管理上の問題がある場合には，学校医又は学校薬剤師の協力を得て速やかに改善措置を図ること。

第2 学校給食施設及び設備の整備及び管理に係る衛生管理基準（略）

第3 調理の過程等における衛生管理に係る衛生管理基準（略）

第4 衛生管理体制に係る衛生管理基準

1 衛生管理体制に係る衛生管理基準は，次の各号に掲げる項目ごとに，次のとおりとする。

(1) 衛生管理体制

1 学校給食調理場においては，栄養教諭等を衛生管理責任者として定めること。ただし，栄養教諭等が現にいない場合は，調理師資格を有する学校給食調理員等を衛生管理責任者として定めること。

2 衛生管理責任者は，施設及び設備の衛生，食品の衛生及び学校給食調理員の衛生の日常管理等に当たること。また，調理過程における下処理，調理，配送等の作業工程を分析し，各工程において清潔かつ迅速に加熱及び冷却調理が適切に行われているかを確認し，その結果を記録すること。

3 校長又は共同調理場の長（以下「校長等」という。）は，学校給食の衛生管理について注意を払い，学校給食関係者に対し，衛生管理の徹底を図るよう注意を促し，学校給食の安全な実施に配慮すること。

4 校長等は，学校保健委員会等を活用するなどにより，栄養教諭等，保健主事，養護教諭等の教職員，学校医，学校歯科医，学校薬剤師，保健所長等の専門家及び保護者が連携した学校給食の衛生管理を徹底するための体制を整備し，その適切な運用を図ること。

5 校長等は，食品の検収等の日常点検の結果，異常の発生が認められる場合，食品の返品，献立の一部又は全部の削除，調理済食品の回収等必要な措置を講じること。

6 校長等は，施設及び設備等の日常点検の結果，改善が必要と認められる場合，必要な応急措置を講じること。また，改善に時間を要する場合，計画的な改善を行うこと。

7 校長等は，栄養教諭等の指導及び助言が円滑に実施されるよう，関係職員の意思疎通等に配慮すること。

8 教育委員会等は，栄養教諭等の衛生管理に関する専門性の向上を図るため，新規採用時及び経験年数に応じた研修その他の研修の機会が確保されるよう努めること。

9 教育委員会等は，学校給食調理員を対象とした研修の機会が確保されるよう努めること。また，非常勤職員等も含め可能な限り全員が等しく研修を受講できるよう配慮すること。

10 教育委員会等は，設置する学校について，計画を立て，登録検査機関（食品衛生法（昭和

22年法律第233号）第4条第9項に規定する「登録検査機関」をいう。）等に委託するなどにより，定期的に原材料及び加工食品について，微生物検査，理化学検査を行うこと。
11 調理に直接関係のない者を調理室に入れないこと。調理及び点検に従事しない者が，やむを得ず，調理室内に立ち入る場合には，食品及び器具等には触らせず，(3)3に規定する学校給食従事者の健康状態等を点検し，その状態を記録すること。また，専用の清潔な調理衣，マスク，帽子及び履物を着用させること。さらに，調理作業後の調理室等は施錠するなど適切な管理を行うこと。

(2) 学校給食従事者の衛生管理
1 学校給食従事者は，身体，衣服を清潔に保つこと。
2 調理及び配食に当たっては，せき，くしゃみ，髪の毛等が食器，食品等につかないよう専用で清潔な調理衣，エプロン，マスク，帽子，履物等を着用すること。
3 作業区域用の調理衣等及び履物を着用したまま便所に入らないこと。
4 作業開始前，用便後，汚染作業区域から非汚染作業区域に移動する前，食品に直接触れる作業の開始直前及び生の食肉類，魚介類，卵，調理前の野菜類等に触れ，他の食品及び器具等に触れる前に，手指の洗浄及び消毒を行うこと。

(3) 学校給食従事者の健康管理
1 学校給食従事者については，日常的な健康状態の点検を行うとともに，年1回健康診断を行うこと。また，当該健康診断を含め年3回定期に健康状態を把握することが望ましい。
2 検便は，赤痢菌，サルモネラ属菌，腸管出血性大腸菌血清型O157その他必要な細菌等について，毎月2回以上実施すること。
3 学校給食従事者の下痢，発熱，腹痛，嘔吐，化膿性疾患及び手指等の外傷等の有無等健康状態を，毎日，個人ごとに把握するとともに，本人若しくは同居人に，感染症予防及び感染症の患者に対する医療に関する法律（平成10年法律114号。以下「感染症予防法」という。）に規定する感染症又はその疑いがあるかどうか毎日点検し，これらを記録すること。また，下痢，発熱，腹痛，嘔吐をしており，感染症予防法に規定する感染症又はその疑いがある場合には，医療機関に受診させ感染性疾患の有無を確認し，その指示を励行させること。さらに，化膿性疾患が手指にある場合には，調理作業への従事を禁止すること。
4 ノロウイルスを原因とする感染性疾患による症状と診断された学校給食従事者は，高感度の検便検査においてノロウイルスを保有していないことが確認されるまでの間，食品に直接触れる調理作業を控えさせるなど適切な処置をとること。また，ノロウイルスにより発症した学校給食従事者と一緒に食事を喫食する，又は，ノロウイルスによる発症者が家族にいるなど，同一の感染機会があった可能性がある調理従事者について速やかに高感度の検便検査を実施し，検査の結果ノロウイルスを保有していないことが確認されるまでの間，調理に直

接従事することを控えさせる等の手段を講じるよう努めること。
  (4) 食中毒の集団発生の際の措置
1 教育委員会等，学校医，保健所等に連絡するとともに，患者の措置に万全を期すこと。また，二次感染の防止に努めること。
2 学校医及び保健所等と相談の上，医療機関を受診させるとともに，給食の停止，当該児童生徒の出席停止及び必要に応じて臨時休業，消毒その他の事後措置の計画を立て，これに基づいて食中毒の拡大防止の措置を講じること。
3 校長の指導のもと養護教諭等が児童生徒の症状の把握に努める等関係職員の役割を明確にし，校内組織等に基づいて学校内外の取組体制を整備すること。
4 保護者に対しては，できるだけ速やかに患者の集団発生の状況を周知させ，協力を求めること。その際，プライバシー等人権の侵害がないよう配慮すること。
5 食中毒の発生原因については，保健所等に協力し，速やかに明らかとなるように努め，その原因の除去，予防に努めること。
2 1の(1)に掲げる事項については，毎学年1回，(2)及び(3)に掲げる事項については，毎学年3回定期に検査を行い，その実施記録を保管すること。

第5 日常及び臨時の衛生検査
1 学校給食衛生管理の維持改善を図るため，次に掲げる項目について，毎日点検を行うものとする。
  (1) 学校給食の施設及び設備は，清潔で衛生的であること。また，調理室及び食品の保管室の温度及び湿度，冷蔵庫及び冷凍庫内部の温度を適切に保ち，これらの温度及び湿度が記録されていること。
  (2) 食器具，容器及び調理用器具は，使用後，でん粉及び脂肪等が残留しないよう，確実に洗浄するとともに，損傷がないように確認し，熱風保管庫等により適切に保管されていること。また，フードカッター，ミキサー等調理用の機械及び機器は，使用後に分解して洗浄及び消毒した後，乾燥されていること。
  (3) 使用水に関しては，調理開始前に十分流水した後及び調理終了後に遊離残留塩素が0.1mg／L以上であること並びに外観，臭気，味等について水質検査が実施され，記録されていること。
  (4) 調理室には，調理作業に不必要な物品等を置いていないこと。
  (5) 食品については，品質，鮮度，箱，袋の汚れ，破れその他の包装容器等の状況，異物混入及び異臭の有無，消費期限，賞味期限の異常の有無等を点検するための検収が適切に行われていること。また，それらが記録されていること。
  (6) 食品等は，清潔な場所に食品の分類ごとに区分され衛生的な状態で保管されていること。

⑺　下処理，調理，配食は，作業区分ごとに衛生的に行われていること。
⑻　生食する野菜類及び果実類等は流水で十分洗浄されていること。また，必要に応じて消毒されていること。
⑼　加熱，冷却が適切に行われていること。また，加熱すべき食品は加熱されていること。さらに，その温度と時間が記録されていること。
⑽　調理に伴う廃棄物は，分別し，衛生的に処理されていること。
⑾　給食当番等配食を行う児童生徒及び教職員の健康状態は良好であり，服装は衛生的であること。
⑿　調理終了後速やかに給食されるよう配送及び配食され，その時刻が記録されていること。さらに，給食前に責任者を定めて検食が行われていること。
⒀　保存食は，適切な方法で，2週間以上保存され，かつ記録されていること。
⒁　学校給食従事者の服装及び身体が清潔であること。また，作業開始前，用便後，汚染作業区域から非汚染作業区域に移動する前，食品に直接触れる作業の開始直前及び生の食肉類，魚介類，卵，調理前の野菜類等に触れ，他の食品及び器具等に触れる前に，手指の洗浄及び消毒が行われていること。
⒂　学校給食従事者の下痢，発熱，腹痛，嘔吐，化膿性疾患及び手指等の外傷等の有無等健康状態を，毎日，個人ごとに把握するとともに，本人若しくは同居人に感染症予防法に規定する感染症又は，その疑いがあるかどうか毎日点検し，これらが記録されていること。また，下痢，発熱，腹痛，嘔吐をしており，感染症予防法に規定する感染症又はその疑いがある場合には，医療機関に受診させ感染性疾患の有無を確認し，その指示が励行されていること。さらに，化膿性疾患が手指にある場合には，調理作業への従事が禁止されていること。
2　学校給食衛生管理の維持改善を図るため，次のような場合，必要があるときは臨時衛生検査を行うものとする。
　①　感染症・食中毒の発生のおそれがあり，また，発生したとき。
　②　風水害等により環境が不潔になり，又は汚染され，感染症の発生のおそれがあるとき。
　③　その他必要なとき。
　また，臨時衛生検査は，その目的に即して必要な検査項目を設定し，その検査項目の実施に当たっては，定期的に行う衛生検査に準じて行うこと。

第6　雑則
1　本基準に基づく記録は，1年間保存すること。
2　クックチル方式により学校給食を提供する場合には，教育委員会等の責任において，クックチル専用の施設設備の整備，二次汚染防止のための措置，学校給食従事者の研修の実施，

衛生管理体制の整備等衛生管理のための必要な措置を講じたうえで実施すること。

学校給食実施基準（抄）

文部科学省告示第10号
令和3年2月12日

（学校給食の実施の対象）
第1条　学校給食（学校給食法第3条第1項に規定する「学校給食」をいう。以下同じ。）は，これを実施する学校においては，当該学校に在学するすべての児童又は生徒に対し実施されるものとする。
（学校給食の実施回数等）
第2条　学校給食は，年間を通じ，原則として毎週5回，授業日の昼食時に実施されるものとする。
（児童生徒の個別の健康状態への配慮）
第3条　学校給食の実施に当たっては，児童又は生徒の個々の健康及び生活活動等の実態並びに地域の実情等に配慮するものとする。
（学校給食に供する食物の栄養内容）
第4条　学校給食に供する食物の栄養内容の基準は，別表に掲げる児童又は生徒一人一回当たりの学校給食摂取基準とする。（別表略）

発達障害者支援法（抄）

（平成16年12月10日法律第167号）
最終改正：平成28年6月3日法律第64号

第5条　略
2　市町村の教育委員会は，学校保健安全法（昭和33年法律第56号）第11条に規定する健康診断を行うに当たり，発達障害の早期発見に十分留意しなければならない。
3～5　略

障害者の権利に関する条約（抄）

第1条　目的
　この条約は，全ての障害者によるあらゆる人権及び基本的自由の完全かつ平等な享有を促進し，保護し，及び確保すること並びに障害者の固有の尊厳の尊重を促進することを目的とする。
　障害者には，長期的な身体的，精神的，知的又は感覚的な機能障害であって，様々な障壁と

の相互作用により他の者との平等を基礎として社会に完全かつ効果的に参加することを妨げ得るものを有する者を含む。

第2条　定義

　この条約の適用上，

　「意思疎通」とは，言語，文字の表示，点字，触覚を使った意思疎通，拡大文字，利用しやすいマルチメディア並びに筆記，音声，平易な言葉，朗読その他の補助的及び代替的な意思疎通の形態，手段及び様式（利用しやすい情報通信機器を含む。）をいう。

　「言語」とは，音声言語及び手話その他の形態の非音声言語をいう。

　「障害に基づく差別」とは，障害に基づくあらゆる区別，排除又は制限であって，政治的，経済的，社会的，文化的，市民的その他のあらゆる分野において，他の者との平等を基礎として全ての人権及び基本的自由を認識し，享有し，又は行使することを害し，又は妨げる目的又は効果を有するものをいう。障害に基づく差別には，あらゆる形態の差別（合理的配慮の否定を含む。）を含む。

　「合理的配慮」とは，障害者が他の者との平等を基礎として全ての人権及び基本的自由を享有し，又は行使することを確保するための必要かつ適当な変更及び調整であって，特定の場合において必要とされるものであり，かつ，均衡を失した又は過度の負担を課さないものをいう。

　「ユニバーサルデザイン」とは，調整又は特別な設計を必要とすることなく，最大限可能な範囲で全ての人が使用することのできる製品，環境，計画及びサービスの設計をいう。ユニバーサルデザインは，特定の障害者の集団のための補装具が必要な場合には，これを排除するものではない。

第3条　一般原則

　この条約の原則は，次のとおりとする。

(a)　固有の尊厳，個人の自律（自ら選択する自由を含む。）及び個人の自立の尊重

(b)　無差別

(c)　社会への完全かつ効果的な参加及び包容

(d)　差異の尊重並びに人間の多様性の一部及び人類の一員としての障害者の受入れ

(e)　機会の均等

(f)　施設及びサービス等の利用の容易さ

(g)　男女の平等

(h)　障害のある児童の発達しつつある能力の尊重及び障害のある児童がその同一性を保持する権利の尊重

第7条　障害のある児童

1　締約国は，障害のある児童が他の児童との平等を基礎として全ての人権及び基本的自由を

完全に享有することを確保するための全ての必要な措置をとる。
2 障害のある児童に関する全ての措置をとるに当たっては,児童の最善の利益が主として考慮されるものとする。
3 締約国は,障害のある児童が,自己に影響を及ぼす全ての事項について自由に自己の意見を表明する権利並びにこの権利を実現するための障害及び年齢に適した支援を提供される権利を有することを確保する。この場合において,障害のある児童の意見は,他の児童との平等を基礎として,その児童の年齢及び成熟度に従って相応に考慮されるものとする。

第24条 教育
1 締約国は,教育についての障害者の権利を認める。締約国は,この権利を差別なしに,かつ,機会の均等を基礎として実現するため,障害者を包容するあらゆる段階の教育制度及び生涯学習を確保する。当該教育制度及び生涯学習は,次のことを目的とする。
  (a) 人間の潜在能力並びに尊厳及び自己の価値についての意識を十分に発達させ,並びに人権,基本的自由及び人間の多様性の尊重を強化すること。
  (b) 障害者が,その人格,才能及び創造力並びに精神的及び身体的な能力をその可能な最大限度まで発達させること。
  (c) 障害者が自由な社会に効果的に参加することを可能とすること。
2 締約国は,1の権利の実現に当たり,次のことを確保する。
  (a) 障害者が障害に基づいて一般的な教育制度から排除されないこと及び障害のある児童が障害に基づいて無償のかつ義務的な初等教育から又は中等教育から排除されないこと。
  (b) 障害者が,他の者との平等を基礎として,自己の生活する地域社会において,障害者を包容し,質が高く,かつ,無償の初等教育を享受することができること及び中等教育を享受することができること。
  (c) 個人に必要とされる合理的配慮が提供されること。
  (d) 障害者が,その効果的な教育を容易にするために必要な支援を一般的な教育制度の下で受けること。
  (e) 学問的及び社会的な発達を最大にする環境において,完全な包容という目標に合致する効果的で個別化された支援措置がとられること。
3 締約国は,障害者が教育に完全かつ平等に参加し,及び地域社会の構成員として完全かつ平等に参加することを容易にするため,障害者が生活する上での技能及び社会的な発達のための技能を習得することを可能とする。このため,締約国は,次のことを含む適当な措置をとる。
  (a) 点字,代替的な文字,意思疎通の補助的及び代替的な形態,手段及び様式並びに定位及び移動のための技能の習得並びに障害者相互による支援及び助言を容易にすること。
  (b) 手話の習得及び聾社会の言語的な同一性の促進を容易にすること。

(c) 盲人，聾者又は盲聾者（特に盲人，聾者又は盲聾者である児童）の教育が，その個人にとって最も適当な言語並びに意思疎通の形態及び手段で，かつ，学問的及び社会的な発達を最大にする環境において行われることを確保すること。
4　締約国は，1の権利の実現の確保を助長することを目的として，手話又は点字について能力を有する教員（障害のある教員を含む。）を雇用し，並びに教育に従事する専門家及び職員（教育のいずれの段階において従事するかを問わない。）に対する研修を行うための適当な措置をとる。この研修には，障害についての意識の向上を組み入れ，また，適当な意思疎通の補助的及び代替的な形態，手段及び様式の使用並びに障害者を支援するための教育技法及び教材の使用を組み入れるものとする。
5　締約国は，障害者が，差別なしに，かつ，他の者との平等を基礎として，一般的な高等教育，職業訓練，成人教育及び生涯学習を享受することができることを確保する。このため，締約国は，合理的配慮が障害者に提供されることを確保する。

子どもの権利条約（抄）

第1条　この条約の適用上，児童とは，18歳未満のすべての者をいう。ただし，当該児童で，その者に適用される法律によりより早く成年に達したものを除く。
第6条　1．締約国は，すべての児童が生命に対する固有の権利を有することを認める。
2．締約国は，児童の生存及び発達を可能な最大限の範囲において確保する。
第12条　1．締約国は，自己の意見を形成する能力のある児童がその児童に影響を及ぼすすべての事項について自由に自己の意見を表明する権利を確保する。この場合において，児童の意見は，その児童の年齢及び成熟度に従って相応に考慮されるものとする。
2．このため，児童は，特に，自己に影響を及ぼすあらゆる司法上及び行政上の手続において，国内法の手続規則に合致する方法により直接に又は代理人若しくは適当な団体を通じて聴取される機会を与えられる。
第13条　1．児童は，表現の自由についての権利を有する。この権利には，口頭，手書き若しくは印刷，芸術の形態又は自ら選択する他の方法により，国境とのかかわりなく，あらゆる種類の情報及び考えを求め，受け及び伝える自由を含む。
2．1の権利の行使については，一定の制限を課することができる。ただし，その制限は，法律によって定められ，かつ，次の目的のために必要とされるものに限る。
　a．他の者の権利又は信用の尊重
　b．国の安全，公の秩序又は公衆の健康若しくは道徳の保護
第21条　養子縁組の制度を認め又は許容している締約国は，児童の最善の利益について最大

の考慮が払われることを確保するものとし，また，
- a．児童の養子縁組が権限のある当局によってのみ認められることを確保する。この場合において，当該権限のある当局は，適用のある法律及び手続に従い，かつ，信頼し得るすべての関連情報に基づき，養子縁組が父母，親族及び法定保護者に関する児童の状況にかんがみ許容されること並びに必要な場合には，関係者が所要のカウンセリングに基づき養子縁組について事情を知らされた上での同意を与えていることを認定する。
- b．児童がその出身国内において里親若しくは養家に託され又は適切な方法で監護を受けることができない場合には，これに代わる児童の監護の手段として国際的な養子縁組を考慮することができることを認める。
- c．国際的な養子縁組が行われる児童が国内における養子縁組の場合における保護及び基準と同等のものを享受することを確保する。
- d．国際的な養子縁組において当該養子縁組が関係者に不当な金銭上の利得をもたらすことがないことを確保するためのすべての適当な措置をとる。
- e．適当な場合には，二国間又は多数国間の取極又は協定を締結することによりこの条の目的を促進し，及びこの枠組みの範囲内で他国における児童の養子縁組が権限のある当局又は機関によって行われることを確保するよう努める。

第42条　締約国は，適当かつ積極的な方法でこの条約の原則及び規定を成人及び児童のいずれにも広く知らせることを約束する。

学校保健法等の一部を改正する法律の公布について（通知）

（平成20年7月9日　20文科ス第522号　文部科学省スポーツ・青少年局長から）

前文（略）

記

第1　改正法の概要（略）

第2　留意事項

第1　学校保健安全法関連

1　学校保健及び学校安全に共通する留意事項

(1) 施策の推進に当たっての配慮

　学校保健及び学校安全に係る施策の推進に当たっては，学校の実情や児童生徒等の発達段階，心身の状況，障害の有無について適切に配慮しつつ，校長の下で組織的な対応を図るとともに，各種の関係通知，文部科学省や関係団体が作成した報告書，指導用参考資料，調査結果等（別添4参照）に御留意いただき，適切な対応に努められたいこと。

(2) 国及び地方公共団体の責務について（第3条）

1 第1項において，国及び地方公共団体が学校保健及び学校安全に関して講ずべき必要な施策としては，例えば，物的条件や人的体制の整備充実に係る財政上又は法制上の措置，通知や各種会議等を通じた情報提供や指導助言，指導用参考資料や実践事例集の作成・配布，関係教職員を対象とした研修会の開催などが考えられること。

また，文部科学省としては，学校保健，学校安全，食育・学校給食に関する各般の施策を引き続き推進することとしており，地方公共団体においても，これらの施策を参考にしつつ，適切な対応に努められたいこと。

2 地方公共団体においては，第2項の規定に基づき新たに国が策定することとなる「学校安全の推進に関する計画」やその他国が講ずる所要の措置を参考にしつつ，地域の実情を踏まえた施策の実施に努められたいこと。

(3) 学校及びその設置者の連携協力について

本法において「学校においては」とは，これらの措置の実施をすべて学校長その他の教職員のみの責任とするものではなく，当該学校の管理運営について責任を有する設置者についても併せて果たすべき責務を規定したものであることに留意されたいこと。

学校の設置者においては，第4条及び第26条の規定に基づき，その設置する学校が本法の規定に基づいて実施すべき各種の措置を円滑に実施することができるよう，当該学校の施設及び設備並びに管理運営体制の整備充実その他の必要な措置を講ずるよう努められたいこと。

2 学校保健に関する留意事項

(4) 学校保健に関する学校の設置者の責務について（第4条）

1 本条は，学校保健に関して学校の設置者が果たすべき役割の重要性にかんがみ，従来から各設置者が実施してきた学校保健に関する取組の一層の充実を図るため，その責務を法律上明確に規定したものであること。

2 「施設及び設備並びに管理運営体制の整備充実」としては，例えば，保健室の相談スペースの拡充や備品の充実，換気設備や照明の整備，自動体外式除細動器（AED）の設置など物的条件の整備，養護教諭やスクールカウンセラーの適切な配置など人的体制の整備，教職員の資質向上を図るための研修会の開催などが考えられること。

(5) 学校保健計画について（第5条）

1 学校保健計画は，学校において必要とされる保健に関する具体的な実施計画であり，毎年度，学校の状況や前年度の学校保健の取組状況等を踏まえ，作成されるべきものであること。

2 学校保健計画には，法律で規定された①児童生徒等及び職員の健康診断，②環境衛生検査，③児童生徒等に対する指導に関する事項を必ず盛り込むこととすること。

3 学校保健に関する取組を進めるに当たっては，学校のみならず，保護者や関係機関・関係団体等と連携協力を図っていくことが重要であることから，学校教育法等において学校運営

の状況に関する情報を積極的に提供するものとされていることも踏まえ，学校保健計画の内容については原則として保護者等の関係者に周知を図ることとすること。このことは，学校安全計画についても同様であること。

(6) 学校環境衛生基準について（第6条）
1 第6条の規定に基づき，新たに文部科学大臣が定める学校環境衛生基準については，現行の「学校環境衛生の基準」（平成4年文部省体育局長裁定）の内容を踏まえつつ，各学校や地域の実情により柔軟に対応しうるものとなるよう，今後内容の精査など必要な検討を進め，告示として制定することを予定していること。
2 学校の環境衛生に関し適正を欠く事項があり，改善措置が必要な場合において，校長より第3項の申出を受けた当該学校の設置者は，適切な対応をとるよう努められたいこと。このことは，第28条に基づく学校の施設設備の改善措置についても同様であること。
3 学校の環境衛生の維持改善に当たっては，受水槽など環境衛生に関係する施設設備の適切な管理を図るとともに，環境衛生検査に必要な図面等の書類や検査結果の保管について万全を期されたいこと。

(7) 保健指導について（第9条）
1 近年，メンタルヘルスに関する課題やアレルギー疾患等の現代的な健康課題が生ずるなど児童生徒等の心身の健康問題が多様化，深刻化している中，これらの問題に学校が適切に対応することが求められていることから，第9条においては，健康相談や担任教諭等の行う日常的な健康観察による児童生徒等の健康状態の把握，健康上の問題があると認められる児童生徒等に対する指導や保護者に対する助言を保健指導として位置付け，養護教諭を中心として，関係教職員の協力の下で実施されるべきことを明確に規定したものであること。

したがって，このような保健指導の前提として行われる第8条の健康相談についても，児童生徒等の多様な健康課題に組織的に対応する観点から，特定の教職員に限らず，養護教諭，学校医・学校歯科医・学校薬剤師，担任教諭など関係教職員による積極的な参画が求められるものであること。
2 学校医及び学校歯科医は，健康診断及びそれに基づく疾病の予防処置，改正法において明確化された保健指導の実施をはじめ，感染症対策，食育，生活習慣病の予防や歯・口の健康つくり等について，また，学校薬剤師は，学校環境衛生の維持管理をはじめ，薬物乱用防止教育等について，それぞれ重要な役割を担っており，さらには，学校と地域の医療機関等との連携の要としての役割も期待されることから，各学校において，児童生徒等の多様な健康課題に的確に対応するため，これらの者の有する専門的知見の積極的な活用に努められたいこと。

3 学校安全に関する留意事項
(8) 学校安全に関する学校の設置者の責務について（第26条）

1　本条は，学校安全に関して学校の設置者が果たすべき役割の重要性にかんがみ，従来から各設置者が実施してきた学校安全に関する取組の一層の充実を図るため，その責務を法律上明確に規定したものであること。
2　「その設置する学校において」とは，①校舎，運動場など当該学校の敷地内のほか，②当該学校の敷地外であって，学校の設置者の管理責任の対象となる活動が行われる場所（農場など実習施設等）を想定していること。

なお，通学路における児童生徒等の安全については，通学路を含めた地域社会における治安を確保する一般的な責務は当該地域を管轄する地方公共団体が有するものであるが，本法においては，第27条に規定する学校安全計画に基づき，各学校において児童生徒等に対する通学路における安全指導を行うこととするとともに，第30条において警察やボランティア団体等地域の関係機関・関係団体等との連携に努めることとされていることから，各学校においては適切な対応に努められたいこと。
3　「加害行為」とは，他者の故意により，児童生徒等に危害を生じさせる行為を指すものであり，学校に侵入した不審者が児童生徒等に対して危害を加えるような場合等を想定していること。

また，「加害行為」には，いじめや暴力行為など児童生徒同士による傷害行為も含まれるものと考えられること。この場合，いじめ等の発生防止については，基本的には生徒指導の観点から取り組まれるべき事項であるが，いじめ等により児童生徒等が身体的危害を受けるような状態にあり，当該児童生徒等の安全を確保する必要があるような場合には，学校安全の観点から本法の対象となること。
4　「災害」については，地震，風水害，火災といったすべての学校において対応が求められる災害のほか，津波，火山活動による災害，原子力災害などについても，各学校の所在する地域の実情に応じて適切な対応に努められたいこと。
5　「事故，加害行為，災害等」の「等」としては，施設設備からの有害物質の発生などが想定されうること。
6　「施設及び設備並びに管理運営体制の整備充実」としては，例えば，防犯カメラやインターホンの導入など安全管理面からの物的条件の整備，警備員やスクールガード・リーダーの配置など学校安全に関する人的体制の整備，教職員の資質向上を図るための研修会の開催などが考えられること。

(9)　学校安全計画について（第27条）

1　学校安全計画は，学校において必要とされる安全に関する具体的な実施計画であり，毎年度，学校の状況や前年度の学校安全の取組状況等を踏まえ，作成されるべきものであること。
2　学校においては，生活安全（防犯を含む。），交通安全及び災害安全（防災）に対応した総

合的な安全対策を講ずることが求められており，改正法においては，これらの課題に的確に対応するため，各学校が策定する学校安全計画において，①学校の施設設備の安全点検，②児童生徒等に対する通学を含めた学校生活その他の日常生活における安全指導，③教職員に対する研修に関する事項を必要的記載事項として位置付けたものであること。

① 学校の施設設備の安全点検については，校舎等からの落下事故，学校に設置された遊具による事故などが発生していることや近年の地震から想定される被害等も踏まえ，施設設備の不備や危険箇所の点検・確認を行うとともに，必要に応じて補修，修繕等の改善措置（第28条）を講ずることが求められること。

 なお，学校の施設設備の安全管理を行うに当たっては，児童生徒等の多様な行動に対応したものとなるよう留意されたいこと。

② 児童生徒等に対する安全指導については，児童生徒等に安全に行動する能力を身に付けさせることを目的として行うものであり，児童生徒等を取り巻く環境を安全に保つ活動である安全管理と一体的に取り組むことが重要であること。近年，学校内外において児童生徒等が巻き込まれる事件・事故・災害等が発生していることを踏まえ，防犯教室や交通安全教室の開催，避難訓練の実施，通学路の危険箇所を示したマップの作成など安全指導の一層の充実に努められたいこと。

③ 教職員の研修については，学校安全に関する取組がすべての教職員の連携協力により学校全体として行われることが必要であることを踏まえ，文部科学省が作成している安全教育参考資料や独立行政法人日本スポーツ振興センターが作成している事故事例集等も活用しつつ，また，必要に応じて警察等の関係機関との連携を図りながら，学校安全に関する教職員の資質の向上に努められたいこと。

(10) 危険等発生時対処要領の作成等について（第29条）

1 危険等発生時対処要領は，危険等が発生した際に教職員が円滑かつ的確な対応を図るために作成するものであること。内容としては，不審者の侵入事件や防災をはじめ各学校の実情に応じたものとすること。また，作成後は，毎年度適切な見直しを行うことが必要であること。

2 第3項の「その他の関係者」としては，事故等により心理的外傷その他の心身の健康に対する影響を受けた保護者や教職員が想定されること。また，「必要な支援」としては，スクールカウンセラー等による児童生徒等へのカウンセリング，関係医療機関の紹介などが想定されること。

第2 学校給食法関連

(1) 学校における食育の推進と栄養教諭の配置促進について

改正法により，法律の目的に「学校における食育の推進」が明確に位置付けられ，学校給食の目標についても食育推進の観点から見直しが行われるとともに，第10条においては，栄養

教諭が学校給食を活用した食に関する実践的な指導を行うこととされたところであり，各都道府県教育委員会等においては，このような改正法の趣旨を踏まえ，学校給食を活用しつつ，教育活動全体を通じて学校における食育の更なる推進を図るとともに，学校における食育推進の中核的な役割を担う栄養教諭の一層の配置拡大に努めていただきたいこと。

　なお，このことについては，「栄養教諭の配置促進について」（平成19年7月11日付け19文科ス第156号文部科学省スポーツ・青少年局長及び初等中等教育局長通知並びに19文科ス第157号文部科学事務次官通知）も併せて参照されたいこと。

　(2)　学校給食における地場産物の活用の推進（第10条第2項）

　栄養教諭が学校給食を活用した食に関する実践的な指導を行うに当たり，学校給食において地場産物を活用することは，地域の自然や環境，食文化，産業について理解を深めたり，生産者や生産過程を理解し，食に携わる人々や食べ物への感謝の気持ちを抱くことができるなど教育的意義を有するものであることから，学校給食実施校におかれては，学校給食における地場産物の積極的な活用に配慮いただきたいこと。また，米飯給食は，日本人の伝統的食生活の根幹である米飯の正しい食習慣を身に付けさせたり，我が国の優れた伝統的な食文化についての理解を深めること（第2条第6号）ができるなどの教育的意義を有するものであり，引き続きその普及・定着に努められたいこと。

　なお，学校給食の食材として具体的にどのような食材を用いるかについては，児童生徒の健康状態，家庭における食生活，生活活動の実態，食品の安全性の確保など地域の実情等を踏まえ，学校給食実施者が適切に判断すべきものであること。

　(3)　学校給食実施基準及び学校給食衛生管理基準（第8条及び第9条）

1　第8条及び第9条の規定に基づき，新たに文部科学大臣が定める学校給食実施基準及び学校給食衛生管理基準については，現行の「学校給食実施基準」（昭和29年文部省告示第90号）及び「学校給食衛生管理の基準」（平成9年文部省体育局長通知）の内容を踏まえつつ，各学校や地域の実情により柔軟に対応しうるものとなるよう，今後内容の精査など必要な検討を進め，告示として制定することを予定していること。

2　学校給食の衛生管理上適正を欠く事項があり，改善措置が必要な場合において，校長又は共同調理場の長より第3項の申し出を受けた当該学校又は共同調理場の設置者は，適切な対応をとるよう努められたいこと。

3　学校給食の衛生管理に関しては，食の安全を揺るがす様々な事案の発生が報告されている現状を踏まえ，より安全で安心な食事を児童生徒に提供するため，今後とも，学校給食の衛生管理の徹底に努めていただきたいこと。